KB168018

• PERI 정책 시리즈 #4 •

정책평가의 새 지평을 열다

PERI Symposium 2023 발표토론집

안종범 편집

• PERI 정책 시리즈 #4 •

정책평가의 새 지평을 열다

PERI Symposium 2023 발표토론집

안종범 편집

정책이 성공하려면 증거기반의
과학적 사전·사후평가가 이루어져야 한다!

끝나지 않을 것 같던 코로나 상황이 지나가고, 우리는 현재 우크라이나-러시아 전쟁, 미중 패권경쟁 등 전 세계적으로 새로운 도전에 직면해 있습니다. 각국은 위기 상황에서도 무분별한 포퓰리즘 정책을 남발하고 있고 새로운 위기가 조성되고 있습니다. 이는 정책의 위기이자 기회입니다. 정책으로 인해 위기가 왔지만, 정책으로 또다시 극복할 수 있다는 것을 의미합니다. 그래서 정책에 대해 끊임없이 평가하고, 그 결과를 반영해야 합니다.

그래서 '정책평가연구원'이 시작되었습니다. 정책평가연구원은 명칭에서 나타나듯이 과학적인 정책평가가 정책 성공을 보장한다는 사실을 보여주고자 설립된 순수 민간 연구원입니다. 정책평가연구원은 데이터와 같은 증거를 기반으로 과학적인 평가를 합니다. 그리고 국민이 중심이 되는 정책연구 플랫폼을 만들고자 합니다.

2022년 5월 출범한 정책평가연구원은 출범한 지 1년밖에 되지 않았지만, 정책평가 발전을 통한 정책 성공을 위해 지난 2022년 10월부터 심포지엄을 준비했습니다. 그래서 2023년 6월 20~21일 이틀 동안 세계적인 석학 열다섯 분을 초청해 '정책평가, 새 지평을 열다'라는 주제로 〈PERI Symposium 2023〉을 개최했습니다. 이렇게 세계적인 석학을 한 자리에 모시고 이틀 동안 6개 세션을 통해 정책과 정책평가 발전을 위해 발표하고 토론한 자리는 〈PERI Symposium 2023〉이 국내 최초일 것입니다.

〈PERI Symposium 2023〉의 세션은 총 6개로, ① 정책평가 연구의 발전 과정과 미래, ② 복지정책 평가, ③ 조세 및 재정정책 평가, ④ 노동 및 인구정책 평가, ⑤ 금융 및 산업정책(에너지) 평가, ⑥ 부동산 및 도시정책 평가 등으로 구성되었습니다. 각 세션 주제별로 ▲발표자는 세계적 석학 2~3명으로 한국 정책과 정책평가에 대한 조언을, ▲사회자는 해당 분야 전·현직 장관으로 무게감 있는 진행을, ▲토론자는 해당 분야 현직 차관과 국내 학계와 연구계 최고 전문가로 구성하여 정책 현장에서의 정책 수립·집행 등에 대한 경험을 기초로 한 토론을 통해 풍성한 논의의 장이 되도록 기획했습니다.

정책평가연구원 주최로 열린 이번 심포지엄은 정책 분야별로 세계적 정책연구기관들과 정책평가 기법의 발전이 정책 발전에 어떻게 이바지 했는지 알려준다는 데 의미가 있을 것입니다. 특히, 저는 이번 심포지엄 준비를 위해 제가 발표할 한국의 정책평가 개혁에 관한 논문을 6개 세션의 모든 발표자에게 미리 보내고, 이 논문을 참고해서 주제별로 발표문을 준비하되 마지막 부분에 꼭 한국에 대한 시사점이나 조언을 포함해달라고 부탁했습니다. 그래서 세계적 석학들이 이번 심포지엄을 통해 6개 세션 분야별로 한국 정책 발전을 위한 제언을 하게 되어 한국의 정책과 정책평가 발전에 이바지하는 계기가 되었습니다.

모든 세션에서의 발표와 토론이 상당히 의미가 있고 또 도움이 되는 내용들이 많았습니다. 이에 정책과 정책평가에 관심이 많은 국내외 많은 학자, 관료들로부터 이를 정리해줄 것을 요청받아 국문 책을 출간하게 되었습니다. 아울러 조만간 영문 책도 출간할 예정입니다. 따라서 정책 전반과 정책 분야별로 증거기반(Evidence-Based) 정책평가와 정책연구 그리고 정책결정이 갖는 중요성을 다시 한번 부각시키고 나아가 이를 위한 구체적인 방안과 과제를 담고 있는 이번 책이 갖는 의미는 크다고 할 것입니다. 이 책을 통해 정책이 국민들에게 얼마나 큰 영향을 미치고 나아가 정책에 있어서 증거기반 정책평가가 얼마나 중요한지 널리 알려졌으면 좋겠습니다.

정책평가연구원은 이번 심포지엄과 이 책을 통해서 논의된 것을 기초로 정책발전을 위해 더욱더 열심히 연구하고 국민들께 알리고자 최선을 다하겠습니다.

편집인 안종범(정책평가연구원장)

목차

제4부

노동 및 인구정책 평가

제5부

금융 및 산업정책(에너지) 평가

제6부

부동산 및 도시정책 평가

제1부

정책평가 연구의 발전 과정과 미래

1장

정책평가 연구의 발전 과정과 개혁과제

안종범 [정책평가연구원장]

1. 서론: 올바른 평가는 정책의 성공을 뒷받침한다

정책은 정부가 국민을 대상으로 펼 수 있는 최선의 행동이다. 궁극적으로는 정책을 통해 한 국가, 한 시점에서의 국민 행복 수준이 결정된다. 한국은 그동안 어떠하였는가? 여러 위기 상황에 대처하는 정책에 대한 사전·사후평가는 과연 적절히 이루어졌는가? 이에 대한 대답이 '그렇지 못하다'라는 판단에서 이 글을 시작한다. 그동안 우리 사회에서 많은 논란을 거친 정책이나 위기에 직면했을 때 만든 정책이 사전·사후평가가 아예 없었거나 잘못 평가되었던 적이 많았다.

좀 더 세부적으로는 2000년에 시행된 의약분업과 국민기초생활보장제도는 사전평가가 미흡했다고 알려져 있다. 더구나 20년이 지난 현재, 이들 정책에 대한 사후평가도 제대로 이루어졌는지 의문이다. 그 외에도 금융소득종합과세의 시행(1996년)과 유보(1998년), 그리고 재실시(2001년), 근로장려세제 도입(2008년), 기초연금 도입(2013년), 4대강 사업(2008년), 탈원전(2017년) 등의 사전·사후평가가 어떻게 이루어졌는지 그리고 이를 기초로 그 성패를 어떻게 판단할 수 있는지도 의문이다.

정책은 정부가 가진 가장 중요한 책무이다. 정책의 성패에 따라 정부의 성패가 결정되고 나아가 국민과 국가의 운명이 정해진다. 이처럼 중차대한 정책이 어떻게 고안되고, 준비되고, 결정되어 시행되는지에 대한 고찰은 필수적이다. 특히, 정책이 결정되기 전 단계에서의 평가와 시행되고 난 뒤의 평가, 즉 사전평가와 사후평가가 정확하고 적절하며 객관적으로 이루어지도록 하는 것이 핵심이다. 이러한 정책평가를 통해서 정책의 성공과 실패의 원인을 판단하고 향후 개선 방향을 모색할 수 있기 때문이다.

그런데 정책평가가 사전적으로 그리고 사후적으로 적절히 이루어지고 있는지의 문제는 국가에 따라, 상황에 따라 다르다고 할 수 있다. 일단 '해놓고 보자'는 식으로 무작정 시행한 정책, 다시 말해 제대로 된 사전평가 없이 시행된 정책은 실패할 가능성이 무척 크다. 그러나 이를 인식조차 못 하는 경우가 무수히 많다. 또한, 정책시행 후 그 성과를 제대로 파악하지 못한 채 실패를 반복하거나 개선의 여지를 살릴 의지조차 없는 국가와 사례도 많다.

본 논문에서는 이러한 정책평가 문제를 분석해보고, 이를 해결하기 위한 과제를 도출함으로써 최선의 정책평가체제를 구축하는 방안을 마련하고자 한다. 우선 2장에서는 정책발생의 근거로서 시장 실패와 정부 실패에 대한 이론적·선험적 고찰을 한 뒤, 3장에서는 정책평가의 실패 사례와 문제점을 분석한다. 4장에서 8장까지는 현 상황에서 최선의 정책평가체제 개선을 위한 평가 방법론 및 개혁방안들을 도출한다.

본 논문은 정책평가연구원(PERI) 정책 시리즈 두 번째 기획물로서 2023년 3월에 출간된 『정책평가개혁론: 바른 정책은 바른 평가에서』의 요약본이라고도 할 수 있다. 아울러 본 논문은 이번 정책평가 세계 심포지엄에서 발표되는 발제문들의 기초자료 역할을 하였다. 6개 세션의 발제자들이 각자의 발제문을 만들 때 참고하도록 사전에 보내졌다. 정책연구의 세계적 석학을 초빙해서 열린 심포지엄은 세계적 정책연구기관들과 정책평가기법의 발전이 정책 발전에 어떻게 이바지했는지 알려주었다. 그리고 본 논문을 기초로 발제자들은 한국 정책 발전을 위한 제언을 함으로써 한국의 정책과 정책평가의 발전에 이바지하고자 하였다.

2. 정책의 성공은 사전·사후평가가 좌우한다

1) 정책의 실패와 그 원인

정책은 국가가 성립된 이래 국가를 운영해온 주체들의 수많은 통치 수단을 말한다. 그 주체가 군주이던 시절 이후에도 정책은 계속되었고, 19세기 이후 근현대에 와서는 좀 더 복잡한 형태로 정책이 만들어지고 집행되었다. 정책의 결정 과정에서 의회에서의 법안 통과 과정이 포함된 이후, 행정부와 입법부 간의 정책 입안 과정에서의 역할분담이 중요해졌다. 이는 정책시행에 이르는 시간이 더 길어졌고 복잡해졌다는 것을 의미한다. 한편으로는 정책에 대한 사전·사후 점검이 더욱 신중하게 진행된다는 뜻이다.

1930년대에는 대공황에 따른 정책의 방향과 정책수단이 주목받게 됨으로써 위기 상황에서 정부의 역할에 대한 논쟁이 본격적으로 시작되었다. 정부 개입, 특히 재정을 통한 총수요정책의 필요성을 주장한 '케인스 학파'와 정부 개입의 불필요성을 기초로 하는 '통화주의 학파' 간의 긴 논쟁이 이어졌다. 논쟁 과정에서 학파 간 차별화되는 정책의 방향에 입각한 수많은 정책수단이 시도 및 평가되었다. 그렇지만 정책에 대한 성패를 분석하는 것은 학파 간의 논쟁을 벗어나는 영역이다. 정책의 저변에 있는 이념적 차별성과는 상관없이, 특정 정파나 이해집단과 관계없이, 더 객관적인 자료와 과학적인 분석을 통해 정책평가가 이루어져야 하기 때문이다.

정책 실패의 원인은 정책수요를 잘못 파악한 것에서부터 올바른 정책수요 판단하에서 이루어지는 정책수단상 오류에 이르기까지 다양하다. 아울러 정책의 시차(Time lag)가 존재하여 정책의 성과가 제때 실현되지 못하는 경우도 발생한다. 이 때문에 정책평가의 시점이 대단히 중요하다. 정책의 시차를 감안하지 않는 경우, '냉탕, 온탕' 식 정책으로 빗대어 표현한 미국의 유명한 경제학자이자 1976년 노벨경제학상 수상자였던 밀턴 프리드먼(Milton Friedman)의 '샤워장의 바보(Fool in the shower room)'를 되새겨봐야 한다. 이는 섣부른 정부 정책을 샤워장에서 물이 뜨겁다고 찬물을 틀고, 차갑다고 뜨거운 물을 트는 걸 반복하는 바보 같은 모습에 빗댄 말이다.

한편, 정부 실패(Government Failure)에는 두 가지 상황이 있다. 첫째, 정부 개입이 필요한 경우가 아닌 시장 실패 상황인데도 정부가 개입해 실패하는 경우이다. 둘째, 시장 실패에 따라 정부 개입이 필요한 상황에서 개입했지만 잘못된 정책으로 실패한 경우이다. 여기서 후자에 해당하는 정부 실패 상황을 '정책 실패(Policy Failure)'라고 한다. 본 논문에서는 이러한 정책 실패에 대해 주로 논의해보고자 한다.

끊임없이 이루어지는 정책의 성공과 실패를 평가해서 최종 판단을 하는 것은 정부의 또 다른 중요한 책무이다. 따라서 정책이 어떻게 성공하고 실패하였는가를 제대로 살펴보는 것이 중요하다. 정책이 만들어진 당시의 필요성, 즉 정책수요에 그 정책이 얼마나 부합하는가를 평가하는 과정이 중요한 것이다. 정책 실패를 반복하지 않기 위해서도 많은 정책의 성공과 실패 사례를 분석하고 그에 기초한 정책 입안과 시행이 중요하다.

2) 정책의 성공·실패 사례로 살펴보는 사전·사후평가의 필요성

정책이 모이면 제도가 되고, 이 제도에 따라 한 국가의 성공과 실패가 결정된다. 노벨경제학상 수상자인 더글러스 C. 노스(Douglass Cecil North)는 『제도·제도변화·제경제적 성과』에서 '제도는 교환과 생산에 따르는 비용에 영향을 미침으로써 경제적 성과에 영향을 미친다'라고 주장했다.[1] 이를 기초로 대런 애쓰모글루(Daron Acemoglu)와 제임스 A. 로빈슨(James A. Robinson)은 『국가는 왜 실패하는가(Why Nations Fail)』에서 착취적 정치·경제제도가 국가를 실패로 유도하며, 포용적 정치·경제제도는 국가를 성공으로 이끈다는 주장을 여러 국가의 사례를 통해 분석했다.[2]

이처럼 한 국가의 성공과 실패를 결정짓는 제도는 여러 정책으로 구성되므로, 정책의 성공과 실패 사례에 대한 구체적인 분석이 중요하다. 한 국가의 제도하에서 이루어진 정책들이 시대 상황과 제도에 걸맞게 만들어졌는지, 또한 집행되었는지를 평가하는 작업이 중요하다는 것이다.

따라서 여러 국가에서 대표적으로 성공했던 정책과 실패했던 정책의 사례를 우리의 사례와 비교·분석하는 것은 의미가 있을 것이다. 우리가 처해 있는 정치·경제·사회제도 아래에서 각 정책이 얼마나 국가의 발전과 국민의 행복에 이바지했는지 해당 사례들을 분석해보자.

---

1 Douglass C. North, 『Institution, Institutional Change and Economic Performance』, 1990, p.5, Cambridge University Press.

2 대런 애쓰모글루, 제임스 A. 로빈슨, 『국가는 왜 실패하는가』, 최완규 역, 시공사, 2012.9.27., Daron Acemoglu and James A. Robinson, Why Nations Fail, 2012, Crown Business.

필자는 정책 성공의 사례로 우선 미국의 1996년 복지개혁(Welfare reform) 정책을 살펴보고자 한다. 클린턴 행정부가 단행한 복지개혁의 핵심은 1996년 의회 통과 후 1997년에 시행된 PRWORA(The Personal Responsibility and Work Opportunity Reconciliation Act- Public Law 104-193) 법에 따라 AFDC(Aids to the Families with Dependent Children)를 TANF(Temporary Assistance for Needy Family)로 전환한 것이었다. 이 정책변화는 클린턴 행정부가 갑자기 시도한 것이 아니라, 오랜 기간 AFDC의 문제점을 인식하고 이를 해결하는 방안을 모색한 후에 단행한 것이었다.

1960년대부터 저소득 홀부모(혹은 미혼모) 가정을 위한 AFDC는 자녀 부양 여부와 소득 기준 등의 지원 조건만 충족하면 현금을 기간의 제한 없이 지급하는 제도였다. 하지만 여러 연구를 통해 AFDC가 미혼모를 양산하고, 대를 이은 복지 의존성(Welfare dependency)을 야기하며, 나아가 일하고자 하는 의욕을 저하한다는 문제가 지적됐다. 이러한 문제를 해결하기 위해 여러 대안을 몇 개 주 정부가 시도하기도 했다. 결국, 지원받기 위해서는 충분한 구직 활동을 하고 있음을 증명해야 하고, 지원받을 수 있는 기간을 한정함으로써 미혼모 확대와 일하고자 하는 의욕 저하 문제를 보완하는 새로운 저소득 홀부모 가정 보호 대책인 TANF를 도입했다.

이 정책이 성공을 거두었다고 평가받는 것은 기대했던 성과가 정책 사후평가 분석결과를 통해 입증되었기 때문이다. 클린턴 정부가 복지개혁을 단행하기 10년 전부터 이에 대한 사전평가가 이루어졌고, 이 개혁이 단행된 이후에도 10년 이상 사후평가위원회가 구성되어 치밀하고 과학적인 평가작업이 이루어졌다. 다시 말해서 1996년 TANF 도입의 성공은 미국의 오래된 정책 사전·사후평가 노력으로 이루어낸 것이라 할 수 있다.

또 하나의 대표적인 정책 성공 사례로는 1980년대 미국에서 도입한 EITC(Earned Income Tax Credit)를 꼽을 수 있다. 노벨경제학상 수상자인 밀턴 프리드먼이 1970년대 이른바 음(-)의 소득세(NIT; Negative Income Tax)를 제안하면서 여러 현금성 복지제도의 행정상 복잡함과 비용을 해결하고자 일정 소득수준 이하 저소득층에 일괄적으로 소득과 빈곤선과의 차액만큼을 지급하는 방안을 내놓았다. 미국 정부는 이를 본격적으로 사전평가하면서 사회적 실험(Social experiment)을 단행했다. 그 결과, 상당 수준 근로의욕 저하 효과가 있다는 것이 밝혀졌다. 소득이 늘어날수록 지원금이 비례하게 줄어드는 구조로 일을 해도 소득의 증가가 없으므로 일하는 것이 오히려 손해여서 일할 유인을 전혀 제고하지 못하는 제도라는 것이다. 이에 새로운 개선책으로 일정 소득 구간까지는 더 일해서 소득이 증가하면 점진적으로 현금혜택이 늘어나는 장치를 고안했다. 이것이 바로 EITC의 골자가 되었다. 이렇게 1975년 처음 도입된 EITC는 지난 40여 년 동안 미국의 현금복지의 핵심역할을 해오고 있다. 아울러 EITC가 시행된 이후 지금까지 계속 사후평가가 이루어지고 있다. 이로부터 정책의 성공을 끌어내기 위해서는 사전·사후평가 작업이 반드시 뒷받침되어야 한다는 교훈을 얻을 수 있다.

미국은 최근 평가에 있어서 데이터 등 증거를 기반으로 한 정책수립을 위한 법인 증거기반 정책 수립 기초법(Foundations for Evidence-Based Policymaking Act of 2018)을 제정하여 연방정부의 평가활동을 의무화하고 데이터 개선을 위한 구체적인 규정을 만들었다.

우리나라의 경우, EITC와 유사한 근로장려세제도가 도입된 이후 지속적으로 제도를 확대하고 정비가 이루어져 왔다. 하지만 이러한 변화가 엄밀한 정책평가를 근거로 한 제도 개선의 일환이었는지, 아니면 정치적 이유에서 지급 대상과 금액을 확대하는 차원에 집중한 제도 정비인지는 미국의 제도 정비와 비교해볼 필요가 있다.

이번에는 한국의 정책 실패 사례를 살펴보자. 〈표 1-1-1〉은 역대 정부에서 중점적으로 추진된 정책들과 이들 정책의 사전·사후평가 여부 그리고 성공·실패 여부를 정리한 것이다.

<표 1-1-1> 한국 역대 정부별 정책 및 사전·사후평가

	정책	실시 연도	완료·폐지	사전평가 (△는 일부 평가)	사후 평가	성공 실패 (○ 성공 × 실패 △ 미정)
박정희 정부	부가가치세 도입	1977		×	△	○
	의료보험 도입	1977		×	△	○
	국민연금 도입	1988		×	△	○
전두환 정부	산아제한 정책	1980~1988		△	×	△
노태우 정부	토지초과이득세	1990	1998 (1994 헌법불합치 결정)	×	△	×
	총액임금제도	1992		×	×	×
김영삼 정부	금융실명제	1993.8.12		△	×	△
	금융소득종합과세	1996 실시 2001 재실시	1998~2000 유보	△	×	△
김대중 정부	국민기초생활보장제도	2000.10		×	×	△
	의약분업	2000.8		×	×	△
노무현 정부	근로장려세제	2008		△	△	△
이명박 정부	4대강 사업	2009 착수	2013 완료	×	△	△
박근혜 정부	기초연금제도	2014.7		△	△	○
문재인 정부	부동산대책	2017		×	×	×

1980년대 전두환 정부는 산아제한 정책의 오랜 시행으로 인구감소가

예측될 정도로 출산율이 충분히 떨어졌음에도 불구하고 산아제한 정책을 계속 유지했다. 당시는 '우리나라 인구가 1,000만 명이라면, 미국처럼 살 수 있다'라는 주장이 대세였다. 이러한 주장에 따라 정부가 산아를 축소하는 정책을 시행하는 것이 적절한지 아닌지에 대한 사전평가도 없었고, 제도가 시행된 이후 적절한 평가도 이루어지지 않아 적절한 시기에 정책이 마무리되지 못하면서 결국 1996년이 되어서야 산아제한 정책이 폐지되었고, 이는 저출산 악순환의 고리를 제공하게 된 계기가 되었다.

노태우 정부는 과도한 임금인상을 통한 물가 인상 압력을 줄이기 위해 총액임금제를 시행했다. 총액임금제는 노동부가 1992년 '임금교섭지도지침'을 통해 발표한 임금정책으로, 근로자가 1년간 고정적으로 받는 기본급과 각종 수당, 상여금 등을 합산하여 12로 나눈 액수를 기준으로 임금인상률을 결정하는 제도이다. 그러나 이는 임금인상을 정부가 제한하기 위해 임금을 정의하고 시장에 개입함에 따라 시장이 그 대안을 마련하는 방식으로 왜곡이 발생했다. 그 결과, 민간 기업에서는 노사 합의로 임금대장에 없는 각종 수당 등을 만드는 사례가 등장하게 되었다. 중세시대 세수 확보를 위해 창문의 개수에 따라 세금을 부과하는 창문세를 도입하자 창문을 막거나 창문이 없는 집을 지어 세수 확보라는 목적도 달성하지 못하고 국민의 생활 수준은 낮아지는 왜곡이 발생한 것과 유사하다고 할 수 있다. 하지만 최근까지도 분양가상한제와 같이 정부가 직접 가격을 제한하려는 정책들이 시행되고 있다는 것도 여전히 정책에 대한 평가가 적절하게 이루어지지 않는다는 것을 보여준다.

김대중 정부의 정책 실패 사례로는 국민기초생활보장제도와 의약분업(의료역할분담제도)을 꼽을 수 있다. 국민기초생활보장제도는 1961년부터 시행된 생활보호제도를 대신하는 복지정책으로, 생계, 주거, 교육, 의료 등의 급여를 최저생계비 미만의 가구에 제공하는 제도였다. 비슷한 시기에 의약분업도 전격 실시했다. 이는 선진국의 5~7배에 이르는 약물

(항생제 등)의 오남용을 줄인다는 취지로, 진료는 의사가 맡고 약은 약사가 조제하도록 하는 것이 골자였다. 그러나 이 두 가지 정책 모두 사전·사후평가가 제대로 이루어지지 않은 채 시행되었다. 그 결과, 기초생활보장제도로 지원이 필요한 사람을 찾아내지 못하고, 정작 지원이 없어도 될 사람에게 많은 지원이 이루어졌고, 의약분업은 여전히 의사가 과도한 항생제를 처방함에 따라 정책목표를 충분히 달성하지 못했지만, 여전히 대안 정책 모색도 없는 상황이다.

정책의 안착화 과정에 시기적으로 정부가 잘못 개입함에 따라 실패한 사례도 있다. 김영삼 정부는 전격적으로 금융실명제를 시행한 이후 금융소득종합과세를 부과함으로써 개혁적인 정책 성과를 이루어냈다. 그러나 외환위기 이후 출범한 김대중 정부에서는 1998년에 금융소득종합과세를 유보하는 잘못을 저질렀다. 금융소득종합과세는 금융실명제의 후속 조치로 이자와 배당소득을 20%로 분리 과세하던 것을 기존 소득에 합산하여 4,000만 원 초과분은 종합과세하고, 4,000만 원까지는 15%로 분리과세 하는 것이었다. 이는 소득과세의 형평성 차원에서 적절한 조치였다고 평가되었다. 하지만 당시 외환위기가 발생하고, 김영삼 정부의 여러 정책이 비판의 대상이 되면서, 금융소득종합과세에 대해서도 금융시장을 위축시켰다는 지적 등이 언론을 통해 두드러졌다. 일부 언론에서는 여론조사 결과 금융소득종합과세 폐지를 찬성하는 국민 여론이 80%에 달한다는 보도까지 나왔다. 결국, 금융소득종합과세는 폐지되었고 이자와 배당소득은 다시 분리과세 하게 되었다. 또한, 분리과세 세율은 20%가 아닌 15%로 인하되었다.

3년 후 다시 시행되었지만, 이 기간에 소득 및 자산의 불공평성이 크게 높아졌다는 비난을 피하기는 힘들었다. 외환위기로 이자율이 25%까지 치솟은 상황이었는데, 이에 대한 세금마저 분리과세로 대폭 경감되면서 고액 금융자산가들이 얻게 된 이득은 막대한 것이었다. 이처럼 금융소득종합과세의 유보는 한국 정부가 시행한 수많은 정책 중에서 가장 대표적인 실패 사례라고 할 수 있다.

한국에서의 정책 실패 사례가 유독 많은 이유는 제대로 된 사전평가 없이 시도되었고, 시행 후 사후평가도 적절히 이루어지지 않은 채 변화시키거나 폐기했기 때문이다. 특히, 정부가 바뀔 때마다 이전 정부의 정책들을 중단시키거나 변형시키고, 또 다른 새로운 정책을 사전평가 없이 추진하는 악순환이 반복되고 있다.

따라서 제대로 된 분석과 평가 없이 즉흥적이고도 여론에 편승한 정책의 시도나 정책 변화가 가져온 엄청난 결과를 통해, 정책에 대한 엄정한 평가의 중요성을 새롭게 인식할 필요가 있다.

3. 정책평가 실패의 악순환

한국에서의 정책 실패는 사실상 정책평가의 부재 혹은 실패로부터 발생했다고 해도 지나치지 않다. 그동안 정책에 대한 사전·사후평가 없이 시작하고 다시 반복하는 정책이 많았기 때문이다. 정부가 실패할 수밖에 없는 정책을 시도하고, 실패했다는 사실조차 모른 채 지속하는 과정에서 그 피해는 고스란히 국민에게 돌아갔다. 그렇다면 그 원인은 무엇일까? 그동안 왜 정책평가가 제대로 이루어지지 않았는지, 무엇이 잘못되었는지를 구체적으로 살펴보자.

1) 우리나라 사전평가제도의 현주소

한국의 정책에 대한 사전평가와 사후평가의 담당 기관과 평가 방법은 주요 선진국 못지않게 다양하다. 사전평가에 관한 법적 근거도 많다. 국가재정법상 총사업비 500억 원 이상 그리고 국고지원 300억 원 초과 사업을 대상으로 사전평가를 의무화하는 예비타당성 조사가 대표적이다. 예비타당성 조사는 1999년 예산회계법(2007년 제정된 국가재정법에 포함) 개정으로 시작된 후, 여러 국책사업에 대한 예비타당성 조사 결과에 많은 지역주민의 관심이 집중되어왔다. 예비타당성 조사를 통한 사업수행 결정의 기준은 비용-편익 분석(Cost-Benefit Analysis)상의 편익 비용 비율(B/C ratio)인데, 이에 관한 국민적 관심이 높다. 이 편익 비용 비율을 기초로 지역 균형발전의 요인을 추가한 것을 종합평가(AHP; Analytic Hierarchy Process)라고 하는데, 이에 관한 관심도 자못 크다.

국회에서는 예산이 수반되는 법안의 경우, 법안을 제출하기 전에 국회예산정책처 평가 의견을 첨부하도록 하고 있다. 국가의 5년 단위 중기재정계획 전체에 대한 평가도 국회 기획재정위원회의 심의를 거치게 되어 있으며, 2014년부터는 국세기본법과 국가재정법 개정에 따라 정부가 수립하는 중장기 조세개혁 방안에 대해서도 5년 이상의 단위로 수립하여 국회의 심의를 받도록 하고 있다.[3] 아울러 사전평가 제도의 하나로써 국세기본법 개정을 통해 2014년부터는 조세지출 예산법안에 대해서도 국책연구기관인 한국조세재정연구원 평가를 거치도록 했으며,[4] 국세청이 가진 모든 조세의 원시자료를 연구와 분석 목적으로 활용할 수 있게 됐다.[5] 한국은 그 어느 나라보다 자주 그리고 광범위하게 세법을 개정하는 나라로 알려져 있다. 그런데 사전평가가 중요한 재정정책 수단 중 하나는 세법개정안인데도 시행령까지 포함하면 매년 100개가 넘는 개정안이

---

3 국세기본법 제20조의2(중장기 조세정책운용계획의 수립 등) 및 국가재정법 제7조3항의4 신설

4 조세특례제한법 제142조(조세특례의 사전·사후관리) 개정

5 국세기본법 제85조의6(통계자료의 작성 및 공개 등) 개정

정부 발의로 제출된다. 이러한 세법개정안은 국회에 제출되기 전, 세제발전심의위원회라는 곳에서 사전평가·심의하도록 되어 있지만 그 기능은 미약하기 그지없다. 이처럼 법으로 규정된 각종 재정소요 정책에 대한 사전평가가 다양한 상황인데도 불구하고, 제대로 된 평가가 이루어지지 않고 있다.

한국에서 제대로 된 사전평가로 여겨지는 예비타당성 조사의 현실은 어떠할까? 예비타당성 조사 결과에 따라 국비 지원이 결정되기 때문에, 해당 지역 국회의원들과 지자체장의 로비와 압력 수준이 상당한 것이 현실이다. 심지어 예비타당성 조사를 거치지 않고 시행된 4대강 사업은 사회적으로 큰 논란이 되었고, 이를 선례로 문재인 정부 초기인 2018년에는 여러 지역별 국책사업이 예비타당성 면제사업으로 허용되기도 했다. 매년 9월, 정부의 세법개정안이 국회에 제출되기 전인 8월 말경에 세제발전심의위원회 회의가 한 차례 개최된다. 하지만 이는 형식적으로 평가가 이루어지는 관행이 수십 년간 계속됐다. 조세정책이 갖는 납세자에 대한 영향이 복잡하고 장기간 지속됨에도 불구하고, 그 어떤 과학적인 평가는 이루어지지 못한 채 국회로 가게 되고, 국회 역시 제대로 된 평가 없이 심의를 대충 거친 후 통과시키기에 급급한 상황이 계속됐다. 세금을 깎아준다는 각종 포퓰리즘 정책이 남발하는 것을 막기 위해서는 사전평가를 통해 정책의 효과를 예측하는 작업이 필수적이다. 각종 데이터를 기반으로 전문적이고 과학적인 분석을 통해 정책의 실패를 최소화해야 한다.

2) 외면받고 있는 사후평가제도

사후평가 역시 각종 법적 장치와 담당 기관이 있음에도 불구하고 제 역할을 하지 못하고 있다. 우선 예산을 수반하는 정책이나 사업의 경우,

기본적으로 관련 부처가 입안하여 기획재정부에 제출하고, 이를 기획재정부가 최종 예산으로 취합하여 국회에 제출하면 이를 심의받게 된다. 이러한 예산이 국회에서 통과된 후, 해당 사업을 관련 부처가 집행 내지 시행하게 되면, 이에 대한 사후평가가 이루어지는 절차는 수없이 많다. 즉 해당 부처의 자체평가가 있고, 총리실의 평가, 감사원의 감사, 국회의 국정감사와 국회 예결위의 결산심사 등 관련 정책과 사업을 여러 차례 평가하게 되어 있다. 더 나아가 사후평가 과정에서 사법부의 역할도 중요하다고 하겠다. 정책집행 결과가 각종 소송으로 이어질 수 있고, 이에 따른 각종 정책의 문제점이 구체적으로 드러나기 때문이다.

그러나 그 어느 하나의 과정에서도 평가가 적절히 이루어지지 않고 있는 것이 현실이다. 특히, 국회에서는 예결위에서의 결산 자체에 관심이 없다. 독립 상임위로 되지 못한 채 예결위가 상설화되었지만, 예결위는 오직 10월이나 11월에 한 번, 다음 해 예산안에 대해 심의할 뿐이다. 그것도 제때 이루어지는 경우가 없는 상황에서 결산에 대한 심사를 제대로 할 리가 없는 것이다. 국정감사 역시 굵직한 비리 적발에 매달리는 국회의원과 언론의 눈에는 애당초 각종 정책이나 사업에 대한 것들이 보일 리가 없다. 국회뿐만 아니라 총리실과 감사원도 사후평가에 관한 관심이 매우 부족하다.

3) 정책평가 부실과 그 결과

정책평가의 성공과 실패에는 제도적 요인과 방법론적 요인 등 두 가지 요인이 작용한다. 제도상 평가체제가 갖추어져 있음에도 불구하고 제도적 구속력과 실효성이 없음에 따라 평가가 부실하다는 사실뿐만 아니라, 반복되는 평가에도 불구하고 적절한 평가의 방법과 인프라가 마련되지 않았기에 평가의 신뢰성이 떨어진다는 사실에 이르기까지 총체적 평가

부실 상태라는 것이다.

여러 부처가 중복적으로 시행하는 정책들을 보면 평가부실이 더욱 극명하게 드러난다. 중소기업지원정책, 복지정책, 그리고 농촌지원정책들은 대표적으로 여러 부처가 경쟁적으로 그리고 중복적으로 시행하는 것들인데, 이들 정책은 중복성뿐만 아니라 낭비성, 그리고 실효성 측면에서 심각한 문제를 안고 있다. 이러한 정책들은 여러 부처가 서로 어떤 역할 분담을 하고, 어떤 재원부담과 지출하는지에 대한 총괄적인 파악과 평가가 전혀 이루어지지 않은 상태에서 그저 매년 전년 대비 증액으로 각자의 정책을 단순 지속하고 있을 뿐이다. 이러한 다부처 정책사업은 대상자들이 약자이거나 소외계층이라는 점에서 평가를 통한 문제점 부각 자체가 정치적으로 어렵다는 공통점을 갖고 있기도 하다. 그래서 평가조차 부실한 상태에서 매년 증액으로 무작정 사업이 계속된다.

필자는 2010년 심층평가 사업의 일환으로 중소기업정책사업 평가 작업을 수행하면서 필자가 개발한 평가 방법으로서 정책 매트릭스를 통해 여러 부처의 중소기업 지원사업의 분야별·대상별 재원배분과 성과를 파악하려 시도했다. 그러나 정책 매트릭스를 관련 부처에 보내 기입하도록 했음에도, 제대로 작성해서 보낸 부처가 거의 없었다. 그만큼 평가는커녕 사후관리조차도 제대로 이루어지지 않고 있었다는 사실이 드러났다.

중소기업 정책뿐만 아니라 복지정책과 농촌정책도 마찬가지일 것이다. 최근에는 저출산 대책과 관련된 여러 부처 정책에 대한 중복성과 낭비성이 문제가 되고 있고, 나아가 실효성까지 문제가 되고 있다. 저출산 대책으로 매년 엄청난 재원이 투입되고 있지만, 세계 최저 출산율을 기록하고 있는 한국의 실정은 심각하기만 하다. 2021년 저출산 예산은 무려 42조 9,000억 원에 달한다. 저출산 대책의 주무장관은 보건복지부 장관이며, 그 밑에 저출산·고령사회위원회가 관리를 한다. 하지만 정책결정의 권한과 책임은 그 누구에게도 없다. 그 결과, 실패해도 아무도 책임을 지지 않고, 노하우도 쌓이지 않는다.

결국 지난 10여 년간 그야말로 퍼부은 저출산 대책 예산에도 불구하고 한국의 합계 출산율은 2022년 기준 0.78로 세계 최저 수준으로 떨어졌다. 이는 그동안 얼마나 정책, 특히 예산사업에 대한 사전평가와 사후평가가 제대로 작동하지 않았나를 여실히 보여준다. 사전·사후평가를 통해 저출산의 근본 원인이 무엇인지를 과학적으로 파악하고 이를 기초로 저출산 대책을 수립하며, 이에 대한 효과성 검증도 필요하지만 이를 소홀히 하였다는 것이다.

4. ICT 산업 발전과 정책평가 인프라의 변천 과정

평가를 위해서 절대적으로 필요한 것은 평가 인프라라고 할 수 있다. 평가 인프라는 평가의 방법과 평가의 자료, 크게 두 가지로 구분된다. 즉, 특정 정책을 평가할 때 어떠한 자료를 갖고 어떠한 방법으로 평가할 것인가가 핵심이라는 것이다. 평가 인프라는 마치 한 국가가 발전하는 과정에서 자본이 축적되듯이, 정책평가에서도 축적된다. 다시 말해서, 평가의 방법과 자료는 시간이 지남에 따라 소모되는 것이 아니라, 시간 흐름에 따라 축적되면서 발전해가는 것이다.

1) ICT 산업에 따라 발전한 계량경제학

우선 평가 방법을 살펴보자. 평가 방법에 있어서 최근 반세기 동안의 발전은 그야말로 획기적이었다. 각종 자료를 갖고 정책평가를 위해 분석하는 기법은 단순한 통계학적 분석에서 시작되어 고도로 개선된 계량경제학적 분석에 이르기까지 급속히 발전해왔다. 통계학과 계량경제학(Econometrics)의 급속한 발전에는 획기적인 컴퓨터 기능의 발전이 한몫했다. 컴퓨터가 처음 개발된 뒤 오늘날에 이르기까지 처리 속도와 처리 자료량은 반도체 산업과 ICT(Information and Communication Technology) 산업 발전과 함께 상상을 초월할 정도이다. 불과 몇십 년 전 대용량의 컴퓨터가 하던 작업을 이제는 PC에서 할 수 있을 정도가 되었다.

1980년대 후반 PC가 보급되기 시작하면서 여러 종류의 데이터를 저장하고 처리하는 작업이 대형컴퓨터가 아닌 PC에서도 가능해졌다. PC가 보급되기 전에는 간단한 통계분석이나 회귀분석을 하기 위해서도 대형컴퓨터인 메인프레임(Main frame) 컴퓨터 시스템에 있는 자료처리 기계에 올려놓는 둥근 테이프에 데이터를 저장한 뒤, 노란색 카드로 된 프로그램 입력 용지에 키 펀치(Key-punch) 기계를 이용해 명령어를 입력하여 시행시키는 작업이 요구되었다.

이러한 복잡한 과정이 이제는 거의 1분 이내에 PC에서 이루어질 정도가 되었다. 1980년대에는 용량이 큰 데이터의 경우, PC에서 저장용량과 처리용량의 부족으로 회귀분석에 필요한 행렬(Matrix)의 역행렬을 구하는 것이 힘들던 때도 있었다. 당시 대용량 행렬을 처리 가능한 크기로 분할(Partition), 역행렬을 구하는 연산 공식(Algorithm)을 사용하기도 했다. 그런데 이제는 용량의 크기에 제한이 없을 정도로 PC의 하드디스크 용량이 커졌을 뿐만 아니라 연산속도도 상상을 초월할 만큼 빨라졌다.

2) 분석 방법의 발전 과정

컴퓨터 기능의 급속한 발전과 데이터 저장용량 및 처리용량의 확대, 그리고 처리 속도의 발전은 계량경제학의 발전을 유도하기도 했다. 단순한 회귀분석에서 출발해서 이제는 최적화(Optimization)를 구하는 복잡한 계산 과정도 쉽고 빠르게 하게 되었다. 회귀방정식을 추정할 때, 최우법(Maximum Likelihood method)을 원활하게 하는 알고리즘(예: Newton-Raptson method)을 적용하여 극댓값을 찾는 것도 쉽게 할 수 있다. 더구나 비모수적 추정(Non-Parametric estimation method)이나 몬테카를로 기법(Monte-Carlo method) 등 엄청난 연산 용량과 속도가 필요한 방법도 몇 분 만에 쉽게 처리할 수 있게 되었다. 전산처리 용량과 속도의 한계로 할 수 없다고 간주하던 많은 계량경제학 이론과 알고리즘도 이제는 PC에서 몇 분 만에 처리할 수 있게 되었다.

3) 빅데이터 시대의 도래

전산처리 능력의 급속한 발전은 계량경제학의 발전을 유도했을 뿐만 아니라 데이터 개발을 촉진하기도 했다. 처리 용량과 처리 속도에 대한 제한이 없어지면서 데이터의 규모도 제한이 없어지는 상황에 이르렀다. 특히, ICT의 발전으로 데이터가 광범위하게 축적되는 빅데이터 시대에 도달하기도 했다. 시계열 자료(Time-Series data)나 설문조사를 통한 횡단면 자료(Cross-Section data)를 거쳐서 1968년부터 매년 주기적으로 동일가구를 추적 조사한 미국 미시간대학의 PSID(Panel Study of Income Dynamics)라는 패널 데이터(Panel data)가 시작되면서 데이터의 개발은 새로운 국면을 맞이했었다. 패널 데이터 개발이 지속되다가 21세기 들어서 ICT 발전과 함께 빅데이터 시대가 열리면서 데이터 개발과 활용에 있어서 새로운 전환점이 마련된 것이다. 데이터 개발은 다시 한번 계량경제학적 분석 방법의 발전을 유도할 것으로 예상된다. 아울러 새로운 분석 방법과 데이터를 기초로 정책평가에 대한 발전이 새롭게 이루어질 가능성도 커질 것이다.

이제 세계는 분석 방법과 데이터의 한계를 극복함으로 각종 경제·사회적 분석을 다양하고 유용하게 할 수 있는 여건이 형성된 것이다. 문제는 우리 한국의 상황이다. 분석 방법과 데이터의 빠르고 획기적인 발전에 맞추어 학계와 정부 당국이 분석 방법을 끊임없이 개발하고 응용하여 데이터를 축적하고 활용할 준비가 되어 있는지, 그리고 이에 대한 확고한 의지가 있는지가 의문이다.

5. 평가 인프라 구축 방안 1: 데이터 인프라 구축

앞서 평가 인프라로서의 계량경제학과 전산처리 속도 및 처리량, 그리고 데이터의 발전 과정을 살펴보았다. 이제 한국의 경우, 전산처리 속도와 처리량, 나아가 평가 방법의 학문적 발전과 데이터의 발전이 어느 정도 수준인지에 대해 살펴볼 필요가 있다. 이를 기초로 한국의 평가 인프라의 발전을 위한 과제로서 우선 데이터를 중심으로 한 재구축 방안을 모색한다.

1) 평가를 통한 데이터의 구조조정

한국의 데이터 생산기관으로 대표적인 공공기관은 통계청이다. 통계청 이외에도 각 행정부처가 자체적으로 생산하는 자료들도 있다. 통계청을 중심으로 통계를 작성하는 기관 수가 2022년 기준 431개이고, 작성 통계 수는 1,288개이다. 통계청의 통계작성 사업과 관련된 예산은 약 2,000억 원 규모이다. 한국은행도 국민소득통계, 투입산출표(Input-Ouput Table) 등 몇 가지 통계자료를 만들어내고 있다. 이 기관들이 매년 생산하는 데이터들은 오랜 역사를 갖고 있지만, 이들에 대한 평가는 제대로 이루어지지 못했다. 데이터는 이용자가 얼마나 유용하게 사용하고, 나아가 이를 통해 학문적, 정책적 발전에 이바지하는지가 중요하다. 따라서 생산기관별 데이터의 활용도, 중요도 그리고 정확도를 중심으로 전반적인 평가를 할 필요가 있다. 기존 데이터의 평가를 통해 기존 데이터의 구조조정이 필요하다. 데이터의 구조조정은 활용도 등의 평가에서 낮은 평가를 받아 중단할지, 개선할지, 나아가 어떤 새로운 데이터가 필요한지를 기준으로 한다. 통계청을 중심으로 모든 중앙정부 행정부처가 만들어내는 데이터들이 어떻게 활용되는지, 그리고 개선될 사항은 무엇인지에 대한 대대적인 평가 작업이 필요하다.

2) 중복 데이터 간 역할 재조정

데이터 생산기관 간 중복 문제도 심각하다. 데이터의 목적과 특성이 유사한데도 각 기관은 예산을 들여 독자적으로 계속 데이터를 생산하고 있다. 이처럼 유사한 특성을 갖는 데이터들은 수집 기준이 달라서 상호 비교가 힘들고, 나아가 이용자들에게 불편을 일으키는 경우도 많다. 대표적으로 데이터의 중복 문제가 심각한 것은 바로 통계청의 가계 조사와 한국은행의 국민소득 조사라 할 수 있다. 두 조사 모두 한국의 대표적인 소득 조사라고 할 수 있다. 통계청의 가계소득·소비 조사의 경우, 오랜 역사를 갖고서 분배통계를 생산하는 주요 원천이고, 한국은행의 소득 조사는 국민소득 계정의 원천이다. 그런데 이 두 기관의 각 자료는 서로 조사 기준과 방법이 달라 직접 비교가 어려울 뿐만 아니라, 대표성도 취약하다고 할 수 있다. 대표성이란 국민소득통계의 기초가 되는 한국은행의 조사와 분배통계 등의 기초가 되는 통계청의 조사 중 어느 것이 소득 관련 통계로서 실제에 근접하는가의 문제이다.

한국은행의 경우, 통계청과 달리 지역소득통계를 생산하지 않음에 따라 상호 비교가 불가능하다는 문제도 있다. 따라서 소득 조사와 관련된 양 기관 간의 기준 조정을 통해 비교 가능성 확보와 나아가 역할 분담이 절실히 필요하다. 그 외 여러 기관 간 데이터의 비교와 기준 조정을 통한 기관별 역할 재조정이 필요하다.

3) 공공데이터의 개방·공유·활용

통계청과 행정부처, 한국은행 등이 생산하는 데이터들은 기본적으로 집계치를 정리해 자료집으로 출간함으로써 국민에게 개방하는데, 이를 완전한 개방이라고 할 수 없다.

데이터의 기본 형태 혹은 원시 형태의 자료인 원시자료(Raw data)를 완전히 개방하여 전문가들이 활용하도록 해야 한다. 공공데이터를 원시자료로 개방하고, 공유하고, 나아가 활용하도록 하는 것은 우리가 추구하는 데이터의 완벽한 활용 방안이 된다. 통계청의 경우, 그동안 원시자료의 개방이 가계 조사를 중심으로 상당 부분 이루어졌다. 그러나 그 밖의 기관이나 데이터의 경우 아직도 원시자료 형태의 개방이 이루어지지 않고 있다.

원시자료 형태로 개방이 절실히 요구되는 데이터는 납세자료, 교육자료, 고용보험, 건강보험 그리고 국민연금 관련 자료라 할 수 있다.[6] 특히, 납세자료의 경우, 미국 등 선진국에서는 전체 납세자 중 일부를 추출하여 다른 미시자료(Micro data), 즉 원시자료와 결합하기도 한다. 하나의 사례로 1994년, 한국조세재정연구원에서 금융소득종합과세 방안 연구를

---

6 중앙부처 산하기관(공공기관) 중 명칭이 '…정보원'으로 되어 있는 기관들은 정부의 각종 행정정보를 보유하고 있다. 한국교육학술정보원의 NEIS 자료, 한국사회보장정보원의 행복e음(사회보장정보시스템) 자료, 보육통합정보시스템 자료, 사회서비스바우처시스템 자료 등등

진행할 때, 필자는 국세청으로부터 3년 치 근로자와 사업소득자 전체자료를 제공받은 바 있다. 본격적인 개방은 앞에서 언급한 바 있듯이 2014년 국세기본법 개정으로 국세청 원시자료의 연구목적 활용이 가능하게 되면서 시작되었다. 이는 즉 연구목적임을 입증하면 한국조세재정연구원을 통해 국세청 원시자료를 이용할 수 있다는 것을 말한다.

4) 패널 데이터의 정비 및 통합

패널 데이터는 동일한 가구나 개인을 지속적으로 추적 조사해서 만든 데이터를 말한다. 패널 데이터의 시작은 미국 미시간대학(University of Michigan-Ann Arber)이 개발한 PSID(Panel Study of Income Dynamics)이다.[7] 1968년 5,000가구 18,000명을 대상으로 시작된 조사를 통해 현재까지 50여 년간 가구자료와 개인자료를 만들어내고 있다. 1968년 당시 태어난 가구 내 표본이 50세가 넘을 때까지의 과정을 고스란히 추적 조사하여 그 성장 과정과 새로운 가구구성 과정까지의 정보를 담고 있다.

미국은 그 이외에도 RHLS(Retirement History Longitudinal Survey, 1969~1979)[8]와 HRS(Health and Retirement Study, 1992~현재)[9] 등 수많은 귀중한 패널 데이터를 보유하고, 개발하고 있으며, 이를 통한 학문적 연구와 정책평가 및 개발에 크게 기여하고 있다.

한국의 패널 데이터 시작은 1993년 이른바 '대우패널'이다. 필자는 대우경제연구소 재직 당시, 한국에서의 패널 데이터 개발의 필요성을 강조

---

7 https://psidonline.isr.umich.edu/

8 https://www.icpsr.umich.edu/web/ICPSR/series/49

9 https://www.healthypeople.gov/2020/data-source/health-and-retirement-study

하여 대우그룹 전체로부터 투자를 끌어냈다. 아울러 PSID를 만드는 미시간대학의 Institute for Social Research 내 소속된 SRC(Survey Research Center)의 협조를 받았다.[10]

이렇게 시작된 한국의 패널 데이터는 이제 많은 부처와 정부 출연연구원들이 패널 데이터들을 보유하고 있을 정도가 되었다. 대우패널을 이어받은 한국노동연구원의 노동패널을 필두로, 한국보건사회연구원의 복지패널, 한국여성정책연구원의 여성패널, 그리고 한국고용정보원의 청년패널과 고령화연구패널 조사 등 선진국이 보유하고 있는 각종 인구 속성별 패널 데이터 대부분이 만들어졌다.

그런데 문제는 패널 데이터 붐이 일어난 한국에서 과연 그 개발목적에 맞게 패널 데이터가 잘 활용되고 있는가에 있다. 각 부처가 출연 연구기관을 통해 경쟁적으로 패널 데이터를 급속히 만들어내기는 했지만, 제대로 활용되는지에 대한 관심은 지극히 저조하다.

한국에 많은 패널 데이터가 개발된 것은 다행이지만, 이제는 이에 대한 정비 및 발전계획을 수립할 시점이 이르렀다. 각 패널 데이터의 조사, 관리, 이용 등의 단계별 문제점을 철저히 분석하여 이에 대한 개선방안을 수립해야 한다. 특히, 초기 대상 표본가구에서 심각한 탈락(Attrition)가 발생한 경우 표본의 재구축 과정도 요구된다. 아울러 패널 데이터 간 과감한 통폐합도 이루어져야 할 것이다. 나아가 데이터 간 연계를 위한 주민등록번호 등을 기초로 한 정보 제공도 고려할 필요가 있다.

5) 민간 데이터와 빅데이터의 활용

민간 부문에서도 여러 데이터가 구축되어 활용되면서 급속히 민간 데

---

10 https://www.src.isr.umich.edu/about/

이터의 양적·질적 발전이 이루어지고 있다. 민간은행, 각종 단체, 교육기관들의 경우, 자체적으로 다양하면서도 유용한 데이터를 보유하고 있다. 특히, 빅데이터 개발의 경우, IT 강국으로서의 위상에 맞게 주목받을 만하다. 각종 유통업체 등에서 실시간 생산되는 소비자 행태 관련 정보들도 빅데이터로 구축되고, 여러 분야에서의 활용을 위해 대기하고 있다.[11] 공공부문 역시 한국전력의 전기소비 자료가 빅데이터 형태로 구축되어 활용될 여지가 크다.

이상에서 민간과 공공 모두, 빅데이터 구축과 이용에 대한 새로운 전환점이 마련되었다고 말할 수 있다. 따라서 이들 데이터를 개방하고, 공유하고, 활용하는 것이 중요하다. 박근혜 정부에서 추진되었던 정부 3.0이 공공데이터와 민간 데이터의 개방·공유·활용을 목표로 여러 대책이 추진되었는데 이를 지속할 필요가 있다.

6. 평가 인프라 구축 방안 2: 평가 방법 개발

1) 사회적 실험

사회적 실험은 정책대상자가 정책 시행에 따른 행위(근로, 소비, 은퇴 등) 변화가 예상될 때, 정책 시행 전에 특정 지역이나 집단을 대상으로 해당 정책을 시험적으로 실시한 뒤, 이로부터 확보한 정책대상자의 행동 변화와 관련된 각종 데이터를 사용하여 정책효과를 예측하는 것이다.

---

11 KB국민은행의 부동산 시세, 한국기업데이터의 크레탑(Cretop), 한국나이스신용평가의 Kisline 등 기업 재무정보 자료 등. 한국사회과학자료원의 KOSSDA 자료, 각 신용카드사 자료

미국의 EITC(Earned Income Tax Credit) 시행의 기초가 되었던 1960년대 후반 NIT(Negative Income Tax) 실험이 사회적 실험(Social experiment)의 시작이자 대표적 사례라 할 수 있다. NIT 실험은 네 번에 걸쳐 네 지역에서 시행되었다. 뉴저지(New Jersey)(1968~1972), 아이오와와 캐롤라이나(Iowa and Carolina)(1969~1973), 개리(Gary, Indiana)(1971~1974), 시애틀-덴버(Seattle-Denver)(1971~1982)에서 시행한 실험을 통해 NIT는 남성 가구주의 노동을 심각하게 줄일 수 있다는 결론이 도출되었다. 이러한 노동공급 저하 효과를 줄이는 방식의 EITC가 1980년대에 와서 도입되었다.

우리나라에서는 사회적 실험이 적용된 사례가 없었다. 2000년에 시행된 의약분업과 국민기초생활보장제도 시행에 앞서 반드시 필요했던 사회적 실험이 수행되지 않은 채, '일단 하고 보자'는 식으로 시행되었다. 의약분업의 경우, 과연 기대했던 항생제 남용 저하의 효과가 나타날 것인지, 그리고 국민기초생활보장제도의 경우 근로의욕 저하 효과가 커져서 빈곤함정(Poverty Trap)에 빠지는 상황이 생기지 않을지에 대한 사전 검증 없이 시행되었다.[12]

따라서 이제라도 새로운 정책에 대한 사회적 실험 적용을 본격적으로 검토해야 한다. 최근 서울시가 안심소득 도입 효과를 위해 사회적 실험을 하고 있다는 점은 주목할 만하다.

2) 비용-편익 분석의 개선

비용-편익 분석은 공공사업에 대한 사회적 비용과 편익을 계산하여

---

12 한국건강보험공단의 포괄적 수가제도 도입을 위한 시범실시 등의 사례가 있기는 하지만 지극히 형식적으로 이루어졌다는 평가를 받고 있다. (2009년 4월 20일부터 건강보험공단 일산병원을 대상으로 시범사업을 실시하는 신포괄수가제 사례 반영)

비교하는 분석도구다. 그동안 방법론상 발전이 꾸준히 이루어져 왔는데 우리나라에도 타당성 조사와 예비타당성 조사 등 여러 사업에 적용되었다. 특히, 도로공사나 항만·공항공사 등 대형사업에서 타당성 조사로서 비용-편익 분석이 빈번히 사용되었다.

그러나 비용-편익 분석의 분석기법이나 분석기초가 되는 각종 기본 자료, 즉 교통량예측치 등은 여전히 문제를 안고 있다. 교통영향, 환경영향 등과 같은 기본 자료들이 현실을 반영하지 못하거나 제때에 수정·보완되지 못하는 등의 문제가 지속적으로 제기되고 있다. 이는 공공사업 시행에 따른 각종 경제적·사회적 영향을 과학적이고도 엄정하게 예측하지 못하고 있기 때문이다.

따라서 비용-편익 분석의 분석 방법을 제대로 개발하고 적용하는 것과 함께 각종 분석에 기초가 되는 교통량 등의 통계 구축 및 수요예측치에 대한 과학적 분석과 개발이 필요하다. 아울러 비용-편익 분석의 결과에 덧붙여서 고려되는 해당 사업의 지역발전 기여 등에 대한 평가도 과학적 접근이 필요하다.

현재, 지역균형발전 요인을 비용-편익 분석 결과에 반영하는 AHP(Analytic Hierarchy Process)의 지수를 사용하고 있다.[13] 그러나 이러한 요인을 산정하여 반영하는 과정에 논란이 계속되고 있다.

3) 국민이전계정

경제정책의 결과는 주로 성장률로 나타난다. 성장률은 바로 국내총생산(GDP; Gross Domestic Product)의 전기 대비 증가율이다. GDP는

13 AHP는 '분석적 계층화 방법'이라고 번역하기도 한다. 합리적 의사결정에 도움을 주고자 의사결정 과정을 단계로 나누어 분석하는 방법이다.

한국은행이 조사하여 발표하는 국민소득계정(NIA; National Income Account)이 기초가 된다. 그런데 저출산·고령화 문제가 부각되고 있는 시점에서는 세대 간 경제자원의 흐름이 중요해진다. 한 해의 경제적 성과를 의미하는 국민소득의 총량이 세대 간에 어떻게 배분되었는가가 관심의 대상이 되기 때문이다.

저출산·고령화 시대에 세대 간 자원 흐름을 파악할 수 있도록 하는 것을 국민이전계정(NTA; National Transfer Account)이라고 한다. NTA는 2003년 미국의 버클리 대학의 론 리 교수와 하와이대학의 앤드류 메이슨(Andrew Mason) 교수가 개발한 것으로, 이를 기반으로 실제 측정하는 작업을 국가별로 시작하게 되었다. 현재는 체계적으로 50여 개국이 이 계정을 구축하여 비교·연구하고 있다(참고: http://ntaccounts.org).

우리나라는 필자가 2004년에 NTA 회원국으로 가입시키면서 현재 통계청에서 여러 연도의 NTA 계정이 구축되어 있다. 국민이전계정은 말 그대로 세대별 소득, 소비 등의 흐름을 관측하는 것으로서 우리 한국의 경우 다른 국가들과 많은 차이를 보이고 있다. 특히, 세대 간 이전 중에서도 교육비에 대한 이전이 10대에 집중되어 있다는 사실이 NTA를 통해 확인되었다.[14] 따라서 국민소득계정(NIA)과 더불어 국민이전계정(NTA)을 기초로 한 해의 경제적·사회적 성과를 세대별로, 그리고 민간과 공공부문의 흐름을 구분하여 살펴보는 것은 정책의 과학적 평가에 큰 도움이 될 것이다.

4) 지수 개발 및 활용

정책은 의료행위에서의 처방에 비유된다. 그런데 의료에서는 처방을

14 안종범, 『국민이전계정을 이용한 재정정책의 세대간 형평성 효과 연구』, 한국조세연구원, 2008.

잘하려면 정확한 진단이 요구된다. 훌륭한 의사는 여러 방법을 통해 환자를 최대한 정확하게 진단하는 능력을 갖추고 있다. 정책도 마찬가지로 진단 과정이 중요하다. 경제나 사회 상황에 대한 정확한 진단이 있어야 한다. 이러한 정책에 있어서는 진단으로서 지수(Index)가 핵심역할을 한다.

필자는 그동안 대표적인 수치를 통해 측정하기 힘든 여러 가지 상황에 대한 지수 개발의 필요성을 인식하여 이를 위한 연구를 진행한 바 있다. 그중 하나가 국가부채 통계 관련 지수다. 국가부채 크기에 대해 빈번히 논쟁이 벌어지곤 했는데, 이는 국가부채의 정의나 기준이 서로 다르기 때문이었다. 공기업 부채를 포함해야 한다거나 연금부채를 포함해야 한다거나 하는 등 각자의 주장에 따라 벌어진 논쟁이었다. 따라서 필자는 통화량 지표가 M1, M2, M3 등으로 사용되듯이 여러 정의에 따른 국가부채를 D1, D2, D3로 측정하여 발표할 것을 주장하였으며 현재 이것이 받아들여져 활용되고 있다.

필자는 2010년 대한상공회의소를 통해 기업부담지수(BBI; Business Burden Index)를 개발하여 사용하도록 권고했다. 설문조사를 통해 기업들의 세 부담, 사회보험부담, 준조세 부담과 같은 화폐단위로 측정 가능한 부담과 규제와 같은 비화폐적 부담을 함께 포함하는 지수를 개발했다. 이로부터 특정 연도에 특정 정책환경에서 기업의 부담이 어떤 변화를 보이는가를 측정했다. 이를 통해 기업 규모별, 지역별, 업종별, 기업부담의 변화를 상호비교 분석이 가능하다.

선진국에서 매년 발표하는 납세협력비용(Tax Compliance Cost) 또한 측정하여 발표할 필요가 있다. 이는 납세자로서 기업과 개인들이 납세에 따른 경제적·비경제적 비용 부담을 나타내는 것으로, 납세행정비용과 비교함으로써 가치가 있는 것이다. 행정력을 강화하여 납세협력비용을 줄이는 것이 바람직한 정책인데, 어느 수준까지가 적정한지 파악하기 위해서는 납세협력비용의 측정이 중요한 것이다. 이는 국세청이나 국책연구원인 한국조세재정연구원이 담당하는 것이 바람직할 것이다.

또 한 가지 고려할 가치가 있는 지수는 빅데이터를 이용한 경제동향지수이다. 필자가 경제수석으로 재직 시 메르스 사태가 발생하고, 이에 따른 내수 감소 등 경제 상황이 급격히 악화하였다. 경제 당국으로서는 매일매일 어느 부문이 어느 정도 어려워졌는가를 파악할 필요가 있었다. 하지만 어떤 통계도 지수로 매일 단위 경제 상황을 파악하기는 힘들었다. 대부분 통계자료가 짧아야 월 단위이고 그것도 시차가 있는 것이어서 활용하려면 시간이 걸렸다. 따라서 필자는 여러 빅데이터를 사용할 것을 검토하자고 제안했다. 매일 단위 신용카드 사용량, 교통수단 사용량, 전기 사용량, 통신 사용량 등의 지역별, 소비자별, 업종별 동향을 파악하고, 이를 통합한 후 지수화하여 경제 동향 지수 만들어보자고 제안했다. 비록 당시에 완성하지는 못했지만, 각종 빅데이터별 동향을 파악하는 것까지는 가능했다. 남은 과제는 이들을 총체적으로 합성시키는 지수(Composite index)를 개발하는 것이다.

우리가 현재 생활하는 가운데 발생하는 수많은 데이터는 계속 축적되고 있다. 이는 빅데이터 형태로 활용 가치가 무궁무진하다고 할 수 있다. 실시간 발생하는 빅데이터를 적합한 알고리즘을 통해 특정 목적에 맞게 지수화하는 작업은 앞으로 우리가 추진해야 할 중요한 것이라 하겠다.

5) 정책 매트릭스 개발 및 활용

중소기업 지원, 농업 지원, 복지, 저출산 대책, 일자리 대책 등은 그동안 모든 정부가 중점적으로 추진해온 정책들이다. 어느 국민도, 어느 집단도 이들 부문에 대한 정책, 특히 예산 지원에 대해 이의를 제기하는 경우가 없다. 지원 대상이나 지원목적이 국민적 공감대를 형성하고 있기 때문이다. 따라서 정부와 국회는 이러한 국민적 공감대를 이용하여 제대로 된 사전·사후평가 없이 이들 부문 예산 사업들에 대해서는 무조건 늘이기를 거듭하고, 나아가 신규사업도 앞다투어 만들어낸다.

해당 예산 사업들의 또 다른 공통점은 여러 부처가 동시에 추진한다는 것이다. 명칭은 다르지만, 목적과 대상이 유사하거나 동일하기까지 한 사례가 무수히 많다. 하지만 유사, 중복 그리고 비효율성, 비효과성을 점검하고 평가하는 노력은 전혀 없다. 한번 시작된 이들 사업은 부처별로 전년 대비 얼마나 증액할 것인가를 고민할 뿐, 예산 투입의 효과에 대한 검증에는 관심이 없다.

이러한 문제를 바로 잡기 위한 노력의 일환으로 필자는 정책 매트릭스(Policy matrix)라는 도구(방법론)를 개발하여 적용했다. 정책 매트릭스란 정책목표 달성을 위한 다양한 정책 수단들의 실제 수혜 대상이 어떠한 분포로 존재하는지를 매트릭스 형태로 표현해 정책의 중복성과 사각지대를 한눈에 파악할 수 있는 새로운 정책평가 체계다.

정책 매트릭스는 〈표 1-1-2〉와 같이 부처별로 특정 대상 혹은 목적의 사업에 투입된 예산을 기준으로 지원 부문별 구체적 사업별 대상자 수, 예산지원금액 등을 파악함으로써 중복, 유사 사업을 찾아내고 나아가, 대상자가 중복지원을 받거나 지원에서 누락되는 사례를 찾아낼 수 있게 만든 도구이다.

가령, 중소기업 지원이라는 큰 정책목표 내에 다양한 정책수단(금융지원정책, 기술혁신 지원정책, 동반성장 지원정책 등)이 존재하는데, 실제로 정책 수단들의 혜택을 받는 수혜 대상들이 어떠한 분포로 존재하는지 살펴보면 정책들이 어떤 기업들에 집중되어 있는지, 어떤 기업들이 지원정책의 사각지대에 있는지 파악할 수 있다. 예를 들어, 중소기업 지원정책이 기업별로 어떻게 이뤄지고 있는지를 보고자 한다면 다음과 같은 매트릭스 틀을 만들 수 있다.

<표 1-1-2> 정책 매트릭스의 예

	창업기	성장기	정체기	재도약기
금융	대상기업 수/ 투입예산*			
기술혁신				
동반성장				
수출/판로				
인력				
창업/벤처				
기타				

* 금융 지원정책의 실제 수혜 대상 중 창업기 기업이 몇 개가 되는지와 이들에게 배당되는 예산액은 얼마나 되는지가 입력됨. 그렇게 되면 금융 지원정책이 기업별로 어떤 기업에 집중(혹은 중복)되는지, 어떤 기업들이 혜택을 못 받는지 구분할 수 있음.

필자는 2011년 기획재정부 심층평가사업의 일환으로 이를 활용했다. 당시 여러 관련 부처에 위와 같은 표 양식을 배포한 뒤 최근 5년간 관련 사항을 조사하여 기입한 후 제출할 것을 요구했었다. 하지만 거의 모든 부처가 관련 표를 만들지 못할 정도로 중소기업 지원에 대한 예산관리에 소홀했다. 어느 대상에 어떻게 투입되었는지조차 파악하지 못하고 있던 것이다. 이는 정책 효과를 평가한다는 것이 원초적으로 불가능하다는 의미이다. 10여 년이 지난 현시점에서는 부처별로 관련 예산관리가 제대로 이루어지고 있다고 할 수 있다. 지금이야말로 정책 매트릭스가 여러 부처 사업 평가의 기초수단으로 사용될 필요성이 크다. 그래야 정책 매트릭스로써 투입예산정보를 파악하고 활용하여 적절한 예산관리를 할 수 있을 것이다.

6) 공약가계부 활용

재정문제, 즉 나라살림의 문제는 적자와 부채로 집약된다. 세금을 통한 재정수입보다 지출이 많아지면 재정적자가 발생하고, 이 적자를 메우기 위해 발행하는 정부 채권이 국가부채를 증대시킨다. 그런데 나라살림 문제는 언제나 선거를 치르고 나면 더욱 심각해진다. 포퓰리즘, 즉 인기영합으로 정치인들은 선거를 앞두고 늘 세금은 깎고 예산은 늘린다는 공약을 하기 때문이다.[15]

선거 과정에서의 공약 남발로 인한 나라살림에의 악영향을 막는 것은 무엇보다 중요하다. 선거 때마다 시민단체가 공약 남발을 감시하는 것으로는 소용이 없었다. 그런 의미에서 2012년 19대 총선과 2013년 18대 대선에서 선보였던 공약가계부는 선거 과정에서의 포퓰리즘을 막는 정치로 주목받을 만했다. 선거에 임하는 정당이 발표하는 모든 공약의 재원을 계산해서 공개하고, 이에 대한 재원 조달 방안과 계획도 함께 발표하도록 하는 것이 공약가계부이었다. 박근혜 대통령 후보의 모든 공약사업의 재원을 철저히 계산하고, 이의 재원조달 방안을 마련하여 공약가계부로 국민 앞에 내놓았다. 당선 후 인수위 과정에서, 그리고 정부 출범 후 국가재정 계획에도 공약가계부는 계속 관리되었다. 그러나 그때뿐이었다. 대통령 선거나 그 후 국회의원 선거에서 아무도 공약가계부를 언급조차 하지 않았다. 이제는 다시 꺼내 사용해야 한다.

7) Counterfactual 개념과 DID 활용

정책결정에 그 결정으로 인해 포기한 다른 정책대안이 존재하는지에 대한 확인이 꼭 필요하다. 한 가지 정책이 선택되면 다른 대안을 포기한 대가, 즉 기회비용이 존재한다. 따라서 한 정책의 효과를 단순히 그 정책

15 안종범, "재정정책에 미치는 정치적 영향과 정책과제", 정책학회보, 제10권 제1호, 2001.5., Chong-Bum An and Seoghoon Kang, "Government Expenditure and Political Business Cycle" Korean Economic Review, Vol.16, No.2, 2000.12. 참조

시행 전후만 비교하고 판단해서는 곤란하다. 한 정책을 선택할 경우, 그 정책에 대비해 가장 중요시되었던 대안을 상정하고 그 대안의 예상되던 결과와 비교하자는 것이다. 예를 들어, 최저임금 인상의 효과를 검증할 경우 Counterfactual은 저임금 계층을 대상으로 하는 근로장려금 인상으로 설정할 수 있다. 단, 이 경우 동일한 예산지출 조건 아래에서 비교가 이루어져야 할 것이다.

이러한 Counterfactual 개념을 본격적으로 활용하여 시도하는 평가가 바로 사회적 실험(Social experiment)이라 할 수 있다. 정책대상자(Treatment group)와 비대상자 혹은 통제대상자(Control group) 간의 행태변화를 비교하는 것이 핵심 평가대상이다. 이때 주로 사용되는 방법론이 DID(Difference In Difference)이다. DID는 사회적 실험 이외에서도 각종 정책 변화 효과를 Counterfactual의 변화를 제외한, 순수한 정책 효과를 추출하기 위한 계량경제학적 방법이다. 아울러 FGI(Focus Group Interview)를 활용하여 정량적으로 설명되지 않는 부분의 정책수요나 사각지대를 파악할 수도 있을 것이다.

7. 정책평가제도의 개혁

1) 사전평가제도의 개선

앞서 사전평가의 중요성과 사전평가 방법론의 개발을 강조했다. 이제는 우리나라가 가지고 있는 사전평가제도를 원점에서 재검토하여 개선하는 방안을 모색해야 하겠다. 사전평가제도의 기본이념은 비용효과성(Cost-effectiveness) 개념을 명확히 세우는 것이다. 정책 효과가 아무리 크다고 판단되더라도 예산투입 규모가 감당하기 힘들 정도로 크거나 다른 계층, 다른 시점, 혹은 다른 지역에 미치는 부정적인 영향이 크다면 시행하면 안 된다. 따라서 모든 정책은 예상되는 비용 대비 효과가 얼마나 큰지를 기준으로 사전에 평가되어야 한다.

비용효과성을 기초로 가장 시급히 바로잡아야 하는 것은 예비타당성 조사이다. 예비타당성 조사는 시작된 지 이미 오랜 기간이 지났지만, 여전히 적용되는 방법론이나 기초가 되는 각종 투입변수(교통수요예측 등)에 진전이 없었다. 따라서 앞에서 논의된 방법론 개선 방법에 맞추어 예비타당성 조사를 개선하는 것이 급선무이다. 예비타당성 조사를 면제하는 기준이 지속적으로 완화되는 것도 중단해야 한다.

사전평가를 위해 새롭게 도입된 제도가 앞에서 언급한 바 있는 조세지출 예산의 사전평가이다. 필자가 국회의원일 때 통과시킨 법안을 기초로 시행하고 있는 제도로써, 한국조세·재정연구원에 의뢰하여 조세지출 관련 법안에 대한 사전평가를 하는 것이다.

또한, 규제법안 사전평가제도도 본격적으로 도입할 필요가 있다. 1998년 8월 '행정규제기본법' 제정을 계기로 규제영향분석제도가 도입되었으며, 2008년 중소기업규제영향평가, 2009년 경쟁영향평가, 2012년 기술영향평가를 운영하고 있기는 하다. 그러나 법적인 구속력이 없다는 점에서 법안에 포함된 규제 사안에 대해서 사전평가하는 법적인 구속력을 마련할 필요가 있다. 즉 규제에 미치는 영향을 사전에 파악하여 이를 근거로 법안을 심의할 수 있도록 근본적인 규제영향평가를 하는 제도를 마련할 필요가 있는 것이다. 2014년 김광림 의원 등 157인이 발의했던 '국민행복과 일자리 창출·국가경쟁력 강화를 위한 규제개혁특별법안'이 바로 이러한 취지에 근거하였다. 이 법안은 기존의 행정규제기본법을 폐지하고 규제개혁을 최우선으로 하는 특별법을 제정하는 것이었지만 아쉽게도 통과되지 못하였다.

사전평가제도로서 사회적 실험을 적용하는 제도적 장치를 마련하는 것도 필요하다. 특히, 대형 복지사업이나 고용지원사업의 경우, 대상자가 정책시행에 따른 행태변화가 다양하고 복잡하다는 점에서 반드시 사회적 실험을 통해 사전적으로 행태변화를 예측하는 것이 필요하다.

2) 사후평가제도의 개선

사전평가의 기본이념이 비용효과성이라면, 사후평가의 기본이념은 목표효율성(Target efficiency)이라고 할 수 있다. 목표효율성은 정책 전과 후를 비교해 정책 대상이 얼마나 정책의 목적에 부합하게 되었는가를 효율성의 개념으로 파악하는 것을 의미한다.[16]

그동안 사전평가에 비해 사후평가가 더 소홀했고, 또한 평가 방법도 제대로 개발되지 못했다. 바로 이 점에서 목표효율성의 개념이 중요하다. 정책 대상을 명확히 한 뒤, 이 대상들이 어느 정도 정책에 따른 긍정적 영향을 받았는지 평가하는 것이 사후평가의 핵심이 되어야 하는 것이다. 따라서 사후평가를 위한 기본적인 방법으로 필자가 제안한 정책 매트릭스의 활용이 필요하다. 특히 정책 매트릭스는 오랜 기간 막대한 재정이 투입되었지만, 효과가 없다고 비판받고 있는 여러 부처가 관리하는 저출산 대책사업에 적용하는 것이 좋다고 판단된다.

아울러 각종 지수의 개발과 활용도 정책의 사후평가에 대한 출발점으로도 중요하다.

---

16 목표효율성 개념을 처음 도입한 것은 다음 문헌임. Davies, B.P. and Challis, D.J. (1986) Matching Resources to Needs in Community Care: An Evaluated Demonstration of a Long-Term Care Model. Gower, Aldershot.

3) 부처평가제도의 개선

정부부처에 대한 평가는 앞에서 살펴본 바 있듯이, 중복의 문제와 함께 실효성 문제도 있다. 정책수요를 파악해서 정책을 가장 먼저 만들기 시작하는 주체가 각 부처이다. 각 정부부처가 정책을 만들고, 시행하고, 이를 평가한 뒤 개선하는 과정에 관여한다는 점에서 정책에 문제가 있어도 평가가 제대로 이루어지지 않을 수 있다.

현재 정부부처의 평가는 감사원의 평가, 국정감사, 그리고 국무총리실의 평가 등 다양하게 이루어진다. 그러나 이들 평가는 서로 중복되기도 하지만, 평가에 대한 명확한 기준이 없어 실효성도 떨어진다. 따라서 평가를 단일화하거나 역할을 적절히 분담할 필요가 있다. 국무총리실 내 국무조정실의 부처 평가는 그 전문성이 떨어지면서 구속력도 없다는 점에서 실효성을 높이면서 중복을 피할 방안이 요구된다.

감사원 감사는 그동안 우리 공공부문의 투명성을 높이는 데 크게 기여한 것으로 평가된다. 그러나 회계감사나 직무감찰을 넘어 부처의 정책내용까지 평가하기에는 역량이 부족하다는 의견이 있으며, 일선 공무원들의 지나치게 보수적이고 위험회피적인 행태를 유발한다는 지적이 많다. 이에 따라 감사원의 역할과 기능을 재정립해야 한다는 요구가 제기된다.

4) 기금평가와 공기업평가 개선

나라살림과 나랏빚을 제대로 파악하려면 기금과 공기업에 대한 제대로 된 평가가 중요하다. 기금은 매년 운용평가와 함께 3년에 한 번씩 존치평가를 하고 있다. 그리고 공기업은 오랜 기간 전문가의 평가를 받아오고 있다. 그러나 이 두 가지 평가 역시 새롭게 개선할 시기가 되었다.

우선 기금의 경우, 운용평가와 존치평가 결과를 기금의 개선에 반영하는 데 지극히 미흡하다는 것이 문제이다. 그만큼 기금평가와 기금존치평가의 구속력이 없기 때문이다. 예를 들어, 신용보증기금과 기술보증기금의 중복 기능 문제가 매년 평가에서 지적되어도 한 번도 이들 기금 간 통폐합은 물론, 기능조정이 제대로 이루어진 적이 없다. 따라서 기금평가와 기금존치평가 결과를 국정감사로 연결 짓거나 결과에 대한 강한 구속력을 갖도록 제도를 마련하는 것이 필요하다.

공기업평가의 경우, 기금평가와 같이 존치평가가 필요하다. 공기업 간 중복문제나 공기업 기능을 조정할 필요가 있는지에 대한 존치평가가 요구된다. 아울러, 현행 공기업평가가 서로 다른 성격의 공기업을 상대평가하는 불합리성을 해결하기 위해, 공기업평가 기준을 동일 기능을 가진 해외기업으로 비교 대상을 선정하여 평가하는 것으로 전환해야 한다.

8. 정책평가기관으로서 국회의 개혁과제

1) 예결위 상임위화

시행될 정책을 사전에 평가하고 시행된 정책을 사후에 평가하는 여러 제도나 장치가 있다. 하지만 정책의 사전 그리고 사후평가의 핵심은 사실상 국회의 예산심의와 결산심사 과정이다. 정부가 새로운 예산사업과 지속되는 예산사업에 대해 사전평가 작업한 것을 국회에 보내면, 이를 국회 예산결산심의위원회(예결위)가 심의하는 과정이 사전평가의 최종 단계라고 할 수 있다.[17] 그리고 결산심사는 전년도 사업에 대해 사후평가

17 국회 예산결산특별위원회는 예산안과 결산 심의에 있어서 핵심적인 역할을 하는 위원회다. 국회가 가

한 것을 정부가 국회에 보내서 심사하는 과정으로, 사후평가의 최종 단계라 할 수 있다.

예산결산위원회를 상임위가 아닌 특별위원회로 두고, 임기 1년 위원을 모든 지역구 의원들이 한 번씩 돌아가면서 맡도록 하고 있다. 결국, 우리 국회에서의 사전·사후평가는 그 기능이 매우 미약할 수밖에 없다. 매년 9월 정기국회가 열리면 먼저 예결위에서 전년도 사업의 결산심사를 하게 되는데 결산심사 과정은 전문성과 관심도 모두 떨어진다. 결산심사 대신 당시 정치적 이슈에 대한 질의에 몰두하는 것이 반복되면서 결산심사 자체에는 거의 신경을 쓰지 않고 끝낸다. 예산심의 또한 예결위 내에 소위를 구성해서 심의한다고 하지만 늘 정치적 공방만 이어지면서 진정한 심의는 하지 못한다. 대신 예결위원들은 자기 지역구의 예산 챙기기에만 급급하다. 이러한 예결산 심의와 심사를 통한 예산사업, 나아가 정책에 대한 평가가 제대로 이루어지지 않고 있다는 것은 심각한 문제이다.

따라서 국회에서 예산과 결산의 기능을 강화하는 것이 급선무이다. 특히, 예산심의와 결산심사를 맡은 국회의 예결위가 제대로 된 역할을 하도록 해야 한다. 이를 위한 몇 가지 개혁과제를 살펴본다.

첫째, 예결위를 상임위화해서 예결산 심의의 전문성을 확보해야 한다. 예산안은 9월 국회에 제출할 때까지 장장 9개월에 걸쳐 정부의 수많은 전문 인력이 동원되고 편성되어 만들어진다. 그런데 국회에서의 심의는 한 달도 안 되는 짧은 기간에 50명의 예결위원이 처리해야 한다. 이들 예결위원들이 예결산 심의의 상당한 전문성이 없이는 힘들다. 다행히 2000년 5월 이후 제16대 국회부터는 예결위가 상설화되어 1년 내내 열릴 수

진, 헌법 제54조에 의한 예산안을 심의·확정하는 권한과 헌법 제99조와 국가재정법 제61조에 의한 결산안을 심의·확정하는 권한을 실질적으로 행사하는 위원회이다.

있도록 했기에 시간적 여유가 생겼다. 그러나 예결위는 여전히 특별위원회여서 소속 의원들이 평소에는 각자의 상임위 활동을 우선시하기 때문에 상설화의 취지를 살리지는 못하고 있다. 전문성을 확보하기 위한 해결책은 예결위를 상임위로 전환하는 것이다. 이를 위해 예결위를 현재와 같이 특별위원회가 아닌 상임위화해서 전문성을 갖는 의원이 단독 상임위에 소속되도록 해야 하는 것이다.

둘째, 예결위 상임위화를 통해 예결위원을 다른 상임위와 겸임하지 못하도록 해야 한다. 지금처럼 1년 임기인 예결위원을 서로 돌아가면서 한다는 것이 많은 문제를 야기하기 때문이다. 자신의 지역구 예산에 더 신경을 쓸 수밖에 없는 국회의원들에게 예결위원으로서 나라살림 전체를 보고 심의하는 전문성을 기대하기란 애초에 힘들다. 따라서 예결위를 상임위화함과 동시에 비례대표 의원을 중심으로 예결위원을 구성하는 방안을 검토해볼 만하다. 그리고 이런 제도적 장치가 마련되기까지는 예결위 활동의 지침을 만들어 새로 선임되는 예결위원들에게 참고하도록 할 필요도 있다.

2) 국회 연구 및 조사기능 강화

미국은 각 부처, 민간 연구기관, 우리의 예산정책처에 해당하는 의회예산처(CBO; Congressional Budget Office), 우리의 감사원에 해당하는 미연방 회계감사원(GAO; Government Accountability Office) 등에서 정책프로그램들에 대한 상시 사전·사후평가 체제를 갖추고 있다. 미국은 10년에 걸친 사전평가 과정을 거친 뒤 1996년 복지개혁을 단행했고, 2000년 이 복지개혁에 대한 사후평가의 최종보고서를 완성할 정도로 평가에 있어서는 철저하다. 아울러 이 복지개혁에 대한 평가가 의회차원에서 아직도 진행 중이다. 의회예산처, 회계감사원 같은 공적 연구기관뿐 아니라 이른바 벨트웨이 정책연구기관(Beltway Policy Institute)이라 불리는 워싱턴 DC 내 연구기관들, 즉 브루킹스연구소(Brookings Institution), 매스매티카(Mathematica), 앱트(Abt) 같은 수많은 민간 연구기관들도 공공정책과 예산사업의 효과를 연구한다. 이들의 연구가 기초가 되어 각종 예산사업의 과학적인 평가가 이뤄지는 것이다.

우리나라도 예산정책처, 입법조사처 등 국회 내 연구 및 조사기관의 전문성과 기능을 강화해야 한다. 특히, 국회가 예산과 정책의 사전·사후 평가를 제대로 하도록 역할을 해야 한다. 이를 위해 상임위별 전문위원과 예결위 전문위원들을 이들 연구 및 조사기관과 통합해야 한다. 현재는 부처 예산에 대한 평가를 예산정책처, 각 상임위 전문위원, 그리고 예결위 전문위원이 각각 하고 있다는 것에 중복과 책임회피의 문제가 있다.

그래서 정책프로그램 하나하나에 대한 철저한 사후평가가 필요하다. 사회적 약자를 위한 제도이므로 평가를 논하기에 어렵다고 여겨지는 복지 예산, 중소기업 예산 그리고 농업 예산의 실효성까지 점검하는 사후평가가 필요하다는 것이다. 진정으로 빈곤층, 중소기업 그리고 농촌을 위한다면 철저히 실효성을 따져봐야 한다. 전체 예산 규모를 줄이기 위해서가 아니라 현재의 예산이 제대로 쓰이고 있는가를 살펴보자는 것이다.

3) 국정감사 개혁

국정감사는 국회에서 각종 정책에 대한 사후평가를 할 수 있는 중요한 계기가 된다. 그러나 지금까지의 국정감사는 각 부처와 공공기관의 정책에 대한 감사가 중심이 아니라 비리를 밝혀내는 데 초점이 맞추어져 있다. 국회 상임위별로 국정감사를 하는 국회의원들은 국정감사 대상 기관

(피감기관)이 어떤 비리가 있고 어떤 잘못을 저질렀나에 집중해서 이를 언론에 보도하는 데 심혈을 기울인다. 결국, 정책평가 및 정책감사는 언론에 주목받지 못한다는 점에서 소홀해질 수밖에 없다.

이러한 국정감사의 문제는 피감기관의 업무에 막대한 지장을 초래하는 또 다른 문제로 이어진다. 국정감사를 위한 의원별 자료요구를 무차별적으로 그리고 중복적으로 함으로써 국정감사 동안 피감기관은 의원실의 자료요구에 응하는 데에만 엄청난 업무시간을 쓰게 된다. 즉 부실하고 제 기능을 하지 못하고 있는 국정감사는 피감기관의 업무에 큰 짐을 지우는 셈이다.

아울러 연중 어느 때나 국정감사를 할 수 있게 되어 있으나, 실제로는 연간 1회 10월경 제한된 기간에 속성으로 국정감사를 실시하게 됨으로써 국정감사의 기능이 원천적으로 저조할 수밖에 없다. 따라서 우선 연간 1회 국정감사가 아닌 국정감사를 연중 상임위 체제에서 할 수 있도록 하는 국정감사의 실질적 상시화가 필요하다. 아울러 국정감사 자료는 상임위별 나아가 전체 국회 차원에서 공유하고 나아가 DB화해야 한다. 국정감사 또한 피감기관의 비리를 드러내서 처벌하는 것이 목표가 되어서는 곤란하다. 피감기관이 정책을 얼마나 제대로 수행했는가를 평가하는 것을 주된 목표로 삼아야 한다. 이를 통해 국정감사가 제대로 된 정책의 사후평가 기능을 하게 된다.

9. 결론: 올바른 정책평가를 위해 관련 기관과 전문가들의 관심이 필요하다

시장 실패 상황마다 정부가 개입해서 정책을 적용하는 것은 바람직하지 않다. 정부가 정책을 통해 시장 실패의 원인을 치유할 수 있다는 확신이 있을 때 비로소 정책을 고안하고 개발하고 적용해야 한다. 그리고 정부 개입의 결과가 어떠하였는지 사후적으로 평가를 해보아야 한다. 다시 말해서 정책에서는 사전평가와 사후평가 모두 중요하다는 것이다.

필자는 본 발제문을 작성하면서 정책 선진국과는 달리, 우리 한국에서의 정책이 어떻게 실패했는지 그 원인을 중점적으로 살펴보았다. 그 결과, 평가 체계 전반적인 문제가 있는 것으로 나타났다. 이를 바로 잡는 방법은 개혁밖에 없다. 정부부처에서부터 시작해서, 한국은행, 국회, 연구기관, 감사원 등이 평가에 있어서의 기능을 구조조정 하고 평가개선 방안을 모색하는 개혁이 중요하다.

필자는 이러한 평가체제개혁 방안을 기초로 그동안 선진국에서 발전되어오고 있는 평가 인프라 구축 모델을 통해 구체적인 방안을 제시했다. 데이터의 개발과 평가 방법의 개발을 위해 우리나라의 데이터 생산기관들과 평가 주체들의 근본적인 개선방안을 모색했다. 아울러 평가체제개혁을 위한 구체적 방안으로 정부와 국회 등에 이르는 개혁의 구체적 방안을 제시했다. 차선의 이론(Second-Best Theory)에서 시사하는 바와 같이 정책평가의 개혁은 부분적인 개선(Piecemeal approach)보다는 전반적인 개혁이 바람직하다.

평가는 정책의 성공과 국민과 국가에 바람직한 결과를 가져다주는 핵심 수단이다. 이러한 평가를 위한 개혁과제를 제시하고, 구체적 방안을 모색한 본 연구에 관련 기관들과 전문가들의 관심이 절실히 요구된다. 정책결정권자들의 관심과 언론의 견제, 양식 있는 전문가 집단의 조언 등이 합쳐질 때 올바른 정책평가가 가능해질 것이기 때문이다.

참고문헌

· 대런 애쓰모글루, 제임스 A. 로빈슨, 『국가는 왜 실패하는가』 최완규 역, 시공사, 2012.9.27., Daron Acemoglu and James A. Robinson, Why Nations Fail, 2012, Crown Business.

· 안종범, 『수첩 속의 정책: 포퓰리즘과의 전쟁』, 정책평가연구원, 2022.4.

· 안종범, 『정책평가개혁론: 바른 정책은 바른 평가에서』, 정책평가연구원, 2023.3.

· 안종범, 『국민이전계정을 이용한 재정정책의 세대간 형평성 효과 연구』, 한국조세연구원, 2008.

· 안종범, "재정정책에 미치는 정치적 영향과 정책과제", 『한국정책학회보』, 제10권 제1호, 209-235, 2001.5.

· 안종범, "비용편익분석에서의 분배가중치: 정치적 가중치 이용의 이론적 근거", 『재정논집』, 제15권 제1호, 2000.11.

· Chong-Bum An and Seoghoon Kang, "Government Expenditure and Political Business Cycle" Korean Economic Review, Vol.16, No.2, 2000.12.

· Davies, B.P. and Challis, D.J. (1986) Matching Resources to Needs in Community Care: An Evaluated Demonstration of a Long-Term Care Model. Gower, Aldershot.

· Wolfe, B., R. Haveman, D. Ginther, and C. An, "The Window Problem in Studies of Children's Attainments: A Methodological Exploration", Journal of American Statistical Association, Vol. 91, No. 435, pp.970-982, 1996.10.

· Chong-Bum An, Robert Haveman, and Barbara Wolfe, "Teen Out-of-Wedlock Birth and Welfare Receipt: The Role of Childhood Events and Economic Circumstances", Review of Economics and Statistics, Vol.75, No.2, pp.195-208, 1993.5.

· R. G. Lipsey and K. Lancaster, "The General Theory of Second Best", Review of Economic Studies, Vol. 24, No. 1, 1956.

· Lucas, R.E. (1976) "Econometric Policy Evaluation: A Critique", In: Brunner, K. and Meltzer, .H., Eds., The Phillips Curve and Labour Markets, Chicago University Press, Chicago, 19-46.

· North, Institution, Institutional Change and Economic Performance 1990, p5, Cambridge University Press.

· Rust, J., "Optimal Replacement of GMC Bus Engines: An Empirical Model of Harold Zurcher" Econometrica, 55-5, 999-1033, 1987. p.20.

· Rust, J., "A Dynamic Programming Model of Retirement Behavior" in David Wise (ed.) The Economics of Aging, Chicago, University of Cicago Press, 359-398, 1989.

2장

정책평가 연구의 발전과 정책평가 연구기관의 역할

리처드 버크하우저(Richard V. Burkhauser) [텍사스 오스틴대학교 교수 / 전 미국 대통령 경제자문위원]

1. 서론

본 논문에서는 미국 정책연구소들의 두 가지 역할에 대해 분석한다. 첫째는 증거기반 정책 결정을 위해 정책연구소들이 증거제공을 하는 역할이다. 그리고 두 번째는 미국 대통령이 경제자문위원회(CEA; Council of Economic Advisors) 위원으로 임명한 대학 학자들을 양성하는 미국 정책연구소의 역할에 대한 것이다.

2. 증거기반 정책결정

나는 2017년 9월부터 2019년 5월까지 트럼프 행정부의 경제자문위원회 3인의 위원 중 한 명으로 재직했다. 경제자문위원회는 1946년 설립되었으며, 위원회 설립의 유일한 목적은 대통령에게 경제 정책에 대한 자문을 제공하는 것이다. 따라서 위원회와 대통령실 간의 소통 내용은 '정보공개법'의 조사 대상이 되지 않는다.

나는 안종범 원장이 과거 몸담았던 위스콘신대학교(University of Wisconsin-Madison)의 빈곤문제연구소(Institute for Research on Poverty)와 같은 대학 기반의 연구소에서 일했던 경험을 바탕으로 이야기를 하고자 한다. 안종범 원장과 마찬가지로, 위스콘신대학교에서의 3년 동안 나는 로버트 헤이브만(Robert Haveman) 교수와 협력하면서 많은 성과를 거두었다. 경제자문위원회에 들어가기 전에 나는 미국국립경제연구국(NBER; National Bureau of Economic Research)과 같은 '벨트웨이(워싱턴 DC 소재 정책연구소를 지칭) 밖'의 정책연구소들뿐만 아니라 미국기업연구소(AEI; American Enterprise Institute)와 같은 '벨트웨이 내'의 정책연구소들과 함께 일하기도 했다.

안종범 원장이 이번 심포지엄을 위해 미리 보내준 "정책평가 연구의 발전과정과 개혁과제" 논문은 한국에서의 증거기반 정책결정을 위한 증거제공에 대한 그의 시각을 보여주었으며, 이는 매우 인상적이었다. 한국과 미국 모두 그 첫 번째 단계는 정책 연구자들이 증거를 제공하는 데 필요한 데이터를 생성하고 사용할 수 있도록 하는 것이다. 안종범 원장 논문의 5절 '평가 인프라 구축 방안 1: 데이터 인프라 구축'에서 다룬 내용은 '미국 정책용어'로 바꿔 말하자면 '빅데이터'라 할 수 있다. 이러한 노력들은 미국의 빅데이터 논쟁에서 매우 중요한 부분이다.

현재까지 이와 관련된 가장 중요한 법은 '2018년 증거기반 정책수립 기초법(The Foundations for Evidence-Based Policymaking Act of 2018)'이다. 이는 트럼프 정부에서 초당적으로 통과된 몇 안 되는 법안 중 하나이다. 이 법은 캐서린 아브라함(Katharine Abraham, 오바마 대통령의 전 경제자문위원회 위원이자 브루킹스연구소의 전 연구위원)과 로날드 하스킨스(Ronald Haskins, 부시 대통령의 전 복지정책 수석 고문이자 브루킹스연구소의 오랜 선임 연구위원)가 공동 의장으로 활약한 '2017년 미국 증거기반 정책결정위원회 보고서'를 기반으로 하고 있다. 이 법은 연방 정부기관들이 정책결정을 뒷받침하기 위한 증거를 개발하도록 한다. 해당 연방 정부기관은 정책 문제들을 확인하고 해결하기 위한 체계적인 계획을 매년 대통령실 소속 관리예산실(OMB; Office of Management and Budget)과 의회에 제출해야 한다. 그러나 증거기반 정책결정위원회의 모든 권고 사항이 이 법에 포함된 것은 아니다.

가장 최근의 빅데이터 주제에 대한 세 보고서 중 첫 번째인 "2023 국립과학아카데미(NAS; National Academies of Science) 보고서"에서 가장 중요한 점은 통계기관들(예: 인구조사국, 노동통계국 등)이 데이터 보유자들(예: 사회보장청(SSA), 국세청(IRS), 노동부(DOL) 등)에게 정보와 서비스를 다시 제공해서 그들의 의사결정, 운영 및 활동에 중요한 영향을 미치도록 해야 한다는 것이다. 대신에 대중, 데이터 보유자들 그리고 주요 이해관계자들에게 데이터 접근확대와 활용을 지원하고 활성화하는 입법과 기타 변화들을 장려해야 할 것이다.

이 보고서에는 2017년 이후의 일들, 특히 연구원들의 데이터 접근과 관련하여 이러한 인프라로 나아가는 획기적인 발전이 매우 잘 기술되어 있다. 하지만 이와 더불어 아직 해결해야 할 문제들 또한 있음을 보여주고 있다. 한국은 미국이 현재 겪고 있는 이러한 어려움을 타산지석으로 삼아 안종범 원장이 그의 논문에서 밝힌 목표를 달성할 수 있을 것이다.

NAS의 두 번째(예정 중인) 보고서는 검토 단계에 있다. 위원회의 공청회에서는 1970년대에 행정 데이터와 조사 데이터를 '현대적 방식'으로 연동하는 것이 기술적으로 가능했음을 지적했다. 사회보장청의 킬스와 슈렌(Kilss and Scheuren)(1978) 논문에서는 사회보장청의 행정기록 및 국세청의 세금기록을 1973년 3월 인구조사(CPS) 기록과 연동하는 작업을 보여준다.

나는 1976~1977년 갓 졸업한 시카고대학교 경제학 박사 학위 소지자로서 워싱턴에서 기획평가차관보실(ASPE; Assistant Secretary for Planning and Evaluation)에서 일하며 이러한 연동 데이터의 일부를 활용한 최초의 '외부인' 학자 중 한 명이었다. 그러나 국세청 데이터와 전인구조사의 전체 변수 세트에는 접근 권한이 없었다. 킬스와 슈렌이 참조한 두 논문은 내가 저자 혹은 공동저자로 참여하였는데 목록(그들의 정확한 매칭 연구(Exact Match Study) 리포트의 목록)에 있는 다른 저자들의 작업 논문과 마찬가지로 1980년과 1981년에 드디어 학술지에 게재되었다(버크하우저(Burkhauser)(1980), 버크하우저와 월릭(Burkhauser and Warlick)(1981)).

그러나 알 수 없는 이유로 정확한 매칭 연구 데이터는 한 번도 업데이트되지 않았다. 사실, 미국 인구조사국(Census Bureau)의 단체들이 국세청, 사회보장청 및 인구조사 연동 데이터에 접근 권한을 얻기까지는 수십 년이 걸렸다. 아마도 2018년 증거기반 정책수립 기초법이 통과되었기 때문이기도 했을 것이다. 그리고 이제야 외부 연구원들에게 이러한 데이터 접근을 허용하는 걸 준비하고 있다. 그렇기 때문에 나는 2018년 증거기반 정책수립 기초법을 바탕으로 외부 기관들의 해당 데이터 접근 허용에 대한 정부기관들의 이처럼 소극적인 태도가 금방 극복될지는 여전히 미지수라고 생각한다.

나는 사회보장청이 당초 은퇴이력조사(Retirement History Study)의 실패 때문에 사회보장청의 소득이력(Earnings Histories)을 조사 데이터와 연결하는 새로운 조사를 시작하는 것에 주저했다는 것을 알고 있다. 사회보장청이 이 일을 진행하는 데는 벨트웨이 최고전문가인 국립고령화연구소(NIA; National Institute of Aging)의 리처드 수즈먼(Richard Suzman)의 힘이 컸다. 그는 미시간대학교에 사회보장센터(Social Security Center)를 설립하여 1단계 기밀 데이터에만 접근할 수 있던 것을 2단계 기밀 데이터에 접근할 수 있도록 했다. 더 중요한 것은 수즈먼은 학술감독위원회가 사회보장청과 함께 '건강 및 은퇴 조사(HRS; Health and Retirement Study)'의 시작에 이어 다음 조사(Wave)가 가능하도록 국립고령화연구소 자금을 사용할 수 있게 했다(이 작업에 대한 초기 논의는 버크하우저 및 거틀러(Burkhauser and Gertler)(1995)를 참고하기 바란다). 건강 및 은퇴 연구는 초기 조사대상(코호트)이었던 51~61세(1931~1941년 출생)를 추적하는 장기조사(Longitudinal Data)로 현재까지 이어지고 있다. 아울러 1942~1947년, 1948~1953년, 1954~1959년 3개의 코호트에 대한 장기조사도 이어지고 있다.

고령화 관련 주요 연구자들로 구성된 독립된 학술감독위원회(Board of Overseers)와 주요 대학(미시간대학교 사회연구소 내 조사연구센터)이 소속되어 있는 정책연구소(Policy Research Institute)에 있는 비정부 연구원들은 데이터 세트를 개발하고 운영하고 있다. 그로부터의 장점 중 하나는 노령화 인구집단이 보유한 최신 정보를 보여준다는 것이다. 또 다른 장점은 학술감독위원회가 예전에는 물론 지금까지도 미래의 노인 인구와 관련된 미래 정책연구 주제들을 먼저 예측할 가능성이 가장 크다는 것이다. 이와 같은 데이터 개발은 공공목적 데이터를 배포하고 또 캠퍼스 내에서 접근이 제한된 데이터의 사용을 감독하는 가장 효율적인 방법이다. 데이터 세트의 발전 원동력은 SSA 및 NIA로부터의 자금지원이다. 한편으로는 SSA는 미시간대학교 산하의 연구원들 그리고 NBER 및 보스턴대학교의 고령화와 노동연구센터 2개 기관 연구원들 간의 경쟁을 통한 추가 자금지원도 도움이 된다. 이들 연구원은 SSA에서 제기한 정책 문제에 대한 답변을 내놓는 식으로 경쟁하게 한다.

증거기반 정책수립자에게 증거를 제공하는 과정의 두 번째 단계는 학술 연구단체가 발간하는 학술저널에 게재되거나 데이터를 사용하는 학계 전반에서 이루어지는 정책 연구라 할 수 있다. 현재 미국이나 그외 지역의 특정 정책 분야에서 이러한 연구가 어떻게 행해지고 있는지가 이번 심포지엄에서 논의되는 주요 주제이다.

나는 미국의 정책연구기관들이 수행하는 추가적인 역할에 대해서 논의하고 싶다. 이들 미국 정책연구기관들은 학술 정책문헌(특히 주로 대학과 연계된 벨트웨이 밖 정책연구소의 연구원들에 의한)뿐만 아니라 현재 벨트웨이 내에서 제기되는 정책논쟁에도 기여하고 있다. 학계에서는 근로소득세액공제(EITC; Earned Income Tax Credit)가 저소득층 미혼모의 소득을 직접 증가시킬 뿐만 아니라, 고용에 대한 보조금 지급을 통해 이들 근로자의 고용을 증가시켜서 궁극적으로 소득을 증가시킬 수 있다고 오랫동안 주장해왔다. 원래 아동세액공제(CTC; Child Tax Credit)는 소득이 있어야 받는 세액공제를 통해 이와 같이 고용보조금을 지급하는 것과 동일한 방식으로 설계했다. 그러나 2019 NAS 보고서는 아동세액공제를 '아동수당(일하지 않는 사람들에게 완전한 혜택을 제공)'으로 전환하는 것은 고용에 실질적으로 부정적인 영향을 미치지 않을 것이며 빈곤을 실질적으로 감소시킬 것이라고 주장했다.

NAS의 보고서에 포함된 증거들을 근거로, 바이든 대통령은 2021년 3월 11일 미국구조계획법(American Rescue Plan Act)에 서명했는데, 여기에는 연말까지만 유효한 임시 아동수당이 포함되어 있었다. 그러나 그 다음 달, 바이든 행정부는 '더 나은 재건법(Build Back Better Act)'의 일환으로 해당 아동수당을 2025년까지 연장할 것을 제안했다. 그러나 이 수정제안은 2021년 3월 아동세액공제(CTC) 임시 변경은 지지했지만 이 수정은 지지하지 않았던 한 민주당 상원의원 때문에 '2022년 인플레이션 감축법안(Inflation Reduction Act of 2022)'에서 결국 제외되었다.

이 과정에서 만친(Manchin) 상원의원은 코린스(Corinth) 외(2021) 연구로부터 영향을 받았는데, 이 연구는 만약 환급 가능한 세액공제가 영구적으로 이루어진다면, 빈곤 감소의 예측마저 상당 부분 상쇄시킬 정도로 미혼모에게 상당히 부정적인 고용영향을 미칠 것이라 주장했다. 코린스(Corinth) 외(2021)는 NAS가 2019 근로소득공제 개혁을 분석할 때는 해당 효과를 고려했음에도 불구하고, 미혼모들의 노동감소를 고려하지 않았기 때문에 훨씬 적은 고용감소 결과를 얻은 것이라 주장했다.

내가 이 예시를 언급하는 이유는 코린스 외(2021) NBER 연구 논문이 아직 학술지에 출간되지 않았으며, 이 논문을 비판하거나(바스티안(Bastian)(2022), 브로아두스(Broadus) 외(2022)) 혹은 필요한 행동변화효과는 고려하지 않고 영구적인 아동수당 찬성을 주장하는(예를 들어 에크스와 워너(Acs and Werner)(2021), 큘리어(Cullyer) 외(2021), 말(Marr) 외(2021), 셔면(Sherman) 외(2021)) 기타 연구 또한 출간된 바가 없기 때문이다.

거의 모든 논문은 워싱턴 수도권 내 정책연구기관들에서 자금을 지원받거나 고용된 연구원들이 작성한 것들이었다. 이들은 어번연구소(Urban Institute)의 에크스와 워너(Acs and Werner)(2021) 논문과 예산 및 정책우선순위센터(Center on Budget and Policy Priorities)의 말(Marr) 외(2021)와 셔먼(Sherman) 외(2021) 논문에 비하면 진보적인 입장을 보이는 것들이다. 벨트웨이 밖의 대학 정책연구기관의 경우, 컬럼비아대학의 빈곤및사회정책센터(Center on Poverty and Social Policy)의 큘리어(Cullyer) 외(2021) 논문이 진보적인 성향을 보인다. 어번연구소(Urban Institute), 브루킹스연구소(Brookings Institution), 버클리대(UC-Berkeley) 기회연구소(Opportunity Lab.)의 브로더스(Broadus) 외(2022) 논문도 진보적 입장에 서 있다고 할 수 있다. 그리고 코린스(Corinth) 외(2021)와 코린스와 메이어(Corinth and Meyer)(2022) 논문들은 미국기업연구소(AEI)의 자금지원과 시카고대학교 해리스 공공정책대학원(Harris School of Public Policy)의 연구자료들을 통해 보수적 성향을 나타내는 것들이다. 한 가지 예외는 바스티안(Bastian)이 러트거스(Rutgers)대학교에 재직할 때 작성한 바스티안(Bastian)(2022)

논문이지만, 바스티안은 현재 바이든 대통령의 경제자문위원회(CEA) 선임 이코노미스트로 있다. 이는 해리스 대학원에 근무하기 전 트럼프 대통령의 경제자문위원회에서 코린스(Corinth)가 맡았던 직책이며, 그는 지금 미국기업연구소(AEI)의 선임 연구원으로 있다.

벨트웨이 내 비학술지(학술지 게재 논문심사를 거치지 않는) 논문들은 이미 발간된 상호검토 논문들에 의존한다. 그리고 이들 논문은 과거 정부정책프로그램들의 행태변화 그리고 분배적 효과를 예측하는 경제분석을 통한 그들의 오랜 기간 경험에서 나온 것들이다. 이러한 그들의 경험은 정책결정자들이 추구하고자 하는 정책이나 혹은 가결해야 할 정책들에는 최고로 도움이 되는 것이다. 이러한 정책연구기관들의 논문들은 상원 및 하원 공청회에서의 저자들 증언과 더불어 미국 의회예산처(CBO), 조세합동위원회(JCT)가 제공하는 내부 경제 분석과 함께 종종 의회의 현재 정책결정에 주요한 증거 자료가 된다. 한편 미국 관리예산실(OMB)은 행정부 내부에서 유사한 역할을 한다.

3. 경제자문위원회(CEA)의 특별한 역할

경제자문위원회(CEA)가 1946년에 설립된 이래로 75년 동안 꾸준히 대통령의 임명을 통해 구성되는 과정에서, 정책연구기관들의 역할 중 비교적 잘 알려지지 않은 역할은 경제자문위원회의 위원이 될 대학소속 학자들을 양성하는 것이다.

다음은 1946년 해리 트루먼(Harry Truman) 대통령부터 2021년 존 바이든 대통령까지 임명된 경제자문위원회 위원 42명의 특성을 정리한 결과 나타난 사실들이다.

- 38명이 경제학 박사 소지자이다.
- 전체 경제자문위원회 위원의 절반(21명)이 최종학위를 다음 3개 대학교에서 취득하였다(하버드대학교, 매사추세츠공과대학교(MIT), 시카고대학교).
- 거의 모든 경제자문위원회 위원(83%)이 임명 당시 고등교육기관의 종신재직권을 보유하였다. 그중 37%(35명 중 13명)는 아이비리그 대학교에서 종신교수직을 받았다.
- 종신교수직을 보유한 경제자문위원회 위원의 60%(35명 중 21명)가 다음 6개 대학에서 종신교수직을 받았다(시카고대학교, 프린스턴대학교, 스탠퍼드대학교, 컬럼비아대학교, 캘리포니아 버클리대학교, 예일대학교).
- 경제자문위원회 위원의 76%(42명 중 32명)가 경제자문위원회 임명 당시에 학술기관에 재직 중이었고, 그중 14%는 벨트웨이 기관, 2%는 벨트웨이 밖 기관, 5%는 정부기관, 그리고 2%는 사설 컨설팅 회사에 재직하였다. 3명 이상의 위원이 속한 기관은 다음과 같다(프린스턴대학교 4명, 스탠퍼드대학교 4명, 브루킹스 연구소 3명, 시카고대학교 3명, 예일대학교 3명).
- 경제자문위원회 위원 69%(42명 중 29명)는 위원 임명 전 공무원 재직 경험이 있다(경제자문위원회 8명, 재무부 4명, 물가관리국, 관리예산실(OMB), 연방준비제도이사회 3명).
- 경제자문위원회 위원 43%(42명 중 18명)는 임명 전 워싱턴 수도권 밖 기관 재직 경험이 있다(랜드연구소 4명, 콜스재단(예일대학교) 4명, NBER(콜롬비아대학교) 2명, 인력개발연구센터(MDRC; Manpower Development Research Center) 2명).
- 경제자문위원회 위원 36%(42명 중 15명)는 임명 전 워싱턴 수도권 기관 재직 경험이 있다(브루킹스연구소 7명, 미국기업연구소 6명, 경제정책연구소 2명, 컨퍼런스보드의 경제개발위원회 2명).
- 경제자문위원회 위원 36%는 위원직 종료 후 최소 하나의 워싱턴 수도권 내 기관과 협력하였다(임명 전에 이 직책을 맡은 사람이 모두 같은 사람은 아님).

- 경제자문위원회를 나온 후 가장 많은 위원을 데려간 곳은 크게 두 곳이다(미국 기업연구소 6명, 브루킹스연구소 6명, 케이토연구소(Cato Institute) 2명, 미국진보센터(Center for American Process) 2명).
- 경제자문위원회 위원 40%(42명 중 25명)는 NBER과 한 번은 협력한 적이 있다.

"각 정부 경제자문위원회(CEA)의 거시경제 정책 조언은 그들이 속해있는 정부의 지배적인 기조에 따라 어느 정도 차별화될 수 있지만, 다른 견해 또한 있다. 대부분의 대통령들은 거의 대부분 선거 직후부터 그들의 선거 공약을 멀리하면서 중도를 향해 나아갔다. 결과적으로 그들은 경제자문위원회(CEA) 의장을 실용주의자이자 중도주의자들로 임명한다. 의장은 위원 2명을 선출하는 데 주요 발언권을 가지고 있고, 이들 또한 위원회 직원들을 뽑는 데 영향력을 발휘한다. 이 과정에서 급진적 행동주의자나 방관주의자(Inactivism)들을 받아들이는 경우는 좀처럼 없다."

"경제자문위원회(CEA) 위원들은 스스로를 효율적인 해결책을 갖는 당파적 옹호자로 여겨야 한다. 정책 토론에는 늘 효율적인 결정으로부터 발생할 수 있는 손실과 정치적 위험에 대해 강조하는 참가자가 있기 마련이다. 경제 고문들이 효율성에 대해 말하지 않는다면, 누가 하겠는가?"

4. 결론

미국의 벨트웨이 안팎에 있는 정책연구기관들은 상호 검증된 학술논문 발간에 기여함으로써 증거기반 정책결정을 위한 증거 생성에 중요한 역할을 수행한다. 보다 중요한 것은 이들 연구기관은 당면한 정책 이슈들을 평가하고 나아가 이러한 정책들이 행태와 분배에 미치는 효과에 대한 경제적 분석을 제공하는 데 있다. 그러나 그들은 대부분의 학계 최고의 경제학자들을 양성하는 역할도 하는데, 결과적으로 그들은 증거기반 정책수립을 통해 해결해야 할 경제문제와 관련된 경제 지식을 미국 대통령에게 조언하게 된다.

참고문헌

· Acs, Gregory, and Kevin Werner. 2021. "How a Permanent Expansion of the Child Tax Credit Could Affect Poverty." Urban Institute.

· An, Chong-Bum. 2023. "Policy Evaluation Reform in Korea: Right Evaluation for the Right Policy" PERI Policy Series #2: Policy Evaluation Reform.

· Bastian, Jacob. 2022. "Investigating the Effects of the 2021 Child Tax Credit Expansion on Poverty and Maternal Employment." Working Paper.

· Broadus, Joseph, Hilary Hoynes, Elaine Maag, and Danny Rose. 2022. "Perspectives on the Impact of the Expanded Child Tax Credit and the Development of a New Research Agenda on Child and Family Economic Well-Being: Key Takeaways from a Convening Gathering Stakeholder Input.", Urban Institute/UC Berkeley Opportunity Lab.

· Burkhauser, Richard V. 1980. "The Early Acceptance of Social Security—An Asset Maximization Approach", Industrial and Labor Relations Review, 33(4) (July): 484-492.

· Burkhauser, Richard V. and Paul J. Gertler (eds.) 1995. The Health and Retirement Survey: Data Quality and Early Results, Journal of Human Resources, 30 (Supplement), (December).

· Burkhauser, Richard V. and Jennifer L. Warlick. 1981. "Disentangling the Annuity and Redistributive Aspects of Social Security in the United States", Review of Income and Wealth, 27 (December): 401-421.

· Collyer, Sophie, Megan A. Curran, Robert Paul Hartley, Zachary Parolin, and Christopher Wimer. 2021. "The Potential Poverty Reduction Effect of the American Families Plan." Poverty and Social Policy Fact Sheet. Center on Poverty and Social Policy at Columbia University.

· Corinth, Kevin and Bruce Meyer. 2022. "Correcting the Employment Participation Elasticities Reported in Hoynes and Patel (2018, 2022)" CID Research Note Series no. 2 December. Harris School of Public Policy, University of Chicago.

· Corinth, Kevin, Bruce D. Meyer, Matthew Stadnicki, and Derek Wu. 2021. The Anti-Poverty, Targeting, and Labor Supply Effects of Replacing a Child Tax Credit with a Child Allowance. NBER Working Paper 29366 http://www.nber.org/papers/w29366 (October, revised March 2022)

· Foundations for Evidence-Based Policymaking Act of 2018. https://www.congress.gov/bill/115th-congress/house-bill/4174/text

· Health and Retirement Study. https://hrs.isr.umich.edu/about

· Kilss, Beth and Frederick J. Scheuren. 1978. "The 1973 CPS-IRS-SSA Exact Match Study" Social Security Bulletin 41(10): 14-22.

· Marr, Chuck, Kris Cox, Stephanie Hingtgen, and Katie Windham. 2021. "Congress Should Adopt American Families Plan's Permanent Expansions of Child Tax Credit and EITC, Make Additional Provisions Permanent." Center on Budget and Policy Priorities.

· The National Academy of Sciences. 2019. A Roadmap to Reducing Child Poverty. Edited by Greg Duncan and Suzanne Le Menestrel. Washington, D.C.: National Academies Press. https://doi.org/10.17226/25246.

· National Academies of Science. 2023. "Toward a 21st Century National Data Infrastructure: Mobilizing Information for the Common Good National Academies of Sciences, Engineering, and Medicine", Washington, DC: The National Academies Press. https://doi.org/10.17226/26688.

· National Academies of Sciences. Forthcoming. "Toward a 21st Century National Data Infrastructure: Enhancing Survey Programs by Using Multiple Data Sources."

· Report of the U.S. Commission on Evidence-Based Policymaking. https://www.acf.hhs.gov/opre/project/commission-evidence-based-policymaking-cep

· Schultz, Charles. 1996. "The CEA: An Inside Voice for Mainstream Economics." Journal of Economic Perspectives 10(3) Summer: 23-39.

· Sherman, Arloc, Chuck Marr, and Stephanie Hingten. 2021, "Earnings Requirement Would Undermine Child Tax Credit's Poverty-Reducing Impact While Doing Virtually Nothing to Boost Parents' Employment." Center on Budget and Policy Priorities.

3장

증거기반 정책분석의 5대 요소 : 한국 정책결정권자에의 시사점

더글라스 베샤로프(Douglas Besharov) [메릴랜드대학교 교수 / 전 공공정책학회장]

이 논문의 주제는 정부 프로그램의 효과를 높이기 위한 '증거기반 정책분석'의 활용이다. 이 주제는 매우 방대하고 복잡한 주제이므로 '증거기반 정책분석의 5대 요소'라는 제목으로 핵심사항을 정리하고자 한다.

여기서는 정부 프로그램에 초점을 맞추고 있지만, 이 글은 비영리 및 영리를 막론하고 민간 부문에도 적용된다.

1. 정부 프로그램은 적어도 처음에는 실패하는 경우가 많다

너무도 많은 정부 프로그램이 의도한 목표를 달성하지 못한다는 문제점은 잘 알려져 있다. 일부는 부분적으로만 성공하고 일부는 완전히 실패하며 나머지는 득보다 실이 더 많다. 미국의 많은 분석가가 실망스러운 결과를 가져온 다양한 프로그램의 사례를 지적했다. 맨해튼연구소(Manhattan Institute)의 짐 맨지(Jim Manzi)는 2012년에 쓴 글에서 '형사사법, 사회복지, 교육 프로그램의 대다수가 지속되고 독립적이며 잘 설계된 실험을 유지하는 데 실패한다'고 결론지었다. 다음은 2018년 존 배론(Jon Baron)이 아놀드재단(Arnold Foundation)에 있던 때 제시한 사례들이다.

- 의학: 여러 의학 분야의 리뷰에 따르면 초기 임상연구에서 긍정적인 결과가 나온 경우, 50~80%는 그 후 더 확실한 RCT(무작위대조시험)에서 결과가 바뀌는 것으로 나타났다. 따라서 비교군 설계나 소규모 RCT와 같은 초기 연구에서 가능성을 보였더라도 더 엄격한 테스트에서 그 결과가 유지되지 않는 경우가 많다.
- 교육: 2002년부터 2013년까지 교육과학연구소(Institute of Education Sciences)가 의뢰하여 결과를 보고한 90개의 교육정책 연구의 90%에 가까운 연구 결과가 긍정적인 효과가 약하거나 없는 것으로 나타났다.
- 고용/훈련: 1992년부터 2013년 사이에 결과를 보고한 노동부의 위탁 RCT에서 검증된 정책의 약 75%는 긍정적인 효과가 약하거나 없는 것으로 나타났다.

민간 부문도 비슷한 수준의 실패를 겪고 있다. 미국 노동부에 따르면 2022년 신규 사업의 약 20%가 첫해에, 약 65%가 10년 이내에 실패했다. 정보는 부족하지만, 적어도 일부 산업에서는 개별 제품의 실패율도 높다. 제품 개발 및 관리 협회에 따르면 1990년부터 2021년까지의 개발 5년 후 신제품 실패율은 39%에서 42%에 달했다.

정부 프로그램이 '작동'하는지에 대한 궁극적인 질문은 일반적으로 생각하는 것보다 더 다차원적이고 미묘한 개념이다. 실제로 프로그램은 무엇을 달성하기 위한 것일까? 항상 성공해야 하는가, 대부분 성공해야 하는가, 자주 성공해야 하는가, 아니면 가끔 성공해야 하는가? 모든 사람을 대상으로 할까, 아니면 일부만 대상으로 할까? 일부 사람들이 피해를 입으면 어떻게 할까? 그리고 성공은 어떻게 측정할 수 있을까?

때로는 이러한 질문에 대한 답이 쉽게 나오기도 하고 그렇지 않을 때도 있다. 비행기는 적어도 하늘을 날고 있을 때는 항상 작동해야 한다. 우리는 백신이 질병으로부터 완전한 보호를 제공하지 못한다는 것을 인정한다. 학교가 모든 학생에게 백신을 접종하게 하지 못했을 때, 실망스럽기는 하지만 어느 정도의 접종 성공이 용인되는 수준일까? 그리고 스캔들은 어느 정도 수준일까?

이러한 질문은 불가피한 주관성을 증가시키면서 정책결정에 높은 수준의 상대성을 부여하게 된다. 따라서 객관적인 사고 과정을 신중하게 적용해야 할 필요성이 높아진다. 프로그램 평가는 의사결정자가 프로그램, 정책 또는 개입의 강점, 약점 및 한계를 이해하는 데 도움이 되는 도구이며, 이를 통해 프로그램의 지속 및 개선에 관한 결정을 내리는 데 도움이 될 수 있다.

> *"정책은 정부의 가장 중요한 책임이다. 그리고 정책의 성패에 따라 정부의 성패가 결정되고, 나아가 국민과 국가의 운명이 결정된다. 이처럼 중요한 정책을 어떻게 입안하고, 준비하고, 결정하고, 실행하는지에 대한 고민은 정책의 성패를 좌우하는 중요한 요소이다. 특히 정책이 결정되기 전 단계에서의 평가와 시행 후의 평가, 즉 사전평가와 사후평가가 제대로 이루어지도록 하는 것이 관건이다. 이러한 정책의 평가를 통해 정책의 성공과 실패 원인을 정확히 분석하고 향후 개선 방향을 모색할 수 있다."_안종범*

2. 많은 사람이 해결책이라고 생각하는 '증거기반' 정책분석, 하지만 그것이 무엇일까?

시간이 지남에 따라 경험을 통해 개선되는 프로그램도 있지만, 낮은 기대치, 제도적 무반응, 기득권 보호, 자신(또는 자신의 선거구)을 보호하려는 정치의 관성, 재정적 한계 등으로 인해 많은 프로그램이 변하지 않고 계속 유지되고 있다. 이에 대해 많은 분석가와 정치인들은 증거에 기반한 정책결정이 도움이 될 것이라고 생각했다. 2016년 증거기반 정책결정위원회 법안(Evidence-Based Poliymaking Commission Act of 2016)의 공동 발의자인 폴 라이언(Paul Ryan) 당시 하원의장은 증거기반 정책결정의 잠재력을 "문제 해결 방식의 상전벽해(Sea Change)"라고 설명했다.

증거기반 정책결정이 주장처럼 쉽게 이루어질 수만 있다면 그렇다. 하지만 안타깝게도 이 단순한 슬로건은 충분한 '증거'의 존재를 전제로 한다. 이 문제에 대한 적절한 탐구를 위해서는 이번 심포지엄 전체가 필요하고 그 이후에도 더 많은 논의가 필요할 것이다. 지금은 '증거기반 정책분석의 5대 요소'라고 부르는 필요조건에 대해 설명하겠다.

① 선형 논리모형 구축

② 실행 및 운영에 대한 체계적인 모니터링

③ 현실적인 파급효과 평가

④ 프로그램 재고 및 개정

⑤ 불확실한 환경 속 윤리적 의사결정

이러한 증거기반 정책을 실행하는 데 필요한 정치적 의지와 대중의 지지를 끌어내는 것은 또 다른 과제이지만, 이 글의 범위를 벗어나므로 다루지 않겠다.

3. 선형 논리 모델 구축

첫 번째 요소는 무대를 설정하는 것이다. 이것은 현실 세계가 직선적인 선형 모델에 따라 움직이는 경우가 거의 없다는 것을 상기시켜준다. 잘못된 시작, 막다른 골목, 반전이 많기 때문에 스네이크 앤 래더스(Snakes and Ladders)라는 보드 게임이 인기가 있는지도 모르겠다.

엄밀히 말하면, 종속 변수(결과 및 영향)의 변화를 유발할 수 있는 독립 변수(개입) 외에도 다양한 요인이 변화를 유발하거나 기여하고, 변화를 방해하거나 방지한다. 용어는 분야와 경험적 목적에 따라 다르지만, 이러한 사실들을 흔히 '외부 변수(또는 혼란 변수, 개입 변수, 조정 변수 또는 중재 변수)'라고 부른다.

이러한 요인들의 불협화음에 사람들은 기본 절차를 명확히 하고 실용적인 옵션을 식별하기 위해 단순화된 선형 모델을 적용한다. 정책분석에서는 일반적으로 문제에 대한 신중한 정의에서 시작하여 선택한 옵션의 성공 여부를 평가하는 것으로 마무리된다. 전통적으로 이 과정은 일련의 단계로 묘사되어왔지만, 점점 더 '논리 모형'이 일반화되고 있다.

'논리 모형(또는 변화 모형의 이론 또는 결과 지도, 때로는 추론의 사슬, 행동 이론 또는 성과 틀이라고도 함)'은 프로그램 설계, 운영 및 결과의 다양한 요소를 식별하고 설명하는 데 점점 더 널리 사용되고 있다. 프로그램의 핵심 요소가 미리 정해져 있는 형식을 사용하여 어떻게 원하는 결과를 가져올지를 예상하는 서면 또는 그래픽 설명이 논리 모형이다.

논리 모형은 프로그램 활동과 달성할 것으로 기대되는 결과 사이의 인과적 연관성을 명확히 함으로써 변화 이론을 체계적으로 묘사하고 수행해야 하는 활동과 측정해야 하는 결과를 식별한다.

논리모형의 일반적인 버전은 다음과 같다. 첫째, 해결해야 할 문제 또는 필요를 명시하고, 둘째, 문제 또는 필요를 해결하기 위한 변화 이론을 선택하고, 셋째, 선택한 변화 이론을 구현하기 위한 프로그램과 활동을 설계하고, 넷째, 프로그램 운영을 위한 투입물(클라이언트 포함)을 명시하고, 다섯째, 프로그램과 참가자에게 영향을 미칠 수 있는 상황적 요인을 명시하고, 여섯째, 활동의 예상 결과물을 명시하고, 일곱째, 결과물에서 의도한 결과를 확인하고, 여덟째, 개인 및 집단적 영향을 예측한다.

물론 실제 프로세스는 더 복잡하다. 논리모형은 프로그램의 전체 원인 변화 틀에 대해 쉽게 이해할 수 있고 포괄적인 개요를 제공하기 위한 것이므로, 일반적으로 모든 요소와 고려 사항을 설명하기에 충분한 세부 사항을 제공하지 않는다. 다른 계획이나 관리 문서와 마찬가지로 너무 자세한 내용은 가독성과 이해도를 떨어뜨리는 동시에 개인의 책임감과 혁신을 저해할 수 있다. 따라서 일반적으로 각 요소와 이를 연결하는 인과관계(예: 제공하려는 활동의 정확한 성격이 어떤 결과를 가져올 것으로 예상되는지, 그 결과가 어떤 영향을 미칠 것으로 예상되는지 등)를 보다 완벽하게 설명하는 내용으로 보완한다.

4. 실행 및 운영에 대한 체계적인 모니터링

위에서 언급한 바와 같이, 많은 중요한 사회 프로그램들이 평가 결과 의도한 목표를 달성하지 못하는 것으로 나타났다. 우리는 종종 어떤 프로그램이 "효과가 없다"는 말을 듣곤 하는데, 이는 그 프로그램이 나쁜 아이디어이므로 추진하지 말아야 한다는 뜻이 아니다. 이러한 실망스러운 결과에는 여러 가지 이유가 있겠지만, 많은 경우 부적절한 계획과 실행이 핵심적인 원인이다. 잘못된 진단은 성공할 수 있는 프로그램을 막는 것이기 때문에 막대한 사회적 비용을 초래한다.

따라서 프로그램의 성공 또는 실패를 평가하고 이해하려면 분석을 이론'과 '성과' 등 두 가지로 나눠야 한다.

- 이론(또는 개념)위험은 프로그램의 배경이 되는 개념이 적절한 '변화이론'을 정확하게 식별하는 정도이다.
- 성과(또는 설계/실행)위험은 프로그램의 설계가 '변화 이론'과 일치하고 그에 따라 운영되는 정도이다.

이론(또는 개념)위험: 사업에는 성공 또는 파산으로 가는 길에 좋지 않은 아이디어가 작용하는 경우가 많이 있다. 적어도 저자가 생각하기에 가장 현실성 없는 아이디어 중 하나는 녹색 케첩이었다. 아마도 사람들에게 살사 베르데를 연상케 하면서도 전통적인 케첩과 같은 맛을 내기 위한 것이었을 것이다.

사회정책에서 가장 흔한 개념의 실패 중 하나는 잘못된 직업 훈련 프로그램과 관련되어 있다. 더 이상 생산되지 않는 컴퓨터나 자동차 수리를 위한 교육처럼 일자리가 거의 없거나 아예 존재하지 않는 경우도 있다. 그러나 일자리가 있더라도 그 일자리는 새로운 기술을 가진 근로자를 필요로 하는 확장성 있는 산업이어야 한다. 그렇지 않으면 프로그램 졸업생이 단순히 취업 대기열에서 이동하여 다른 사람의 고용을 대체하여 전체 고용에 영향을 미치지 않을 수 있다(절대적인 일자리 증가가 없다고 가정할 경우).

이와 유사하게, 새로운 치안 프로그램으로 인해 한 지역에서는 범죄가 감소할 수 있지만 범죄자들이 치안 집중도가 낮은 지역으로 이동하기 때문에 다른 지역에서는 범죄가 증가할 수 있다. 이 경우 프로그램의 실제 사회적 영향은 없다고 볼 수 있다.

성과(또는 설계/실행)위험: 성과위험은 프로그램 운영이 계획된 설계에 부합하지 않을 가능성을 말한다. 아무리 개념이 잘 정립되어 있더라도 프로그램이 예상된 변화에 맞춰 설계되고 실행되지 않는다면, 의도한 목적대로 성공할 가능성은 낮다. 미국 우주왕복선 챌린저호 우주비행사 7명의 목숨을 앗아간 악명 높은 오링(O-ring) 사고는 추운 날씨로 인해 고리가 경직되어 재앙적인 누출이 발생할 수 있다는 사실을 간과한 단순한 인적오류(Human error)로 인해 발생했다.

'실행평가'와 성과 모니터링은 성과위험을 평가하기 위한 주요 도구이다. 이러한 평가에서 수집하는 데이터에는 프로그램 투입물(예: 클라이언트와 직원 수 및 그들이 갖는 두 가지 특성), 상황적 요인(예: 고용률, 인근 지역의 범죄 또는 빈곤), 프로그램 활동(예: 소득지원의 성격과 금액, 클라이언트 상담 또는 직원교육), 프로그램 산출물(예: 프로젝트에 투입된 직원 시간, 지원한 클라이언트 수 또는 지출) 등이 있다.

실행평가를 통해서는 관리자, 연구자, 정책 입안자가 프로그램을 개선하는 데 사용할 수 있는 운영상의 문제 및 교훈을 파악할 수 있다. 또한 실행평가는 개입의 특성을 문서화하고 원하는 결과를 얻거나 얻지 못한 이유를 설명하는 데 도움이 되므로, 중요한 정보의 원천이 되고 나아가 요약 평가를 위한 중요한 자료가 된다.

때로는 기대 이하의 성과가 눈에 띄는 경우도 있다. '학생들과 교사는 수업에 참석하고 있는가? 고객이 상담 세션에 참석하고 있는가? 소득 지원 또는 장애 수당이 처리되고 있는가? 더 일상적으로, 거리가 청소되고 있는가?'와 같은 것이다.

2002년 10월부터 2003년 4월까지 실시된 인도 학생들의 낮은 교육 성취도에 대한 원인 파악을 위한 세계은행 연구에 따르면, 연구 수행 당시 전체 교사의 약 25%가 교실에 없었으며, 교실에 있는 교사 중 약 45%만이 적극적으로 가르치고 있는 것으로 나타났다.

때로는 프로그램이 단순히 프로그램 설계에 명시된 서비스를 제공하지 않는 경우도 있다. 1995년에서 1999년 사이에 실시된 노동부 고용훈련센터(CET; Center for Employment Training) 반복 프로그램에 대한 MDRC 평가에서 12개 사이트 중 상당수가 프로그램 설계에 명시된 서비스를 제공하지 않았다. 일부 사이트는 직업 상담을 전혀 제공하지 않거나 지역사회에 존재하지 않는 직업에 대해 참가자를 교육하였다. 다른 사이트에서는 설계에 명시된 교통 및 보육과 같은 보조 서비스를 제공하지 않았다. 3분의 1의 사이트가 평가 기간에 운영을 완전히 중단했는데, 이는 유일한 자금원이 직업훈련 및 파트너십법(JTPA; Job Training abnd Partnership Act)이었기 때문이다. JTPA로부터 지속적인 자금 지원을 받지 못하면 운영을 계속할 수 있는 충분한 대체 자금이 없었기 때문이다.

종종 수준 이하의 성과는 식별하기가 더 어렵다. '교사가 수업 계획을 제대로 실행하고 있는가? 상담원이 자신의 기능을 수행하기에 충분한 교육을 받았는가? 필요한 활동을 수행하기에 충분한 직원이 있는가?'와 같은 성과가 그렇다.

2003년부터 2009년까지 라오스에서 아편 시장용 양귀비 재배를 줄이기 위해 국제농업개발기금에서는 가난한 농촌 지역의 농부들에게 양귀비 대신 옥수수와 쌀을 재배하도록 교육하는 정부 프로그램을 평가했다. 평가자들은 농민 교육을 담당한 정부 관리들이 여러 농민과 같은 언어를 사용하지 않았고, 현장 교육이 아닌 강의실 위주의 교육을 제공했으며, 고지대와 저지대에 어떤 작물이 더 적합한지 구분하지 않았고, 장기적인 토양 비옥도를 유지하는 방법에 대한 논의가 포함되지 않았다는 사실을 발견했다.

자원부족은 빈번한 불만 사항이지만, 관리가 취약하면 성과가 악화되는 경우가 너무 많다. 이 글에서 관리상의 결함을 일일이 열거할 수는 없지만, 리더십이 바뀌면 프로그램 성과가 얼마나 빠르게 변화할 수 있는지(특히 더 나빠질 수 있는지) 주목할 필요가 있다. 간단히 말해서, '관리가 중요'한 것이다.

실행평가의 중요한 파생물은 적절한 '성과측정'을 사용하여 일관된 '성과 모니터링'을 통한 '성과관리'이다. 이상적으로 성과측정은 프로그램의 효율성과 효과를 개선하는 데 도움이 될 수 있는 프로그램 운영에 대한 정보를 제공하는 지속적인 과정이다.

프로그램 성과에 대한 현실을 반영하는 적절한 측정지표를 개발하는 것은 어려운 과제이다. 왜냐하면 이러한 척도들은 신뢰할 수 있고, 포괄적이고, 균형 잡히고, 시의적절해야 하기 때문이다. 테어도르와 포이스터(Theodore and Poister)가 경고했듯이, 잘못 설계된 측정지표는 사람들이 측정지표에 따라 성과를 내지만 그 과정에서 실제 프로그램 또는 조직의 목표를 희생하는 '목표 전환(Goal displacement)'을 초래할 수 있다. 저명한 경영 컨설턴트인 피터 드러커(Peter Drucker)의 격언 중 "측정되는 것이 곧 실행되는 것"이라는 말이 이를 더 직접적으로 설명한다.

이러한 주제는 정교한 분석이 필요한 큰 주제이다. 하지만 여기서는 프로그램의 구현 및 운영 모니터링이 논리 모형을 통해 쉽게 개념화되고 시각화될 수 있다는 점만 언급하고자 한다. 모형의 프로그래밍 요소(입력, 활동, 출력)에 따라 배열하면 특정 요소가 예상대로 수행되지 않는지 금방 알 수 있다.

5. 현실적인 파급효과 평가

자격을 갖춘 직원, 매력적인 시설, 만족스러운 고객 등은 프로그램이 잘 운영되고 있는 것처럼 보이게 하기 때문에 프로그램 자체가 '효과가 있다'고 생각하기 쉽다. 심지어 지속적인 실행평가를 통해 뒷받침되는 경우에도 겉모습은 속일 수 있다. 직업 훈련 프로그램이 인상적으로 보일 수 있고, 참여했던 사람들이 나중에 잘하는 것처럼 보일 수도 있지만, 프로그램을 거치지 않은 사람들에 비해 훈련생들의 수입(실제 또는 잠재적)에 아무런 영향을 미치지 않았을 수도 있다. 교육생이 실제로 배운 것이 없거나, 배운 내용이 취업에 도움이 되지 않거나, 교육을 받지 않아도 동등한 일자리를 구할 수 있는 등의 이유가 있을 수 있다(프로그램 설계가 부족했거나 단순히 잘못되었거나, 서비스에 관찰되지 않은 결함이 있거나, 상황적 요인이 프로그램의 효과를 제한했을 수도 있다).

프로그램의 실제 효과를 평가하기 위해 파급효과 평가(Impact evaluation)를 실시해야 한다는 필요성은 이제 널리 받아들여지고 있다. 하지만 이는 시작에 불과하며, 진행 중인 프로그램이 엄격한 방법으로 평가되는 경우는 여전히 드물다. 또한 프로그램의 효과를 확인하려는 욕구 때문에 옹호자들은 종종 연구결과를 장밋빛 색안경을 끼고 바라보게 된다. 객관적이라고 추정되는 분석가조차도 방법론 문제나 제한된 프로그램의 중요성 혹은 두 가지 모두를 무시한 채 긍정적인 결과를 과장해서 보이는 경우가 많다.

프로그램 평가가 보편화되었음에도 불구하고, 또는 어쩌면 그 때문에 프로그램 평가 자체에 엄격한 평가가 필요하다. 완벽한 평가는 없으며, 거의 모든 평가에는 보고된 결과의 유효성을 심각하게 위협하지는 않는 사소한 결함이 있다. 그러나 어떤 평가는 기본 결과에 의문을 제기하는 심각한 결함을 가지고 있다. 그럼에도 불구하고 이러한 평가는 매우 의심스러운 프로그램의 지속과 확장을 정당화하는 데 사용된다.

1967년에 시작되어 현재도 운영 중인 시카고 아동-부모센터(CPC; Child-Parent Center) 프로그램은 일부 시카고 공립학교의 3~9세 저소득층 아동을 대상으로, 학교 기반의 미취학 및 취학 전 아동 개입 프로그램을 제공한다. 한 연구팀은 CPC 프로그램을 평가하면서 1986년 CPC 유치원을 졸업한 아동과 비 CPC 유치원을 졸업한 아동을 비교하는 비실험적(Nonexperimental)이고 수정된 비교그룹 설계를 사용하였다. 연구팀은 CPC 프로그램이 다양한 학교성적을 향상시키고 범죄행위를 감소시킨다는 사실을 발견하였다. 시카고 연구팀에 따르면 CPC 프로그램을 통해 청소년기의 읽기 및 수학 성취도 시험점수가 향상되었고, 특수교육 전문가 배치가 감소했으며, 유급비율이 감소하고, 고등학교 졸업률이 증가했으며, 청소년 체포 건수가 감소하였다. 이러한 결과는 모든 유아(Early childhood) 관련 프로그램 중 가장 크고 광범위한 긍정적 영향에 속한다.

당연히 이러한 결과는 조기 유아교육의 가치를 보여주는 사례로 널리 인용되고 있다. 펜실베이니아대학교의 고영향자선센터(Center for High Impact Philanthropy)는 CPC를 "학업 성취도의 '점감효과(Fade-out)'를 완화하고 학습 성취도를 향상시킬 수 있는 '높은 영향의 기회'로 꼽는" 많은 연구기관 중 하나이다. 정치인들도 연구자들의 이러한 지원을 반영한다. 힐러리 클린턴은 2008년 대선 캠페인에서 자신의 보편적 유아원 계획을 지지하는 근거로 CPC 평가 결과를 인용하였다.

그러나 이 연구를 면밀히 검토한 결과, 보다 신중한 견해가 제시되었다. 당시 노스웨스턴대학의 교수였던 토마스 쿡(Thomas Cook)과 비비안 웡(Vivian Wong)은 CPC 평가가 "불투명한 매칭 절차와 동일한 주제에 대한 실험에서 유사한 효과를 재현하는 데 실패한 데이터 분석(헤크만(Heckman) 유형 선택모형 및 성향점수(Propensity scores)에 의존하고 있다"고 지적한다. 이는 완전히 통제되지 않은 선택 실패(Selection confound)의 가능성을 의미한다. 그리고 상당한 누락 데이터, 진정한 무작위 실험의 부재, 다양한 자기선택 편향(Self-selection bias)은 결과에 대한 불확실성을 더욱 높인다.

한편, 좁은 성과영역의 작은 결과가 전체 프로그램을 방어하는 데 사용되기도 한다. 헤드 스타트 영향 연구(Head Start Impact Study)에서 Westat 연구원들은 3세와 4세 아동이 어린이집에 입학한 시점부터 1학년까지 60개 이상의 인지, 사회 정서 및 건강 측정 항목에 대해 평가했다.

헤드 스타트는 미국의 3~5세 저소득 아동에 대한 교육프로그램으로 시작부터 1학년까지, 초기에는 일부 측정항목에서 긍정적인 효과가 있었지만, 1학년이 되었을 때 프로그램 참여 아동과 대조군 아동 간에는 큰 차이가 없었다. 예를 들어 인지측정의 경우, 연구진은 어린이집 종료 시점에 두 집단의 총 60개 인지측정 항목 중 20개(3세 14개, 4세 6개)에서만 긍정적인 효과를 발견했다. 1학년 말에는 단 2개뿐이었다. 그럼에도 불구하고 전국 어린이집 협회와 같은 옹호자들은 이러한 결과를 사용하여 프로그램의 효과를 다음과 같이 주장한다. "헤드 스타트 영향 연구에 따르면 미국 공립어린이집을 다닌 아동은 측정된 모든 인지 및 사회 정서 발달 영역에서 대조군 아동보다 더 높은 점수를 받았다."

이의 다른 일반적인 단점으로는 대표성이 없는 표본, 부적절한 비교, 하위그룹 결과의 오용과 그리고 선택 편향, 신뢰 구간 및 작은 효과를 갖는 표본 크기에 대한 부주의 등이 있다.

6. 프로그램 재고 및 개정

대부분 인간이 기울이는 노력에 있어서 그에 따른 품질을 유지하는 것은 늘 어려운 과제이다. 비즈니스에서 평가결과와 기타 데이터를 사용하여 운영을 계획하고 수정하는 상식적인 개념은 월터 앤드류 슈하트(Waler Andrew Shewhart)가 그의 저서인 『제품의 경제적 품질 관리(Economic Control of Quality of manufactured Product)』(1931)에 요약하여 공식화하였다. 이후 에드워즈 데밍(W. Edwards Deming)과 함께 연구한 결과, '계획, 실행, 연구, 행동(PDSA)'이라는 데밍 사이클이 탄생했다. 이 사이클에서 데밍은 품질 관리 프로세스의 반복적인 특성을 강조하였다.

체계적인 품질 관리는 정부 프로그램에서 매우 중요하지만 안타깝게도 드물다. 한 번 수립된 프로그램, 심지어는 명백하게 알려진 약점이 있는 프로그램조차도 해마다 반복되는 경우가 너무 많다. 의도한 결과를 달성하고 있는 것처럼 보이는 프로그램도 정기적으로 평가해야 한다. 겉으로 보이는 성공은 착각일 수 있으며, 개선이 불가능한 프로그램은 드물기 때문이다.

지속적인 개선 노력의 한 예로 파키스탄의 한 여학교를 설립하고 10년 동안 운영한 '지역사회 기반 조직(CBO; Community-Based Organization, 연구진은 의도적으로 익명을 유지)'을 들 수 있다. CBO는 학교 교육의 질에 불만을 가지고 교사와 관리자를 대학에 보내 연수를 받게 하기 시작했다. 그런 다음 이 교사와 관리자들이 학교로 돌아와 다른 교사와 관리자들을 교육하기 시작했다. 교사 이직률 증가로 인해 신규 교사가 유입된 후, CBO는 신규 교사가 '교수법 및 기타 전문적인 기대치에 대한 체계적인 지도와 상담'을 받지 못하고 있으며 어디에서 도움을 받아야 하는지도 불분명하다는 것을 알게 되었다.

연구진에 따르면, 이러한 문제에 대한 '해결책'은 세 가지 경로를 따라 발전하였다.

첫째, 교원평가 제도의 개정, 둘째, 모든 담임에 대한 교육전문직의 체계적인 관찰과 코칭, 셋째, 학생의 학습 부진에 대한 교육전문직의 직접 상담.

학교 행정부는 이 정보를 사용하여 여러 학생 및 교사 지표에 대한 종단자료(Longitudinal data)를 만들었다. 학교 관계자들은 교사 연수와 모니터링이 저소득층 학생의 학업 성취도에 아무런 영향을 미치지 않는다고 우려했다. 이후 학교는 1년에 세 번 실시하는 시험에서 학생의 성취도에 대한 '지속적인 평가'를 포함하는 '아동 중심 모델'을 도입했다. 이러한 변화로 인해 '시험에서 평균 A/A+를 받는 학생의 비율이 증가'하고 '성적 불량 학생(D/F)의 비율이 눈에 띄게 감소'하는 결과를 가져왔다.

7. 불확실한 환경 속 윤리적 의사결정

정부 프로그램이 '작동하는지(또는 작동할지)' 여부는 근본적인 질문이지만, 앞서 살펴본 것처럼 일반적으로 상대적인 판단이다. 같은 질문을 반복하겠다. 실제로 프로그램은 무엇을 달성하기 위한 것인가? 항상 성공할 것으로 기대해야 하는가, 대부분 성공할 것으로 기대해야 하는가, 그렇지 않은 경우가 더 많은가, 아니면 가끔 성공할 것으로 기대해야 하는가? 모든 사람을 위한 것인가 아니면 일부만을 위한 것인가? 일부 사람들이 피해를 입으면 어떻게 할까? 그리고 성공은 어떻게 측정할 수 있을까?

그러나 그에 못지않게 중요한 것은 '성공'의 비용이다. 재정적 비용이 가장 먼저 떠오르지만, 기회비용과 개인의 자유, 공정성, 형평성 등 다른 사회적 가치에 미치는 영향이 더 중요한 경우가 많다. 앞서 설명했듯이 이러한 고려 사항은 옹호론자들의 미사여구처럼 명확하지는 않다.

의도하지 않은 결과는 많이 일어난다. 최선의 의도를 가진 프로그램도 종종 득보다 실이 많을 수 있고 미국 학자금 대출 프로그램에 대한 많은 분석가의 생각도 이와 마찬가지이다. 특히 저소득층과 부유하지 않은 가정에서 고등 교육을 더 저렴하게 받을 수 있도록 하기 위해 만들어진 제도가 젊은이들에게 최선의 선택은 아니더라도 고등교육 기관에 진학하도록 장려한다. 그러나 한편으로는 그들이 대출금을 갚기는커녕 소득을 늘리지도 못하는 상황에서 수업료와 학위(졸업할 경우)에 대한 큰 빚을 남기게 만드는 것으로 생각하는 사람들도 많다.

전국적으로 대학 등록금 대출에 따른 빚은 8,610억 달러, 대학원 등록금 빚은 7,550억 달러를 초과한다. 이는 미국 전체 신용카드 부채의 4배, 자동차 대출 부채의 약 4배, 모기지 부채의 10%가 넘는 엄청난 액수이다.

또한, 많은 사람들은 학생들이 점점 더 높은 등록금을 지불할 수 있는 능력이 있다는 생각이 교수 급여, 캠퍼스 시설 또는 관리 비용과 같은 비용을 절약하는 대신 등록금을 인상하도록 부추긴다고 생각한다. 미국 리치몬드 연방 준비은행의 연구원들은 1987년부터 2010년까지 '연방 재정 지원의 확대가 연간 순등록금 총액 상승의 46%에서 57%를 차지한다'고 추정한다. 또한 교육기관이 교육기관 지원 예산을 줄이고 대출을 통해 고등교육 자금조달 부담을 학생들에게 전가하는 경향도 있었다.

프로그램의 효과와 비용은 모두 불확실한 경우가 많기 때문에 정책 입안자는 겸손한 자세로 프로그램의 목표를 설정하고 절제된 행동을 취해야 한다. 안타깝게도 현재 양극화되고 선전문구가 난무하는 사회에서는 겸손과 절제가 모두 부족해 보인다. 그러나 윤리적인 의사결정이 바로 사회 프로그램, 나아가 사회를 장기적으로 개선하는 길이다.

8. 결론

너무 비관적인 전망을 하지 않았기를 바란다. 그것이 이 글의 의도가 아니며, 이 다섯 가지 핵심 축은 보다 유용하고 성공적인 증거기반 정책 결정으로 가는 길을 안내하기 위한 것이다.

사회자: 박재완 〔성균관대학교 이사장 / 전 기획재정부 장관〕

토론자: 조동철 〔KDI 원장 / 전 금융통화위원〕

최상대 〔기획재정부 제2차관〕

박재완(사회자)

이제 두 분 토론자의 토론이 있겠습니다. 먼저 조동철 원장 부탁드립니다.

조동철(토론자)

제가 소속되어 있는 한국개발연구원(KDI; Korea Development Institute)은 정부 출연 연구기관입니다. KDI 입장에서 바라본 정책평가, 정책 수행 과정, 정책 개발 과정에 대해서 제가 느껴온 바를 세 가지 측면에서 간략히 말씀드리고자 합니다. 특히, 전문성, 중립성, 그리고 데이터 접근성 측면에서 말씀드리고자 합니다.

첫 번째, 전문성이 필요하다는 것은 너무나 당연한 얘기처럼 들립니다. 그런데 정부에 계신 공무원분들이 사실 어떤 특정 한 분야를 오래 연구할 수 있는 환경이 되지 않습니다. 여러 정책 관련해서도 커버리지가 굉장히 넓고 한국은 공직 사회가 순환 보직을 하기 때문에 특정 분야에 대해서 오랫동안 이렇게 들여다볼 수 있는 전문성을 축적하는 기회가 사실상 보장되지 않는 셈이죠. 그렇기 때문에 그런 점을 보완할 수 있는 전문적인 지식을 갖추고 경험을 갖추는 씽크탱크로서 KDI의 역할이 상당히 중요하지 않나 생각합니다.

두 번째, 중립성이라는 측면도 중요합니다. 특히 요즘 정치 환경, 정책 환경, 언론 환경 등을 감안하면, 그 전문성이 있다는 게 대단히 중요한 필요조건입니다만 그것이 결코 충분조건이 될 수는 없는 것 같습니다. 그래서 중립성이 보장되어야 하는데 이를 위해서는 기관의 거버넌스가 굉장히 중요할 것 같습니다. 지금 정책평가연구원(PERI)은 민간 씽크탱크이니까 그런 측면에서 조금 더 자유로울지 모르겠습니다. 그러나 KDI와 같은 공공 씽크탱크는 특히 중립성이 중요해서 KDI 부설 기관으로 공공투자관리센터를 간략히 하나의 예로 설명을 드리고자 합니다.

공공투자관리센터는 2001년 정도에 설립되었습니다. 정부의 토목 공사라든지 건설과 관련해서 정부 예산이 500억 원 이상 투여되는 프로젝트에 대해서는 반드시 프로젝트를 수행 전에 경제성에 대한 예비타당성 조사를 받도록 법으로 의무화를 했는데 이를 공공투자관리센터에서 맡아서 하였습니다. 사실 그 이전에도 해당 부처에서 예비타당성 조사라는 걸 하는 제도가 있었습니다만 실질적으로 아무 의미가 없었습니다. 제가 알기로는 그 이전에 부처가 스스로 본인들이 프로젝트를 제안하고 예비타당성 조사를 한 결과로서 경제성이 없다고 결론이 난 프로젝트는 울릉도에 국제공항 짓는 거 하나밖에 없었다는 얘기를 들은 바가 있습니다.

그 이후에 KDI가 예비타당성 조사를 하기 시작한 뒤부터 많은 예산이 낭비되지 않고 잘 쓰이게 되었다는 점을 말씀드리고 싶습니다. 제 개인적으로는 지난 20여 년 동안 이 제도를 통해서 우리나라 예산, 즉 납세자의 소중한 돈이 최소한 수십조 원 이상은 낭비되지 않게 정비가 되었다고 생각을 하고 있습니다. 제 개인적인 생각뿐만이 아니라 사실은 세계은행(World Bank)과 같은 국제기구에서는 전 세계적인 모범 사례로서 한국의 공공투자관리센터를 많이 벤치마킹해서 다른 나라에도 이식시키고자 하고 있습니다.

이렇게 된 데에는 정부에서 직접 예비타당성 조사를 할 때보다 정치적 압력으로부터 조금은 더 자유로운 씽크탱크에서 그리고 또 씽크탱크 내 부설기관에서 하기 때문입니다.

예를 들어 제가 KDI 원장에 취임한 지 6개월 정도 됐는데, 많은 국회의원들로부터 전화를 받았습니다. 전화 내용의 99%는 예비타당성 조사를 좀 잘 통과시켜 달라는 것이었습니다. 저희가 할 수 있는 일은 사실상 아무것도 없다고 계속 말씀드리고, 실제로도 아무 효과가 없는데도 전화가 계속 옵니다. 그래서 혹시 이 자리를 빌려 저한테 전화하셔도 별 효과가 없다는 말씀을 드리고 싶습니다. 이처럼 상당히 독립적인 평가를 할 수 있게 된 지금과 같은 예비타당성 조사 제도가 있기 때문에 이 효과가 발현될 수 있었다는 말씀을 드리고 싶습니다.

마지막으로 안종범 원장님께서 강조를 많이 해주셨는데, 데이터에 대한 접근성이 필요합니다. 지금 말씀하셨던 것은 퍼블릭 데이터에 대한 것입니다. 그런데 이미 퍼블릭한테 오픈되어 있는 데이터뿐만 아니라 정부에는 행정 관련 데이터가 많이 축적되어 있습니다. 예를 들어서 건강보험과 관련된 데이터라든지 조세와 관련된 데이터, 그리고 우리나라에 지금 이미 많이 정착되어 있는 복지제도와 관련된 정말 유용한 행정 데이터가 많이 있는데, 이러한 행정 데이터들은 대부분 공개가 되지 않고 있습니다. 그리고 공개되기 어려운 합당한 이유도 있고요. 개인 정보 등의 문제 때문에 사실은 일반한테 공개하기 어려운 측면이 있기는 합니다. 그럼에도 불구하고 이 부분들을 보다 좀 더 전향적으로 연구자들한테 제공할 수 있는 어떤 시스템을 만들 필요는 있겠습니다.

그 부분에 대해서 저희도 지금 여러 가지 제안을 하고 있습니다. 행정 관련 데이터를 특정한 정책 개발 내지는 평가를 위해서만 사용한다는 걸 전제로 해서 관련 연구자들이 신청하고 이를 심사해서 제공할 수 있는 제도의 도입을 열심히 추진하고 있습니다.

그것과 관련해서 실제 행정 데이터를 가지고 있는 해당 부처의 조심성이 상당히 문제를 어렵게 만들고 있습니다. 그러나 어떻게든 조금씩은 극복해 가야 할 과제가 아닌가 생각합니다.

오늘 이렇게 안종범 원장님께서 PERI를 통해 정책평가의 중요성에 대해서도 많이 말씀해주셨는데, 그 역할을 보다 적극적으로 잘해야 하는 기관이 KDI라고 생각합니다.

최상대(토론자)

오늘 발제자 세 분의 아주 훌륭한 발제 잘 들었습니다. 이런 세계 석학들이 많이 참석하고 계시는 이번 토론회에 정책평가, 재정평가에 대해서 코멘트할 수 있는 기회를 주셔서 감사드리고, 정책을 실제로 수립하고 집행하는 한 명의 정책 담당자로서 이번에 토론회를 통해서 나오는 여러 가지 좋은 발제 의견들은 향후 정부가 정책평가 시스템을 도입하고 개선하는 데 상당히 도움이 될 거라고 확신합니다.

그렇기 때문에 세계 석학 분들이 발표하신 내용에 대해서 코멘트하기보다는 제가 평소에 가지고 있는 어떤 정책평가와 재정평가에 대한 생각들을 좀 말씀드리겠습니다.

우선 네 가지입니다. 첫 번째, 정책평가와 재정평가의 관계, 두 번째, 경제사회 여건 변화 고려, 세 번째, 성과 환류를 통한 증거기반 평가 그리고 마지막 네 번째, 정책평가와 실제 정책 선택의 차이가 되겠습니다. 마지막 네 번째는 베샤로프 박사께서 말씀하신 것처럼 "현실 세계는 복잡하다(Real-World world complicated)"는 것입니다.

그래서 실제로 합리적인 정책평가가 최종적인 정책 선택으로 연결되느냐의 여부입니다. 잘 아시는 것처럼 정책평가의 이면에 그 정책과 연계된 재정 프로그램들이 많습니다. 그러다 보니까 실제로 정책평가를 하는 것이 그것과 관련된 재정평가, 예산평가와 직결되는 경우가 많다는 점을 말씀드리고, 그런 차원에서 예산은 단순한 숫자가 아니고 숫자로 환산된 정책이라고 많이들 얘기합니다. 그리고 예산 자체도 여러 가지 우선순위를 결정하는 정책 우선순위 정책을 평가하는 과정에서 결정되는 메커니즘이죠. 그렇다 보니까 정책평가와 재정평가는 동전의 양면처럼 다르기도 하지만 또 상당히 비슷하고 정책을 평가함에 있어서 관련된 재정의 평가를 통해서 그 정책평가를 가늠할 수 있는 양자의 관계가 있을 수 있습니다.

여기 예시를 보시면 한국에서 가장 심각한 문제 중에 하나가 초중등 교육과 고등 교육 간의 불균형입니다. 그 불균형은 정책에서의 불균형일 수 있고, 정책 불균형의 이면에는 재정 배분에서의 불균형 문제가 있습니다. 〈그림 1-토론-1〉에서 보시는 것처럼 막대 그래프는 교원 1인당 학생 수의 비교입니다.[1]

역시 동그라미, 마름모꼴도 다 교원 1인당 학생 수의 비교인데 맨 왼쪽에 있는 게 한국이고 오른쪽에 있는 것들이 미국, 영국, 독일, 프랑스입니다.

실제로 마름모에서 보시는 것처럼 초등과 중등의 경우에 한국이 결코 다른 나라에 비해서 교원 1인당 학생 수가 많지 않습니다. 하지만 고등 교육은 상당히 많다는 것을 알 수 있죠. 초중등 교육과 고등 교육의 정책

1 <그림1-토론-1> 교원 1인당 학생수 비교(명, '20년), 학생 1인당 교육투자액 비교(천달러, '19년)(부록 468쪽) 참조

불균형 이면에는 교육 재정의 칸막이 구조가 있습니다. 오른쪽 그림에서 보시는 것처럼 실제로 왼쪽 막대 그래프는 초중등 교육에 투자되는 부분이고 오른쪽 막대는 고등 교육에 투자되는 부분입니다. 보시는 것처럼 다른 나라에 비해서 초중등 교육 투자는 한국이 못지않게 높은 반면에 고등 교육 투자는 상당히 적다는 것을 알 수 있습니다. 그 이면에는 학생 수의 감소에도 불구하고 세금의 일정 부분이 초중등 교육행정을 담당하고 있는 교육청으로 가는 칸막이 구조가 있고, 그런 칸막이 구조를 완화하기 위해서 작년 말에 국회에서 고등평생교육 지원 특별회계를 신설해서 초중등 교육재정 일부를 고등교육에 환류하는 체계를 만들었습니다.

다음은 경제사회 여건의 변화 고려입니다. 실제로 한국의 어떤 재정평가 체계는 예산 순기별로 예산 편성 시기에 조동철 원장님이 말씀하신 예타 성과계획서, 그리고 실제로 집행 관리하는 단계에서, 그리고 사후 평가 체계 등 여러 가지 평가 체계가 굉장히 복잡하게 갖춰져 있다는 것을 볼 수 있습니다.

첫 번째 재정 효율성을 위한 게이트 키퍼로서 조 원장님께서도 예비타당성을 말씀해주셨는데 실제로 1999년부터 예비타당성 제도를 도입했고 나름대로 총 사업비 500억 기준으로 제도가 운영되었습니다. 그런데 도입된 지 20년이 넘었죠. 그래서 이러한 경제사회 여건 변화를 충분히 고려하지 못한다는 지적이 있었습니다. 반면 지난 5년간의 이러한 예비타당성을 어떤 일정 요건을 충족하면 면제가 되는데 그 면제가 되는 것이 너무 많았습니다. 그래서 그 부분을 조금 더 타이트하게 관리할 필요가 있다는 요구가 있었고 좀 전에 말씀드린 것처럼 20년이 지났는데 너무나 작은 규모로 타이트하게 관리하는 부분에 있어서 현실화하고자 하는 요구가 있었습니다. 현재 국회에서 논의 중이며, 이러한 부분들은 재정 준칙과 함께 통과되어야 한다는 것이 정부의 확고한 입장입니다.

또 다른 예외 중 하나가 현재 한국에서 굉장히 중요한 이슈로 부각되는 게 국고보조금입니다. 국고보조금은 지금 약 100조 원 정도의 규모로 운영되고 있고 지방자치단체에 대한 보조금도 있으며 5분의 1 정도는 민간 쪽에 보조금으로 가고 있습니다. 최근 이러한 민간 보조금에 대한 어떤 관리 부분에서의 부정 수급이라든지 비리라든지 하는 재정 분야 문제가 사회적 이슈가 되고 있습니다. 그래서 기본적으로 이런 국고보조금의 급증을 대비해서 사전·사후의 관리 체계를 전면 재정비하고 있습니다. 그래서 이런 부분들을 통해서 국민의 혈세가 낭비되지 않도록 하는 노력을 하고 있습니다.

여러분께서 성과기반, 직무기반의 정책평가를 말씀해주셨는데 지금 말씀드리는 것이 얼마나 고도화 단계에 있는 어떤 증거기반의 평가 체계라고 말씀드릴 수 있는지 확실하지는 않지만 초보 단계에 있어서 어떤 증거기반의 재정평가로서 성과 중심으로 재정 운영 체계를 관리하고 있습니다. 이에 성과 계획서를 수립하고 핵심 재정 사업에 대한 성과 관리를 통하여 성과 결과에 대한 성과 보고서를 리포팅하는 체계를 가지고 있습니다.

그런데 이러한 성과평가 체계가 굉장히 복잡합니다. 이런 복잡성과 국민의 어떤 체감되는 부분도 굉장히 낮다는 문제점들이 지적이 되고 있습니다. 그래서 이 부분들을 좀 더 핵심적인 재정 사업을 중심으로 해서 성과 목표와 성과 지표 체계에 의한 데이터 기반의 성과 관리 체계를 갖추려고 노력을 하고 있습니다.

마지막으로 정책평가와 정책 선택의 차이입니다. 아까도 말씀드린 것처럼 실제로 합리적인 정책평가 결과가 반드시 최종적인 정책 선택으로 연결되느냐 하는 부분에 있어서 일치할 수도 있고 일치하지 않을 수도 있다는 점입니다. 예를 들어보겠습니다. 첫 번째로 잘 아시는 것처럼 재정준칙 법제화를 지금 추진하려고 하고 있습니다. 분명히 시급하고 합리적이라고 평가를 받고 있습니다. 그렇지만 아직 도입되고 있지 않죠. 여러 가지 평가의 측면에서는 국제적·국내적 평가가 필요하다는 지적을 많이 받고 있습니다.

하지만 재정준칙 도입에 대한 잘못된 오해처럼, 의도적이건 비의도적이건 그런 오해로 인해서 실제로 국회에서 처리되고 있지 않습니다. 그러다 보니까 실제로 합리적이라고 좋은 평가를 받는 어떤 정책평가도 실제로 최종적인 정책 선택으로 이어지는 데는 여러 가지 다른 요소가 고려되고 있습니다.

두 번째 예는 실제로 여러 가지 경제적 측면이라든지 정책적 측면에서 문제가 많이 예상되는 정책이 결국에는 선택되는 케이스라고 하겠습니다. 급격한 최저임금의 인상은 고용에 부정적인 영향을 주고 과도한 재정 지출을 수반할 소득주도성장 정책이라는 지적에도 불구하고 급격한 최저임금 인상을 추진해 실제로 2018년 한 해에만 최저임금 16.4%나 인상되었습니다.

그래서 두 번째 케이스는 실제로 정책평가 시 여러 가지 문제점이 있고 부작용이 예상된다는 어떤 정책평가가 있음에도 불구하고 여러 가지 다른 요인으로 인해서 결과적으로 정치적 선택으로 이어지는 그러한 예가 되겠습니다. 이러한 현상을 보면 결국에는 베샤로프 박사께서 말씀하신 것처럼 합리적인 정책평가 결과가 항상 정책 선택과 일치하지 않는 것은 현실에서는 정책평가에서 이루어지는 그런 상황에 비해서 현실은 더 복잡합니다. 마지막으로 말씀드리고 싶은 것은 증거기반, 성과기반의 정책평가가 정책 선택으로 이어지기 위해서는 실제로 여러분께서 말씀하신 행정 데이터 여러 가지 데이터의 공개, 공유와 합리적인 분석입니다. 그리고 이런 것들은 실제로 전부 혼자서 할 수가 없기 때문에 조 원장님도 말씀하셨지만 KDI와 같은 공공 연구기관뿐만 아니라 미국을 포함한 여러 정책 연구기관 나아가 민간 정책평가 연구기관의 인프라 구축이 필요합니다.

한국도 성과기반, 증거기반의 정책평가의 결과가 정책 선택으로 이어지는 선순환이 되려면 데이터 공개와 공유 그리고 이런 부분들을 좀 더 객관적이고 합리적으로 분석해서 정부기관에 제공할 수 있는 그리고 사회적 공감대를 형성할 수 있는 정부 정책 연구기관의 신뢰할만한 연구가 필요합니다. 수준 높은 연구와 이를 통한 정책발전이 지속적으로 필요할 것이라고 생각합니다.

박재완(사회자)

제가 좌장으로서 질문 하나 먼저 드리도록 하겠습니다.

데이터의 중요성은 십분 공감합니다. 정책평가에 있어서 데이터의 중요성은 공감합니다만 지금 소위 말하는 관료제로 인해서 관료주의가 만연하죠. 한국의 국회뿐만 아니라 미국 의회에서도 관료주의가 만연한 상태입니다. 그러다 보니까 정치가들은 사전에 결정되어 있는 그런 확정적인 편견을 가질 수밖에 없고요. 자기가 듣고 싶은 것만 듣는 경향이 있습니다.

그리고 또 가짜 뉴스가 루머들을 확산시키는 데 일조하고 있고요. 말도 안 되는 이야기들도 시민들을 선동하기 위해서 빠르게 확산되고 있습니다. 아주 좋은 예를 한국에서 보게 되면 광우병에 대해서 과대하게 포장했던 사실이 있죠. 미국산 소고기의 수입을 막기 위해서 광우병 사태를 과도하게 확장해 보도한 사례가 있습니다. 그리고 미국산 사드 미사일에 대한 전자파 괴담도 좋은 예시 중에 하나입니다. 이것은 반미 정서를 심기 위해서 나왔던 시도들이었는데요.

이러한 유형의 문제는 어떻게 극복할 수 있을까요? 이렇게 자기 스스로 이미 마음을 정한, 그런 편견들은 잘못된 정책으로 국민들을 오도할 가능성이 있습니다.

이러한 부분을 어떻게 극복하면 좋을까요?

버크하우저

사실 많은 사람이 근거 없는 것들을 믿곤 합니다. 이 지구상에는 굉장히 이상한 사람들도 있어서 말도 안 되는 일들을 얘기하죠. 그런 일을 막기는 쉽지가 않습니다. 그렇기 때문에 우리가 사는 동안 포퓰리즘의 움직임은 늘 있습니다. 상황을 이용하려는 포퓰리스트들이 항상 있습니다. 그리고 특정한 것들을 통해서 이익을 취하고자 하는 포퓰리스트들이 있는데요.

특정 집단에 있는 사람들만 그런 일을 하는 것이 아니라 특정 견해를 강력히 믿는 사람들도 그런 일을 하곤 합니다. 최저임금제를 잠깐 얘기를 해보면, 저는 한국이 한때 최저임금을 16%나 한 번에 올렸다는 얘기를 듣고 사실 깜짝 놀랐습니다. 그 당시 그 정책에 관여를 하고 결과를 예측하는 데 참여했던 전문가가 누군지는 모르겠지만 국민들이 다음과 같은 사실을 알았으면 합니다.

숙련도가 떨어지는 근로자들 같은 경우를 생각하는 거죠. 어떤 사람들의 노동은 한 시간에 몇백만 원 받을 가치가 있는 일도 있습니다. 이런 사람들은 생산성과 같이 연결되어 있는 거라서 최저임금에 해당하지는 않겠지만 최저임금제와 같은 예시는 사회의 많은 부분에 의미가 있을 거라 생각합니다.

또 다른 예시를 한번 들어보면 제가 경제자문위원회에서 일할 때, 워싱턴에 출장을 가서 인터뷰를 한 적이 있습니다. 당시 위원장이었던 분과 인터뷰를 했고 그 방에는 정치적인 인물도 있었습니다. 저는 이 정치가로부터 "케빈이 말하기를 당신 정말 훌륭한 연구자라고 하더라. 그런데 두 가지 얘기를 해주고 싶다"는 이야기를 들었습니다.

첫 번째는 "최고의 평가와 최고의 노력을 통해서 이 정책의 결과를 우리한테 말해주는 게 지금 당신이 하실 일이오."라는 것이었습니다. 두 번째는 지금 아무리 좋은 정책 제안을 한다 하더라도 우리는 다 무시할 거라는 것이었습니다.

그러면서 정책자문관으로서 미국에서 역할을 하려면 한국도 그럴 거라는 생각은 드는데요. 반드시 그 현실을 받아들여야 합니다. 이 효율성이라는 것 그리고 효율적인 솔루션이 반드시 정치가들의 관심사는 아닐 수 있다는 것은 이해해야 합니다. 선출직이 됐든 어떠한 정치 계파에 속한 사람이 됐든, 우리가 제시한 효율적인 해법이 이들이 선호하는 방식은 아닐 수 있다는 것을 이해해야 합니다. 항상 교수로서, 학술가로서는 훌륭한 역할을 하지만 그런 사람들은 정치는 모를 수가 있습니다.

그래서 정치가들과 일할 때는 이 사람들이 원하는 것이 무엇인지를 정확하게 알고 제안을 해야 합니다. 그렇게 할 수는 있지만 이렇게 했을 경우에 동일한 방법을 달성할 수 있는 좀 더 저렴한 방법이 있다는 것도 같이 제시해주는 게 좋겠죠. 여기 항상 주고받는 트레이드 오프(trade-off)

가 있기 마련입니다. 그래서 이렇게 정치가들에게 의견을 제공하는 그런 자리에 계속 참여를 하고 싶고 영향력을 주고 싶다면 그 사람들이 무엇을 원하고 달성하고자 하는지를 이해하고 참여하는 것이 굉장히 중요합니다.

정확하게 그 사람들이 원하는 것이 무엇인지를 이해하고 그것을 설명하면서 효과적으로 이 목적을 달성할 수 있는 방법을 제시하는 것이 우리가 할 수 있는 최선이라고 저는 생각합니다.

이기남(원암문화재단 이사장)

저는 안종범 원장님께 여쭤보겠습니다. 그러면 정책평가연구원에서 정책을 연구에서 평가했을 적에 정부에게 어떻게 그것을 받아들이도록 할지에 관한 연구는 어떻게 진행하고 계신가요?

안종범(정책평가연구원장)

저희들이 연구한 결과를 정부에 전달하는 채널은 저희 연구원이 지향하는 국민 참여형 연구를 통해 하려 합니다. 다시 말해서 플랫폼 형식으로 저희 연구 결과를 항상 국민들에게 공유하고 또 같이 토론하는 과정을 거치려고 노력합니다. 그래서 자연스럽게 그 결과를 정부가 여러 채널을 통해 들을 수 있도록 하는 방법을 취하려고 합니다. 이는 제가 개인적으로 저희 연구원의 연구결과물을 문서 형태로 정부에 전달하는 것보다 더 효과적입니다. 왜냐하면 많은 국민이 함께 참여한 연구결과이기 때문입니다.

몇 가지 더 말씀을 드리면 리처드 버크하우저와 베샤로프 교수님이 공통적으로 말씀하신 게 증거기반 정책결정(Evidence based policy making)이고 또, 여기서 연구기관의 역할도 강조하였습니다. 그리고 두 분이 벨트웨이(Beltway) 연구기관을 많이 말씀하셨는데 이 벨트웨이라는 곳은 워싱턴 DC의 도로를 지칭하는 것입니다. 그래서 워싱턴 DC 내에 있는 각종 민간 연구소들을 지칭해서 벨트웨이 정책연구기관(Policy research organization)이라고 얘기합니다. 대표적으로 브루킹스연구소(Brookings Institution)가 있고, 그 외 60~70년 된 연구소도 많이 있습니다.

이와 같은 증거기반 정책결정 자체의 중요성을 다들 인식하고 있지만 우리나라에서 이와 관련해서 가장 중요한 정책 개혁 중의 하나가 연금개혁입니다. 여기서 가장 중요한 것 증거(Evidence)가 바로 연금개혁을 지금 하지 않으면 어떤 일이 벌어질 건가 하는 것입니다. 이러한 증거를 제공할 수 있는 연구 방법이 오후에 발표하실 알란 아우어바흐(Alan Auerbach) 교수께서 개발하신 세대 간 회계(GA; Generational Accounting)라는 겁니다. 연금제도, 복지제도 등의 공적제도나 공적지출이 세대 간 순부담 혹은 순혜택이 어떠한가를 계산해서 보여주는 것이 바로 세대 간 회계라는 것입니다. 이를 통해 특정 제도의 변화로 세대 간의 유불리가 어떠한가를 증거를 기반으로 확인할 수 있게 되는 것입니다. 이 GA는 미국 의회에서도 주목받고 있으면서 여러 정책에 활용되고 있습니다. 아쉽게도 우리는 여러 차례 국회에서 받아들이도록 요청을 했는데 실패했습니다.

그리고 또 한 가지 중요한 것은 여러 행정 데이터입니다. 2014년부터 행정 데이터 중에 가장 핵심인 각 개인의 소득세 등 마이크로 납세 자료를 이제는 민간 연구자가 요청하면 제공하도록 하는 법이 만들어져서 활용되고 있습니다. 여러 개인 보호 장치를 한 상태에서 제공하는 것으로 했고 제가 국회의원 시절인 2014년에 발의해서 통과를 시켰는데 아직 많은 분이 활용을 못 하고 있어 이 자리에서 말씀드립니다. 세금 데이터 자체가 가지고 있는 개인정보 보호 문제 때문에 우리 국세청이 그렇게 반대를 하다가 어렵게 통과된 법이기 때문에 많이 활용해야 한다는 점을 강조하고 싶습니다.

또 한 가지는 공공기관에 관련된 데이터를 수집하는 알리오닷컴(공공기관 정보 홈페이지)에 관련된 것입니다. 저희 정책평가연구원이 PERI 플랫폼을 만들 때 국회에 있는 모든 데이터는 API로 되어 있어서 쉽게 가져와서 저희들이 DB화해서 공개할 수 있게 되어 있습니다. 그런데 아쉽게도 아직 재정정보원이 관리하는 알리오닷컴에 있는 모든 데이터는 API로 제공되지 않고 있습니다. 그래서 이 자리를 빌려 여기 나오신 기획재정부 차관께 부탁을 드리고 싶은 게, 재정정보원이 관리하는 공공데이터 중에 공공기관 알리오닷컴에 있는 데이터를 최대한 빨리 API로 제공할 수 있도록 해 주십사 하는 것입니다.

박재완(사회자)

베샤로프 교수님께 3분 마무리 멘트를 부탁드리겠습니다. 그다음 버크하우저 교수님께도 마무리 발언할 시간 드리고 싶습니다.

베샤로프

먼저 말씀드리고 싶은 거는 오늘 너무 이 자리에 함께하게 되어서 기쁘고요. 이렇게 아주 대단한 자리에 함께하게 되어서 대단히 영광입니다. 굉장히 중요한 자리가 될 거라고 믿어 의심치 않습니다.

버크하우저

PERI가 실험하고 있는 부분들이 잘 진행이 되고 있다는 생각이 듭니다. 제가 정말 큰 감명을 받았던 게 아주 진지한 학자들이 같이 협력을 해서 일하고 있다는 걸 보고 놀랐습니다. 학계에 있는 많은 전문가가 같이 협력을 하고 있다는 것을 보고 감명을 받았습니다.

특히 실제 정치 세계에 몸담았던 사람들, 그러니까 완벽성과 가능한 것의 차이를 이해하는 사람들이 같이 협력하고 있다는 것이 정말 좋은 점이라고 보입니다. 이런 사람들이야말로 이런 PERI와 같은 연구소에 증거를 제공할 수 있고 또 이런 것을 통해서 정책이 좀 더 효율적인 정책을 제시해서 이 정책을 잘 이해하지 못하지만 그래도 그 정책의 혜택을 사람들이 누릴 수 있도록 하는 그런 중요한 자원인 것 같아서 너무 좋게 생각합니다.

또 하나 감명을 받았던 것은 지금 우리한테 보여줬던 것들을 보게 되면 지금 정부에서 어떤 일이 일어나고 있는지를 설명하고, 이러한 부분들을 국민들에게 시각화해서 설명하려고 노력을 하는 모습이 감명적이었습니다. 그렇게 되면 사람들이 사실상 정부에서 무슨 일을 하고 있는지 이해하게 될 것이고 정부가 하는 일을 지원하고 서포터하는 역할을 하게 될 거라고 생각을 합니다. 그런 점에서 굉장히 감명이 깊었습니다.

제2부

복지정책 평가

1장

다국가 데이터와 분석을 이용한 빈곤정책과 그 효과에 대한 연구

티모시 스미딩(Timothy Smeeding) [위스콘신대학교 교수 / 전 빈곤연구소장]

"당신이 말하는 것을 측정하고 숫자로 표현할 수 있을 때 당신은 그것에 관하여 무언가를 알고 있는 것이다. 그러나 당신이 그것을 측정하거나 숫자로 표현할 수 없을 때, 당신의 지식은 불충분하고 만족스럽지 못하다."
_로드 켈빈(Lord Kelvin)

"평가는 정책의 성공 그리고 국민과 국가에게 바람직한 결과를 보장하는 핵심 수단이다. 평가를 위한 개혁 과제와 그에 따른 구체적인 방안을 제시하는 연구에 대한 정책 관련 기관과 전문가의 관심이 필요하다. 정책 입안자들의 관심, 대중매체 보도, 그리고 이 분야의 전문가들의 조언들이 잘 조합될 때 비로소 올바른 정책평가가 가능할 것이다."_안종범

1. 서론: 국가별 생활 수준 비교와 빈곤정책 평가

룩셈부르크 소득조사(LIS; Luxembourg Income Study) 및 OECD의 다른 유사한 비교 데이터베이스를 통한 다국적 사회정책 연구는 빈곤과 불평등과 같은 국가적 결과가 여러 국가 간에 어떻게 다른지 이해하는 데 매우 유용하다.

문제의 핵심을 파악할 때 비교 가능한 결과물을 갖고 시작하는 것은 아주 좋은 시작이 된다. 왜냐하면 정책분석가와 프로그램 평가자는 한 나라에서 나타난 실제 결과가 다른 국가에 비해 어떻게 비슷하고 다른지 파악할 수 있기 때문이다. 룩셈부르크 소득조사(LIS)의 여러 결과에 대해 우리가 왜 이러한 결과들이 나오는지 질문하는 것은 당연하다. 국가별 경험은 자연스러운 실험(Natural experiment)으로 볼 수 있다. 왜냐하면 일반적인 초국가적 문제에 대한 국가적 대응이 각 나라의 제도, 가치, 역사에 따라 다르기 때문이다.

이 논문에서 저자는 리 레인워터(Lee Rainwater)와 같이 함께 수행한 연구(예: 2003)에서 사용한 분석 개념에 따라 세 가지 주요 출처의 소득 '패키지'를 살펴볼 것이다.

- 자신의 노력: 노동시장, 자본시장, 저축, 사적연금 및 최저임금과 같은 공공의 '사전분배(Pre-distribution)' 규칙으로부터의 시장소득
- 가족/친지의 역할: 다른 가구에 거주하는 사람(지인)들로부터의 송금, 친지의 금전적인 도움
- 정부와 공공 부문의 역할: 재분배, 이전소득, 순세금

한국은 성별의 역할, 소득과 부의 불평등, 높은 주거비, 낮은 출산율 등의 많은 사회적 문제들을 가지고 있지만, 저자는 다음 두 가지 문제에 집중할 것이다. 첫째는 고령층의 빈곤 문제이며, 둘째는 자녀가 있는 가정의 경제적 이동성 및 더 나은 삶을 제공하기 위한 여건의 문제이다.

여러 국가의 아동 및 고령층의 빈곤율을 살펴보고 위에서 언급한 두 가지 문제를 모두 완화할 수 있는 해결책을 제시할 것이다.

본 논문은 LIS 데이터베이스에 대한 설명과 한국 정책분석가들이 어떻게 이 데이터를 사용할 수 있는지로부터 시작한다. 그리고 한국 고령층의 빈곤문제와 그에 따른 금융기관과 민간조치에 의존하는 두 가지 해결책을 검토할 것이다. 다음으로, 결론에 앞서 한국 아동 빈곤율을 살펴보고 공공부문이 이러한 아동의 경제적 상향 이동성을 보장하는 데 어떻게 도움을 줄 수 있는지를 알아볼 것이다.

2. 룩셈부르크 소득조사(LIS)란 무엇인가?

LIS는 기존 가계소득 및 부의 조사와 그 구성 요소를 일치시키기 위한 프로젝트이며 사회과학 연구를 위한 미시적 경제소득 데이터의 국가 간 데이터베이스를 만드는 것이다. 이 데이터베이스에는 약 75개의 고소득 및 중간소득 국가의 600개 이상의 데이터 세트를 포함한다. 일반적으로 국가대표 가구소득 조사 자료는 참가국의 국가통계 수집기관이 제공한다. 이러한 기관과 국가 연구센터는 데이터베이스 생산과 유지보수를 지원하는 데 매년 재정적인 기여를 한다.

LIS 데이터베이스에는 두 가지 분석 수준(가구 및 개인)으로 익명화된 인구통계학, 소득, 노동시장 및 지출 정보가 포함되어 있다. 이 데이터는 동일한 기본 개념과 용어로 일치시켜 서로 다른 국가 데이터를 동등하게 만드는 구조로 변환된다.

데이터 접근은 사회과학 연구프로젝트용으로만 제공되며, 상업적 사용은 허용되지 않는다. 데이터 보안상의 이유로 데이터 세트를 다운로드하거나 직접 접근할 수는 없다. 데이터 사용권한이 부여된 후 사용자는 사용자 이름과 암호로 소프트웨어 프로그램을 원격 서버에 제출하면

1~2분 이내에 정보를 출력할 수 있다.

3. LIS 데이터와 비교 가능한 OECD 데이터는 한국 고령층의 빈곤에 대하여 무엇을 말해주는가?

한국의 노인 소득 빈곤은 OECD 또는 LIS 데이터 세트 내에서 가장 높고, 두 번째 국가와도 큰 격차를 보이고 있다. 〈그림 2-1-1〉은 한국의 노인 빈곤율이 다른 모든 OECD 국가들의 빈곤율과 어떻게 다른지 보여준다. 한국의 노인 빈곤율은 다른 국가보다 높은 46%이고, OECD 평균의 두 배 이상이다.[1]

LIS 자료(〈그림 2-1-2〉)는 OECD가 제공하는 자료를 확장하여 OECD에 속하지 않은 다른 아시아 국가들과 비교하여 한국 노인의 빈곤 추세를 살펴볼 수 있게 해준다. 이 자료에서 또한 노인의 빈곤율은 2016년까지 증가하고 있으며, 비교 가능한 다른 아시아 국가들보다 그 비율이 훨씬 높다.[2]

물론, 왜 이런 결과가 나타나는지에 대한 질문이 생긴다. 가장 기본적인 답은 작은 개인연금 자산과 노령연금에 대한 지출 때문이라고 할 수 있다. 노령연금에 대한 지출은 국내총생산(GDP)의 3.6%에 불과하며, 이는 OECD 30개국 중 네 번째로 낮으며, 주로 공무원을 대상으로 한다(변(Byun)(2017)). 따라서 위에 언급한 소득의 주요 출처 중 가족소득 패키지 관점에서 보면 한국에서는 연금보유의 효과가 그리 크지 않다. 노년

---

1 <그림 2-1-1> OECD 국가의 노인 및 아동 빈곤율(부록 469쪽) 참조

2 <그림 2-1-2> LIS 노인 및 아동 빈곤율(부록 470쪽) 참조

의 한국인들은 지속적으로 구직 활동 중임에도 불구하고 가난에서 벗어날 만큼 충분한 소득을 얻지 못하며, 더 고령의 노년층들은 구직활동의 어려움이 있기 때문에(구와 김(Ku & Kim)(2020)), 대부분 노년층 한국인들에게 시장소득 측면의 해결책은 그다지 효과적이지 않다.

가족소득 패키지의 두 번째 구성 요소는 대가족 생활 형태이다. 하지만 핵가족이 일반적인 가족 형태가 되고 대가족 사회가 흔하지 않게 됨에 따라 여러 가족이 모여 함께 거주하는 생활 형태가 감소했다. 인구통계학적인 변화로는 부모공동주거 감소 추세를 어느 정도로 상쇄시키지만, 한국의 저출산 현상으로 자녀공동주거 감소 추세를 증가시킨다(계와 최(Kye & Choi)(2021)).

게다가 일반적으로, 노년의 한국인들은 소유한 주택이 있다면 홀로 거주하는 것을 선호한다. 그러나 자녀들의 혼인 시기가 늦어지고 높은 주거 비용으로 인해 부모와 주거지를 공유할 가능성이 크다. 과거에는 성인이 된 자녀와 공동 거주하는 것은 노년이 된 부모에게 경제적으로 도움이 되었다(김과 국(Kim and Cook)(2011)). 그러나 결혼한 성인 자녀와 함께 사는 65세 이상 노년층의 비율은 1990년 67%에서 2015년 32%로 감소한 반면, 성인 자녀와 분가하여 따로 사는 노년층은 같은 기간 동안 17%에서 58%로 증가하였다(리(Lee)(2019)). 따라서 높아진 기대 수명과 젊은 세대의 부모 부양의 중요성에 대한 관점의 변화가 한국의 노인 빈곤율을 증가시키는 데 영향을 미치고 있다.

가족소득 패키지의 세 번째는 국가의 역할과 한국의 사회안전망이다. 한국은 OECD 국가 중에서 사회적 지출비율이 가장 낮은 나라 중 하나로, 일반적으로 저소득층에 대한 지출뿐만 아니라 능력상실급여나 가족복지에 대한 지출을 포함해서도 그러하다. 국민기초생활보장제도(NBLS; National Basic Livelihood Security)라고 불리는 개선된 공공지원 프로그램은 2000년에 도입되었다. 이 제도는 나이나 장애 여부와 관계없이 저소득층에게 현금이나 현물 지급 방식의 혜택을 제공해왔었다. 그러나 그 자격은 재정적 지원을 할 수 있는 성인 자녀가 없다는 것을 증명할 수 있는 사람들로 제한되어왔으며, 이로 인해 위 자격에 적합하지 않은 많은 노인 빈곤층이 혜택에서 소외되었다. 실제로 2010년대에 노년층의 8%만이 이 프로그램의 혜택을 받았다(구와 김(Ku & Kim)(2020)).

현재 기초연금제도(BPS; Basic Pension Scheme)라고 불리는 또 다른 조세를 통한 재원조달 비기여형 연금프로그램은 전체 노인의 하위 70%에게 적당한 수준의 혜택을 제공하고 있다. 공적 이전소득의 증가는 시장소득과 사적 이전소득의 감소를 일부 줄였지만, LIS 및 OECD 자료에 따르면 노인 빈곤율을 감소시킬 정도로 큰 영향을 끼치지는 못하였다(구와 김(Ku & Kim)(2020)).

조세 기반 공공이전 프로그램의 지속적인 확대는 한국의 노년 빈곤율을 감소시킬 수 있는 잠재성을 가지고 있지만, 한국에서는 그러한 지원이 아직 제대로 실현되고 있지 않다(황, 퍼윈 그리고 파리센(Hwang, Purwin & Parliussen)(2022)). 또한 앞으로 여러 기여 연금프로그램 정책의 발전과 확대가 필요한데, 그것이 다음 노년층 세대에게는 도움이 되겠지만, 현재의 노인 빈곤율 문제를 해결할 수는 없다. 그럼에도 불구하고, 호주에서는 확정기여형 연금제도를 통한 연금저축의 확장과 재정 안정이 상당히 좋은 결과를 가져왔다. 이는 로봇 공학과 인공 지능의 등장에 따라 이러한 저축자산을 보유한 사람들을 통해 더 큰 수익과 기업자산을 제공할 것이기 때문에 앞으로도 지속될 것이다(라날디(Ranaldi)(2022), 스미딩(Smeeding)(2016)).

4. 자산과 빈곤:
역모기지연금/주택연금제도(RAM/HECM) 해결책과 주택담보신용대출(HELOC) 해결책

소득은 우리가 경제적 행복을 관찰할 수 있는 하나의 렌즈에 불과하지만, 순자산, 즉 금융자산과 주택 및 토지 소유권은 또 다른 이야기이다. 한국의 대부분 노년층이 그다지 많지 않은 금액의 금융 자산을 보유하고 있지만, 주택을 보유하고 있는 사람들은 많다는 것을 알 수 있다. 실제로 한국 노인의 60~70%가 자신의 주택을 소유하고 있으며(〈그림 2-1-3〉), 대부분 주택담보대출이 없고, 그에 대한 상당한 경제적 가치를 갖고 있다. 그들의 상당 부분이 자가주택을 통하여 임대소득을 얻는 데 반해, 임대부동산을 소유하고 있지는 않다(변(Byun)(2017)). 물론 소유한 주택을 매매하거나, 규모를 축소하거나, 그리고 다른 나라와 같이 요양 서비스를 제공하는 기관으로 이주하는 방법도 존재한다(피셔 외(Fisher et al.)(2007)). 그러나 대부분의 한국 노년층은 그러한 선택을 하는 것보다, 본인의 주택에 거주하며 소득은 적지만 안정된 자산을 가지는 것을 선호하는 편이다(김, 최 그리고 최(Kim, Choy & Choy)(2021)).[3]

이러한 상황에서는 두 가지 대안이 가능한데, 첫 번째는 역모기지, 즉 공적연금인 주택연금제도(HECM; Home Equity Conversion Mortgage)이고, 두 번째는 주택담보신용대출(HELOC; Home Equity Line of Credit)이다.

미국의 주택담보대출은 미국 정부에 의해 연방보험에 가입되어 있으며, 주택 지분의 일부를 차입하여 빈곤을 완화하는 방법을 제공한다. 사

3 <그림 2-1-3> 한국 주택소유율(부록 470쪽) 참조

망 시 주택담보대출을 실행한 소유자에게 그 자산과 잔여가치가 돌아간다. 이러한 정부정책프로그램은 현재 유럽에서 효과적으로 시행하고 있고, 미국(메이어와 몰톤(Mayer & Moulton)(2020)) 뿐만 아니라 일본(그린과 루(Green & Lu))에서도 시작되는 추세이다. 경쟁이 치열한 시장은 좋은 HECM 시세를 제공할 수 있지만, HECM에 가입하기를 고려하는 사람들은 종종 이 계약조건에 대해 불만족스러워한다. 평균수명은 점점 연장되는 것에 반해, HECM 대출기관의 시세는 대개 보수적이다. 그러나 연방정부가 담보 대출을 보증하면 양도자와 새 소유자 모두의 위험성이 감소하고 더 경쟁력 있는 시세를 제공할 수 있다.

실제로 한국주택금융공사는 2007년 '주택연금'이라는 역모기지 프로그램을 시작했다. 하지만 2017년 기준으로 노인 주택 소유자의 1% 미만이 이를 신청하였다. 이같이 낮은 점유율의 원인으로는 자녀 유산상속의 이유, 집값 상승의 기대, 현재 존재하는 프로그램들이 제시하는 열악한 조건 등이 있다(리와 최(Lee & Choi)(2017)). 한국 노년층의 주택소유자 수가 많은 동시에 그들의 높은 소득 빈곤율을 고려할 때, 한국 정부는 미국과 같은 방법으로 거래를 보장하고, 프로그램을 개선하며 더 나은 조건을 제공함으로써 이 정책을 확장할 수 있을 것이다.

두 번째 방법은 주택담보신용대출(HELOC)로 은행이나 정부기관이 주택의 가치를 담보로 노인 주택소유자에게 대출을 제공하는 것이다. 문제는 대출이 실행되어야 하기 때문에 대출자는 매달 대출금을 지불하고, 나머지 차액으로 생활비를 감당해야 한다는 것이다. 소유자가 사망하거나 부동산을 매각할 때, 대출금은 다른 사람이 매각대금을 받기 전에 대출제공자에게 상환된다. 장점은 주택소유자가 재산에 대한 통제권과 소유권을 유지한다는 것이다. HELOC는 미국, 캐나다, 영국에서 보편적으로 시행되고 있는데, 대출과 상환의 모든 측면에서 유연하기 때문이다.

한국은 많은 노인주택보유자가 있음에도 불구하고, 안타깝게도 얼마나 자산적으로 빈곤한지 그들의 수를 확인하는 것이 불가능하다. 왜냐하면 LIS나 OECD도 이러한 자료에 접근할 수 없기 때문이다(김(Kim), (2018)). 앞선 김(Kim)(2018)의 연구를 통해, 한국 부의 불평등이 미국과 주요 유럽국가보다 다소 높은 것을 알 수 있다. 다른 규모가 큰 나라에서는 소득빈곤층 노인의 약 3분의 1이 자산빈곤층이 아니며(브란돌리니 외(Brandolini et al.)(2010)), 한국에서도 노년층의 토지와 주택소유권이 높은 것으로 나타났다. 만약 노인의 46%가 가난하고 65%가 주택소유자라고 가정한다면, 주택소유자 중 적어도 11%는 빈곤하다는 뜻이다. 룩셈부르크 자산연구에 한국의 자산자료를 제공하는 것은 정책평가연구원(PERI)과 다른 분석가들이 이 수치를 정확히 파악할 수 있게 하는 것이다. 따라서 이는 앞으로 PERI가 추구하는 최우선 순위가 될 것이다.

5. 한국의 아동 빈곤율과 기회 불평등은 어떠한가?

각 세대의 기회 불평등은 거의 모든 국가에서 중요하게 간주하고 있는 가치이다. 한국에서의 기회는 개인이 성장한 지역, 성별, 그의 유년시절 아버지의 직업을 포함한 여러 요인에 의해 형성된다. 출신 지역, 아버지의 배경, 자신의 성별 등으로 인해 개인은 불평등한 기회를 얻게 되고, 이것이 사회경제적 성과에 영향을 미치게 된다. 실제로 사회경제적 성과는 아버지의 배경에 가장 강한 영향을 받으며, 이는 다른 가족배경과 관련된 요인들을 능가한다(한(Han)(2022)). 이러한 요소들의 일부 또는 전부를 극복하는 것은 한국에서 더 큰 기회의 평등을 달성하는 한 가지 방법이 될 것이다. 사회적 상향 이동이 가장 어려운 경우는 저소득층 부모의 자녀들과 아버지가 없는 한부모 가구 자녀들이다.

OECD나 LIS의 전체 아동 빈곤 수치만 보면, 한국의 아동 빈곤율은 약 7%로 매우 낮다. 브래드버리 외(Bradbury, et al.)(2022) 연구진은 한국, 대만, 일본의 이같이 낮은 아동 빈곤율을 낮은 출산율, 소규모의 가족형태, 높아진 부모 연령, 그리고 높은 부모 고용률과 같은 '인구통계학적 요인'과 비교하여 설명하였다. 이러한 부모 인구통계학적 특성은 부모의 높은 고용수준이 하나의 요인이다. 그들은 위의 세 가지 이유가 낮은 수준의 사회적 보호에도 불구하고 아동 빈곤율을 낮게 유지할 수 있다고 분석했다. 또한 부모의 양육권이 제한적이고, 특히 주택임대료가 매우 비싼 상황에서, 친지나 대가족의 금전적 지원이나 주거공간 공유 같은 도움이 필요하다는 결론을 내린다. 낮은 출산율은 이러한 요인들로부터 나오는 또 다른 결과이다.

그러나 전체적인 숫자는 더 세밀하게 살펴볼 필요가 있다. 한국의 경우 18세 미만 아동의 12%가 한부모 가구에서 살고 있으며 빈곤율은 21%인데 비해, 양부모 가구에서는 5%이다(〈그림 2-1-4〉). LIS의 아시아 국가들에서 한부모 가구의 아이들의 빈곤율은 18~27%이다(〈그림2-1-4〉). 이들 국가에서 한부모 가구에 거주하는 아이들의 비율은 4%(중국)에서부터 15%(호주)까지이다. 전체 아동 빈곤율이 한국과 거의 비슷한 대만은(〈그림 2-1-2〉 참조) 한부모 아동의 빈곤율이 18%에 달한다. 높은 빈곤율은 아동들을 취약한 환경에 놓이게 하고, 그들의 사회 상향 이동을 제한하며, 부모도 자녀의 삶을 풍요롭게 하거나 학업에 필요한 물품들을 제공하는 데 어려움을 겪는다. 노년층과는 달리, 이 아동과 그의 부모는 소유한 주택이나 재산이 없으며, 한국의 주요 도시들의 높은 주택임대료로 인해 대부분의 한부모 가구는 그것을 충당할 수 있는 여건이 되지 않는다.[4]

4 <그림 2-1-4> LIS 가구형태에 따른 빈곤율(부록 471쪽) 참조

위에 언급한 소득 패키지로 돌아가서 보면, 시장소득으로 보통 빈곤을 벗어나기에 불충분하다. 대부분의 LIS 국가들에서는 양부모 가구의 맞벌이에 비해 한부모 가구가 직장을 가지고 있는 경우가 더 많다. 하지만 그것은 큰 수입이 되지 못하며 근무 시간 동안 필요한 아동보육에 들어가는 경비와 그와 관련한 비용이 필요하기 때문에 상대적으로 불리한 위치에 놓인다. 근로장려금(EITC)을 지원받는다 하더라도 여전히 한부모 가구의 빈곤율은 높다.

친권이나 양육권 변경 또한 도움이 될 수 있다. 실제로 아시아계 한부모 가구 대부분은 이전에 혼인상태였지만, 부재중인 부모가 지급해야 할 양육비를 지급하지 않거나 부족한 경우가 많아 아동들이 경제적 어려움을 겪는다.

OECD의 자료(황, 퍼윈 그리고 파리센(Hwang, Purwin & Parliussen)(2022), OECD(2012))와 〈그림 2-1-5〉에 따르면 한국의 안전망인 기초생활보장 프로그램(BSLP)은 효과적으로 시행되지 못하며 미흡한 면이 있다. 일본과 호주에 비교해보면, 한국의 한부모 가구와 저소득층 가구의 기초생활보장 프로그램의 지원이 매우 낮다는 것을 알 수 있다. 하지만 기초생활보장제도나 근로장려금과 같은 프로그램이 저소득층만을 대상으로 하기 때문에 이와 같은 특성상 수급대상자들에게 경제적으로 취약한 계층이라는 낙인을 찍는 경향이 있다.[5]

많은 OECD 선진국에서 효과적으로 시행되는 한 가지 대안은 아동수당인데, 이는 대상자의 폭이 넓고 보편적이며 자격이 되는 모든 한국 아동에게 지급되는 혜택이다. 이러한 혜택은 정부에서부터 직접 지급받게 되거나 혹은 환급 가능한 자녀세액공제(CTC; Child Tax Credit) 형태로 지급된다. 이런 정책은 아동 빈곤을 예방하는 데 매우 효과적이다. 〈그림

---

5 <그림 2-1-5> 한부모가구와 양부모가구를 위한 기초생활보장제도의 미비점(부록 472쪽) 참조

2-1-6〉은 캐나다가 아동수당(Child Benefit) 정책을 시행한 후 전체 아동 빈곤율이 약 11%로 급감했음을 보여준다. 실제로 2021년의 미국을 보면, 환불 가능한 월별 자녀세액공제 정책은 OECD와 LIS가 측정한 중위수의 절반 이하 소득대상들의 아동 빈곤율을 약 12% 감소시켰다.[6]

아동수당은 다른 어떤 정부 정책에서도 소득으로 포함되지 않기 때문에 가계의 경제상황을 악화시키거나 근로장려금(EITC)이나 기초생활보장(BSLP)의 혜택을 감소시키지 않는다. 미국의 결식아동 문제도 자녀세액공제(CTC) 혜택을 받으면서부터 빠르게 감소했다. 또한 이런 혜택은 저소득층 가구가 비상시를 대비하여 저축할 수 있게 하고 자녀의 생활환경을 개선하는 데 도움이 되었다(칼프만(Karpman)(2021) 등). 이 정책의 핵심은 모든 아이들은 귀중하고 사회가 그들의 경제적 향상을 통하여 국가적인 이익을 얻을 수 있다는 것을 인식하는 것이다. 그래서 이를 계속해서 실행하고 있다.

또한, 아동수당은 자녀 양육비 부담을 줄여주는 것에 반해, 아동수당 정책을 시행하는 국가들 가운데 아직까지 출산율의 증가는 보이지 않았다. 그럼에도 불구하고 다른 대안들과 비교해볼 때, 적당한 아동수당이 도입된다면 한국의 출산율은 증가할 것이다.

미국의 정책 평론가들은 이러한 아동수당 혜택으로 가계수입이 늘어나며 취업을 통한 소득의 부담이 줄기 때문에 부모의 구직활동 의지에 부정적인 영향을 크게 가져올 것이라고 예상했다. 하지만 2021년 미국에서 그런 상황은 벌어지지 않았다. 실제로 미국국립과학원(NAS; National Academy of Sciences)은 자녀세액공제(CTC)와 같은 미국의 아동수당이 부모 경제활동의 감소에는 적은 영향을 끼쳤고 대부분은 한부모 가구

6 <그림 2-1-6> 앵글로 색슨 국가들의 OECD 아동 빈곤율: 2015년 캐나다에 무슨 일이 발생했나?(부록 473쪽) 참조

에서 나타났다(나스(NAS)(2019)). 또한, 미국국립과학원은 보육지원이나 근로장려금(EITC)과 같은 정책들이 적절히 확대된다면 저소득층 부모들의 전반적인 취업 의지가 실질적으로 증가할 것이라는 사실을 발견했다(던컨, 스미딩과 리멘스트럴(Duncan, Smeeding & LeMenstruel)(2020)). 그 증거로, 2021년 여름 자녀세액공제(CTC)의 영수증에는 혜택 수령자 부모가 CTC의 일부를 자녀의 보육료로 사용했다는 것을 보여준다(칼프만 외(Karpman, et al.)(2021)). 또한 새로운 두 가지 연구에 따르면 부모가 2021년 미국 CTC를 받은 것과 동시에 취업 의지가 변하지 않았다는 것을 말해준다(팩과 버거(Pac & Berger)(2023), 엔리퀘즈, 존스와 테데시(Enriquez, Jones & Tedeschi)(2023)).

6. 결론

비교 가능한 다국가 데이터를 사용하면 한 국가가 빈곤 및 불평등 완화, 소득이동성 개선 등을 달성하기 위해 어떤 정책을 시행하는지 혹은 시도하지 못하는지를 파악할 수 있다. 이러한 방법론과 실증분석 결과를 기초로 한 정책분석과 프로그램 평가는 한 국가의 정책이 잘 실현되는지의 여부를 알 수 있게 해준다.

본 논문에서 연구한 다른 아시아 국가들과 마찬가지로, 한국의 안전망과 사회정책은 발전과 확대의 단계 초기에 있다. 해당 사회정책은 서구 국가들과 차이를 보일 가능성이 높은데, 이는 사회적 목표 달성, 빈곤과 불평등 완화, 경제 및 사회 이동성 향상, 심지어는 높은 출산율 달성 등에 대한 아시아 국가의 가치, 신념, 정책 효과성의 증거가 다르기 때문이다.

그렇다 해도 사회적 목표를 촉진하는 더 효과적인 방법에 대해서는 여러 나라를 통하여 배울 수 있으며, 입법에는 시행에 대한 정치적 의지와 프로그램 및 정책을 효율적으로 전달하기 위한 행정적 역량이 필요하다.

최근 구인회 교수는 한국의 높은 노인소득 빈곤율을 감안할 때, 한국에서 고령 인구의 증가는 노년층의 정치적 영향력과 그들을 위한 정책들을 갖게 한다는 사무엘 프레스턴(Samuel Preston)의 주장이 맞지 않을 수도 있다고 선언했다(구, 리, 그리고 리(Ku, Lee and Lee)(2021)), 프레스턴(Preston)(1984)). 어쩌면 부유한 노년층은 그들의 주택가치를 은퇴자금으로 마련하는 것을 꺼릴 수도 있다. 그러나 저자는 한국과 다른 많은 동아시아 국가들이 노년층의 경제적 복지를 향상시키기 위해서는 정부의 노력이 더 필요할 것이라는 그의 말에 동의한다(〈그림 2-1-2, 그림 2-1-5〉). 이 문제의 한 가지 해결 방법은 비용이 들지만 기초연금을 인상하는 것이다. 이에 반해 한국 고령층이 필요할 때 빈곤 수준을 낮출 수 있도록 보유한 주택자산을 담보로 대출을 허가하거나 장기요양 서비스를 이용할 수 있는 제도를 개선하고 확보할 경우 상대적으로 낮은 비용으로 빈곤을 완화할 수 있다. 동시에 확정 각출형 저축플랜을 늘릴 수 있는 재정지출과 세금 혜택은 한 세대 내 저소득 고령층의 비율을 줄이는데 기여할 것이다.

프레스턴(1984)은 미국 아동이 상대적으로 불리한 조건에 있다고 주장한다. 전반적으로 한국은 매우 낮은 아동 빈곤율을 기록하고 있다. 그렇다면 프레스턴은 한국에 대해 잘못 알고 있었을까? 하지만 한부모 가구의 자녀 8명 중 1명의 빈곤율과 빈곤 수준을 간신히 상회하는 저소득층 부모의 빈곤율은 전체 아동 빈곤율 대비 상당히 높다. 가구소득이 중간값을 하회하는 아동을 위한 보편적인 월 아동수당을 지급하는 제도를 도입하면 아동 삶의 수준과 소득의 상향 이동성을 개선할 수 있고, 동시에 한국 청년층에게 출산을 장려할 수 있다. 한 국가를 판단하는 척도가 아동 처우 방식일 경우 해당 정책은 한국에 장기적인 이득을 가져다줄 것이다.

잘 정리된 데이터를 활용한 다국가 비교분석 연구는 가장 취약한 계층을 위한 지원책을 수립하는 데 도움이 될 것이다. 더구나 빈곤과 소득이동성 저하의 문제가 반드시 소득지원 프로그램의 확대를 필요로 하지 않는다는 점을 알 수 있다. 하지만 모든 경우에 있어 여전히 강한 공공제도는 필요하다.

참고문헌

· 안종범, 『정책평가개혁론: 바른 정책은 바른 평가에서』, 정책평가연구원, 2023.3.

· Bradbury, Bruce, Aya Abe, Markus Jäntti, Inhoe Ku and Julia Shu-Huah Wang(2022), "Chapter 7: Explaining the child poverty outcomes of Japan, South Korea and Taiwan", in Poverty and Inequality in East Asia, edited by Inhoe Ku and Peter Saunders, 129-152. Edward Elgar Publishing

· Brandolini, Andrea, Silvia Magri and Timothy M. Smeeding, 2010., "Asset-Based Measurement of Poverty" Journal of Policy Analysis and ManagementVol. 29, No. 2, pp. 267-284, https://www.jstor.org/stable/20685183

· Byun, Y, 2017. "Old Age Poverty in S Korea", LIS Newsletter Issue, No.3 ,September, at https://www.lisdatacenter.org/newsletter/nl-2017-3-h-1/

· Duncan, Greg J., Timothy Smeeding, and Suzanne Le Menestrel, 2020., "Poverty, work, and welfare: Cutting the Gordian knot" Proceedings of the National Academy of Sciences, June 30, at https://doi.org/10.1073/pnas.2011551117

· Enriquez, Brandon, Damon Jones, and Ernest V. Tedeschi. 2023., "The Short-Term Labor Supply Response to the Expanded Child Tax Credit", March, NBER WP #31110

· Fisher, JD, and others, 2007., "No Place Like Home: Older Adults and Their Housing", The Journals of Gerontology: Series B, Volume 62, Issue 2, March 2007, Pages S120-S128, https://doi.org/10.1093/geronb/62.2.S120

· Green, Richard and Linna Zhu, 2019., "The Feasibility of Reverse Mortgages in Japan", University of Southern California - Lusk Center for Real Estate, available at https://papers.ssrn.com/sol3/papers.cfm?abstract_id=3334208

· Han, S, 2022. Identifying the roots of inequality of opportunity in South Korea by application of algorithmic approaches. Nature: Humanit Soc Sci Commun 9, 18 https://doi.org/10.1057/s41599-021-01026-y

· Haurin, D. and Moulton, S, 2017., "International perspectives on homeownership and home equity extraction by senior households", Journal of European Real Estate Research, Vol. 10 No. 3, pp. 245-276.

· Hwang,Hyunjeong, Axel Purwin and Jon Pareliussen, 2022., "Strengthening the social safety net in Korea" OECD Economics Department Working Paper No. 1733, November, at https://dx.doi.org/10.1787/45486525-en

· Karpman,M. Elaine Maag, Genevieve M. Kenney, and Douglas A. Wissoker, 2021., Who Has Received Advance Child Tax Credit Payments, and How Were the Payments Used? Urban Institute. November, https://www.urban.org/sites/default/files/publication/105023/who-has-received-advance-ctc-payments-and-how-were-the-payments-used.pdf

· Kim, N, 2018. Wealth Inequality in Korea, 2000-2013, "Evidence from Inheritance Tax Statistics" Journal or the Korean Welfare State and Social Policy, Vol. 2 No. 1 June

- Kim, C., H. Choi, Y.Choi, 2021., Retirement Age and Housing Consumption: The Case of South Korea. Sustainability Vol 13, 1286. https://doi.org/10.3390/su13031286
- Ku I., and C. O Kim, 2020., Decomposition Analyses of the Trend in Poverty Among Older Adults: The Case of South Korea. J Gerontol B Psychol Sci Soc Sci. 2020 Feb 14;75(3):684-693. doi: 10.1093/geronb/gby047. PMID: 29669015
- Ku, I., W. Lee and S. Lee, 2021., Declining Family Support, Changing Income Sources, and Older People Poverty: Lessons from South Korea. Population and Development Review, 47: 965-996. https://doi.org/10.1111/padr.12442
- Kye, Bongoh and Yoo Choi, 2020., "Are parents and children co-residing less than before? An analysis of intergenerational co-residence in South Korea, 1980-2015." Demographic Research: Volume 45, Article 1 Descriptive Finding https://www.demographic-research.org
- Lee, J.S., Choi, Y., 2017., A Study on Determinants of Use and Satisfaction of Reverse Mortgage Considering Socioeconomic Characteristics of the Elderly. J. Korean Soc. Civ. Eng. 2017, 37, 437-44
- Lee Y, and W. J Yeung, 2022., Cohort matters: The relationships between living arrangements and psychological health from the Korean Longitudinal Study of Aging(KLoSA). J Affect Disord. Feb 15;299:652-657. doi: 10.1016/j.jad.2021.10.103.
- Marchand, J., and T. Smeeding, 2016., "Poverty and Aging." J. Piggott, and Al. Woodland, Handbook of the Economics of Population Aging, 905-950. Elsevier. B.V.
- Mayer, Christopher and Stephanie Moulton, 2020. "The Market for Reverse Mortgages among Older Americans"(2020), Wharton Pension Research Council Working Papers, 693, https://repository.upenn.edu/prc_papers/693
- Morrelli, S.,B. Nolan, J.C.Palomino, and P. Van Kerm, 2022. "The Wealth(Disadvantage) of Single-ParentHouseholds" ANNALS, AAPSS, 702, July 2022: 188-203
- OECD Tax and Benefit Models, 2012., "Income adequacy of the Korean social safety net for working-age people The National Basic Livelihood Security Programme(BLSP)", www.oecd.org/els/social/workincentives
- Pac, Jessica and Lawrence M. Berger, 2023., "Quasi-Experimental Evidence on the Employment Effects of the 2021 Fully Refundable Monthly Child Tax Credit", Journal of Policy Analysis and Management, in press.
- Preston, Samuel H, 1984., "Children and the Elderly: Divergent Paths for America's Dependents.", Demography21 (4): 435-457
- Rainwater, L., and T. M. Smeeding, 2003., Poor Kids in a Rich Country. New York: RSF.
- Ranaldi, M. 2022., "Global Distributions of Capital and Labor Incomes: Capitalization of the Global Middle Class", Luxembourg Income Study WP#808, February
- Smeeding, Tim, 2016., "Who owns the robots?", presentation to the US National Aacdemy of Sciences, October

2장

한국 소득보장정책 평가 연구의 과거와 현재

홍경준 [성균관대학교 사회복지학과 교수]

하석철 [서울시복지재단 연구위원]

1. 머리말

그동안 한국 사회는 사회의 변화에 따라 발생하는 사회위험에 대응하기 위해 다양한 사회복지제도를 도입하고 확충해왔다. 그렇게 출현한 각종 제도와 프로그램이 사회 구성원의 복지 필요에 부합하고, 사회위험을 적절하게 분산하고 있는지를 점검하는 일은 매우 중요하다. 적잖은 자원이 거기에 투입되고 있고, 의도한 효과와는 다른 부작용의 발생은 또 다른 비용을 산출할 것이기 때문이다. 이런 맥락에서 프로그램 평가, 혹은 정책평가는 매우 중요한데, 사회복지제도의 발전에 비례하여 이를 평가하는 작업 역시 꾸준히 이루어져 왔다.

그런데 이러한 평가 작업은 대부분 후향적(Retrospective)으로 이루어져 왔다. 이는 일반적으로 평가가 특정한 프로그램이나 정책이 시행된 이후의 작업으로 여겨져 왔기 때문이다. 후향적 평가의 경우 특정 목적을 위해 설계된 실험에 기초하여 연구가 수행된 것이 아니기 때문에 인과적 추론의 타당성을 확보하는 것이 매우 중요하다. 즉, 정책 대상의 변화가 오롯이 정책에 기인한 것인지에 대해 정확하고 타당하게 이야기할 수 있어야 한다는 것이다. 이를 위해서는 정책평가를 가능케 하는 대표성을 확보한 분석 자료가 필수적이고, 인과적 추론을 저해하는 내생성(Endogeneity)과 선택편의(Selection bias)의 문제를 보완할 수 있는 분석 방법의 활용이 필요하다. 〈그림 2-2-1〉은 인과적 추론의 엄밀성에 따른 연구설계의 예들을 보여준다. 단순한 기술통계 분석에서부터 메타 분석에 이르기까지 다양한 연구설계의 스펙트럼이 있으며, 사회복지제도에 대한 수많은 후향적 평가들은 이러한 스펙트럼 위에 펼쳐 보일 수 있을 것이다.[1]

이 글은 한국의 사회복지제도 중에서 소득보장정책 영역에 초점을 두고, 그동안 이루어진 후향적 평가 연구를 살펴보는 것을 목적으로 한다. 또한 전향적(Prospective) 정책평가를 목적으로 진행 중인 서울 안심소득 시범사업에 대해서도 간단히 소개하고자 한다. 한국에서 소득보장 프로그램이나 제도의 시행과 관련하여 전향적인 평가 작업이 전혀 없었던 것은 아니다. 가령, 우리나라의 중요한 공공부조제도인 국민기초생활보장제도에서 자격과 급여 수준의 결정은 소득인정액에 기초하여 이루어진다. 소득인정액이라는 개념은 2003년부터 도입하였는데, 관련해서 2002년 4월부터 8개월 동안 전국의 6개 기초자치단체를 대상으로 시범사업을 시행한 바 있다. 시뮬레이션을 위해 다양한 모형을 설정하고, 그 결과를 분석하여 적절한 소득인정액 개념을 도출하는 과정이 시범사업을 통해 진행된 것이다. 최근에도 마찬가지이다. 윤석열 정부의 국정과제로도 포함되어 있는 상병수당 제도의 도입과 관련해서 작년부터 서울 종로, 경기 부천, 충남 천안, 경북 포항, 경남 창원, 전남 순천 등 6개의 기초자치단체를 대상으로 여러 모형을 적용한 시범사업이 진행 중에 있다. 그러나 서울 안심소득 시범사업은 기존에 이루어졌던 전향적 평가들과

---

1 <그림 2-2-1> 인과적 추론을 위한 연구설계의 스펙트럼(부록 474쪽) 참조

비교해볼 때 여러 면에서 차별성을 가지기에 좀 더 상세하게 소개할 만한 가치가 있다고 판단한다.

2. 한국의 소득보장정책 평가 연구들

소득보장정책의 목표는 사회성원들이 겪게 되는 사회위험(Social risks)을 분산하고, 그를 통해 빈곤을 완화하고 소득분배의 형평성을 제고하는 데에 있다. 국제노동기구(ILO; International Labour Organization)는 1952년 Social Security(minimum standard) convention(No. 102)에서 질병, 실업, 노령, 산업재해, 자녀양육, 직업능력의 상실, 임신과 분만, 부양자의 사망 등을 중요한 사회위험으로 열거하면서 이에 대응하는 다양한 소득보장제도의 필요성을 역설한 바 있다. 따라서 소득보장 영역의 각종 프로그램과 제도에 대한 평가 연구는 사회위험의 분산이라는 정책 목표가 얼마나 잘 달성되고 있는지에 초점을 두고 이루어져야 할 것이다. 하지만 사회위험의 분산 정도를 직접 측정하기는 쉽지 않다. 따라서 대부분의 평가 연구들은 사회위험의 분산 그 자체보다는 그것이 파생하는 빈곤 완화와 소득분배의 형평성 제고에 초점을 두는 경향이 있다. 물론 소득보장정책의 정책목표가 소득분배의 개선에만 있는 것은 아니다. 우리나라의 중요한 소득보장제도의 하나인 국민기초생활보장제도는 국민기초생활보장법 제1조에서 '생활이 어려운 사람에게 필요한 급여를 실시하여 이들의 최저생활을 보장하고 자활을 돕는 것을 목적으로 한다'고 규정하여, 근로(의욕)의 고취 역시 정책목표의 하나임을 밝히고 있다. 또 다른 중요한 소득보장제도인 근로장려금 역시 조세특례제한법 제100조의2에서 '저소득자의 근로를 장려하고 소득을 지원하기 위하여

(중략) 근로장려금을 결정·환급한다'고 규정하여 소득분배의 개선과 근로(의욕)의 고취가 중요한 정책목표임을 구체화한다.

소득보장정책이 다루는 사회위험이 광범위한 영역에 걸쳐 있다는 점을 생각하면, 소득보장정책을 구성하는 제도와 프로그램이 다양하다는 사실은 놀라운 일이 아니다. 〈표 2-2-1〉은 한국의 소득보장정책 중에서 중앙정부 책임으로 시행하는 여러 제도와 프로그램을 나타낸 것이다. 한국의 소득보장정책이 〈표 2-2-1〉과 같이 다양한 프로그램과 제도로 구성된다는 점, 소득보장정책의 중요한 목표 또한 단일의 것으로 둘 수 없다는 점을 고려하면 그간 한국에서 이루어진 소득보장정책 평가 연구의 목록이 매우 긴 것을 쉽게 짐작할 수 있다. 그 목록 모두를 이 글에서 제시하는 것은 가능하지도, 바람직하지도 않다. 따라서 이하에서는 큰 틀에서 이 목록의 대강만을 선택적으로 언급하려 한다.

<표 2-2-1> 한국 소득보장정책의 체계

<table>
<tr><td>사회위험</td><td colspan="2">소득능력의 상실</td><td>소득의 상실</td><td colspan="2">소득능력의 감소</td><td>소득의 감소</td></tr>
<tr><td>사회위험
원천</td><td colspan="2">은퇴 및 재해</td><td>실직 및 질병</td><td colspan="2">교육훈련 및 돌봄</td><td>취업
지위의 급변</td></tr>
<tr><td>사회보험</td><td colspan="2">국민연금과
직역연금

산업재해보상보험</td><td>실업급여</td><td>직업
능력
개발</td><td>모성보호
양육수당
가족요양비</td><td>고용유지
고용촉진</td></tr>
<tr><td>공공부조
(범주)</td><td>기초
연금</td><td>장애인
연금</td><td colspan="2">국민취업지원제도</td><td></td><td>근로/
자녀장려금</td></tr>
<tr><td>공공부조
(일반)</td><td colspan="6">국민기초생활보장제도</td></tr>
</table>

먼저, 소득보장정책을 구성하는 개별 프로그램과 제도에 초점을 둔 평가 연구들을 살펴보자. 국민연금과 직역연금, 기초연금, 국민기초생활보장제도 등을 소득분배 개선이라는 정책목표와 관련하여 평가한 연구들

은 시기별로 다양하게 이루어졌다. 안정적으로 축적된 패널조사자료의 활용이 어려웠던 2000년대에는 단일 시점의 횡단분석(홍경준(2002), 윤홍식(2003), 권문일(2004), 김진욱(2004), 김수완·조유미(2006), 정인영(2008))이나 다(Multiple) 시점의 횡단 자료를 비교분석한 연구들이 이루어졌다(김교성(2003), 홍경준·송호근(2003), 김경아(2008)). 이러한 연구들은 소득분배의 관찰 단위인 가구의 소득을 근로소득, 재산소득, 이전소득 등 원천별로 구분하고 각 소득의 추가에 따른 빈곤완화 및 소득 불평등 개선 등을 살펴보는 방법을 통해 소득보장 프로그램의 소득분배 개선 효과를 평가했다. 이러한 연구들에서 소득보장 프로그램은 대개 공적 이전소득을 통해 측정된다. 즉, 공적이전소득의 추가가 빈곤이나 불평등 지표의 변화에 미치는 효과를 추정하는 방식이 주로 사용되었다.

물론 해당 시기에 종단연구가 전무했던 것은 아니다. 일련의 연구들이 수행되었으나, 조사 자료의 한계가 뚜렷하게 나타난다. 구체적으로, 한국노동패널조사의 1차 연도(1998)와 2차 연도(1999)의 자료를 이용한 김교성(2002)의 연구와 한국가구패널조사의 1차 연도(1992)부터 6차 연도(1998)까지의 자료를 이용한 최정균과 최재성(2002)의 연구는 패널조사자료를 이용한 종단분석을 시도하였다. 그러나 해당 연구들이 사용한 초기의 패널조사자료들은 높은 패널 탈락률을 보인다.[2] 패널조사자료에서 높은 탈락률은 표본선택편의(Sample-selection bias)의 문제가 제기될 수 있는데, 이는 다수의 표본 상실로 인해 남아 있는 표본이 특정 성격을 가질 경우 표본의 대표성은 훼손될 수 있고, 결과의 일반화 역시 제약될 수 있음을 의미한다.

---

2 김교성(2002)의 연구에서 사용된 표본 수는 4,356사례이다. 이는 원표본 5,000가구 사례의 87.1%에 해당한다. 보다 장기간의 패널자료를 이용한 최정균과 최재성(2002)의 연구는 1,816가구의 정보를 이용하였는데, 이는 원표본(4,547가구)의 42.1%에 머무는 수준이다.

한국에서는 2000년대 중반부터 전국 대표성을 갖는 패널조사자료의 구축이 비교적 안정화되기 시작했다. 또한 통계청의 마이크로데이터에 대한 접근성이 좋아지게 된 것도 이 시기의 일이다. 그에 따라 다양한 패널조사자료와 마이크로데이터를 이용한 소득보장 프로그램 및 제도에 대한 평가 연구들이 발표되기 시작한 것도 이때부터이다. 패널조사 자료 중에서는 한국복지패널조사와 한국노동패널조사, 국민노후보장패널조사, 통계청의 마이크로데이터 중에서는 가계동향조사와 가계금융복지조사의 활용이 두드러진다. 먼저, 한국복지패널조사자료는 저소득층 가구를 과대표집함과 동시에 소득원 특히, 소득보장 급여를 국민연금, 국민기초생활보장, 기초연금, 장애수당, 양육수당 등 각각의 프로그램별로 세분화하여 다루는 장점을 갖는다. 이에 따라 소득보장정책의 주요대상이 되는 저소득층에 대한 연구에서 이 패널조사자료는 중요하게 활용되었다(장현주(2010), 홍경준(2011), 손병돈(2012), 강신욱(2017), 김환준(2017)). 한국복지패널조사를 활용하여 연령이나 근로능력에 따라 구분한 인구집단별로 소득보장정책의 소득분배 개선 효과를 추정하거나(홍경준)(2011), 소득보장정책을 구성하는 국민기초생활보장제도나 기초(노령)연금 등 개별 프로그램의 효과를 다루는 연구(강성호·최옥금(2010), 장현주(2010))가 이루어졌다. 또한 소득보장정책의 정책목표를 소득분배의 개선과 근로(의욕)의 고취뿐 아니라 적용대상의 포괄성과 급여의 충분성까지 확장하여 국민연금과 기초연금, 국민기초생활보장제도, 근로장려세제, 실업급여, 최저임금제 각각에 대해 평가를 시도한 연구도 제시되었다(손병돈(2012), 강신욱(2017), 김환준(2017)).

전국의 50세 이상 가구원이 있는 일반가구를 조사 대상으로 하는 국민노후보장패널조사 역시 중·고령층에 대한 충분한 표본 수와 정보를 얻을 수 있다는 점에서 노후소득보장제도를 평가하는 연구들(석상훈(2010), 석재은(2010), 장현주(2013))에서 중요하게 활용되었다. 패널

조사자료의 축적이 안정적이고 지속적으로 이루어진다면 보다 다양하고 정교한 소득보장정책 평가 연구들이 지속적으로 출현할 수 있을 것이다.

한편, 통계청의 마이크로데이터 자료인 가계동향조사자료와 가계금융복지조사자료 역시 정책평가를 위한 중요한 자원으로 활용되기 시작했다. 가계동향조사는 기존 도시 지역에 한정된 표본이 2003년부터 전국 가구로 확대되었고, 2006년에는 1인 가구를 조사대상에 포함하였다. 또한 2019년부터는 이원화되어 조사되던 소득과 지출을 통합하고 농림어가 역시 포함하게 되었다.[3] 가계동향조사는 가계부 자기 기입 형태의 조사 방식을 취하여 가구의 소득 및 지출에 대해 비교적 정확한 정보를 제공해주는 것으로 알려져 있다(강성호·최옥금(2011), 김혜연(2017)). 또한 분기별로 정보를 제공하는 점 역시 장점으로 이야기할 수 있다. 이는 특정 정책의 도입(또는 변화) 이후 단기간의 정책평가를 가능하게 하여 정책 이외의 다른 요인이 결과에 영향을 미치는 외생성을 일정 부분 줄일 수 있다(강지영)(2020). 이와 같은 자료의 이점에 따라 기초(노령)연금(석상훈(2010), 김혜연(2017), 허수정·박희란(2018))을 비롯한 공적이전소득(강성호·최옥금)(2011)의 빈곤 감소 및 소득 불평등 완화 효과를 분석하는 데 중요하게 이용되었다.

가계금융복지조사는 2018년부터 소득·지출과 같은 민감 정보의 응답거부나 과소 또는 과대 응답 등에 따라 발생할 수 있는 응답 오차를 줄이기 위해 소득, 비소비지출, 가처분소득 통계를 국세청, 보건복지부 및 각 연금공단 등의 행정자료를 이용하여 보완하고 있다(통계청)(2019). 이에 따라 정보의 신뢰도를 제고할 수 있고, 보다 정확한 분석이 가능하다. 최근 시장소득과 경상소득의 비교를 통해 소득보장정책의 빈곤완화 효과를 살펴본 연구(김교성·박나리)(2022)는 해당 자료를 이용하여 정책

3 지출 부문에서는 2017년부터 농림어가를 포함한다.

의 효과성을 평가한다.

한편, 소득보장 정책의 또 다른 중요한 목표인 근로(의욕)의 고취에 초점을 둔 평가연구들은 국민기초생활보장제도가 도입된 2000년 이후에 본격적으로 시작되었다. 국민기초생활보장제도가 도입되면서 폐지된 생활보호제도는 근로능력이 없는 18세 미만 아동, 65세 이상 노인에게만 현금급여를 제공했기 때문에 근로(의욕)의 고취와 관련한 평가 자체가 의미를 가질 수 없었기 때문이다. 국민기초생활보장제도가 도입된 이후 근로능력이 있는 빈곤층에게도 급여가 제공되기 시작했고, 그에 따라 공공부조 급여가 근로(의욕)의 고취에 미치는 영향을 평가할 필요가 제기되었다. 경제활동 및 노동시장 이동 등을 조사한 한국노동패널조사자료도 이 시기부터 축적이 이루어짐에 따라, 국민기초생활보장제도가 근로(의욕)의 고취에 미치는 영향을 살펴보는 연구들이 등장하게 되었다(이상은(2004), 변금선(2005)). 이후 근로장려세제가 도입되고 다양한 패널조사자료가 축적되면서 근로장려세제의 근로(의욕) 고취 효과를 살펴보는 다수의 연구도 산출되기 시작했다(정의룡(2014), 기재량·김진희·김재호(2015), 이대웅·권기헌·문상호(2015), 박종선·황덕순(2016), 임완섭(2016), 홍민철·문상호·이명석(2016), 홍우형(2021), 이정우·홍우형·김두언(2022)).

정책효과를 살피기 위해 이상에서 언급한 연구들은 이중차이(Difference-in-Difference)분석(이상은(2004), 임완섭(2016), 홍민철 외(2016))과 이를 확장한 이중차이회귀분석(변금선(2005), 정의룡(2014), 박종선·황덕순(2016)), 패널고정효과모형(이상은(2004), 홍우형(2021), 이정우 외(2022)), 삼중차이(Difference-in-Difference-Difference)분석(구인회·임세희·문혜진(2010), 이대웅 외(2015)) 방법 등을 활용했다. 이중차이분석은 사전·사후의 측정 자료를 이용하여 실험집단과 비교집단 간의 성과변수의 차이를 비교하는 일종의 준실험

설계(Quasi-experimental Design)를 말한다(워튼, 파커 그리고 카터(Warton, Parker & Karter)(2016)). 이러한 이중차이분석은 실험집단의 전후 비교를 통해 시간 불변 특성을 통제하고, 실험집단과 비교집단의 일차 차분 결과를 다시 비교(이차 차분)하는 과정을 통해 시간에 따라 변화하는 요인의 영향력을 고려할 수 있다(강지영)(2020). 즉, 관찰되는 요인뿐만 아니라 관찰되지 않는 교란요인(Confounding)을 함께 통제하여 결과에 대한 인과적 해석을 가능케 한다는 것이다(워튼 외(Warton et al.)(2016)). 이상은(2004)은 근로능력가구의 저학력자를 실험집단으로 설정한 이중차이분석을 한국노동패널조사자료를 이용해서 시행한 결과, 1998~2000년과 2001~2002년 사이에 실험집단과 비교집단의 취업 및 근로시간 차이가 통계적으로 유의하게 변화하지 않았다고 보고하였다. 한편 구인회 외(2010)는 1996년과 2006년 가구소비실태조사와 가계조사자료를 활용하여 교육수준이 낮은 임차가구를 실험집단으로 설정한 삼중차이분석을 시도했는데, 기초생활보장제도가 소득은 증가시켰으나 빈곤을 감소시키지는 못했다는 분석결과를 제시하였다.

그러나 이중차이분석 등의 결과가 인과적 해석으로 이어지려면 실험집단과 비교집단이 동일한 모집단에서 추출되어야 하고 이들은 정책대상 여부를 제외하고는 동일한 특성을 가져야 한다(석재은)(2010). 다시 말해 이중차이분석을 통해 도출된 결과를 인과적으로 해석하기 위해서는 선택편의의 문제를 고려할 필요가 있다는 것이다. 이에 따라 실험집단과 비교집단의 유사성을 확보하기 위한 방안으로 성향점수매칭(Propensity Score Matching)을 이용하여 비교집단을 구성하고 이를 통해 인과적 추론의 타당성을 확보하고자 하는 시도들도 이루어졌다(정의룡(2014), 이대웅 외(2015), 박종선·황덕순(2016), 임완섭(2016), 홍민철 외(2016)). 가령, 박상현과 김태일(2011)은 국민기초생활보장제도 수급이 경제활동참여, 근로일수, 근로소득의 변화에 미치는 영향을 성향점수매칭과 이중차이분석을 결합하여 추정한 결과, 기초보장제도가 수급집단의 노동공급에 부정적인 영향을 미치는 것으로 나타났다. 그러나 성향점수매칭 역시 어떠한 성향점수모형이 참인지 모르는 상태에서 연구자가 관찰 가능한 변수를 통해 구성한 성향점수모형을 선택해야 하는 주관적 과정이 필연적으로 개입된다. 또한 매칭의 질을 높이기 위한 최대 성향점수 범위(Caliper)의 강화가 일반화를 위한 충분한 표본 확보를 어렵게 할 수도 있다(유지웅·이우주)(2022).

최근에는 무작위 실험이나 자연실험을 활용하는 실험 기반 통계분석이 정책평가에서 제기되는 내생성의 문제에 대한 바람직한 대응방안이라는 주장이 제기되고 있다(강창희·이정민·이석배·김세움)(2013). 앞서 언급한 이중차이분석뿐 아니라 처지/통제 무작위배정법, 도구변수(Instrumental Variables)추정법 및 회귀단절모형(Regression Discontinuity Design)의 활용 등이 이러한 실험 기반 통계분석의 방법으로 소개되고 있는데, 이중차이분석 방법을 제외한 다른 방법들의 적용은 소득보장정책 분야의 평가 연구에서 아직 일반화되어 있지는 않다. 김을식 외(2015)는 제도 도입으로 인한 소득감소분을 사중손실(Deadweight Loss)로 개념화하면서 국민기초생활보장제도의 사중손실 효과를 도구변수추정법으로 추정하고 있다. 도구변수추정법의 활용에서 자주 제기되는 문제는 적절한 도구변수 선택의 문제인데, 이 연구 역시 도구변수로 투입한 1년 전 시점의 수급 여부라는 변수가 적절한지는 의문이다. 그럼에도 도구변수추정법을 통해 내생성의 문제를 해결하고자 시도했다는 점에서 의미가 있다.

지금까지 살펴본 정책평가 연구들은 실험설계를 통한 분석이 어려운 현실적 제약 속에서 후향적(Retrospective) 연구를 통해 정책평가를 수행해왔다. 대표성 있는 분석자료의 이용과 다양한 방법론을 적용하여 인과적 추론의 타당성을 제고해온 것은 전술한 연구들을 통해 확인할 수 있다. 그러나 후향적 연구가 갖는 연구의 한계는 여전히 존재하기에 무작위 표본 할당 등의 실험설계에 기초한 전향적(Prospective) 연구를 통한 정책평가가 필요하다.

최근 서울시는 대안적인 소득보장정책의 탐색을 위해 안심소득 시범사업을 추진하고 있다. 이를 위해 안심소득을 수급하는 실험집단과 수급하지 않는 비교집단을 무작위로 할당하여 시범사업 참여가구를 구성하고 사업의 성과를 다양한 지표를 통해 확인하고자 계획하고 있다. 이하에서는 서울 안심소득 시범사업에 대해 개괄적으로 살펴보고자 한다.

3. 서울 안심소득 시범사업[4]

서울 안심소득 시범사업은 기존의 복지 사각지대 문제를 해소하고 새로운 사회적 위험에 대응하고자 서울시에서 추진하고 있는 일종의 소득보장 정책실험이다. 동(同) 사업에서는 대상 가구의 소득평가액과 기준 중위소득 85% 간 차액의 50%를 안심소득 급여로 지급한다(〈표 2-2-2〉 참조).

<표 2-2-2> 안심소득 급여액 산출식

안심소득 급여 = (기준 중위소득 85% 기준액-가구의 소득평가액)×0.5

따라서 소득이 전혀 없는 1인 가구의 경우 월 최대 약 88만 원(연간 약 1,060만 원)을 받게 되고, 가구소득이 기준 중위소득 50%(약 104만 원)

4 이하의 내용은 류명석·정은하 외(2022)의 보고서에 기초한 것임을 밝힌다.

수준일 경우 약 36만 원(연간 약 440만 원)을 수급하게 된다. 〈그림 2-2-2〉를 통해 볼 수 있듯이 안심소득은 소득수준이 높을수록 급여액은 적어지는 하후상박(下厚上薄)의 구조를 갖는다.[5]

사업에 참여하기 위해서는 소득과 재산조건을 충족해야 한다. 소득조건은 가구의 소득평가액이 기준 중위소득 85% 이하이어야 하고, 재산은 326백만 원 이하이어야 한다. 안심소득 시범사업은 재산을 소득으로 환산하는 기존의 소득인정액 개념을 이용하지 않고, 소득과 재산조건을 분리하여 적용한다.

안심소득 시업사업은 크게 두 단계로 구분되어 진행된다. 1단계는 기준 중위소득 50% 이하의 가구를 대상으로 지원집단 500가구, 비교집단 1,000가구로 참여가구를 구성하고, 2단계는 기준 중위소득 85% 이하를 대상으로 한다. 2단계 사업의 지원집단은 1,100가구, 비교집단은 2,200가구이다. 안심소득 급여는 2022년 7월 첫 지급을 시작하였고 3년(2025년 7월까지)간 지급될 예정이다. 따라서 1단계 지원집단은 3년간, 2단계 지원집단은 2년간 급여를 지급받게 된다.

서울 안심소득 시범사업은 안심소득 급여의 효과를 살펴보기 위해 설계된 전향적(Prospective) 연구의 형태를 갖는다. 따라서 시범사업의 효과성을 면밀히 살펴보고 인과적 추론의 타당성을 높이기 위해 정밀하게 사업을 계획하였다. 이하에서는 이를 참여가구 설계 및 선정, 성과평가 영역 구성 및 조사 방법, 효과성 평가 방법으로 나누어 살펴보겠다.

1) 참여가구 설계 및 선정

안심소득 시범사업에서는 참여가구를 설계하기 위해 가구주 연령, 가

5 <그림 2-2-2> 소득수준에 따른 안심소득 급여액 변화(1인 가구 기준)(부록 474쪽) 참조

구원 수, 가구소득을 이용하였다. 가구주 연령은 안심소득 시범사업의 주요 목적 중 하나인 노동공급 효과를 살펴보기 위함이고, 가구원 수는 수급 자격 및 급여액이 가구원 수별 중위소득에 기초하고 가구유형에 따라 삶의 형태 역시 다양할 수 있음을 고려한 것이다. 또한 가구소득은 다양한 소득수준을 갖는 가구를 시범사업에 고르게 포함시키기 위해 함께 다루었다.

참여가구를 설계하는 과정에서 상기의 세 가지 요인을 모두 층화변수로 고려할 경우 배분 및 선정의 복잡성과 층별 집단(Cell)의 과소 선정 등의 문제가 발생할 수 있다. 따라서 층화와 계통의 방식을 혼합하는 내재적 층화(Implicit Stratification) 방식을 이용하였다. 이를 위해 우선 가구주 연령과 가구원 수를 층화변수로 이용하여 층별 집단을 구성하고 이후 소득수준에 따라 참여가구를 계통적으로 추출하였다.

서울 안심소득 시범사업의 참여가구는 기준 중위소득에 의해 선정된다. 따라서 모집단인 서울시의 소득 분포를 이용하여 참여가구를 설계하는 것이 필요하다. 그러나 서울시 모든 가구의 소득을 정확히 확인할 수 있는 자료를 이용하는 것이 어렵기 때문에 2020년에 재난긴급생활지원비를 지급하는 과정에서 확보된 자료를 이용하였다.[6] 해당 자료를 이용하여 가구주 연령과 가구원 수의 교차표를 작성하면 〈표 2-2-3〉과 같다.

<표 2-2-3> 가구주 연령과 가구원 수 교차표(기준 중위소득 100% 이하)

구분	39세 이하	비율	40~64세	비율	65세 이상	비율	합계	비율
1인 가구	123,087	65.9	248,619	35.0	181,833	37.7	553,539	40.1
2인 가구	44,366	23.7	147,002	20.7	201,877	41.9	393,245	28.5
3인 가구	12,516	6.7	142,872	20.1	67,191	13.9	222,579	16.1

6 코로나19 팬데믹 상황에 대응하고자 2020년에 기준 중위소득 100% 이하의 가구를 대상으로 재난긴급생활지원비가 지급되었다. 이때 지원비를 신청한 가구를 대상으로 소득과 재산조사가 이루어졌다.

4인 이상	6,917	3.7	172,244	24.2	30,960	6.4	210,121	15.2
합계	186,886	100.0	710,737	100.0	481,861	100.0	1,379,484	100.0
연령 비율조정	13.5% → 30.0%		51.5% → 50.0%		34.9% → 20.0%		100.0%	

* 주: 2020년 재난긴급생활비지원 신청가구 자료(서울시 내부 자료) 활용
* 출처: 류명석·정은하 외(2022)

표를 통해 볼 수 있듯이 65세 이상 노인집단의 비율은 약 35%에 달하는 반면 39세 이하의 청년층은 약 14%로 낮은 비율을 나타낸다. 안심소득 시범사업의 주요 목적 중 하나가 안심소득의 근로유인 효과를 확인하는 것이기 때문에 참여가구 내에 근로(가능)연령층을 충분히 포함하는 것이 필요하다. 따라서 연령대별 층화 비율을 일부 조정하여 참여가구를 구성하였다(39세 이하: 상향 조정, 40~64세 및 65세 이상: 하향 조정). 일련의 과정을 통해 도출된 안심소득 시범사업 참여가구의 가구주 연령 및 가구원 수별 가구 수와 비율은 〈표 2-2-4〉와 같다.

안심소득 시범사업은 참여가구의 소득 조건에 따라 1단계와 2단계로 구분된다. 이에 각 단계별로 참여가구 선정 과정(총 3단계)을 설명하면 다음과 같다. 우선 2022년 1단계의 경우 온라인 및 전화 접수를 통해 총 33,803가구가 신청을 하였고, 이 중 무작위 선정을 통해 소득 및 재산조사 대상 가구인 5,000가구를 추출하였다(1차 선정). 이후 해당 가구를 대상으로 사회보장정보시스템(행복e음)을 이용한 소득 및 재산조사를 진행하였고, 적격가구를 대상으로 소득수준을 이용한 층화계통 무작위 추출을 통해 기초선조사 대상 가구(1,800가구)를 선정하였다(2차 선정). 마지막으로 주요 변수별로 가구를 유사집단으로 구분하고 이 역시 층화계통 무작위 추출을 통해 500가구는 지원집단으로, 나머지 1,000가구는 비교집단으로 할당하였다(3차 선정). 이후 급여수급 포기 가구 등을 조정하여 1단계 최종 지원집단은 484가구, 비교집단은 1,039가구로 구성되었다.

2023년에 진행 중인 2단계의 경우에는 76,051가구가 안심소득 시범사업에 신청하였다. 1차 선정을 위해 15,000가구를 층화 무작위 추출하고, 소득 및 재산조사 이후 3,805가구를 기초선조사 대상 가구로 선정하였다(2차 선정). 이후 1단계와 같은 방법으로 1,100가구를 지원집단으로, 2,200가구 이상을 비교집단으로 구성할 예정이다(3차 선정).[7]

<표 2-2-4> 안심소득 시범사업 1·2단계 참여가구 수 및 할당 비율

구분		할당 비율 (%)	안심소득 1·2단계 참여가구 구성(안)							가구원 수 비율	연령대별 비율
			참여가구(지원+비교)			지원집단		비교집단			
			합계	1단계	2단계	1단계	2단계	1단계	2단계		
합계		100	4,800	1,500	3,300	500	1,100	1,000	2,200	100%	100%
1인 가구	39세 이하	12.0	576	180	1,320	60	132	120	264	1인 가구 40.0%	39세 이하 30.0%
	40~64세 이하	20.0	960	300	396	100	220	200	440		
	65세 이상	8.0	384	120	660	40	88	80	176		
	합계	40.0	1,920	600	264	200	440	400	880		
2인 가구	39세 이하	8.6	413	129	944	43	95	86	189	2인 가구 28.6%	
	40~64세 이하	14.2	681	213	284	71	156	142	312		40~64세 50.0%
	65세 이상	5.8	279	87	468	29	64	58	128		
	합계	28.6	1,373	429	192	143	315	286	629		
3인 가구	39세 이하	4.8	231	72	534	24	53	48	106	3인 가구 16.2%	
	40~64세 이하	8.2	394	123	159	41	90	82	181		
	65세 이상	3.2	152	48	271	16	35	32	69		65세 이상 20.0%
	합계	16.2	777	243	104	81	178	162	356		
4인 이상 가구	39세 이하	4.6	222	69	502	23	51	46	102	4인 이상 15.2%	
	40~64세 이하	7.6	367	114	153	38	84	76	169		
	65세 이상	3.0	141	45	253	15	32	30	64		
	합계	15.2	730	228	96	76	167	152	335		

* 주: 2단계 대상 가구 확대(900가구 → 3,300가구)에 따라 류명석·정은하 외(2022)를 수정하여 재작성

7 원고 집필 기간 내에 2차 선정까지 완료되었다.

2) 성과평가 영역 구성 및 조사 방법

안심소득 시범사업의 성과평가를 위한 기본적인 자료는 설문조사 자료이다. 해당 사업의 설문조사 유형 중 가장 기본이 되는 기초선조사 설문지는 국외의 소득보장 정책실험 사례를 검토하여 조사 영역을 설정하고, 이후 국내 주요 패널조사[8]의 문항을 참고하여 구성하였다(〈표 2-2-5〉 참조).

<표 2-2-5> 기초선조사 설문지 구성 과정

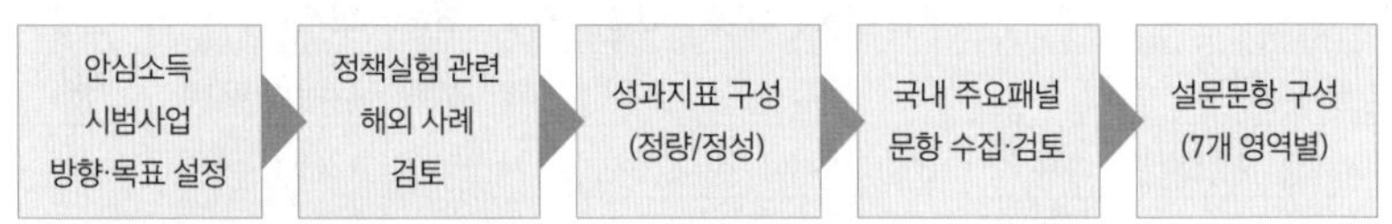

* 출처: 류명석·정은하 외(2022)

기초선조사 설문지는 7개 영역 총 152문항으로 이루어진다. 7개 영역은 '일과 고용', '가계관리', '교육·훈련', '주거환경', '건강·생활', '가족·사회', '삶의 태도'이며, 각 영역별 설문 내용의 예는 〈표 2-2-6〉과 같다. 조사방식은 가구주와 가구원에 따라 다소 상이한데, 가구주는 조사원이 태블릿 PC를 이용하여 면접 조사하는 방식(TAPI; Tablet Assisted Personal Interview)이었고, 가구원은 온라인 조사방식을 통해 진행되었다.

<표 2-2-6> 영역별 설문 내용

영역	설문 내용
일과 고용	근로여부 및 시간, 고용형태, 근로의지, 일에 대한 만족도, 구직활동 등
가계관리	소득, 지출, 재산, 부채, 주관적 경제상태, 경제적 어려움 경험 등
교육·훈련	성인 가구원 교육·훈련 참여, 자녀 보육 및 교육서비스 이용, 자녀와의 관계 등

8 한국복지패널조사, 한국노동패널조사, 가계금융복지조사, 서울복지실태조사

주거환경	주택 점유형태, 주택 유형 및 면적, 주거환경, 냉·난방비 부담도 등
건강·생활	주관적 건강상태, 정신건강, 식생활, 생활습관 등
가족·사회	가족관계 만족도, 여가활동 참여 여부 및 시간, 사회적 고립도, 타인에 대한 신뢰 등
삶의 태도	주관적 사회·경제적 지위, 삶의 만족도, 행복도, 새로운 일 시도 및 계획 등

설문조사는 기초선조사뿐만 아니라 초기조사 이후 6개월 단위로 중간조사를 실시하고, 급여지급 종료(2025년 7월) 후 사후조사를 진행할 예정이다. 또한 사업 종료 후 1년이 경과되는 시점인 2026년 7월에 추적조사 역시 계획하고 있다.

3) 효과성 평가 방법

안심소득 시범사업은 비교집단 사전·사후 검사설계(Pretest-Posttest control group Design) 모형에 기초한다(〈그림 2-2-3〉 참조). 해당 모형은 강력한 인과적 추론을 가능케 하는 진실험설계(True experimental Design) 방식으로 알려져 있다. 구체적인 안심소득의 효과성 분석은 상기 모형에 기초하여 이중차이분석과 이중차이회귀분석 등을 통해 이루어질 예정이다.[9]

안심소득의 효과성은 지원집단과 비교집단 간의 차이를 통해 판단되기 때문에 두 집단 간의 유사성이 중요하다. 〈표 2-2-7〉은 2022년 시작된 1단계 사업 참여가구의 기초선조사 자료와 공적 자료를 이용하여 두 집단 간 유사성을 확인한 결과이다. 표를 통해 볼 수 있듯이 지원집단과 비교집단은 주요 특성에서 통계적으로 유의미한 차이를 보이지 않는다. 다만, 평균 연령에서 두 집단이 차이를 나타내기는 하나, 연령 집단별 구분을 통한 분석에서는 유의미한 결과를 보이지 않는다. 따라서 지원집단

9 <그림 2-2-3> 안심소득 시범사업 비교집단 사전·사후 검사설계 모형(부록 474쪽) 참조

과 비교집단 간에 유사성을 확보하고 있는 것으로 평가할 수 있다.

<표 2-2-7> 지원집단 및 비교집단 유사성 확인(1단계 사업 기준)

구분		n	지원집단(n = 484)	비교집단(n = 1,039)	X^2/t
			n(%)/M(SD)	n(%)/M(SD)	
성별	남성	746	233(48.1)	513(49.4)	.20
	여성	777	251(51.9)	526(50.6)	
연령	전체	1,523	50.4(14.7)	52.2(15.1)	-2.18*
	39세 이하	411	148(30.6)	263(25.3)	5.16
	40~64세	801	247(51.0)	554(53.3)	
	65세 이상	311	89(18.4)	222(21.4)	
혼인상태	기혼 유 배우자	482	157(32.4)	325(31.3)	3.10
	기혼 무 배우자	614	186(38.4)	428(41.2)	
	미혼	423	141(29.1)	282(27.1)	
	기타	4	0(0.0)	4(0.4)	
교육수준	초졸 이하	172	52(10.7)	120(11.6)	1.23
	중졸	141	41(8.5)	100(9.6)	
	고졸	(604	190(39.3)	414(39.9)	
	대졸 이상	606	201(41.5)	405(39.0)	
근무시간	전체	1,523	15.2(20.2)	14.9(20.7)	.26
	0시간(비근로)	780	241(49.8)	539(51.9)	.59
	0시간 초과 18시간 미만	231	76(15.7)	155(14.9)	
	18시간 이상 36시간 미만	195	64(13.2)	131(12.6)	
	36시간 이상	317	103(21.3)	214(20.6)	
가구원 수	전체	1,523	2.2(1.2)	2.0(1.2)	1.79
	1인	623	184(38.0)	439(42.3)	3.39
	2인	434	142(29.3)	292(28.1)	
	3인	255	82(16.9)	173(16.7)	
	4인 이상	211	76(15.7)	135(13.0)	
가구 총소득	전체	1,523	721,147(716,824)	662,753(686,705)	1.52
가구 총재산	전체	1,523	97,076,377(93,292,658)	91,636,301(96,616,510)	1.03

가구 총부채	전체	1,523	26,534,409(51,149,468)	28,849,873(57,314,356)	-0.79
권역	도심권	93	36(7.4)	57(5.5)	3.45
	동북권	526	174(36.0)	352(33.9)	
	서북권	210	64(13.2)	146(14.1)	
	서남권	435	130(26.9)	305(29.4)	
	동남권	259	80(16.5)	179(17.2)	

* 주: 가구 총소득과 총재산, 총부채는 사회보장정보시스템을 통해 확보된 공적 자료를, 그 외 정보는 기초선조사 자료를 이용함

안심소득 시범사업의 평가는 설문조사 자료를 이용한 분석과 더불어 사회보장정보시스템을 이용한 공적 자료, 안심소득 급여 전용계좌와 전용카드를 통해 수집되는 금융자료, 심층 인터뷰를 통해 확보되는 질적 자료 등을 통해서도 다양하게 이루어질 예정이다.

서울 안심소득 시범사업은 새로운 소득보장제도에 대한 정책실험의 성격을 갖는다. 즉, 안심소득이 서울시민의 다양한 삶의 영역에 미치는 효과를 살펴보고자 하는 것이다. 이와 같은 목적은 안심소득 시범사업에 대한 평가가 타당성 있게 이루어졌을 때 달성할 수 있을 것이다. 이하에서는 정책평가 방법의 관점에서 안심소득 시범사업이 갖는 의미를 논해보고자 한다. 이를 위해 정책평가 방법에 대한 논의(이윤식)(2006)에 기초하여 인과적 추론, 자료의 체계적 구축 및 관리, 평가 방법에 대한 메타평가의 세 가지 차원을 중심으로 서울 안심소득 시범사업을 살펴볼 것이다.[10]

먼저, 정책과 결과에 대한 인과적 추론이다. 정책이 갖는 효과성을 타당하게 논하려면 정책의 평가모형과 분석 방법 등이 인과적 추론에 부족

10 그간 우리나라 정부의 정책평가는 사업을 중심으로 이루어진 것이 아닌 업무의 추진내용과 성과현황 등에 초점을 맞추었고, 이에 따라 정책평가의 타당성과 인과적 규명에서 한계를 갖는다. 따라서 사업을 중심으로 하는 정책평가와 정책 결과 간의 인과성 규명을 위한 실증평가, 체계적인 자료 구축 및 관리, 평가 방법 등에 대한 메타평가 등이 필요함이 제시된다(이윤식)(2006).

함이 없어야 할 것이다. 전술한 바와 같이 안심소득 시범사업은 진실험 설계 방식의 비교집단 사전·사후 검사모형에 기초한다. 이를 위해 대규모의 참여가구를 지원집단과 비교집단으로 무작위 할당하고[11] 사전조사인 기초선조사를 수행하였다. 또한 이후에는 6개월 단위의 중간조사와 사업 종료 시점에서의 사후조사, 사업 종료 1년 후의 추적조사 등을 실시하여 안심소득을 평가할 계획을 가지고 있다. 사전·사후 검사 모형에서 기초선조사는 이후 결과에 대한 준거점(Reference Point)으로 활용된다는 점에서 중요하다. 일례로 대표적인 소득보장 정책실험인 핀란드의 기본소득 실험은 기초선조사가 이루어지지 못했다는 점에서 효과 분석의 한계와 신뢰성 문제 등이 제기된다(드 윌스펠라레, 할메토야 그리고 풀카(De Wispelaere, Halmetoja and Pulkka)(2019)). 그러나 서울 안심소득 시범사업에서는 기초선조사를 실시하여 효과 분석 결과의 신뢰성을 제고하고자 하였다. 또한 이중차이분석 방법 등을 활용하여 시불변요인과 시변요인을 통제하고, 소득 및 재산과 같이 설문조사에서 과소 또는 과대 응답될 수 있는 정보를 일정 부분 공적 자료로 대체할 수 있다는 점 역시 안심소득 효과를 인과적으로 추론하고 신뢰 있는 정책평가를 하는 데 기여할 수 있을 것으로 생각한다.

안심소득 시범사업은 그것의 시도가 갖는 의미와 참여가구 모집 및 구성 등과 같은 사업 절차와 현황 등을 통해서도 평가될 수 있다. 그러나 현시점에서 안심소득 시범사업에 대한 평가는 안심소득 자체가 갖는 효과성 분석에 초점이 맞춰져 있다. 이는 안심소득 평가를 위해 다양한 자료를 구축하고 활용하는 것에서 엿볼 수 있다. 구체적으로, 안심소득 시범사업에서는 전술한 응답자의 설문을 통한 조사자료와 사회보장정보시

---

11 안심소득 시범사업의 참여가구는 기존에 계획되었던 2,400가구(1단계: 1,500가구, 2단계: 900가구)에서 4,800가구(1단계: 1,500가구, 2단계: 3,300가구)로 확대되었다.

스템을 이용한 공적 자료, 전용계좌 및 카드 이용 정보 등의 금융자료, 지원집단의 서사(Narrative)와 그들에게 안심소득이 갖는 의미 등을 확인할 수 있는 질적 자료 등을 수집 및 관리하고 활용할 예정이다. 이와 같은 다양한 정보의 활용은 안심소득 효과성에 대한 다각적이고 심도 있는 분석을 가능케 할 것이다.

안심소득 시범사업은 서울시가 주관하고 서울시복지재단이 운영과 연구를 담당한다. 이에 더해 서울시 차원에서 실행위원회와 연구 자문단, 소득보장정책 자문단을 구성하여 시범사업의 체계적인 운영과 주요사항에 대한 점검 및 검토 등을 진행하고 있다. 이러한 일련의 과정은 성과평가 과정과 방법에 대한 신뢰도와 타당도를 제고할 수 있다.

안심소득 시범사업이 정책평가로서 갖는 상기의 의미와 더불어 시범사업의 안정성 측면 역시 제시할 필요가 있다. 정책평가는 평가 대상이 되는 정책이 존재할 때 가능하다. 즉, 온전한 정책평가를 위해서는 정책이 안정적으로 유지될 필요가 있다는 것이다. 안심소득 시범사업 역시 그것의 효과성을 명확히 분석하기 위해서는 안정적인 사업의 진행이 필요하며, 특히 재정적, 행정적 안정성은 그 중요성이 크다 할 수 있다. 이하에서는 두 가지 측면에서 안심소득 시범사업이 갖는 의미를 제시하고자 한다.

먼저, 재정적 측면이다. 독일 베를린의 기본소득 실험은 시민의 기부금을 통해 재원이 마련된다(마인 그룬트아인코멘(Mein Grundeinkommen)(2023)). 이는 시민 참여와 연구의 정치적 중립성 차원에서 바람직한 것으로 평가할 수 있으나, 안정적인 재원 마련과 유지 측면에서는 제한적일 수 있다. 반면 서울 안심소득 시범사업은 서울시 예산으로 진행됨에 따라 재정적 안정성을 기대할 수 있다.

두 번째는 행정적 안정성이다. 서울 안심소득 시범사업은 조례 개정을 통해 법적 기반을 마련하였고(법제처)(2023)[12], 사업 성과평가 기간의 대부분이 시장 임기 내에 포함된다. 이는 시범사업이 정치적 변화에 따라 중단될 위험이 적음을 의미한다. 캐나다 온타리오 정책실험의 경우 당초 3년으로 계획되었던 것이 정치적 변화에 따라 개시 1년여 만에 중단되었다(페르도시, 맥도웰, 류추크 그리고 로스(Ferdosi, McDowell, Lewchuk and Ross)(2020)). 이와 달리 서울 안심소득 시범사업은 법적, 행정적 안정성을 기반으로 정책(사업)의 효과성을 분석하기 위한 충분한 시간과 자료를 확보할 수 있다.

서울 안심소득 시범사업의 정책평가(실험)는 사업의 효과성을 평가하기 위해 전향적으로 설계된 사업이다. 정밀하게 설계된 연구모형과 참여가구 선정, 가용자료의 수집 및 관리, 신뢰성을 제고할 수 있는 방법론적 접근, 전문가 집단의 지원, 재정적·행정적 안정성 등은 안심소득의 효과성을 정확하고 타당하게 분석하는 데 중요한 자원으로 활용될 것이다. 한국 사회에서 전례 없는 대규모 정책실험으로서 상징성을 갖는 서울 안심소득 시범사업은 이후 도출될 안심소득의 효과성에 대한 기대를 갖게 한다. 또한 이는 정책평가의 측면에서도 상당한 의의를 가질 것이다.

---

12 '서울특별시 주민생활안정 지원에 관한 조례' 제8조(서울안심소득). "시장은 가구소득이 기준 중위소득 85%, 재산 기준 326백만 원 이하에 해당하는 자 중 선정된 가구를 대상으로 서울안심소득(기준 중위소득 85% 기준액과 가구소득 간 차액의 50% 범위 내의 금액을 말한다)을 지원할 수 있다.", 2022.10.17. 신설(법제처)(2023)

참고문헌

· 강성호·최옥금, "기초노령연금의 탈빈곤 효과 및 계층별 소득보장 효과 분석", 한국사회정책, 17(2), 43-71, 2010.

· 강성호·최옥금, "이전소득의 빈곤 및 소득불평등 완화 효과 비교분석: 일반 가구와 농림업 가구를 중심으로", 농촌경제, 34(1), 95-117, 2011.

· 강신욱, "한국 소득보장제도군의 효과성 평가", 한국사회정책, 24(1), 213-237, 2017.

· 강지영, "아동수당도입이 아동가구의 소득과 빈곤에 미친 영향 연구", 한국사회복지학, 72(1), 63-87, 2020.

· 강창희·이정민·이석배·김세움, 관광정책 및 관광사업 프로그램 평가방법, 문화체육관광부, 2013.

· 구인회·임세희·문혜진, "국민기초생활보장제도가 근로, 소득, 빈곤에 미친 영향: 이중차이 방법을 이용한 추정." 한국사회학, 44(1): 123-148, 2010.

· 권문일, "국민연금제도의 빈곤 완화 기대효과", 사회복지정책, 18, 291-310, . 2004.

· 기재량·김진희·김재호, "근로장려세제가 수급자의 시간당 임금에 미치는 효과", 정책분석평가학회보, 25(3), 289-312, 2015.

· 김경아, "국내 노년층의 빈곤실태와 공적연금의 빈곤완화 효과에 관한 실증연구", 산업경제연구, 21(4), 1503-1523, 2008.

· 김교성, "소득이전의 빈곤완화 및 빈곤이행 효과에 관한 연구", 한국사회복지학, 48, 113-149, 2002.

· 김교성, "도시 근로자가구의 소득원 구성과 분배구조의 변화: 1996-2002", 한국사회복지학, 55, 181-204, 2003.

· 김교성·박나리, "공적이전소득의 빈곤 완화 효과: 지역별 격차와 가구주 특성을 중심으로", 한국지역사회복지학, 83, 235-266, 2022.

· 김수완·조유미, "우리나라 노인가구의 소득구성 및 빈곤율 분석: 가구유형별 근로소득과 공적연금소득의 비중 및 빈곤제거효과를 중심으로", 사회복지연구, 29, 5-37, 2006.

· 김을식·김정훈·이지혜, "사회정책의 효율성 분석: 국민기초생활보장제도를 중심으로", 경기연구원, 2015.

· 김진욱, "한국 소득이전 제도의 소득불평등 및 빈곤감소 효과에 관한 연구", 사회복지정책, 20, 171-195, 2004.

· 김환준, "사회보장급여의 빈곤완화효과 분석", 사회복지연구, 48(3), 5-28, 2017.

· 김혜연, "기초연금 도입이 성별 빈곤 및 소득불평등에 미치는 효과", 비판사회정책, 54, 120-159, 2017.

· 류명석·정은하·이석민·최현수·김보름·박재범, "서울 안심소득 시범사업 성과평가 모델개발 연구", 서울시복지재단, 2022.

· 박상현·김태일, "국민기초생활보장제도가 노동 공급과 성과에 미치는 영향", 한국정책학회보, 20(4), 277-307, 2011.

· 박종선·황덕순, "근로장려세제의 근로유인효과: 심적회계이론을 중심으로", 소비지학연구, 27(1), 139-152, 2016.

· 법제처, “서울특별시 주민생활안정 지원에 관한 조례”, 2023., https://www.law.go.kr/자치법규/서울특별시주민생활안정지원에관한조례/(8636,20230327). 2023.5.1. 추출.

· 변금선, “국민기초생활보장제도가 노동공급에 미치는 효과”, 노동정책연구, 5(2), 31-64, 2005.

· 석상훈, “기초노령연금의 노인빈곤감소 효과 분석”, 노인복지연구, 50, 335-352, 2010.

· 석재은, “이중차이모델에 의한 공적연금제도의 영향 분석”, 사회보장연구, 26(3), 73-98, 2010.

· 손병돈, “한국 노후 소득보장제도의 소득보장효과 분석: 최저생활보장과 적용대상의 포괄성을 중심으로”, 노인복지연구, 58, 7-28, 2012.

· 유지웅·이우주, “인과성 추론에서 성향점수 매칭에 대한 비판적 고찰”, 한국보건정보통계학회지, 47(5), 9-19, 2022.

· 윤홍식, “저소득 모자가구에 대한 기초생활보장제도의 빈곤감소 효과”, 상황과 복지, 16, 131-172, 2003.

· 이대웅·권기헌·문상호, “근로장려세제(EITC)의 정책효과에 관한 연구: 성향점수 매칭(PSM) 이중·삼중차이 분석을 중심으로”, 한국정책학회보, 24(2), 27-57, 2015.

· 이상은, “국민기초생활보장제도의 노동공급 효과”, 한국사회복지학, 56(2), 71-91, 2004.

· 이윤식, “우리나라 정부의 정책평가방법에 관한 개선방안 연구”, 정책분석평가학회보, 16(3), 1-32, 2006.

· 이정우·홍우형·김두언. 2022. “근로장려세제(EITC)가 단독가구의 노동공급에 미치는 효과 분석: 연령대별 효과를 중심으로”, 예산정책연구, 11(3), 111-149.

· 임완섭, “근로장려세제의 노동공급 효과성과 정책적 함의”, 보건·복지 Issue&Focus, 308, 1-8, 2016.

· 장현주, “국민기초생활보장제도의 빈곤감소 효과”, 한국정책학회보, 19(4), 299-326, 2010.

· 장현주, “공적연금제도의 노후빈곤 완화효과: 국민연금제도를 중심으로”, 한국사회와 행정연구, 23(4), 265-286, 2013.

· 정의룡, “한국 근로연계 복지정책의 효과성 분석: 근로장려세제를 중심으로”, 한국행정학보, 48(1), 181-206, 2014.

· 정인영, “한국과 영국 공공부조제도의 빈곤완화 효과에 관한 연구”, 사회복지연구, 36, 175-202, 2008.

· 최정균·최재성, “사회보장이전(social security transfers)의 빈곤감소효과성과 표적효율성 분석: 1992년부터 1998년까지의 기간을 중심으로”, 정책분석평가학회보, 12(1), 25-46, 2002.

· 통계청, “2018년 가계금융·복지조사 보고서”, 2019.

· 허수정·박희란, “기초연금 제도 변화에 따른 빈곤감소 및 소득불평등 정도 완화에 대한 효과성 분석”, 한국사회와 행정연구, 29(3), 179-200, 2018.

· 홍경준, “공적 이전과 사적 이전의 빈곤 감소 효과 분석: 기초생활보장제도 도입 이후를 중심으로”, 한국사회복지학, 50, 61-85, 2002.

· 홍경준·송호근, “한국 사회복지정책의 변화와 지속: 1990년 이후를 중심으로”, 한국사회복지학, 55, 205-230. 2003.

· 홍경준, “공적 소득이전의 분배효과분석: 근로빈곤층을 중심으로”, 사회복지정책, 38(2), 65-88, 2011.

· 홍민철·문상호·이명석, “근로장려세제 효과 분석: 경제활동참여, 근로시간 및 개인별 빈곤을 중심으로”, 정책분석평가학회보, 26(2), 1-27, 2016.

· 홍우형, “근로장려세제가 부부가구의 노동공급에 미치는 효과 분석: 근로장려금 산정방식 변화에 따른 정

책실험(Policy Experiment)을 중심으로", 재정학연구, 14(4), 77-106, 2021.

· De Wispelaere, J., Halmetoja, A., & Pulkka, V.-V, "The Finnish Basic Income Experiment: A Primer", In The Palgrave International Handbook of Basic Income, (pp. 389-406). Palgrave Macmillan, Cham, 2019.

· Ferdosi, M., McDowell, T., Lewchuk, W., Ross, S, Southern Ontario's Basic Income Experience. Hamilton Roundtable for Poverty Reduction, McMaster University, & Hamilton Community Foundation, 2020.

· International Labour Organization(ILO), Social Security (Minimum Standards) Convention, 1952, No. 102. Geneva: ILO, 1952.

· Mein Grundeinkommen, "How will the project be financed?", 2023., https://www.pilotprojekt-grundeinkommen.de/english. 2023.4.28. 추출.

· Park, "Overview of research design for causal inference", In Korea Summer Session on Causal Inference 2021, 2021.

· Warton, E. M., Parker, M. M., & Karter, A. J., How D-I-D you do that? Basic Difference-in-Differences Models in SAS®. In Proceedings of the Western Users of SAS Software 2016 Conference, 2016.

사회자: 문형표 〔전 보건복지부 장관 / 전 국민연금관리공단 이사장〕

토론자: 양재진 〔연세대학교 교수 / 한국사회보장학회장〕

박민수 〔보건복지부 제2차관 / 전 대통령비서실 보건복지비서관〕

문형표(사회자)

홍 교수님께서는 우리나라 노후 소득보장 정책에 대해서 사후적 평가들이 어떻게 이루어져 왔는지를 살펴봐주시고 또 이번에 서울시에서 하는 안심소득에 대한 아마 우리나라에서는 최초가 되지 않을까 싶습니다만 사전적 평가에 대한 방법론을 자세하게 설명해주셨습니다.

이제 토론을 시작하도록 하겠습니다. 그중 첫 번째 토론자는 연세대학교에 양재진 교수님이십니다. 양재진 교수님은 사회복지학계의 행정학을 많은 연구를 해오셨습니다. 그리고 현재 한국사회보장학회 학회장으로 재임하고 계십니다.

양재진(토론자)

먼저 티모시 스미딩 교수님의 노인과 아동 빈곤에 관한 연구에서 발표해주신 것 그다음에 두 번째로는 홍경준 박사님의 정책실험과 안심소득 관련 내용 순서대로 제 의견을 좀 드리도록 하겠습니다.

먼저 티모시 스미딩 교수님의 노인 빈곤 문제 발표는 한국의 노인 빈곤 문제에 있어 잘 설명을 해주신 것 같고요. 저는 그냥 토론자로서 한국적인 상황을 조금 더 몇 가지 구현해서 말씀을 드리고자 하는데 첫 번째 얘기하고 싶은 거는 지금 현세대 노인과 앞으로 노인이 될 미래 노인들의 상황은 좀 다를 것이라는 사실을 좀 먼저 말씀드리고 싶습니다. 지금 현세대 노인들, 말씀하셨듯이 집이 있는데 현금이 없는, 그래서 소득이 빈곤한 경우인데 이건 연금이 제대로 성숙하지 못했기 때문에 발생하는 문제죠. 현재 노인들은 연금제도, 즉 국민연금에 가입할 기회가 없었거나 혹은 가입하더라도 가입하는 기간이 굉장히 짧은 분들입니다.

왜냐하면 우리나라 국민연금이 1988년에 직장 가입자를 상대로 시작이 됐고 전 국민을 상대로 해서 국민연금이 보험료 걷기 시작한 거는 1999년, 즉 지금으로부터 24년 전이기 때문입니다. 그런데 아시다시피 국민연금은 보험료를 오래 내야 그나마 어느 정도의 액수를 받을 수 있는 것인데 그런 보험료를 낼 기회가 없었던 거죠.

당시 50대거나 60대거나 노인이셨던 분들은 현재 국민연금의 혜택을 못 보거나 아니면 받더라도 액수가 굉장히 적을 수밖에 없는 상황입니다. 지금의 40대 50대가 노인이 될 때는 원래 최대 가입한 돈이 40년까지 가입할 수 있는 상황이기 때문에 지금 노인보다는 상황이 많이 좋아질 것이라는 점을 말씀드리고 싶습니다. 이런 면에서 봤을 때 현세대 노인들에게 국민연금이 역사가 얼마가 안 되어 얼마 못 받으니까 그냥 캐시가 얼마 없어도 괜찮다 이런 뜻은 아니고요. 그럼 현세대 노인들을 위한 여러 가지 소득 보장 정책들이 함께 마련됐어야 하는데 여러 가지 한다고 하는 것들이 제대로 효과를 발휘하지 못하게 하여 지금의 문제가 발생한 것입니다. 예컨대 현세대 노인들이 국민연금이 없다는 문제점을 지적받고서 2007년에서야 기초연금이 도입이 됐죠.

일반 재정에서 조세재원 기초연금이 도입되었으니 이 기초연금이 국민연금도 없고 혹은 국민연금보다 소득이 낮은 노인들을 상대로 해서 지급이 되어야 할 텐데, 대선이 지나고 총선이 지날 때마다 빈곤선 이상으로 대상자가 늘어나니까 액수를 올리지 못하고 낮은 수준으로 기초연금을 주는 식이 되어서 현재 70%의 노인에게 30만 원씩 주는 기초연금을 시행하고 있습니다. 만약 이것을 스웨덴이나 다른 나라처럼 빈곤선 이하, 우리가 빈곤선이 40%라고 한다면 빈곤선 이하 70%가 아닌 40%를 대상으로 하는 기초연금으로 만들고 대신에 액수를 좀 올린다면 우리나라 빈곤 문제가 많이 완화될 텐데 그러지 못하게 비효율적으로 기초연금이 운영되고 있는 점들이 있습니다.

그래서 현재 노인을 위해서도, 미래 노인을 위해서도 이런 부분들이 좀 보완될 필요가 있습니다. 모든 노인들이 국민연금이나 퇴직연금을 받을 수 있는 것은 아니기 때문에 기초연금은 국민연금과 퇴직연금을 충분하게 수령하지 못하는 저소득 노인을 대상으로 한 선별주의적 혹은 타겟팅이 강화된 그런 연금으로 바뀔 필요가 있습니다. 이렇게 되면 노인 빈곤 문제가 상당 부분 해소될 수 있을 거라고 생각합니다.

그다음에 아동 인권 문제에 대해서 말씀해주셨는데 이것도 한국적인 상황을 좀 말씀드리면 기본적으로 아동 빈곤율이 굉장히 낮죠. 우리나라는 저소득층이 결혼하기가 너무 힘들어요. 특히 남성분 중에 저소득층은 결혼을 못 하고 자식도 없죠. 어느 정도 안정적인 직장을 갖고도 괜찮은 사람들끼리 결혼을 해서 거기서 아이가 나오니까…. 아동 빈곤율이 낮은 건 좋은 건데 사실 어떻게 보면 결혼도 안 하고 아이도 안 낳고 하다 보니까 출산율은 굉장히 떨어지는 측면이 있는 게 한국적인 상황입니다.

그다음 이제 싱글 마더, 싱글 페어런츠에서의 빈곤 아동을 많이 말씀해주셨는데, 맞습니다. 지금 소득 보장 정책들이 꽤 안 되어 있어요.

공교육이나 이런 사회 서비스 부분은 그래도 잘되어 있는데 소득 보장

정책, 아이가 있는 가정에 대한 소득 보장 정책이 좀 낮습니다. 아동보장, 앞에서 말씀하신 대로 얼마 안 되고요. CTC 같은 것도 50만 원에서 80만 원을 받을 수 있는데 이게 매월 받는 게 아니라 1년에 50만 원에서 80만 원 정도밖에 안 되니까 굉장히 낮죠.

다행히 이번 윤석열 정부에서 올해부터 부모 급여라는 것을 도입했습니다.

만 0세 아이들의 부모에게 열두 달 동안 매월 100만 원씩 주는 부모 급여가 도입됐고 그다음에 만 1세아의 경우에는 월 50만~70만 원인가요? 사실 월 50만 원까지 준 그 이후가 문제긴 합니다. 이후에 아동수당이 많이 올라가 주면 좋은데 그 이후는 아동수당이 10만 원 정도에서 머물러 있습니다.

어쨌든 0세아와 1세아 가정에 월 100만 원에서 50만 원까지 지급되는 부모 급여가 올해부터 도입됐기 때문에 싱글 마더나 싱글 파더의 자녀들의 아동 빈곤이 어느 정도는 해소되지 않았을까 싶습니다. 과제는 이제 남은 아동 기간이죠. 0세, 1세아뿐만이 아니라 2세, 3세, 5세 해서 적어도 서부 유럽처럼 16세 정도까지는 어느 정도 아동 수당이나 가족수당 같은 것이 충분하게 들어가서 아동 빈곤 문제를 더 낮출 수 있기를 바랍니다.

그다음에 홍경준 교수님의 발표에서 안심소득과 관련해서 세 가지 정도 차원에서만 말씀을 드리겠습니다.

첫 번째 실험, 준실험 설계로 굉장히 잘되어 있는데 그래도 이게 사회과학에서 준실험 설계를 한다고 해도 되게 어렵지 않을까 하는 생각을 하게 됩니다. 호손(Hawthone) 효과가 있지 않습니까? 호손 효과가 발생할 수밖에 없습니다. 우리가 신약 실험을 한다고 생각하면 통제 그룹과 실험 그룹을 나눈다고 하더라도 누가 진짜 약을 먹는지 누가 진짜 그냥 미약을 먹는지 아무도 모르는 상태에서 실험을 해야 합니다. 피실험자가 내가 실험을 받고 있다는 것을 알면 안 되죠. 그런데 이 안심소득은 통제 그룹, 실험 그룹을 나눈다 할지라도 실험 그룹, 즉 안심소득을 받는 사람은 자신이 안심소득을 받는 거 잘 압니다. 통제 그룹은 돈 못 받으니까 통제 상황을 다 아는 상황에서 하는 거예요. 이렇게 되면 나중에 설문을 통해서 건강한지, 건강이 좋아졌는지, 건강이 좋아지는 것 같으면 근로 의욕이 어떤지 하고 물어볼 때 돈 많은 사람은 실험하는 의도를 알잖아요. 실험자의 의도를 알기 때문에 의도에 어느 정도 맞춰서 부응하는 답을 해주게 되어 있습니다. 따라서 설문을 통해서 나온 그 결과들과 100% 그냥 안심소득의 실험 효과라고만 볼 수는 없고요. 이 호손 효과가 같이 결부해서 됐다는 것을 알면서 좀 해석을 해야 하지 않을까 생각합니다.

두 번째는 재원 문제입니다. 안심소득이나 기본소득 같은 것들은 다른 사회보장과 달리 막대한 비용이 들어가는 제도죠. 안심소득은 전 국민이 아니라 중위소득 이하자, 혹은 중위소득 85% 이하만 주니깐 비싼 프로그램이 아니라고 얘기할 수 있을지 모르지만 기존 사회보장 제도는 아무리 보편주의적이라 할지라도 사회적 위험에 빠진 사람만 줍니다. 아픈 사람 혹은 실업을 당한 사람 등이 대상이 되기 때문에 대상자는 얼마 안 돼요. 그러나 안심소득이나 기본소득은 그런 거 상관없이 중위소득의 85% 이하 사람 전부 해당이 되는 거 아닙니까. 한 달에 200만 원까지 주는 거다, 한다면 무조건 일을 하든 말든 다 주는 것이기 때문에 굉장히 재원이 많이 들어갑니다. 즉 1천~2천 가구를 상대로 한 실험이라면 몇백억을 갖고 할 수 있겠죠. 이거를 전체 서울 시민 혹은 전체 한국 국민 대상으로 할 때는 수십조, 수백조가 들 수 있습니다. 따라서 재원 때문에 중세를 하지 않을 수밖에 없는 상황이 되기 때문에 이 정책 효과라는 것은 플러스가 있더라도, 증세 때문에 생기는 마이너스 효과랑 같이 봐야 하는데, 지금은 급여 효과만 보겠다는 거 아닙니까. 따라서 증세 때문에 발생하는 마이너스 효과를 못 보는 상태에서 이거를 실험하는 것이기 때문에 이를 고려해서 해석을 나중에 해야지 그렇지 않고서는 시범으로 끝나는 거지 전체 사업은 못 합니다. 증세가 결부된다고 하면 그런 부분들을 감안해야 될 것이고요.

마지막 가장 중요한 건 노동 유인에 대한 평가를 어떻게 할 것이냐입니다.

지금 공적 부조는 중위소득의 30~50% 선까지만 급여가 지급됩니다. 그중에서도 중위소득 30% 이하에만 지급하는 현금 급여는 공적 부조에서 줍니다. 나머지는 의료급여, 교육급여, 주택 급여에서 주긴 주는데 중위 소득 50%까지만 주고요. 그 이상, 즉 빈곤선 이상에 있는 사람들에게는 아까 말한 대로 실업을 당했든지, 육아 때문에 휴직을 했다든지 해서 돈이 없을 때 주는 그런 것뿐인데 안심소득은 빈곤선 이상의 사람들에게도 그냥 무조건 다 주는 상황이기 때문에 빈곤선 이상 말하자면 현금급여로만 따지면 중위소득 30%에서 중위소득 85% 사이 사람들, 즉 그동안의 현금 급여를 아무것도 받지 못했던 사람들에게 급여가 들어갑니다. 그 급여 수준은 4인 가족 기준으로 하면 월 230~240만 원까지 꽤 높게 들어가기 때문에 중위소득 빈곤선 밖 사람들의 노동력이 어떻게 될 건가, 노동에 어떤 영향을 미칠까를 살펴보는 게 굉장히 중요할 것 같습니다.

간단히 하겠습니다. 지금 제 생각에는 30% 중위소득, 30% 미만 분들은 보충 급여를 받기 때문에 근로 의욕이 많이 감퇴됩니다. 최빈곤자들은 이분들보다는 안심소득으로 근로의욕도 더 생길 거예요. 왜냐하면 전체를 보충으로 메워주는 게 아니라 50%만 메워주기 때문에 근로 의욕이 있을 텐데 문제는 중위소득의 30%를 벗어나서 85% 사이까지 그동안 급여를 못 받았던 사람이 그냥 무조건 급여를 받았으면 근로의욕이 어떻게 되는가를 보는 거고 아마도 가구원 중에 주소득원(Principle Honor) 가장의 노동의욕은 감퇴되지 않을 거예요. 그들은 그냥 무조건 일합니다. 그러나 중요한 건 부업을 하는 두 번째 소득원(Second Honor), 혹은 세 번째 소득원(Third Honor)은 심각하게 고민하게 될 것입니다. 내가 일을 해야 하나 말아야 하나 어차피 돈이 들어오는데 그래서 두 번째와 세 번째 소득원의 노동시간이나 노동 의욕을 살펴보는 것이 중요할 것이라고 보는데 어찌 됐든 이걸 설문으로 하면 안 될 것이고요. 행정 데이터 하드 데이터를 보고 판단하셔야 할 것이라고 생각을 합니다. 왜냐하면 아까 이야기한 호손 효과 때문에 좋게 대답할 수밖에 없어서요.

문형표(사회자)

마지막 토론자는 박민수 차관이시고요. 전 대통령 비서실 보건복지 비서관으로 재직을 하시고, 지금은 보건복지부 제2차관을 맡고 계십니다.

박민수(토론자)

저는 2차관이라서 보건의료를 감당하고 있는데요. 오늘 주제는 복지 전반에 대한 내용이고 기억하시겠지만 윤석열 정부 처음 들어와서 방역에 대해서는 과학 방역을 하셨어요. 그게 방역에만 한정되는 것은 아니고요. 전체적으로 윤석열 정부가 강조하는 것은 정책결정도 더 과학적 또는 객관적 근거를 가지고 하자, 이런 정책 기조가 있습니다. 그래서 디지털 플랫폼 정부 구현이라고 하는 국정 과제가 있는데 그런 것도 바로 이런 정책 기조를 반영하는 것입니다.

그래서 오늘 두 분 발표자들 해주신 거, 데이터 국가별 데이터 분석을 스미딩 교수님이, 데이터를 기반으로 한 정책평가를 홍경준 교수가 발제 해주셨는데 매우 시의적절하다는 말씀을 드리고요.

두 분 내용에 대해서도 구체적으로 말씀드리겠지만 그간의 복지 전반에 대해서 한국 정부는 생애 주기별 사회보장 체계를 구축하고 있습니다. 그래서 5대 사회보험을 통해서 가장 기본적인 전 국민 보장을 해가고 있고요. 거기에 당연히 건강보험도 있고 국민연금도 있습니다. 오늘 발표는 주로 소득 보장에 대해서 했지만, 생활 전반적으로 안전망을 구축하고 있고 그 밖에 기초생활보장제도를 통해서 공공 부조나 조세에 의한 지원으로 이렇게 하고 있습니다. 윤석열 정부의 복지국가 전략이 크게 세 가지인데요. 잠깐 소개하겠습니다.

첫째가 약자 복지인데요. 복지는 이제 재정이 들어가고 또 재정은 결국은 국민의 세금으로 조달되어야 하는 거라서 무한 화수분은 아닙니다. 그래서 한정된 재원을 어떻게 쓸 것인가에 대한 고민이 있고 그 한정된 재원을 사회 문제를 해결하는 데 가장 효과도 높은 곳에 쓰는 것이 우선적으로 고려되어야 한다는 것이 약자 복지의 기본적인 출발점이라고 하겠습니다. 그래서 우리 사회의 가장 취약한 계층들에게 조금 더 집중해서 복지를 튼튼하게 가져가자는 것이 기조로 있고요. 예를 들면 여기에서 그간의 우리가 관심을 많이 기울이지 못했던 취약 청년들, 고독사하는 분들, 자립 준비 청년 등 이런 분들에 대한 프로그램들을 조금 더 세밀하게 살펴보자는 것이 하나의 기조가 되겠습니다.

그리고 둘째가 사회 서비스의 고도화인데 고도화라 하니까 뭔 얘기인지를 잘 모르겠어요. 현재 사회 서비스 중에 가장 보편적으로 모두 지금

이용하는 서비스는 건강보험일 겁니다. 이건 보편복지 제도이고요. 그런데 이거 말고도 예를 들어 맞춤형 노인 돌봄과 같은 국가 예산을 재정으로 하는 취약 계층을 대상으로 하는 사회 서비스 프로그램들이 있어요. 여성가족부에도 많은 프로그램이 있습니다. 근데 사회 서비스는 사실 취약 계층만 필요한 것은 아닙니다. 소득이 어느 정도 있는 중산층 이상도 서비스가 필요합니다. 그런데 그런 분들은 기본적으로 이제 마켓에서 서비스를 구매하도록 되어 있는데 그 서비스 시장 성립이 잘 안 되어 있죠. 예를 들면 우리가 맞춤형 돌봄이라 하면 요양보호사가 집에 방문해서 여러 가지 가사도 도와주고 돌봄을 해주시는데, 이거를 민간 사회 서비스, 아니면 보통은 뭐라고 그럴까요, 파출부? 이런 표현이 맞는지 모르겠지만 그런 돌보미들을 사적으로 부르게 되는데 그 서비스의 퀄리티 등을 보장할 수가 없습니다. 그래서 이 사회 서비스에 고도화라는 것은 뭐냐면 국민 누구나가 보편적으로 필요로 하는 사회 서비스들의 대상을 확대한다는 것입니다. 그런데 이제 지불 능력이 있는 중산층 이상은 국가 재정으로 할 필요는 없겠죠. 그래서 그런 분들은 일부 자부담을 하는 계층이 있을 수 있겠고, 또 어느 계층들은 완벽하게 다 자부담으로 할 수도 있습니다. 다만 서비스를 공급하는 공급 체계와 서비스의 질 이런 것들은 정부가 어떤 표준을 정하고 시장을 관리해나가는 이런 시스템이 되겠습니다. 이것이 바로 사회서비스 고도화고요.

셋째가 복지 재정의 혁신인데, 말씀드린 것처럼 기본적인 소득 보장과 같은 프로그램 외에도 수많은 복지 프로그램이 있습니다. 너무 복잡해서 다 잘 알기가 어려울 지경인데요. 그래서 이런 것들을 조금 단순화하면서 중복적으로 있는 부분은 조금 정리해나가는, 그렇게 정리된 부분들을 가지고 더 취약한 계층에 집중적으로 지원을 하는 것이 윤석열 정부의 복지 전략의 큰 세 가지 흐름이라고 하겠습니다.

이와 더불어 여러분들 잘 느끼시는 것처럼 최근에 경제 사회 구조가 많이 변합니다. 비정규직 노동자도 많고 임금의 형태도 매월 똑같은 공급이 아니라 굉장히 불규칙적으로 소득이 발생하는 분들이 많이 있습니다. 이분들을 도대체 보험료를 어떻게 납부하게 할 것이냐, 또는 급여를 어떻게 줄 것이냐. 이것이 현실에서 복지를 담당하는 정부부처의 고민입니다. 그래서 보험료도 예를 들면 월납이 지금 가장 기본적인 형태인데 그것만 꼭 있으면 안 될 것 같아요. 다양한 형태의 보험료 납부와 급여를 줄 기준으로 삼는 소득도 개념을 명확히 하고 소득의 실제적인 내용까지 정확하게 데이터를 통해서 파악할 수 있는 체계를 갖추는 게 중요한 것 같고요.

두 번째는 서비스 공급 체계인데 제가 보건의료를 담당하게 된 최근에 이슈가 됐었던 응급실 문제, 소아과의 오픈런이라든지 이런 거 보시면 그동안 급여를 확대하는 데다가 신경을 쓰다 보니 공급 체계는 자연히 따라올 거라고 생각을 했는데 이것도 그냥 둔다고 되는 것은 아니었습니다. 세밀히 살피고 계속 보수하고 또 튼튼하게 하는 노력을 기울여야 하는데요. 이것은 보건의료뿐 아니라 복지도 마찬가지입니다. 그래서 아까 제가 설명드린 사회 서비스 고도화도 그런 부분을 포괄하고 있어서 공급 체계를 건강하고 튼튼하게 개선함으로써 양질의 서비스들을 국민들이 수용할 수 있도록 바꿔나가는 것이 굉장히 중요한 복지정책입니다.

첫 번째 발표하신 티모시 스미딩 교수님 관련해서는 주택연금 활성화를 제안하셨어요. 꼭 그게 주택연금이 아니라도 역모기지라는 표현으로 될 수 있고 어쨌든 주택이라는 자산을 활용해서 현금 흐름으로 만드는 프로그램을 우리나라 특성에 맞게 활성화할 필요가 있겠다 생각합니다. 우리나라도 주택연금 제도가 있지만, 금융기관에서 너무 시장 베이스로 보기 때문에 대도시나 아주 일부 계층만 활용을 하거든요. 그래서 이걸 더 활성화할 수 있는 다양한 방안이 필요하겠다는 생각에 동감하고요. 그다음에 아동수당과 아동 빈곤 말씀해주셨는데 지금은 아동수당이 2018년 도입되는 이래로 8세까지 확대가 되어 있고요. 부모 급여가 좀 전에 양 교수님이 설명해주신 것처럼 0세 100만 원 1세는 50만 원 해서 이름은 좀 다르지만 아동한테 주는 것이기 때문에 아동수당의 성격을 갖고 있는 것이고, 이 밖에도 보육이라든지 한부모 가정 아동에 대한 여가부의 각종 프로그램이 있습니다.

두 번째 발표하신 우리 홍경준 교수님이 말씀하신 서울시의 안심소득 보장 정책은 이런 실험을 한다는 것 자체로 높게 평가합니다. 그 결과물을 가지고 정책 결정하는 데 활용하겠다고 하는 부분에 대해서는 높게 평가를 하는데 양 교수님이 염려하시는 세 가지가 저도 똑같이 있지만, 이미 말씀을 해주셨기 때문에 따로 말씀은 안 드리겠습니다. 더불어 복지부와 정부에서도 이 데이터 기반 정책을 활성화하기 위한 노력을 하고 있습니다. 2021년에 사회보장기본법이 개정되어서 지금 사회보장 행정 데이터를 구축하고 있습니다. 그래서 금년도에는 전 인구의 약 20%에 해당하는 샘플을 모으는 작업을 하고 있습니다. 통계청이 인구가구 통계를 베이스로 하는데 그 통계 자료에다가 국민연금공단, 건보공단, 고용보험 이런 모든 정보가 있는 데이터들을 다 연결해서 전체 인구의 천만 명 중 20% 이상, 천만 명 수준의 데이터를 확보하고 이 데이터를 가지고 각종 정책의 수립 또는 평가에 적극적으로 활용할 수 있는 체계를 갖추게 될 것입니다. 아마 여기 청중 중에 학교에서 연구하는 분들이 많이 계실 텐데 그런 데이터들을 활용해서 연구를 좀 활발히 해주시기 바라고 정부도 아까 말씀드린 것처럼 과학적인 의사결정 정책 결정 이런 것들을 해나가도록 하는 기본 인프라로서 사회보장 행정 데이터 사업을 하고 있다는 말씀을 드립니다.

안심소득 시범 사업은 결과가 잘 나왔으면 좋겠다는 생각이 들고요. 아까 일에 대한 인센티브 결과가 매우 궁금한 사항인데 잘 나왔으면 좋겠고 이게 85%가 너무 과하면 조금 낮은 수준으로 프로그램을 조금 수정하는 노력도 논의해볼 만하다고 생각을 합니다.

문형표(사회자)

그럼 제가 개인적인 입장에서 스미딩 교수님께 한 가지 질문만 던지고 그다음에 마이크를 넘기겠습니다. 스미딩 교수님께서 분석해주시고 또 제안해주신 정책에 대해서 전 100% 다 동감을 합니다.

그중에 노인 빈곤에 대해서 주택연금 등을 활용하는 방안이 중요하다는 말씀을 하셨는데 사실 우리나라에서는 활성화가 잘 안 되고 있습니다. 그것이 어떻게 외국에서 활성화될 수 있었는지 사례가 있으면 혹시 소개해주실 수 있는지가 질문이고요.

두 번째는 노후 대비 저축이 중요하다고 강조를 하셨는데, 그중에서도 논문에서는 확정기여형이 중요하다는 것을 여러 번 강조하셨습니다. 그렇게 많이 확정기여형 연금제도를 강조하신 이유가 무엇인지 한번 좀 설명을 해주셨으면 합니다. 감사합니다.

티모시 스미딩

역모기지 일종의 역모기지인데요. 이런 거는 리스크를 취할 사람들이 몇 명이냐에 따라 달라집니다. 정부는 어떻게 보면 일종의 극단적인 리스크에 대해서 보험을 들어주는 역할을 하죠. 최저 수준으로 환급이 일어날 수 있기 때문에 그에 대해서는 과감하게 보장을 해주는 역할을 하지만 저는 누진성도 필요 있다고 생각합니다. 그리고 여러 다른 나라에서 효과가 있는 부분들이 많이 있죠.

그래서 스테파니 몰튼이라는 교수님이 이 분야의 전문가입니다. 미국에서도 그렇고 유럽도 전문가로서 많이 연구하고, 분석하고 계십니다.

두 번째 역모기지에 대한 전문가가 있으니 이분의 논문이나 이분을 참고하시면 많은 예시가 있을 것으로 생각이 됩니다. 그리고 많은 토론자분도 얘기를 하셨는데 첫 번째 토론자이신 양재진 교수님이 좋은 지적을 해주셨다고 생각합니다. 그게 뭐냐면, 차세대는 연금에 더 많은 돈을 내서 괜찮을 거라고 하셨잖아요. 근데 그 연금에 참여한 사람이 도대체 몇 퍼센트냐는 것도 짚어봐야 합니다.

지금 생각해보면 계속 시대가 진행되면서 차세대들이 그런 연금에 많이 기여를 한 것은 맞고 그렇기 때문에 나중에 더 받을 수 있는 것도 맞지만, 그렇다고 모두가 참여한 것은 아닙니다. 그렇기 때문에 그런 부분들도 생각해야 합니다.

그리고 과거 정책은 얼마나 있으며 또 새로 제시된 것들은 얼마나 있어서 이 여러 가지 다양한 프로그램을 통해서 은퇴 후에 노인이 되었을 때 얼마큼 보장을 받고 보호가 될 수 있을지도 생각해봐야 합니다. 결국에는 모두가 다 포함되지 않는다는 거를 생각을 해야 하는 거죠. 맨 처음에 아예 일종의 세금으로서 돈을 빼서 이런 것들을 여러 다양한 사회 프로그램들에 넣어 참여하게 하는 거잖아요. 그렇기 때문에 정식 근로에 참여하지 않는 사람들은 여전히 취약층이 될 수가 있습니다.

자영업자도 마찬가지고 이런 사람들은 스스로 자기들의 노후를 어떻게 준비할 수 있을지에 대한 정책과 아이디어가 필요합니다. 한국 같은 경우는 저축이나 저축률이 줄어들고 있기 때문에 이 부분에 심각하게 접근해야 할 필요가 있다고 생각합니다.

자기 스스로가 대안을 마련하는 것, 즉 노후에 대한 대안을 마련하는 것도 굉장히 중요한 측면입니다. 그리고 공공지출들에 있어서 균형 있고 적절하게 배치하는 것도 필요하다고 생각합니다.

하석철(토론자)

서울시의 안심소득에 대해서 말씀을 주셨던 양재진 교수님의 말씀에 대해서 몇 가지 좀 답을 드리고자 합니다. 먼저 호손 효과에 대해서 말씀을 주셨는데요. 호손 효과라는 게 이제 사회적으로 바람직한 리액션을 보이려는 효과를 이야기를 하는데, 그런 것들이 주로 설문조사에서 많이 나타날 수 있을 겁니다.

그 설문조사 결과에서 내가 실험 집단이기 때문에 조금 바람직한 결과치가 나오게끔 행위를 하거나 응답을 하는 것들을 이야기할 수 있을 것인데 아마 이런 설문조사를 기반으로 했던 기존의 다양한 사회 정책들, 예를 들어 소득 보장 정책에 대한 실험을 보면 핀란드의 기본소득이라든지 아니면 독일 베를린의 기본소득이라든지 캐나다 온타리오 기본소득, 미국 스톡턴의 보장소득 실험과 같은 대부분의 소득 보장 정책에 대한 실험들을 진행하면서 아마도 연구자들이 같은 걱정들을 했을 것이라고 생각합니다. 그러한 호손효과를 얼마나 컨트롤할 수 있는지에 대해서 고민을 많이 했을 건데 서울시의 안심소득 시범 사업을 진행하는 과정에서 저희가 노력하는 것 중에 하나가 무엇이냐면 다차원적인 자료를 이용하는 것입니다. 말씀해주신 것처럼 설문조사를 진행할 경우, 예를 들어 내가 이제 안심소득 수급을 받아서 근로 활동을 하거나 혹은 근로 활동을 위한 여러 가지 교육 훈련을 한다고 했을 때 그런 것들을 단순히 설문조사로 할 경우에는 몇 시간 동안 어떤 교육 훈련을 받았고 아니면 구직 활동을 위해 노력했다고 거짓말할 수도 있을 것인데, 저희 안심소득 시범사업 연구에서는 설문조사를 베이스로 하고 있을 뿐만 아니라 다양한 행정 데이터들을 이용합니다.

예컨대 방금 예를 들었던 것을 말씀드리자면 사회보장정보시스템을 통해서 근로소득을 파악하고 있기 때문에 근로소득이 증가함을 통해서 이 사람이 정말로 근로 활동을 하고 근로를 해서 소득의 증가를 얻었는지 또는 저희가 또 그런 사회보장정보시스템을 통한 행정 데이터뿐만이 아니라 안심소득을 수급하고 있는 은행계좌의 입출금 내역을 다 받고 있습니다. 그래서 이 사람이 정말로 교육 활동을 위해서 돈을 사용했다면, 체크카드를 이용 내역을 통해 저희가 파악할 수 있다는 것이죠. 그러한 다차원적인 데이터를 통해서 호손 효과를 어느 정도 일정 부분 보완할 수 있다고 생각을 합니다.

물론 저희가 하고 있는 사회정책 실험을 자연 실험과 유사하게 진행하기 위해 노력하고 있습니다만, 완벽하게 모든 것을 통제할 수 없습니다. 그런데도 굉장히 다양한 다차원적인 데이터를 가지고서 그런 문제들을 보완하고자 노력을 하고 있다고 말씀을 드리고 싶습니다.

두 번째는 재정에 대한 문제인데 말씀하신 것처럼 재정이 굉장히 많이 소요될 겁니다.

저희가 예상하는 바로는 약 3년간 지급하는 급여만 생각했을 때 현재 실험집단이 약 1,600가구가 되기 때문에 약 400억 이상으로 생각하고 있습니다. 이게 앞으로 서울시 전체의 모든 대상으로 확대되거나 더 나아가서 우리나라 전체로 봤을 경우 얼마만큼 소요가 될 것인가에 대해서는 저희가 예산 재정 추계에 대해서 저희 재단에서 용역을 맡겨서 재정 추계에 대한 연구를 진행하고 있고요. 관련된 연구들이 나타나게 된다면 다양한 시나리오별로 얼마만큼의 재정이 추계가 되고 필요할 것인지 저희가 앞으로 좀 더 많은 논의를 할 수 있을 거라고 생각을 합니다.

세 번째 이제 노동 유인 효과에 대해 말씀해주셨는데, 안심소득 시범사업은 두 단계로 진행이 됩니다.

첫째 단계는 중위 소득 50% 이하의 소위 말하는 상대적 빈곤층에 대해서 진행이 되고요.

둘째 단계는 50~85%의 사이에 있는 차상위 정도의 계층에 대해서 진행이 됐는데 아까 말씀해주신 것처럼 50% 이하의 가구가 가지고 있는 근로유인 효과와 50~85% 사이에 있는 근로유인 효과가 분명히 다를 것이라고 생각을 합니다. 그래서 저희 연구진도 그 부분을 굉장히 잘 인지하고 있고, 그리고 두 집단 간의 비교를 통해서 안심소득 급여가 소득 분위라든지 소득 상황에 따라서 어떠한 근로유인 효과가 다르게 나타날 수 있을지 혹은 같이 나타날지, 동일하게 나타날지에 대해서도 면밀하게 확인해볼 생각을 가지고 있습니다. 다만 아까 양 교수님 말씀하신 것처럼 두 번째와 세 번째 소득원과 같은 부수입원들의 근로유인 효과는 저희도 더 고민해봐야 할, 미처 생각하지 못했던 부분이기도 한데요. 그런 부분을 고려하고 생각해서 말씀하신 것처럼 좀 더 타당하고 면밀하게 살펴보도록 하겠습니다.

제3부

조세 및 재정정책 평가

1장

미국의 조세 및 재정정책과 그 평가

알란 아우어바흐(Alan Auerbach) [미국 버클리대학교 석좌교수 / 조세정책연구소장]

1. 서론

본 논문에서는 미국에서 폭넓게 시행된 조세 및 재정정책과 함께 해당 정책들을 평가하는 데 사용된 다양한 접근 방법을 논의한다. 광범위한 문헌을 고려할 때, 필자가 그동안 수행한 연구에서 사용한 다음 네 가지 방법론에 초점을 맞추어 분석하고자 한다.

- 미국 재정정책은 얼마나 지속가능한가? 조세 및 지출 정책은 예산 불균형 문제를 해결하는 데 어떤 역할을 하며, 정부는 재정 상태 변화에 얼마나 적극적인가?
- 지출 정책은 경제에 어떤 영향을 미치며, 이러한 영향이 기존 경제상황에 얼마나 의존하는가?
- 미국의 불평등에 대한 재정정책의 기여도는 어느 정도인가?
- 국제조세경쟁에 미국의 조세정책이 얼마나 잘 적응하는가?

2. 재정 지속가능성과 정부의 대응

대부분의 선진국과 마찬가지로 미국도 코로나19 팬데믹이 시작된 이후 GDP 대비 부채 비율이 급격히 증가하여 이미 어려운 재정 상황에 스트레스가 가중되고 있다.

〈그림 3-1-1〉은 세 가지 가정을 바탕으로 2000년 이후부터 현재까지 미국 연방 GDP 대비 부채 비율의 변화와 향후 30년 동안의 비율 전망을 보여준다.[1]

첫 번째는 미국 의회예산국(CBO; Congressional Budget Office)에서 세금과 지출이 현행법(2023 CL)을 따른다는 가정이다. 두 번째는 세금과 지출이 보다 현실적인 가정에 의한 경로를 따른다는 것이다(2023 CP).[2] 세 번째는 1년 전 CBO의 현행법 추정치(2022 CL)를 기반으로 한 예측이다. 세 가지 전망치 모두 현재 약 1.0 수준인 GDP 대비 부채 비율이 빠르게 상승하여 이미 사상 최고치(1.06, 1946년 2차 세계대전 말)에 근접했으며, 글로벌 금융위기 이전보다 훨씬 높은 수준이다. 〈그림 3-1-2〉에서 볼 수 있듯이, 부채 증가의 중요한 요인은 주요 노령대상 프로그램인 사회보장제도와 의료보험제도의 비용 증가이다.[3]

미국의 재정 여건을 지속가능하게 만들기 위해 정책 변화 필요 정도를 측정하는 한 가지 방법은 일정 기간에 GDP 대비 부채 비율이 증가하지 않도록 하기 위해서 세금 인상과 지출 감소를 조합하여 매년 기초재정수지 흑자에 어떤 조정이 필요한지 묻는 것이다. 먼저 한 기간에서 다음 기

---

1 <그림 3-1-1> 미국 공공 부채, 2000~2053년(부록 475쪽) 참조

2 이러한 가정은 주로 재량 지출이 현행법에서처럼 GDP 대비 비중으로 빠르게 감소하지 않고, 과거에 그래 왔듯 다양한 시점에 만료되는 세금 조항이 연장된다는 것을 전제로 한다.

3 <그림 3-1-2> 미국 지출 추계, 2022~2053년(부록 476쪽) 참조

간으로의 국가 부채의 변화를 설명하는 차등 방정식에서부터 시작하자.

$$(1) \quad B_t = (1 + r_t)B_{t-1} - (1 + .5r_t)P_t$$

단, 기간 B_t는 기간 t말의 부채, P_t는 기간 t의 기초수지흑자, r_t는 기간 t의 이자율(기초수지흑자는 해당 연도에 반년 치 이자를 발생시킨다고 가정), 기간 t의 부채에 대해 일부 최종 연도 T로 이월하여 풀면 다음과 같은 결과가 도출된다.

$$(2) \quad b_{t-1} = \left(\prod_{s=t}^{T} \frac{1+g_s}{1+r_s}\right) \bar{b}_T + \sum_{s=t}^{T} \left(\prod_{z=t}^{s} \frac{1+g_z}{1+r_z}\right) (1 + .5r_s)(p_s + \Delta)$$

여기서 b_t는 t년 말 GDP 대비 부채 비율, p_t는 t년 기초수지흑자-GDP 비율, g_t는 t년 GDP 성장률, $\bar{b}_t$는 t년 말 목표 GDP 대비 부채 비율이다. 재정 격차에서 이용할 용어 Δ는 기준 정책 경로에서 시작하여 목표 GDP 대비 부채 비율을 달성하기 위해 필요한 GDP 대비 기초수지흑자의 연간 증가 필요량이다. Δ에 대해 식 (2)를 풀면 그 값은 다음과 같다.

$$(3) \quad \Delta = \frac{b_{t-1} - \left(\prod_{s=t}^{T} \frac{1+g_s}{1+r_s}\right)\bar{b}_T - \sum_{s=t}^{T}\left(\prod_{z=t}^{s} \frac{1+g_z}{1+r_z}\right)(1+.5r_s)p_s}{\sum_{s=t}^{T}\left(\prod_{z=t}^{s} \frac{1+g_z}{1+r_z}\right)(1+.5r_s)}$$

<표 3-1-1> 2023년 기준 미국 재정 격차(GDP 대비 비율)

대상	현행법	현재 정책
부채 = GDP의 98%	3.14	4.72
부채 = GDP의 150%	1.42	3.01

* 출처: 아우어바흐와 게일(Auerbach & Gale)(2023)

〈표 3-1-1〉은 〈그림 3-1-1〉의 재정 전망에 따라 두 가지 정책 시나리

오(현행법 2023 및 현행 정책 2023)와 2053년 목표 GDP 대비 부채 비율에 대한 두 가지 가정, 즉 2023년 GDP 대비 부채 비율(현재 98%로 추정)과 훨씬 높은 GDP 대비 부채 비율인 150%에 대한 2053년까지의 재정 격차를 보여준다. 가장 유리한 가정인 현행법 전망과 150%라는 매우 높은 최종 GDP 대비 부채 비율을 가정하더라도 미국의 재정정책은 지속 가능하지 않으며, 매년 GDP의 1.5%에 가까운 조정이 필요하다. 보다 현실적인 상황과 일정한 GDP 대비 부채 비율을 유지한다는 목표 아래에서 필요한 조정 규모는 3배 이상 커진다. 또한, 〈그림 3-1-2〉에 표시된 바와 같이 꾸준히 증가하는 수급 프로그램 비용을 고려할 때 향후 30년 이상으로 예산 예측을 연장하면 상황은 더욱 악화될 것이다.

재정 안정성 문제와 관련된 핵심 질문은 지속 불가능한 길을 걷고 있는 국가가 이 문제를 해결하기 위해 행동하고 있는지 여부이다. 현재 지속 불가능한 경로에 있는 국가가 이 문제를 해결하기 위해 노력해왔고 앞으로도 노력할 것으로 예상되는 한, 대리인들은 해당 국가가 궁극적으로 지속가능하게 돌아갈 것이라 기대하기 때문에 재정 위기의 가능성을 제기할 필요는 없다. 저자는 아우어바흐(Auerbach)(2003)를 시작으로 수년에 걸쳐 여러 논문에서 재정정책의 변화와 경제 상황(경기 순환적 재정정책의 사용을 통해 조세 및 지출 결정에 영향을 미칠 것으로 예상되는)을 연관시키는 재정반응함수를 추정하여 미국 연방정부의 행동을 평가하였다.

세입과 세출은 정책 변화뿐만 아니라 경기에도 반응하기 때문에 후자를 제외한 방식으로 정책을 측정할 필요가 있다. 저자는 미 의회예산국(CBO)에서 보고하는 실제 법률의 변화를 사용하여 재정정책의 재량적 변화를 측정하였다. 세입, 세출(이자 제외) 및 그 차액인 세계잉여금에 대한 정책 변경 데이터는 의회예산국(CBO)이 현재 회계연도와 향후 몇 회계연도를 포괄하는 연방 예산의 기준 세입 및 세출 예측에 대해 제공하는 업데이트에서 가져온다. 의회예산국(CBO)은 각각의 업데이트에서 정책 조치로 인한 예상 세입 및 세출의 변화를 추정하며 이러한 업데이트를 사용하여 대략 반년 단위로 예상되는 세입 및 세출의 변화를 도출하였다. 1984년 여름(1984:2로 표시됨) 이후 의회예산국(CBO)의 지속적인 예측수정본 데이터를 사용할 수 있지만, 코로나19 팬데믹의 비정상적인 영향으로 인한 오염을 피하기 위해 2019년 여름 기준까지의 데이터만 사용하였다.

각 관측치에 대해 해당 정책 변화(수입, 이자제외 순 지출 또는 기초수지흑자)를 현재 및 그 이후 4개 회계연도 기간에 채택된 연간 정책 변화의 할인된 합계로 측정하고(CBO에서 추정한 각 연도의 해당 잠재 GDP 대비 척도), 5개의 가중치를 정규화하여 합이 1이 되도록 한다. 할인 계수는 0.5로, 각 후속 회계연도의 정책 변화에는 이전 정책 변화의 절반의 가중치가 부여된다는 것을 의미한다. 설명 변수는 종속 변수를 구성하는데 사용된 것과 동일한 할인 과정을 사용하여 가중치를 부여한 동일한 5년 예산 기간 동안의 연간 예산 흑자 예상치와 의회예산국(CBO)에서 계산한 전 분기 기준 완전 고용 시 GDP 갭의 전기 값이며, 두 변수 모두 잠재 GDP에 따라 조정된다. 전자의 변수는 예산 상황에 대한 대응을 설명하기 위해 포함되며, 후자의 변수는 경기 역행적 정책 대응을 설명하기 위해 포함된다. 두 변수의 예측 계수는 세입과 기초수지흑자를 설명할 때는 음수이고, 지출을 설명할 때는 양수이다. 계수의 절댓값은 관련 반응의 강도를 측정한다.

<표 3-1-2> 예상 정책 반응 함수

샘플 기간:	84:2-09:2	84:2-09:2	84:2-09:2	10:1-19:2
종속 변수:	재정수입	비이자 지출	기초수지 흑자	기초수지 흑자
상수	-0.0011	0.0018	-0.0029	-0.0010
	(0.0004)	(0.0007)	(0.0009)	(0.0043)
산출갭(-1)	-0.063	0.128	-0.192	0.011
	(0.029)	(0.046)	(0.061)	(0.123)
예상 수지흑자 (-1)	-0.065	0.104	-0.169	0.073
	(0.029)	(0.036)	(0.048)	(0.126)
R^2	.156	.128	.177	-.086
관측치	51	51	51	20

〈표 3-1-2〉는 분석 결과를 보여준다. 〈표 3-1-2〉의 처음 세 열은 오바마 행정부 초기에 글로벌 금융위기에 대응하기 위해 미국 경기부양 및 재투자법(ARRA; American Rescue Plan Act)이 채택된 후인 2009년 여름까지의 추정치로 각각 세입, 비이자 지출, 기초수지 흑자를 종속 변수로 삼았다. 이 표본 기간의 GDP 갭과 재정수지 흑자 모두 흑자 확대 정책 조치에 의미 있는 부정적 영향을 미쳤으며, 이는 정책이 경기 순환에 역행하고 예산 상황에 따라 반응했음을 나타낸다. 세입과 세출 모두 일관된 방식으로 반응하는데 이 둘 간 계수 차이는 크지 않지만, 지출이 전체 반응에서 더 큰 비중을 차지한다. 이 결과는 6개월 동안 채택된 대표적인 정책 변화가 GDP 갭의 거의 5분의 1과 비슷한 비율의 예상 재정수지 흑자에 대응한다는 것을 나타낸다.

〈표 3-1-2〉의 마지막 열은 2019년 여름을 마지막으로 10년 동안의 분석을 반복한다. 이전 연구(예: 아우어바흐(Auerbach)(2012))에서는 두 효과의 강도에 변화가 있을 뿐 대체로 결과가 여러 하위 기간에 걸쳐 유지되는 것으로 나타났지만, 마지막 열의 결과는 두 계수 모두 부호가 잘못되고 t-통계가 1보다 훨씬 낮아서 반응이 완전히 사라졌음을 보

여준다. 이러한 변화의 근본 원인을 이해하기 위해 〈그림 3-1-3〉은 잠재 GDP 대비 재정수지 흑자의 입법 변화에 대한 전체 기간의 실제 종속변수 값과 2009:2까지의 추정치를 기반으로 한 예측값을 표시하고 있다.[4]

2009년부터 2019년까지의 기간에 두 가지 분명한 점이 있다. 첫째, 변화의 절댓값이 이전 어느 때보다 훨씬 큰 경우가 많았다. 둘째, 변화의 방향이 추정치에서 예측한 것과 반대인 경우가 많았다. 이를 가장 명확하게 보여주는 예는 트럼프 행정부가 출범한 2017년부터의 변화로 이 모델에서는 재정적자 증가와 경제 호조로 인해 재정수지 흑자 규모가 점점 더 커질 것으로 예상했지만 2017년 말 트럼프의 감세 정책으로 인해 큰 폭의 마이너스 변화가 발생하는 등 정책이 예상과는 반대 방향으로 움직였다.

요약하면, 미국의 재정정책은 기록적인 수준에 가까운 '부채-GDP' 비율과 함께 현재의 부채 수준과 노령 관련 급부 프로그램 비용 증가로 인한 상당한 재정 격차(Fiscal Gaps)로 불안정한 길을 걷고 있다. 동시에 1980년대 중반부터 글로벌 금융 위기까지 다양한 경제 및 정치 체제에서 살아남았던 미국 정책이 재정 격차에 대응하는 과정에서 완전히 무너졌다. 코로나19 팬데믹 이전 지난 10년 동안 미국 경제가 회복된 이후에도 '부채-GDP' 비율은 꾸준히 증가했다. 위에서 분석하지는 않았지만, 코로나19 팬데믹으로 경제 활동이 급격히 중단된 시점부터 미국 경제가 팬데믹에서 상당 부분 회복된 2022년까지 일련의 대규모 적자 확대가 이어졌다. 미국이 재정 규율을 실천할 수 있는 능력을 다시 회복할 수 있을지 여부와 그 과정은 매우 불투명하다.

---

4 <그림 3-1-3> 미국 연방 재정수지 흑자 실적 및 예상 입법 변경(부록 476쪽) 참조

3. 지출 정책이 경제에 미치는 영향

이미 논의한 바와 같이, 미국 연방 정부는 최근까지 예산 여건이 약하거나 경제가 강할 때는 재정정책을 긴축하고, 예산 여건이 강하고 경제가 약할 때는 재정정책을 완화하는 예측 가능한 관행을 따라왔다. 경기순환적 재정 입법의 패턴은 재정정책의 효과에 대한 케인즈주의적 견해와 일치하며, 최근 수십 년 동안 이 견해는 도전을 받아왔다. 이러한 접근법을 평가하려면 재량적 재정정책이 경제에 미치는 영향을 이해하는 것이 중요하다.

저자는 동료 유리 고로드니첸코와 함께, 그리고 경우에 따라 다른 공동저자들과 함께 미국의 재정정책의 영향을 평가한 일련의 논문을 작성하였다. 이전 연구에서는 재정정책이 경제에 미치는 영향을 연구했지만, 정책 입안자들이 직면한 주요 질문은 경제 활동을 안정시킬 필요성이 특히 절실한 경기 침체기에 재정정책이 얼마나 강력한 효과를 발휘할 수 있는지에 대한 것이었다. 합리적으로 예상 가능하지만, 재정 승수 규모의 주기적 변화는 최근까지 경험상 거의 연구되지 않았다.

아우어바흐와 고로드니첸코(2012)에서는 재정 충격에 대해 잠재적으로 다르게 반응하는 체제 간 경제전환을 허용하는 '부드러운 이행 벡터 자기회귀모형(STVAR; Smooth Transition Vector Autoregressive)'을 사용한다. 2차 세계대전 이후 미국의 경기침체는 단 몇 차례에 불과했고, 그 기간도 대체로 짧았기 때문에 이 접근법의 주요 장점은 경기 사이클 변동의 내재적(Intensive), 외연적(Extensive) 변화를 함께 활용한다는 점이다. 중요한 것은 경제가 불황에 빠졌는지 여부뿐만 아니라 불황의 깊이가 얼마나 깊은지도 고려해야 한다는 것이다. 우리의 접근 방식은 경제 상태에 따라 특정 상황(경기 침체 또는 경기 확장)에 속할 확률을 측정하는 함수를 가정한다. 특정 상황의 확률이 높을수록 경제의 움직임은 다른 상황이 아닌 해당 상황을 더 많이 반영하게 된다. 우리는 경제가 불황에 빠질 가능성이 내재된 빈도를 미국 경기사이클의 기준 결정권자인 미국 경제학 연구기관(NBER; National Bureau of Economic Research) 경기사이클 그룹에서 결정한 미국 경기침체 빈도와 대조하여 함수를 재측정한다. 경제 상태를 측정하기 위해 실질 GDP 성장률의 중앙 기준 7분기 이동 평균과 평균 성장률의 편차, 즉 경기변동 동행 지표를 사용한다. 또한, 재정정책의 예상치 못한 변화를 측정할 때 정부 지출의 시계열에서 예측 가능한 변동을 제거하기 위해 전문예측을 사용한다. 재정 변수의 많은 변화가 예측 가능하고, 경제 주체들이 잠재적으로 예상할 수 있기 때문에 조정이 매우 중요하다. 예상되는 재정 변수 변화를 재정 충격으로 취급하면 재정 승수 추정치가 약화될 수 있다.[5] STVAR 추정치에 따르면. 승수는 경기 확장기보다 경기 침체기에 훨씬 더 큰 것으로 나타났다. 정확한 승수의 크기는 기간과 세부 사항에 따라 다르지만, 정부 지출이 1달러 증가하면 경기 침체기에는 산출량이 약 1.50~2달러 증가하고, 경기 확장기에는 약 0.50달러만 증가한다는 결론이다.

〈그림 3-1-4〉는 이러한 추정치를 기반으로 한 이 논문의 표본 기간의 승수 시계열을 보여주며, 시간에 따른 변화는 경제 상황의 변화를 반영한다. 이러한 추정치는 재정정책이 생산량을 안정화하여 경기 사이클의 부작용을 줄이는 강력한 도구가 될 수 있음을 시사한다.[6]

아우어바흐와 고로드니첸코(Auerbach & Gorodnichenko)(2013)에서는 다른 국가에서도 경기 사이클에 따라 정부지출 승수가 달라지는지 조사하였다. 다국가 차원을 도입하면 경기 침체를 보이거나 불황에 빠

---

5 재정 변수에 대한 실시간 기대치를 통제하면 일반적으로 경기상태 간 정부 지출 승수 규모의 차이가 증가한다.

6 <그림 3-1-4> 미국 정부 총지출의 역사적 승수(부록 477쪽) 참조

진 경제의 전체 횟수가 증가하여 재정 승수를 더 정확하게 추정할 수 있다. 그러나 국제적 관점은 국가 간 오차항의 상관관계와 같은 몇 가지 통계적 및 계산관점의 과제를 STVAR 모형에 제기한다. 이러한 문제를 해결하기 위해 직접 예측 방법(조르다(Jordà)(2005))를 도입하여 평균 또는 국가별 승수를 추정하였다. 특히, 이 접근법은 다양한 기간에 대해 일련의 선형 회귀를 추정하여 통계 분석을 간단하고 강력하게 만들어준다. OECD 국가에 대한 데이터와 직접 예측 접근법을 사용하여, 우리는 정부 지출에 대한 충격(OECD의 재정 예측치를 제거한 부분을 정부 지출의 혁신으로 식별)이 경기 확장기보다 경기 침체기에 더 강력한 산출 반응을 보인다는 것을 발견하였다. 또한 직접 예측 프레임워크를 사용하여 투자, 소비, 고용, 임금, 물가 등 다른 거시경제 변수의 정부 지출 충격에 대한 반응을 경기 사이클의 상태에 따라 조사하였다. 대체로 추정된 반응은 구식 케인즈주의적 관점과 일치한다. 즉, 과잉 생산능력은 큰 정부 지출 승수와 작은 물가영향과 연관되어 있다.

처음 두 논문에서는 국내 승수를 조사하는 데 중점을 두었다. 그러나 세계 경제는 점점 더 통합되고 있으며 한 국가의 충격이 다른 국가로 파급될 수 있다. 재정 파급력이 강할수록 한 국가가 재정 부양책을 채택할 때 추가적인 혜택과 비용이 발생할 수 있다. 미국과 같이 재정 여력(Fiscal space)이 강한 국가는 재정 여력이 약한 국가의 경제를 부양하는 데 도움이 될 수 있지만, 해외로부터의 파급 효과는 경제 안정을 저해할 수도 있다. 재정 파급 효과의 잠재적 중요성에도 불구하고 이 주제에 대한 연구는 거의 이루어지지 않았다. 이전 논문과 동일한 분석 자료를 기반으로 한 논문(아우어바흐와 고로드니첸코(Auerbach & Gorodnichenko)(2013))에서 우리는 여러 측면으로 진전을 이루었다.

첫째, OECD 국가 표본이 이전 연구에서 사용된 국가보다 더 크고 다양하다. 둘째, 정부 지출에서 예측 가능한 혁신을 전문적 예측을 사용하여 또 한 번 제거한다. 각국의 재정 충격이 계산되면 양국 간 무역 규모에 따른 가중치를 사용하여 다른 국가의 국내 충격에 대한 가중치 평균으로 각국의 외부 충격을 계산한다. 셋째, 재정 파급효과 규모가 경제 상황, 특히 경기 침체기와 경기 확장기에 따라 달라질 수 있도록 하기 위해 다시 직접예측 방법을 사용한다. 우리의 추정에 따르면 재정 파급효과는 국내 승수와 비슷한 규모이며 경기 확장기에는 경기 침체기보다 낮은 경향이 있다. 이 결과는 재정정책의 조정이 이전에 생각했던 것보다 더 중요할 수 있음을 시사한다.

경기침체기에도 확장적 재정정책을 사용하는 것에 대한 한 가지 우려는 잠재적으로 지속 불가능한 재정 경로에 직면한 국가가 경기 부양과 재정 책임 유지 사이에서 어려운 선택에 직면할 수 있다는 것이다. 실제로 '재정 여력(Fiscal Space)'에 대한 논의에서는 GDP 대비 부채 비율이 높거나, 관련 재정 문제가 있는 국가가 경기 순환에 대응하는 재정정책을 실행할 수 없거나 실행할 의사가 없을 수 있다고 가정하는 경우가 많다. 아우어바흐와 고로드니첸코(Auerbach & Gorodnichenko)(2018)에서는 정부 지출 충격이 재정 지속가능성 지표, 특히 '부채-GDP' 비율, 정부 차입 금리, 국채에 대한 신용부도스와프(CDS; Credit Default Swap) 스프레드에 미치는 영향을 추정하여 이 문제를 고려한다. 2013년 논문에서와 동일한 데이터 자원을 사용하여 OECD 국가를 대상으로 분석한 결과, 특정 충격 이후 장단기 금리가 상승한다는 명확한 증거는 발견되지 않았다. 오히려 점 추정치에 따르면 금리가 하락할 수 있다. 지속가능성을 보다 직접적으로 측정할 수 있는 지표는 국채에 대한 CDS 스프레드이다. 정부 지출 충격 이후 CDS 스프레드는 경기침체기에는 하락하고 경기확장기에는 상승하는 것으로 나타났다. 이러한 하락은 정부가 경기를 부양함으로써 기업 여건이 개선되어 더 큰 위기를 피할 수 있다는 견해와 일치할 수 있다. 즉, 경제가 약한 상황에서 재정 부양책은 스프레드를 상승시키기보다는 하락시킬 수 있다. 정부 '부채-GDP' 비율의 경우, 실제로 경기 침체기에는 하락하고 호황기에는 정부 지출 충격에 따라 상승하는 것으로 나타났다. 이러한 패턴은 경기 침체기에 재정 부양책이 효과를 발휘할 수 있다는 견해와 일치한다. 경기가 호황일 때는 추가 정부 지출이 생산량을 크게 증가시킬 가능성이 낮기 때문에 지출 충격이 이 비율의 분모에 큰 증진 없이 부채를 늘릴 수 있다. 반대로 경제가 약할 때는 지출 충격이 매우 강력한 경기 부양 효과를 가져와 분자가 낮아지고(예: 자동 안정 장치, 즉 경기 역행적 지출의 감소 및 세금 증가로 인해) 분모가 높아져(GDP 증가로 인해) 비율이 감소한다. 요약하면, 정부 지출 충격은 경기 침체기에 경제를 부양하는 경향이 있으며 다양한 재정 지속가능성 측정에 부정적인 영향을 거의 미치지 않는다는 것을 알 수 있다.

가장 최근의 연구에서는 미국 국방부(DoD; Department of Defense)의 일련의 지출 및 지출 약정을 기반으로 한 지출 충격을 통해 지역 수준에서 승수를 조사하였다. 특정 날짜의 국방부 지출이나 국방부 약정의 변화가 경제의 발전에 의해 주도될 가능성은 거의 없었다. 따라서 일반적으로 사용되는 최소 지연 제한(Minimum Delay Restriction), 즉 정부 지출이 짧은 시간 내에 경제 변화에 반응할 수 없다는 제한이 충족될 가능성이 높다. 게다가 국방부 계약은 연간 GDP의 약 2%를 차지하며 정부 지출의 큰 부분을 차지한다. 계약업체가 수행하는 작업 위치에 대한 자세한 정보를 사용하여 계약 지출이 지역 경제에 미치는 영향을 평가할 수 있다. 핵심기준 통계적 지역(CBSA; Core-Based Statistical Area)을 사용하여 지역을 정의한 아우어바흐, 고로드니첸코, 머피(Auerbach, Gorodnichenko, & Murphy)(2020)의 연구에 따르면 국방부 지출이 지역 소득이 1% 증가하면 지역 고용은 0.19% 증가하고, 소득은 0.32% 증가하며, 도시의 총 부가가치(즉, GDP)는 약 1달러 증가한다는 것을 알 수 있다. 또한 한 도시에서 1달러의 지출이 주 내 다른 도시의 수입과 GDP를 0.578달러 증가시키는 것으로 나타났다. 즉, 유출 효과의 점 추정치가 도시 내 효과의 절반을 초과하는 것으로 나타났다. 국방부 지출이 GDP에 미치는 지역 효과와 유출 효과를 합하면 총 주 내 효과는 약 1.63이 되며, 이는 문헌에서 나온 주 수준의 승수 추정치와 유사하다(예: 국방부 지출 효과 연구, 나카무라와 스테인손(Nakamura & Steinsson)(2014) 및 다른 형태의 재정 부양책의 주 수준 효과에 대한 메타연구, 초도로 라이히(Chodorow-Reich)(2019) 참조). 따라서 인근 지역에 대한 순 효과는 상당히 긍정적이며 한 지역의 산업에 대한 국방부 지출은 해당 지역의 다른 산업이나 인근 지역의 동일 산업에 긍정적인 파급 효과를 나타낸다는 사실을 발견했다. 마지막으로 이전 연구와 마찬가지로 실업률이 25번째 백분위 수 수준 이상인 도시의 경우 승수가 상당히 높다는 사실을 알 수 있었다.

연구 결과, 경기 침체기에는 정부 지출 승수가 높다는 사실이 지속적으로 밝혀졌지만, 코로나19 팬데믹으로 인한 가장 최근의 미국 경기 침체는 매우 특별한 특징을 가지고 있다. 대공황 이후 가장 급격한 미국 경기 침체였지만, 감염 위협에 대한 대응으로 인해 경제 활동을 저해하는 정부 정책과 대중의 행동도 특징적이었다. 따라서 이러한 극심한 경기 침체기에는 지출 증가가 반드시 경기 부양 효과를 가져오는 것은 아니었다. 동일한 국방부 데이터를 사용하여 재정 부양 효과를 측정하고 팬데믹 초기인 2020년 2분기의 지역별로 다른 자택 대피령(Shelter-in-Place Order) 데이터를 사용한 결과, 팬데믹 경기 침체가 시작되는 동안 국방부 지출이 고용을 증가시켰지만 이는 의미 있는 명령을 받지 않은 도시에 한정된 것으로 나타났다. 전반적으로 우리의 증거는 재정 부양책이 경기 침체기에 실제로 더 효과적이지만 지출이나 다른 형태의 경제 활동에 제한이 있는 경우에는 그렇지 않다는 것을 시사한다.

요약하면, 최근의 연구는 정부가 잠재적인 재정적 제약에 직면한 경우에도 정부의 경기 대응 정책이 적어도 팬데믹이 아닌 정상적인 시기에는 경제 활동을 안정시키는 데 매우 효과적일 수 있음을 강력하게 보여준다.

4. 재정정책과 미국의 불평등

불평등은 전 세계적으로, 특히 미국에서 소득과 부의 분산이 뚜렷하게 증가함에 따라 뜨거운 관심의 대상이 되고 있다. 예를 들어, 피케티, 사에즈, 주크만(Piketty, Saez, & Zucman)(2018)에 따르면 1984년부터 2014년까지 미국 소득 상위 10% 가구의 평균 실질 소득은 113% 증가한 반면, 상위 0.1% 가구의 실질 소득은 298% 증가했다. 반면, 최하위 50%의 평균 실질 소득은 21% 증가에 그쳤다. CBO(2016)에 따르면 1989년부터 2013년까지 상위 10%에 속하는 가계의 총 순자산은 54% 증가한 반면, 중간 자산은 4% 증가에 그친 것으로 추정된다. 2013년까지 가장 가난한 미국인 50%가 보유한 순자산은 전체 순자산의 1%에 불과했다.

이 연구는 놀랍기는 하지만 불평등을 종합적으로 평가하는 데는 한계가 있다. 첫째, 재정 시스템을 생략하였다. 그러나 재정정책은 매우 불평등한 자원 분배를 평등화할 수 있다. 둘째, 부와 같은 자원의 개별 구성요소만으로는 잠재적 생활 수준을 완전히 파악할 수 없다. 셋째, 불평등 평가는 모든 연령대의 가구를 대상으로 하기 때문에 실제 불평등과 전반적 성장 및 생애주기 단계별 발전에서 발생하는 차이를 혼동할 수 있다.

이러한 문제를 해결하기 위해 아우어바흐, 코틀리코프, 쾰러(Auerbach, Kotlikoff, & Koehler)(2023)는 미국을 대상으로 자산, 예상 소득 경로, 정부 세금 및 이전 프로그램을 고려하여 각 가구의 자원에 기반한 생활 수준을 집단별로 심층적이며 미래기대를 반영하여 분석하고 (A comprehensive, Forward-looking Analysis), 그 결과 연령 집단별로의 불평등 정도를 평가하였다. 세대 내 회계라고 부르는 이 접근 방식은 연령 집단별 자원뿐만 아니라 집단 내 자원의 분포도 고려한다는 점에서 세대 내 회계에 대한 초기 연구(아우어바흐, 고칼, 코틀리코프(Auerbach, Gokhale, & Kotlikoff)(1991))를 확장한 것이다.

이 분석은 미국의 불평등 규모와 불평등 해소를 위한 정부의 세금 및 이전 정책의 역할에 관한 여러 가지 놀라운 결과를 도출한다. 그 결과는 다음과 같다.

"부는 세금을 내기 전의 평생 소비력보다 훨씬 더 불균등하게 분배된다."

〈그림 3-1-5〉는 40~49세(집중할 필요가 있는 중년 그룹)를 대상으로 부와 생애 소비력(지속가능한 평생 소비 수준) 점유율을 생애 자원의 5분위 수별 비율로 나타낸 것이다.[7]

여기서 생애 자원은 부와 미래 노동 소득의 현재 가치 합으로 정의된다. 비교를 위해 상위 5%, 1% 계층도 추가하였다. 가장 부유한 1%(생애 자원 규모에 따라 순위가 매겨짐)는 집단 전체 자산의 29.1%를 보유하고 있지만, 나머지 소비력 중에서는 11.8%에 불과하다. 최하위 20%는 집단 자산의 0.4%만 보유하고 있지만, 집단의 남은 생애 소비 여력의 6.6%를 차지한다.

여기에는 두 가지 요인이 작용한다. 첫째, 현재 및 할인된 미래의 임금

7 <그림 3-1-5> 자원 분위별 순자산 및 생애 소비력 점유율, 40~49세(부록 478쪽) 참조

및 급여 수입(우리가 인적 자산이라고 부르는 것)이 유형 자산보다 훨씬 더 균등하게 분포되어 있다. 예를 들어, 40~49세 집단의 상위 1%는 그룹 전체 인적 부의 10.0%를 차지하며, 이는 그룹 전체에 대한 자산 비중의 약 3분의 1에 해당한다. 반면, 하위 20%는 40~49세 연령대 전체 인적 자산의 4.3%를 차지하며, 이는 그룹 전체 순자산 점유율의 약 10배에 해당한다. 둘째, 다음에 설명하겠지만, 정부의 세금과 이전 정책은 누진적이기 때문에 하위 계층에 비해 상위 계층의 평생 소비력이 더욱 감소한다.

"미국의 재정 시스템은 매우 누진적이다."

〈그림 3-1-6〉은 40~49세 연령대의 생애 소비력에 대한 추정치를 보여준다. 재정 시스템이 자원 그룹에 따라 생애 소비력을 평준화하지는 않지만, 생애 소비력의 비례적 감소(그림의 회색 막대로 측정)는 자원 분포의 맨 위쪽에서 아래쪽이나 중간보다 훨씬 더 크다. 이러한 누진성을 설명하는 또 다른 방법은 〈그림 3-1-7〉의 파란색 막대로 표시된 생애 순세율(세금에서 이전소득을 뺀 금액)을 통해 설명할 수 있다.[8]

순세율은 그림의 왼쪽에서 오른쪽으로 갈수록 꾸준히 상승한다. 실제로 자원 분포의 하위 5분위에 속하는 사람들은 평생 순세율이 음(-)인데, 이는 세금으로 내는 것보다 사회보장제도나 저소득층 식비지원제도와 같은 정부 보조금을 훨씬 더 많이 받는다는 것을 나타낸다. 상위 1%에 속하는 사람들의 세율은 두 번째 5분위에 속하는 사람들의 세율의 약 3배에 달한다.

"경상 소득과 순 세금을 기준으로 한 계산은

---

8 <그림 3-1-6> 자원 분위에 따른 평균 생애 소비력(USD 기준), 40~49세(부록 478쪽) 참조
<그림 3-1-7> 자원 분위에 따른 생애 및 현재 연도 평균 순세율, 40~49세(부록 479쪽) 참조

미국 재정 시스템의 누진성을 과소평가한다."

〈그림 3-1-7〉의 주황색 막대는 현재 연도의 순세금을 현재 연도 소득으로 나누어 추정한 세율을 보여준다. 이는 우리와 동일하게 방대한 세금 및 이전 프로그램을 통합하려고 시도한 기존 문헌에 보다 야심 차게 기여할 수 있는 유형의 계산이다. 그러나 세금과 이전을 포괄적으로 포함한다고 해서 미래 자원까지 통합하는 문제가 해결된 것은 아니다. 이 집단의 모든 자원 그룹에서 평생 순세율은 현재 연도 세율보다 낮은데, 이는 장기 순세율이 개인이 향후 몇 년 후에나 받게 될 상당한 노령 연금 혜택을 고려하기 때문이다. 미래 자원을 포함하는 효과는 두 가지 주요 이유로 인해 자원 분포의 최하위에 있는 사람들에게 훨씬 더 크게 작용한다.

첫째, 곧 설명하겠지만 이전 프로그램이 누진적이라는 점이다. 둘째, 자원 분배의 최상위에 있는 사람들은 미래 투자 소득에 대한 세금을 납부하게 되는데, 이 세금은 평생 소비력을 감소시키지만 현재 연도 계산에는 포함되지 않는다는 점이다.

"미래기대반영계산(Forward-looking Calculations)에 따르면
미국의 이전소득은 매우 누진적이다."

〈그림 3-1-8〉은 40~49세 사이의 부, 인적 부(평생 소득의 할인액), 세금, 이전소득의 분포를 보여준다.[9]

부의 분포는 인적 부의 분포(즉, 미래 노동 소득의 현재 가치)보다 훨

---

9 <그림 3-1-8> 자원 분위별 부, 생애 노동 소득, 생애 이전 소득, 생애 세금의 점유율, 40~49세(부록 479쪽) 참조

씬 더 불평등하다. 세금 분포도 세금 제도의 누진성을 반영하므로 더 불평등하다. 그러나 이전소득은 최하위 5분위에 가장 큰 영향을 미친다. 최하위 5분위는 세전 생애 자원 기준으로 전체 이전소득의 4분의 1 이상을 수령한다.

"미국에서 누진성에 기여하는
가장 중요한 이전프로그램은 의료와 관련된 것이다."

〈그림 3-1-9〉는 40~49세 집단의 각 그룹에 대해 〈그림 3-1-8〉에 표시된 이전 지급액을 세분화하여 보여준다. 모든 프로그램이 누진적이지만, 가장 누진적인 것은 건강보험개혁법(ACA; Affordable Care Act)의 건강보험 보조금과 약품 처방이며, 이 보조금은 최하위 5분위에 속하는 사람들에게 가장 많은 혜택을 제공한다. 최상위 계층에 약간 더 높은 혜택을 제공하는 메디케어(한 가지 이유는 부유한 계층의 기대 수명이 길기 때문임)조차도 소득 분포의 최하위 계층에 세전 평생 자원의 훨씬 더 높은 비율을 제공한다.[10]

"현재 소득은 생애 자원 기준 분포상 가구
위치를 평가하는 불완전한 대리지표이다."

예를 들어, 3분위 수(생애 자원 분포의 40~60번째 백분위 수)에 속하는 40~49세 중 3분의 1은 현재 소득을 기준으로 순위를 매길 때 3분위 수에 속하지 않을 것이다. 잘못 분류된 사람들의 약 절반은 20~40분위 수와 60~80분위 수 사이의 두 인접한 소득분위 수에 속한다. 이러한 유

---

10 <그림 3-1-9> 자원 분위별 잔여 생애 평균 급여액(USD 기준), 40~49세(부록 480쪽) 참조

형의 잘못된 분류는 일부 개인을 실제보다 훨씬 더 부유하거나 덜 부유한 것으로 취급하기 때문에 재정정책의 누진성을 판단하는 데 오류를 초래할 수 있다는 점에 유의해야 한다.

"기대 수명의 차이는 미국 재정 시스템의 누진성을 감소시키지만, 미국 재정 시스템은 여전히 매우 누진적이다."

부유한 미국인이 덜 부유한 미국인보다 오래 사는 것은 놀랍지 않다. 여기에는 교육, 식습관, 흡연, 운동, 건강 관리의 차이를 비롯한 여러 가지 요인들이 영향을 미친다. 따라서 일반적으로 사망률을 줄이기 위한 정책, 특히 사망률 차이를 줄이기 위한 정책은 상대적으로 덜 부유한 사람들의 복지를 개선하는 데 중요한 기여를 할 수 있다. 그 외에도 현재의 기대수명 차이는 재정 시스템의 누진성에도 영향을 미친다. 사회보장 은퇴소득, 공공 의료 보험제도, 노인의 장기 요양 비용을 부담하는 상당 부분의 의료보호제도(Medicaid)와 같이 노인이 받는 대부분의 이전 급여는 수혜자가 살아 있는 동안에만 제공된다.

따라서 일찍 사망할 것으로 예상되는 사람들에게는 프로그램이 평균적으로 더 적은 금액을 지급한다. 사회보장은 저소득층 수혜자 소득의 더 많은 부분을 대체한다는 점에서 누진적이다. 그러나 평균적으로 저소득층은 연금 수령 기간이 길지 않기 때문에 높은 대체율로 인한 누진성은 부분적으로 상쇄된다.

이 문제의 중요성을 평가하기 위해 모든 사람이 상위 5분위 계층이 누리는 더 유리한 기대수명을 누린다고 가정하여 생애 순세율을 다시 계산하였다. 하위 5분위에 속하는 사람들의 경우, 역효과로 장기 순세율이 더 낮아졌다. 하위 5분위의 경우 -56.6% 대 -44.4%, 2분위의 경우 7.8% 대 11.5%, 3분위의 경우 17.1% 대 18.9%, 4분위의 경우 22.8% 대 23.4%로 나타났다. 따라서 풍요로움이 기대 수명에 영향을 미치지 않는다면 재정 시스템은 훨씬 더 누진적일 것이지만, 현재에도 여전히 누진적이다.

요약하면, 불평등은 미국과 전 세계 정부가 직면한 매우 중요한 정책 과제이다. 불평등의 중요성과 불평등을 해결하기 위한 적절한 공공 정책의 설계를 지원하기 위해서는 효용(Well-being)을 평가할 때 이미 시행 중인 정책의 효과를 고려하고, 생애주기별 차이를 통제하며, 미래의 소득, 세금 및 이전소득을 고려하여 불평등을 정확하고 포괄적으로 측정하는 것이 매우 중요하다.

5. 미국의 조세정책과 국제 조세 경쟁

〈그림 3-1-10〉은 1990년 이후 G-7 국가의 합계(연방과 주 정부를 더한) 법정 세율을 보여준다. 2017년까지 미국의 세율은 거의 변하지 않았지만, 일반적으로 국제적 추세는 하락세를 보였으며 경우에 따라서는 상당히 큰 폭으로 하락했다. 그 결과 미국은 G-7 국가뿐만 아니라 경제협력개발기구(OECD)에 속한 모든 국가 중 하위권에 속했던 국가에서 세율이 가장 높은 국가로 올라섰다. 조세 경쟁의 심화로 인해 2017년 미국의 세율이 35%에서 21%로 급격히 인하된 것은 미국을 비롯한 전 세계 비즈니스 부문의 변화, 특히 기업 소득의 원천인 지적 재산의 성장과 기업 부문에서 다국적 기업의 지배력 증가를 반영한 것이다. 이러한 변화로 인해 대부분 국가에서 전통적으로 사업 소득에 과세하는 방식에 압력이 가해졌다.[11]

---

11 <그림 3-1-10> G-7 법인세율(부록 480쪽) 참조

첫째, 법인 거주지를 기준으로 하는 조세 시스템에 대한 압력이 커지고 있다. 개인을 특정 국가의 거주자로 생각하는 것은 당연하지만, 우리의 법인소득세 시스템은 법인도 거주지에 따라 식별한다. 수십 년 전만 해도 미국 기업의 소유주가 누구인지, 생산지가 어디인지 등 미국 기업이 어떤 회사인지 꽤 분명했을 것이나 지금은 그렇지 않다. 합법적으로 미국에 거주하는 기업의 다국적 활동이 훨씬 더 많아졌고, 해외에도 더 많은 주주가 있다. 이러한 두 가지 요인으로 인해 미국 등 특정 국가에 거주하는 것이 세금 측면에서 불리한 경우, 기업 구조조정을 통해 거주지를 변경하는 이른바 기업 '역전(Inversion)'이 더 쉽게 이루어질 수 있다.

둘째, 기업의 생산지 기준 세금부과 시스템에 대한 압력이 증가하고 있다(기업의 생산 위치에만 의존하는 세금 제도를 '영토 기준' 세금 제도라고 한다). 기업은 내부 공급망을 갖추고 있고 이미 전 세계에서 생산하고 있기 때문에 생산 위치를 변경하기가 쉬워졌다. 기업이 생산지를 한 곳에서 다른 곳으로 옮기고자 하는 경우, 기존 운영 체제를 통해 쉽게 변경할 수 있다. 또한 자동차나 철강과 같은 무거운 제품보다는 마이크로칩이나 제약, 서비스 같은 제품을 생산하기 때문에 운송 비용 측면에서 위치에 대해 크게 걱정할 필요가 없다.

마지막으로, 기업의 생산지와는 별개로 기업이 수익을 보고하는 위치에 따라 세금을 부과하는 시스템에 대한 압력이 증가하고 있다. 우리는 일반적으로 기업이 생산한 곳에서 수익을 얻는다고 생각하지만, 오늘날 정부가 직면한 문제 중 하나는 기업이 한 곳에서 생산하고 그 생산에서 발생한 수익을 다른 곳에서 보고할 수 있다는 것이다. 기업이 여러 국가에서 사업을 운영하고 있기 때문에 기업 내 거래에 대한 소위 '이전 가격(Transfer Pricing)'을 조작하거나 기업 내 차입 또는 비용 분담 계약과 같은 기타 관련 장치를 사용하여 이익을 이전하는 것이 더 쉬워졌다. 특히 지적 재산은 유형 자본 자산과 달리 위치를 쉽게 식별할 수 없기 때문에 지적 재산에 의해 소득이 창출되는 경우 이익 이동이 더 쉬워진다. 공장이 어디에 있는지 알 수 있지만, 지적 재산이 어디에 있는지, 또는 생산에 사용되고 있는지 확인하기는 쉽지 않다.

모든 문제에 대한 잠재적인 해결책은 목적지, 즉 소비자가 있는 곳을 기준으로 법인세를 부과하는 방식으로 전환하는 것이다. 이에 대한 간단한 접근 방식 중 하나는 목적지 기준 현금 흐름과세(DBCFT; Destination-Based Cash Flow Tax)로, 아우어바흐 외(Auerbach et al.)(2017) 및 디버럭스 외(Devereux et al.)(2021)에 자세히 설명되어 있다. 아우어바흐(Auerbach)(2017)에서 논의한 바와 같이, 목적지 기준 현금 흐름과세를 사용하면 비즈니스 의사결정 시 미국 세율에 더 이상 민감하지 않게 된다. 영토 기준 과세 시스템과 마찬가지로 미국 거주 기업이라는 이유로 불이익을 부과하지 않으며, 세금 조항은 미국 내에서 외국 기업에도 동일하게 적용된다. 관련 외국 법인과의 거래는 세금 시스템에서 무시되기 때문에(기존 부가가치세 시스템에서 활용되는 것과 유사한 국경 조정은 국경 간 거래와 관련된 수입 또는 비용 공제에 대한 미국 세금을 상쇄한다) 이전 가격 조작 또는 기타 방법을 사용하여 미국 수익을 감소시킬 이유가 없어진다. 마지막으로 국경 조정은 제품이 생산되는 곳이 아닌 판매되는 곳을 기준으로 세금을 부과하는 효과가 있기 때문에 목적지 기준 현금 흐름과세는 미국 내 생산의 결과로 인한 사업 이익에 부과되는 미국세금을 제거할 것이다. 이익 이전과 생산지 결정 모두에서 미국의 과세왜곡을 제거한다고 하더라도 다른 국가가 거주지 또는 생산지를 기준으로 하는 전통적인 방식으로 계속 과세하는 한, 위치 결정에서 세금이 완전히 배제되는 것은 아니다. 이러한 환경에서 미국이 목적지 기준 현금 흐름과세로 전환했다면 이익과 생산에 대한 외국 과세가 생산, 이익 및 거주지의 미국 내 입지를 강화하는 상황을 초래했을 것이다.

아우어바흐 외(Auerbach et al.)(2017)가 강조한 바와 같이 미국이 목적지 기준 현금 흐름과세을 채택했을 경우, 다른 국가들이 이를 채택하는 것은 인센티브 측면에서 양립할 수 있었을 것이다. 이는 다른 국가들이 동 제도를 채택하도록 하는 압력으로 작용했을 것이다. 따라서 목적지 기반 과세로의 광범위한 전환이 이루어지기 위해 국제적인 조정이나 협력이 필요하지 않았을 것이다.

2017년 미국 의회에서 목적지 기준 현금 흐름과세가 제안되고 진지하게 검토되었지만, 결국 미국은 이미 논의된 상당한 법인세율 인하와 더불어 목적지 기준 현금 흐름과세의 국경 조정과 유사한 조항(고수익 활동에 대한 수출 보조금)을 포함하는 보다 하이브리드적인 세제 개혁 접근 방식을 채택하였다. 여기에는 해외 파생 무형 소득(Foreign Derived Intangible Income) 조항, 특정 특수 관계인 수입에 대한 공제 거부, 소득이전 및 남용 방지세(Base Erosion and Anti-Abuse Tax), 미국 기업의 해외 이익에 대한 글로벌 최저한세, 글로벌 무형 저율과세 소득 조항[12] 등 국경 조정과 유사한 조항이 포함되어 있다.

2017년에 미국이 채택한 조항은 OECD가 수년에 걸쳐 개발한 제안을 기반으로 한 '포용적 프레임워크(Inclusive Framenwork)'를 통해 진행 중인 글로벌 움직임의 토대를 마련하였다. 이 프레임워크의 핵심 조항인 2번 요소는 미국 개혁안의 GILTI 조항과 마찬가지로 한 국가에 거주하는 기업의 해외 소득에 대해 '추가과세(Top-up Tax)'로 알려진 최소 세금을 부과하는 것이다. 이 계획은 미국의 소득이전 및 남용 방지세(Base Erosion and Anti-Abuse Tax) 조항과 마찬가지로 '저율과세 된' 지불 규칙에 따라 해당 프레임워크를 채택하지 않은 국가의 법인으로부터 특수 관계자의 구매에 대해 전액 공제를 거부할 것이다. 이 두 조항은 다른 여

12 이러한 조항은 아우어바흐(Auerbach)(2018)에 자세히 설명되어 있다.

러 국가가 이 프레임워크[13]를 채택하면 다른 국가들의 참여를 장려하도록 구성되어 있다.

하지만 나머지 대부분 국가가 동참할 수 있을 만큼 충분한 숫자의 국가가 2번 원칙을 채택할지는 아직 지켜봐야 한다. 이와 관련하여 한국이 가장 먼저 채택을 추진한 국가인 반면, 미국은 현재까지 아무런 조치를 취하지 않았다는 점이 주목할 만하다.

목적지 기반 과세로의 전환과 관련하여 OECD 프레임워크의 제1원칙은 초대형 디지털 국가 수익의 일부를 전통적인 영토 기준 접근 방식이 아닌 사용자가 위치한 국가에 과세하는 체계를 제시하고 있다. 목적지 기준 현금 흐름과세보다 훨씬 덜 포괄적인 제안이기는 하지만, 1원칙은 목적지 기반 과세를 향한 한 걸음이며 영토 과세에서 벗어날 때 얻을 수 있는 몇 가지 이점을 가지고 있다. 그러나 1원칙이 광범위하게 채택될 가능성은 거의 없어 보이며, 일방적으로 채택될 경우 비효율적으로 높은 수준의 과세를 초래할 수 있는 디지털 서비스세를 기업에 부과하는 최근의 접근 방식이 재개될 가능성이 더 높다(하인즈(Hines)(2023)).

따라서 국제조세의 미래는 여전히 불투명하며, 특히 정책 조율과 조세 경쟁이 어느 정도까지 완화될지 여부가 불분명하다. 미국은 목적지 기준 현금 흐름과세에 대한 논의와 2017년에 다양한 새로운 조항의 최종 채택을 통해 국제조세에 대한 생산적인 접근 방식에 대한 새로운 사고에 기여했지만, 동시에 현재 진행 중인 개혁 시도에 뒤늦게 참여한 국가이기도 하다.

13 두 조항 모두 한 국가가 자체 최저한세를 채택하지 않은 경우 국가 내 활동에 대해 외국에서 과세하므로, 조세 경쟁을 통해 기업의 협정에서 지정한 최저한세보다 낮은 세율(이 경우 15%)을 제공할 수 있는 잠재적 이점이 줄어든다.

6. 결론

미국의 조세 및 재정정책은 2023년 매우 중요한 위치에 있다. 재정 경로는 분명히 지속가능하지 않으며 코로나19 팬데믹 기간에 더욱 악화되었고, 글로벌 금융 위기 이후 대응 조치를 취하려는 정부 관계자들의 의지는 약화되었지만 완전히 사라지지는 않은 것으로 보인다. 우리는 재정 부양책이 경기 침체기에 활용될 경우 경기 안정화를 위한 강력한 도구이며, 재정 지속가능성을 악화시키지 않는다는 것을 배웠지만, 최근 몇 년 동안 경기 침체기에만 부양책을 제공하는 것을 정치적으로 제한하는 것은 어렵다는 것이 입증되었다. 이미 다른 선진국보다 더 심각한 미국의 불평등은 시간이 지남에 따라 증가했지만 미국의 재정정책은 실제로 불평등 해소에 큰 기여를 하고 있다. 그러나 현재 미국의 재정 경로를 고려할 때 미국이 진보적 정책에서 중요한 역할을 하는 이전급여 제도를 유지할 수 있을지는 의문이다. 마지막으로, 2017년 미국의 조치로 시작된 국제 조세 개혁 프로세스는 아쉽게도 미국의 지속적인 역할이 불분명한 가운데 더디게 진행되고 있다.

참고문헌

· Auerbach, Alan. J., "Is There a Role for Discretionary Fiscal Policy?", in Federal Reserve Bank of Kansas City, Rethinking Stabilization Policy, 109-150, 2003.

· Auerbach, Alan J., "The Fall and Rise of Keynesian Fiscal Policy", Asian Economic Policy Review, December, 157-175, 2012.

· Auerbach, Alan J., "Demystifying the Destination-Based Cash-Flow Tax", Brookings Papers on Economic Activity, Fall, 409-432, 2017.

· Auerbach, Alan J., "Measuring the Effects of Corporate Tax Cuts", Journal of Economic Perspectives, Fall, 97-120, 2018.

· Auerbach, Alan J., Michael P. Devereux, Michael Keen, and John Vella, "Destination-Based Cash-Flow Taxation", Working Paper no. 17/01. Oxford: Oxford University, Centre for Business Taxation, 2017.

· Auerbach, Alan J., and William G. Gale, "The Federal Budget Outlook", March, 2023.

· Auerbach, Alan J., Jagadeesh Gokhale, and Laurence J. Kotlikoff, "Generational Accounts: A Meaningful Alternative to Deficit Accounting", Tax Policy and the Economy, Volume 5, 55-106, 1991.

· Auerbach, Alan. J., and Yuriy Gorodnichenko, "Measuring the Output Responses to Fiscal Policy", American Economic Journal: Economic Policy, May, 1-27. 2012.

· Auerbach, Alan. J., and Yuriy Gorodnichenko, "Fiscal Multipliers in Recession and Expansion", in A. Alesina and F. Giavazzi, eds. Fiscal Policy after the Financial Crisis, 2013, 63-98. 2013a.

· Auerbach, Alan. J., and Yuriy Gorodnichenko, "Output Spillovers from Fiscal Policy", American Economic Review, May, 141-146, 2013b.

· Auerbach, Alan. J., and Yuriy Gorodnichenko, "Fiscal Stimulus and Fiscal Sustainability", in Federal Reserve Bank of Kansas City, Fostering a Dynamic Global Economy, 217-270, 2018.

· Auerbach, Alan. J., Yuriy Gorodnichenko, and Daniel Murphy, "Local Fiscal Multipliers and Fiscal Spillovers in the United States", IMF Economic Review, March, 195-229, 2020.

· Auerbach, Alan. J., Yuriy Gorodnichenko, Daniel Murphy, and Peter McCrory, "Fiscal Multipliers in the COVID19 Recession", Journal of International Money and Finance, September, 102669, 2022.

· Auerbach, Alan J., Laurence Kotlikoff, and Darryl Koehler, "U.S. Inequality and Fiscal Progressivity: An Intragenerational Accounting", Journal of Political Economy, May, forthcoming, 2023.

· Chodorow-Reich, Gabriel, "Geographic Cross-Sectional Fiscal Spending Multipliers: What Have We Learned?" American Economic Journal: Economic Policy, May, 1-34, 2019.

· Congressional Budget Office, Trends in Family Wealth, 1989-2013. August, 2016.

· Devereux, Michael P., Alan J. Auerbach, Michael Keen, Paul Oosterhuis, Wolfgang Schön, and John Vella, Taxing Profit in a Global Economy, Oxford University Press, 2021.

· Hines, James R., Jr., “Digital Tax Arithmetic”, National Tax Journal, March, 119-143, 2023.

· Jordà, Òscar, “Estimation and Inference of Impulse Responses by Local Projections”, American Economic Review, March, 161-82, 2005.

· Nakamura, Emi, and Jón Steinsson, “Fiscal Stimulus in a Monetary Union: Evidence from U.S. Regions.”, American Economic Review, September, 753-792, 2014.

· Piketty, Thomas, Emmanuel Saez, and Gabriel Zucman, “Distributional National Accounts: Methods and Estimates for the United States”, Quarterly Journal of Economics, May, 553-609. 2018.

2장

일본의 조세 및 재정정책과 평가

도시히로 이호리(Toshihiro Ihori) [일본 국립 정책연구대학원(GRIPS) 교수 / 전 도쿄대학교 교수]

1. 재정 및 세수 여건

1) 일본의 심각한 고령화 환경

일본은 1990년대부터 경제 둔화를 겪고 있다. 케인즈학파 이론에 따라 일본 정부는 경제성장을 촉진하기 위한 공격적인 경기부양책을 모색해왔다. 인구 고령화 및 일련의 경기 부양책으로 악화된 재정건전성 회복을 위해서 세수확대와 조세 부담 증대가 불가피하다.

또한, 코로나19 위기에 직면하여 내세운 확장적 조치들이 회계연도 2020~2022 예산 수립 시 경기 부양 재정정책의 중점이 됐다. 결과적으로 팬데믹 대응을 위한 적극적인 재정 지출 확대로 인해 재정 상황은 상당히 악화되었다. 비록 2023년에는 일부 이전급여가 감소했지만, 코로나19 대응조치 자체는 여전히 매우 크게 남아 있다.

〈그림 3-2-1〉은 일본의 재정 상황을 보여주고 있다. 중앙 정부 예산에서 일반 회계지출이 일반 회계 세입보다 많았다. 이 차이는 지속적으로 늘어났으며, 이는 새로 발행된 정부 채권의 규모와 일치한다. 이렇게 심

각한 재정 상황 속에서 세금 및 재정 시스템의 가장 중요한 목표는 정부 채권에 대한 무거운 재정 의존도를 개혁하는 것이다. 특히 중요한 것은 지속적으로 증가하는 의료 및 장기요양 공공 지출을 어떻게 개혁할 것인가와 정치 경제적인 측면에서 어떻게 상당한 세입을 증가시킬 것인지이다. 어려운 경제 및 재정 상황을 배경으로 본 논문은 일본의 최근 세금 및 재정정책을 평가하고 효율성과 형평성의 관점에서 조세 문제에 초점을 맞춘 개혁 방안을 제시한다.[1]

통합재정 목표에 대해 일본 정부는 경제 성장에 대한 낙관적인 예측을 기반으로 2026년 3월까지 기초 재정수지 흑자를 달성하고자 한다(〈표 3-2-1〉 참조).

<표 3-2-1> "경제 및 재정관리 기본정책과 개혁 2021"에 따른 통합재정 목표

2025년까지	국가 및 지방 정부의 기초 재정수지 흑자 달성
병행 목표	GDP 비율 대비 공공부채의 점진적 감소

많은 공공 경제학자가 대규모 세금 인상 조치가 빠른 시일 내에 이루어지지 않으면 정부 재정이 지속가능하지 않을 수 있다고 믿는다. 2019년에 소비세가 8%에서 10%로 인상됐지만, 2026년 3월에 종료되는 회계연도 내에 기초 재정수지 균형이라는 통합재정 목표를 달성하는 것은 여전히 불가능할 것이다. 게다가, 최근 소비세 인상으로 인한 수입 증가 대부분은 정부 지출 증가로 할당되었으며, 복수 소비세율 제도(신선식품에 낮은 세율 적용)도 시행됐다. 소비세의 복수세율 체계는 과세 기반을 축소시키므로 세수는 크게 증가하지 않을 것이다.

---

1 <그림 3-2-1> 일본의 재정 상황(부록 481쪽) 참조

2) 공식 전망

2023년 1월 발표된 내각의 최근 전망에 따르면, 2019년 10월 소비 세율이 인상된 후 전반적인 재정수지 흑자 달성은 2027년 3월로 한 해 연기될 것이다(〈그림 3-2-2〉 참조). 이 전망에는 경제 성장에 관한 두 가지 시나리오가 있다. 낙관적인 전망은 명목 경제 성장률이 3% 또는 4%로 상승하고 상당한 세금 인상 없이 부채 대비 GDP 비율이 감소하는 것으로 가정한다. 그러나 2023년 이후에 낙관적으로 예측된 3% 또는 4% 명목상 성장 목표를 달성할 수 있을 것인지 의문이다. 반면, 기준 시나리오는 정부가 예측한 경제 성장률로는 회복되지 않을 것으로 가정하고 있어, 정부 재정 상황은 더욱 심각해질 것으로 예상된다.[2]

혁신을 저해하는 일본의 많은 규제를 감안하면, 고령화와 인구감소의 영향이 실감될 때 경제 성장률은 급격히 하락할 수밖에 없다. 재능 있는 젊은 외국인 노동자들이 고용되지 않는 한, 일본은 인적 자본 축적이 크게 기대되지 않을 것이다. 실질 경제 성장률이 거의 0%까지 하락할 가능성이 매우 높으며, 기준 시나리오의 2% 명목 성장률을 달성하는 것조차 매우 어려울 것이다. 그것을 달성하는 것은 결코 쉽지 않을 것이다.

그럼에도 불구하고, 일본 내각의 추정에 따르면 기준 시나리오에서 GDP 대비 기초재정수지는 거의 균형 재정 목표에 가까워질 것이다 (〈그림 3-2-2〉 참조). 또한 기초재정수지 적자에도 불구하고 GDP 대비 공공부채의 비율은 현재보다 하락할 것이다(〈그림 3-2-3〉 참조). 이러한 추정은 일본은행(BOJ; Bank of Japan)의 확장적 정책에 의해 발생될 것으로 예상되며, 이는 이자율을 성장률 아래로 유지하는 대규모 통화 완화 정책을 지속하는 것이다. 실제로 일본은행의 지속적인 정부 채권 매

2 <그림 3-2-2> GDP 대비 기초재정수지(중앙정부 및 지방정부 합계)(부록 482쪽) 참조

입은 재정 적자의 화폐화(또는 가능 재정적자) 규모로 간주될 수 있으며, 2020년대를 통해 이러한 비상조치를 계속하는 것은 거의 지속가능하지 않을 것이다.[3]

2020년 이후 코로나19 대유행은 경제 전반에 심각한 부정적 영향을 미쳤다. 이러한 부정적 상황에 대응하기 위해 일본을 포함한 많은 국가 정부가 국가채무를 상당히 증가시켰다. 이는 시간 흐름에 따른 소비 평탄화 관점에서 정당화될 수 있다. 그러나 코로나가 끝난 후에는 큰 재정적자 증가에 대응해야 한다.

통합재정 목표를 수정하는 간단한 옵션은 기초 재정수지균형을 달성하는 목표 시기를 2026년 3월 종료되는 회계연도에서 2031년 3월 종료되는 회계연도로 연장하는 것이다. 그러나 목표 시기가 7년 이상 연기된다면 국내외 투자자들은 세금 인상을 통한 정부의 재정건전화 의지에 의문을 품을 수 있으며, 이는 시장 변동성을 초래할 수 있다.

3) 아베노믹스

'아베노믹스'는 2013년 아베 정부 제2차 집권 이후 10년 동안 진행됐다. 새로운 기시다 정부도 아베노믹스를 따르기 때문에 이 비상상황 정책이 언제 끝날지 예측하기 어렵다. 아베노믹스의 재정건전화 전략은 세율 인상 없이 경제 회복과 함께 수입이 자연스럽게 증가한다는 가정에 있지만, 여유로운 접근 방식은 세금 인상을 동반한 재정건전화를 고려하지 않고 있음을 의미한다. 2020년대 중반부터 경제가 둔화될 때, 베이비붐 세대들이 후기 노인이 되면서 의료를 중심으로 한 사회보장수요가 급증할 것이다.

---

3 <그림 3-2-3> GDP 대비 부채 수준(부록 482쪽) 참조

이론적으로 고성장 시나리오의 낙관적 전망 하에 과세 기반이 증가한다면, 10% 이상의 소비세율 인상 없이 재정건전화 시나리오의 달성이 가능할 수 있다. 그러나 최근 일본 인구의 고령화로 인한 경제성장 속도 둔화 경향을 고려하면, 현재의 소비 세율에서 급격한 세수 증가는 기대하기 어렵다. 다양한 세원에 대한 세율 인상을 통해 많은 세수확보가 필요할 것이다.

전반적으로 아베노믹스는 비상상황 정책 패키지였다. 경제가 비상 상태에 있을 때는 통화정책과 재정정책 모두 비전통적인 확장적 조치가 채택되었다. 정부가 대규모 추가경정 예산으로 조달된 공공사업을 확대하면서 지출을 계속 증가시키고 경제 상황을 고려하지 않고 낭비적인 재정지출을 계속한다면, 방탕한 재정정책의 안일함에서 벗어날 길은 없다. 낭비적 재정지출과 세금 감면은 재정건전화가 아니다.

4) 재정건전화 및 조세 부담

재정건전화의 매력도는 현재 경제 상황이 미래보다 나을 것인지 나쁠 것인지에 따라 판단되어야 한다. 재정건전화는 일반적으로 세율 인상을 의미한다. 세율 인상으로 인한 세 부담 증가를 어느 시점에서는 부담해야 하므로 현재 세대 혹은 미래 세대 중 어느 세대에게 그 부담을 지우는 것이 더 나은지에 대한 논의가 이루어져야 한다. 세금 인상을 미래의 저성장 기간으로 미룰 경우, 부담능력이 떨어지는 미래세대로 부담을 이동시키는 것이다.

게다가 일본의 인구는 미래에 감소할 것이며(〈그림 3-2-4〉 참조) 일본의 현행 세대 간 부양(Pay-as-you-go) 연금 체계는 노년 세대 혜택을 위해 현재의 근로 세대에게 과세하고 있으므로 미래 세대는 더 과한 부담과 적은 혜택을 받게 될 것이다. 앞에서 설명한 대로 거시경제 성장률은 약화될 가능성이 매우 높다. 미래 세대의 경제 상황이 엄중해질 것이라고 쉽게 예상되므로 현재 세대(노인 포함)가 어느 정도의 세금 부담을 공유하는 것이 바람직하다. 이 관점에서 소비세 인상은 근로소득세 인상보다 더 나을 것이다. 왜냐하면 근로소득세가 주로 근로하는 젊은 세대에게 부과되는 반면, 소비세는 젊은 세대뿐만 아니라 노년 세대에게도 부과되기 때문이다.[4]

2025년 이후 베이비 붐 세대가 후기 고령 노인이 될 시기에 사회보장 혜택을 줄이는 것은 정치적으로 더 어려워질 것이다. 만약 그 시기 거시 경제 상황이 더 심각해진다면, 정부의 재정 상태와 사회보장 체계가 실패할 것이다. 다음 선거 혹은 현 경제 상황에 집착하거나 현재 해결해야 할 이슈들을 미루는 대신 정부는 아베노믹스 '두 번째 화살'인 재정확장 정책의 방향을 변경하고 미래 세대의 이익을 강조하며 재정건전화 및 사회 복지, 세제 개혁에 대한 조치를 취하여 재정의 지속가능성과 세대 간 형평성을 달성해야 한다.

농업인 및 자영업자의 이익에 대한 과도한 정치적 고려가 결국 다수를 만족시키는 안전한 정책으로 이어진다면 경제의 잠재 성장률 제고를 기대할 수 없다. 정부는 규제에 대한 대담한 개혁을 추진하고, 민간 부문의 창의성을 촉진하고 잠재 성장률을 증가시키기 위한 전략을 채택해야 한다. 정부는 소비세를 점진적으로 인상하면서, 노인 사회보장의 내재된 인센티브, 농업, 조세지원 및 기타 세금 감면 등에 대응해야 한다. 또한 지출과 세금을 더 효율적으로 개혁하며 재정 규율을 회복시키고 장기적인 재정건전화를 실현하기 위해 대담하게 행동해야 한다.

---

4 <그림 3-2-4> 일본의 인구 구조 변화(부록 483쪽) 참조

2. 소비세

1) 소비세 개혁

1950년대와 1960년대의 고성장과 1970년대의 두 차례 석유 위기로 인해 일본의 경제 사회는 급격한 변화를 겪었다. 상품세에 대해서 일본은 오랫동안 주류, 담배, 자동차 등 특정 상품과 서비스에 대해 세금을 부과해왔다. 다른 선진국과 달리 일본의 소비세는 좁은 범위의 개별 상품 과세에만 한정되어 있었다. 소비가 다양화되면서 경제 내 서비스 소비가 증가하여 개별 상품에 대한 세금 부담이 불균형하게 되었다. 결과적으로 상품과세시스템의 공평성, 효율성, 단순성을 유지하는 관점에서 심각한 문제가 발생했다.

또한, 사회가 노령화되면서 증가하는 사회 복지 서비스를 제공하기 위해 필요한 수입 구조를 안정화하기 위해서는 안정적이면서 상당한 세 수입의 증대가 중요해졌다. 일반 소비세는 비교적 낮은 세율로 안정적으로 많은 세금 수입을 징수하기에 바람직하다고 여겨졌다. 따라서 1980년대에는 일반 소비를 기반으로 보다 넓은 범위의 많은 세금 부담을 추구하는 것이 필요하다고 여겨졌다.

소비 다양화, 경제 내 서비스 소비의 증가, 인구 구조의 노령화, 세계 경제 거래의 발전 등 구조적인 변화로 인해 일본 정부는 1980년대 중반에 개별 간접세의 효율화와 소비세 도입을 검토했다. 결국, 1988년 12월 세법 개정으로 이어지게 되어 1989년 대대적인 소비세 개혁이 이루어졌다. 이에는 간접세 제도 개혁과 함께 1989년 4월부터 처음으로 3% 세율 넓은 세원의 부가가치세 도입이 포함되었다. 소비세율은 1997년에 5%로 인상됐으며, 이는 유럽의 부가가치세나 미국의 많은 지방 정부에서 징수하는 판매세와 비교해 여전히 낮은 수준이었다.

2) 소비세 인상에 대한 정치적 반응

재정건전화는 잘 고려되지 않았다. 아베 정부는 2014년 예정대로 소비세율을 10%로 인상하는 데 소극적인 모습을 보였다. 그렇지만 2014년 4월부터 소비세율을 8%로 인상시켰다. 마침내, 2019년 10월에는 소비세율이 8%에서 10%로 인상됐다. 2018년 10월에 개최된 하원 선거 과정에서 아베 총리의 여당은 소비세 인상으로부터의 수입 증대액 일부를 취학 전 교육 강화와 같은 교육 비용에 할당할 것을 약속했다. 원래 수입 증대액의 80%가 부채 상환에 할당될 예정이었지만, 그렇게 할 경우 현재 젊은 근로 세대에게 혜택이 가지 않게 되며, 사회 복지 지출을 줄여 그 재원을 취학 전 교육에 사용하는 것은 노인들의 반대를 불러일으킬 것이다. 따라서 그러한 방법 역시 고려대상이 아니다.

아베 정부는 2019년 3월 마감하는 회계연도 예산에서 부채 상환을 하지 않고 자금을 확보했지만, 이에 따른 예산 부족을 메우기 위해 적자 국채를 발행해야 할 것이므로 그 자금 부담은 투표 권리가 없는 미래 세대에게 전가될 것이다.

반면, 야당은 소비세 인상 동결을 요구하면서 사회보장을 강화하고 소비세 인상 없이도 재정건전화를 달성할 수 있다고 주장하며 여당보다 더 순진한 약속을 내놓았다.

3년이 경과하기 전에 하원은 해산되며, 상원 선거는 3년마다 치러진다. 전국 선거가 열릴 때마다 정치인들은 모든 유권자를 기쁘게 할 수 있는 지출을 제안하며, 소비세 인상은 더욱 뒤로 미뤄져 재정건전화의 진전이 약화된다. 최근 전국 선거에서 여당인 자민당과 Komeito Party 연합정부는 항상 압도적인 승리를 거두어 정치 상황은 안정적이지만, 세금 인상과 사회 복지 지출 감축을 통한 재정건전화에 대한 의지는 보이지 않았다. 〈그림 3-2-5〉는 부가가치세율의 국제 비교를 보여준다(표준세율 및 식품에 대한 세율). 일본의 10% 세율은 선진국 중에서는 상대적으로 낮은 편이다. 따라서 소비세율을 10% 이상으로 인상하는 것은 정치적으로 실현하기 어렵더라도 경제적으로는 가능한 것으로 보인다.[5]

3) 소비세 인상의 부정적인 경제 영향

많은 사람들과 정치인들이 소비세 인상이 소비 수요에 부정적인 영향을 미칠 것으로 염려하고 있다. 그들은 소비세가 증가하면 소비가 저하되어 심각한 경기 침체를 초래할 수 있다고 주장한다. 실제로 1997년에 소비세가 인상되었을 때 거대한 경기 침체를 경험했다. 그러나 그 당시에는 아시아 금융 위기가 발생하고 소비자들의 기대심리가 악화되었다. 따라서 그 시기에 소비세를 인상하지 않았더라도 일본은 여전히 심각한 경기 침체를 겪었을 수 있다. 게다가 소비세 인상으로 얻은 수익은 근로소득세 감세로 사용되어 정부의 총 세수입은 1997년에 변하지 않았다.

보스타니(Bostani)(2022)에서 강조된 바에 따르면, 비례세율 소비세는 수학적으로 비례세율 근로소득과 동일하다. 이러한 동일성은 총 세수가 고정되어 있는 한, 소비세와 근로소득세 간의 어떠한 변화도 실제 경제 활동에 영향을 미치지 않는다는 의미이다. 1997년의 경우에도 이와 같은 원리가 적용되어, 소비세 인상은 소비 수요를 감소시키지 않았다. 왜냐하면, 근로소득세 감세가 부정적인 영향을 완전히 상쇄했기 때문이다.

일본에서 소비세 인상의 거시경제적 부정적 영향을 조사하기 위해 몇

---

5 <그림 3-2-5> 부가가치세율의 국제 비교(부록 484쪽) 참조

가지 실증연구가 수행됐다. 그 결과는 상당히 혼합적 형태였다. 일본의 재정정책과 조세 관련 시계열 데이터의 제한 때문에 케인즈학파적 재정정책이 실제로 얼마나 효과적이었는지를 양적으로 추정하는 것은 어렵다고 판단됐다. 일본 경제에 대한 한 보조적 분석은 케인즈학파 관점과 신고전주의의 관점 둘 사이의 중간지점에 진실이 있다는 것을 보여준다. 즉, 세금인상은 GDP 성장을 둔화시키고 경제에 부정적인 영향을 제공하는 것으로 나타났다. 또한, 케인즈학파 이론 효과가 상대적으로 미미하다는 것이 확인됐다.

이호리, 나카자도와 카와데(Ihori, Nakazato & Kawade)(2003)가 벡터회귀분석(VAR; Vector-Auto Regression)을 이용하여 재정정책이 일본의 생산량에 제한적인 영향을 미쳤음을 보여줬다. 먼저, HP 필터를 사용하여 시계열 데이터를 분해했다. 그런 다음, 벡터회귀분석 및 충격반응함수(Impulse Response Functions)를 사용하여 경기순환 요소의 재정 변수가 거시경제 활동에 미치는 영향을 조사했다. 사전정보 없이 재정정책의 영향을 명확히 하기 위해 비구조적인 벡터회귀분석 추정법을 채택하였다. 이호리와 나카모토(Ihori & Nakamoto)(2005)는 최근 재정 데이터를 포함하여 재정 변수의 충격반응 효과를 추정했다. 라마스와미와 랜두(Ramaswamy & Rendu)(2000)는 유사한 방식으로 재정정책의 거시경제적 효과를 분석했다. 사용된 변수는 민간 소비, 민간 투자, 공공 투자, 세입, 수출 및 수입이었다.

이호리와 곤도(Ihori & Kondo)(2001)는 공공 자본을 유틸리티 함수에 포함시켜 소비에 미치는 영향을 추정하였으며, 이를 통해 1965년 이후로 그 영향이 감소하고 있다고 지적했다. 공공 투자의 1% 증가는 민간 소비를 강력하게 자극하지 않는다는 결론을 내렸다. 우리는 구조적 벡터회귀분석(SVAR; Structural Vector Autoregression)을 기반으로 정부 소비와 공공 투자의 효과를 추정했고, 1985년 이후로 매우 낮아졌다고 지적했다. 그 다음 세금 인상의 충격 반응을 추정했다. 1990년대에는 세금 인상의 영향이 1980년대와 마찬가지로 미미했다. 1990년대 이전 1% 세수 증가는 그다음 분기의 민간소비를 약간 감소시켰는데 1990년대에도 그 효과는 미미했다. 다시 말해, 소비세 인상은 총수요를 크게 떨어트리지 않는다.

반면, 카마다(Kamada)(2006)는 페로티(Perrotti)(1999)의 방법을 따라 1955년 이후의 일본 데이터를 사용하여 비케인즈 효과를 실증적으로 연구했다. 비케인즈 효과는 재정 상황이 매우 나쁜 경우 세금 인상을 포함한 재정건전화가 사적 소비를 자극할 수 있다는 것이다. 그 이유는 재정 위기의 위험을 완화시킬 수 있기 때문이다. 결과적으로 재정 재건 기간 동안 정부 지출의 감소와 소비세 인상이 사적 소비를 적당히 자극할 수 있다는 것을 시사하지만, 비(非)케인즈 효과를 강하게 확인하지는 못했다.

미야자키(Miyazaki)(2010)는 1990년대 동안의 일본 재정정책의 효과를 분석했다. 이를 위해 벡터회귀분석과 이벤트 스터디 접근법을 혼합하여 사용했다. 첫 번째 실증적 결과는 1990년대 후반에 재정정책의 부정적인 효과가 긍정적인 효과보다 크고 지속적이라는 것이다. 이 결과는 1990년대 후반의 대규모 재정 확대가 정책 효과의 규모와 지속성 측면에서 거시경제를 자극하기에 부족한 것으로 나타났다. 두 번째 결과는 1990년대 초반에 시행된 영구적인 감세조치가 내구재 지출을 크고 지속적으로 증가시켰다는 것이다. 이 증가는 1997년 4월 소비세 인상 이전에 소비하고자 하는 동기를 반영할 수 있다.

정리하자면, 이호리(Ihori)(2006)에 요약된 대로 소비세 인상은 민간투자를 어느 정도 구축했지만 크게 감소시키지는 않았다. 최근 몇 년간 감세의 승수효과는 매우 낮아진 것으로 보이므로 소비세 인상의 부정적인 영향에 대해서는 의견이 분분하다. 증세의 부정적 영향은 종종 관찰되지만 그 규모는 그렇게 크지는 않다. 따라서 1990년대의 케인즈학파적 정책은 효과적이지 않았으며, 소비세 인상의 부정적인 거시경제적 효과를 강하게 확인할 수 없었다.

미히라(Mihira)(2021)는 최근 감소한 일본 재정 승수의 원인을 조사했다. 그는 먼저 표준적인 거시경제 모델(AD-AS Mundell-Fleming Model)에 기반하여 승수 감소의 가능한 원인들을 열거했다. 그런 다음 기초 통계 데이터와 관련 선행 연구를 사용하여 개별 원인들을 하나씩 검토했다. 그 결과, 재정승수 감소 원인으로는 다음과 같은 사항들이 나타났다: ① 소비 성향의 감소, ② 소득세율의 인상, ③ 투자 성향의 감소, ④ 예상 성장률의 하락, 그리고 ⑤ 수입 성향(Import propensity)의 증가이다. ①에서 ⑤까지 원인들의 배경에는 인구의 고령화와 이에 따른 세금 및 사회 보험 부담의 증가, 재정수지 적자의 확대와 미래 세금인상에 대한 우려, 잠재 성장률의 하락, 그리고 경제적 글로벌화의 진전이라는 요인들이 있다. 이러한 요인들은 현재 일본 경제의 역사적인 추세이며, 조만간 회복되기는 어렵다. 따라서 하락한 재정 승수가 단기간 내 회복될 것으로 기대하기는 어렵다.

4) 단일소비세의 미시경제학적 분석

일부 연구는 단일 상품세 도입이 최적 과세 관점에서 어떻게 정당화될 수 있는지에 대해 연구했다. 역탄력성 원칙은 상품의 사중손실이 더 균일할수록 세율도 더 균일해야 한다고 제안한다.

아사노와 후쿠시마(Asano & Fukushima)(2006)는 일본에서 최적의 상품세율을 추정했다. 먼저 여가, 소득 및 상품 선택을 포함하는 합리적인 일본 수요 시스템을 추정하였다. 그런 다음, 최적 조세 균형을 계산하고 평가했다. 거의 이상적인 수요 시스템(Almost Ideal Demand System)

을 기반으로 한 추정 결과는 미시경제 이론과 일치하는 것으로 나타났다. 그들은 정액(Lump-Sum), 최적 단일 상품 과세 체계에서의 균형들을 계산하여 최적의 상품세 구조를 평가했다. 단일과세 체계에서 사중손실은 매우 작았으며, 일본에서 최적의 상품세율은 단일세율에 매우 근접한 것으로 나타났다.

3. 소득세

1) 개인소득세

주요 선진국들 중에서 일본은 세입창출에서 개인 및 법인 소득 과세에 크게 의존하고 있다. 1980년대까지 세입은 주로 직접세, 특히 개인소득세로부터 발생했다. 직접세와 간접세 비율은 7대 3이었다. 대다수 임금근로자들은 개인소득세의 무거운 부담으로 인해 불만을 품게 됐다. 1989년에 VAT 형태로 소비세를 도입하여 개인소득세의 부담을 완화하고 주요 세금 수입을 직접세에서 간접세로 일부 전환하는 것을 목표로 하였다. 〈그림 3-2-6〉은 일반 회계 세입 추이를 보여준다. 1989년 일반 소비세가 도입된 이후 소비세 수입의 비중이 지속적으로 증가했다.[6]

개인소득세제에서 조세 누진성은 상당히 높다. 이는 명목세율 기준뿐만 아니라 세전 소득분포 상황을 고려한 실효세율 기준에서도 마찬가지이다. 누진성의 결과로 세전 소득이 평균 소득 수준보다 높은 근로자들은 종종 높은 세금 부담에 대해 불평한다. 일부 사람들은 높은 세금 부담

6 <그림 3-2-6> 일반 회계 세입 추이(부록 485쪽) 참조

이 노동 공급에 부정적인 영향을 미칠 수 있다고 불평하지만, 어떤 연구에서도 노동 공급과 관련된 강한 세금 왜곡현상을 뒷받침하는 실증적 증거는 없다.

〈그림 3-2-7〉은 개인소득세율의 변화를 보여준다. 주민세를 포함한 최고 한계세율은 1980년대 중반 이전에 88%였으며, 그 이후로는 2014년에 50%까지 감소하기 시작했다. 그 후, 2015년부터 다시 55%로 인상됐다.[7]

남성과 달리 여성은 파트타임 근로자로서 노동 공급을 내생적으로 선택할 수 있기 때문에 여성에 대한 근로소득세의 큰 노동 공급 저하 효과를 관찰할 수 있다. 요코야마와 고다마(Yokoyama & Kodama)(2018)는 이 문제에 대해 조사했다. 여성의 연간 소득 분포에 대해서는, 지난 25년 동안 저-중간 소득 여성의 연간 소득이 감소한 반면 고소득 여성의 연간 소득은 증가한 것으로 나타났다. 저-중간 소득 여성의 연간 소득 감소는 파트타임 근로자의 수 증가로 설명될 수 있으며, 고소득 여성의 연간 소득 증가는 학력 수준의 상승 및 근속 기간의 증가와 같은 요인들로 설명될 수 있었다.

다음으로 요코야마(Yokoyama)(2015)를 기반하여 특별 배우자 세액공제의 부분 폐지가 혼인한 여성의 노동 공급에 미치는 효과를 분석했다. 그들의 분석에 따르면, 2004년의 세제 개정으로 인해 소득이 낮은 기혼 여성들은 근로 시간과 소득이 증가했다. 그러나 이와 대조적으로 연간 소득이 103만 엔 이상인 일부 중간소득과 고소득 기혼여성들은 세제 개정에 직접적인 영향을 받지 않았지만 같은 기간 동안 남성배우자의 소득 상승 추세에 대응하여 소득을 예산선 변곡점(103만 엔)으로 감소시켰으며, 이는 세제 개정으로 인해 더욱 두드러졌다. 결과적으로 여성의

---

7 <그림 3-2-7> 개인소득세율의 변화(부록 485쪽) 참조

노동 공급을 증가시키려는 의도로 이루어진 세제 개정은 저소득 여성들에게 소득을 증가시키고, 중-고소득 여성들에게는 103만 엔으로 소득을 줄이는 효과를 가져왔다. 이로써 기혼여성을 대상으로 한 소득 분포의 왜곡이 103만 엔 주변에서 더욱 두드러지게 관찰되었다.

〈그림 3-2-7〉에 나타난 것처럼 최근 최고 한계세율은 보다 공정한 사회를 위해 55%로 인상됐다. 일본의 소득 불평등은 선진국 중에서는 그리 심각하지 않지만, 일반 유권자들은 부자들에게 더 무거운 세금 부담을 부과하길 원한다. 이는 부분적으로 부유한 자영업자들의 개인소득세에서 상당한 정도의 조세회피와 탈세가 존재하기 때문이다.

이쉬(Ishi)(1984) 등 여러 연구자들은 이러한 문제를 조사했다. 개인소득세와 관련하여, 자영업자와 농업인들이 소득을 상당히 축소신고 한다고 일반적으로 생각했다. 그는 먼저 조세 통계에 기반한 개인소득과 국민계정 자료를 사용하여 추정한 소득 간의 차이를 산정했으며, 1970년대에는 세무 당국이 급여 근로자의 소득을 약 100%, 자영업자의 소득은 약 50%, 농업인의 소득은 약 30%로 파악하였다는 것을 발견하였다. 이를 '10-5-3'이라고 한다. 다른 연구들은 이러한 과세소득 파악률을 다시 검토하였으며, 2000년대 중반에 자영업자의 소득은 약 60%가 파악되었으며, 농업인의 소득은 약 40%가 파악되었다. 따라서 급여에서 세금이 원천징수되는 근로자들은 이러한 시스템이 불공평하다고 불평한다. 게다가, 소득이 10억 엔 이상인 부자들은 소득이 10억 엔 이상이 되면 평균세율이 낮아지기 때문에 충분한 세금을 납부하지 않는다. 그들의 소득은 주로 높은 세율로 과세되지 않는 자본 소득에서 비롯되기 때문이다.

또한, 일본 법인세의 경우, 상대적으로 많은 수의 법인, 특히 소기업들이 납부하지 않는 경우가 있다. 이는 그들의 과세소득이 음수인 경우가 많기 때문이다. 가족 중심의 기업을 법인화하는 것은 숙련된 조세 회피의 상징이다.

몇몇 연구자들은 일본에서 소득세의 최적 누진도를 조사했다. 임금 분포와 노동공급 저하 효과에 대한 데이터가 있다면, 관련된 가치 판단 정도와 함께 최적의 조세 누진도를 추정할 수 있다. 쿠니에다(Kuunieda)(2012)는 고소득자들의 소득 분포를 추정하고, 사에즈(Saez)(2001)를 이어 일본에서 과세소득 탄력성과 관련된 최적 최고한계세율을 도출하기 위해 최신 실증적 연구 결과를 사용했다. 2003년 최고 납세자 순위에 기반하여 파레토 분포 계수가 2.1로 추정됐다. 미조구치(Mizoguchi)(1987)와 비교해 그의 분석은 일본의 소득이 상위 몇천 명에서 수십만 명의 고소득자들 사이에서는 미국만큼은 아니더라도 어느 정도 집중되어 있다는 점을 시사한다. 반면, 최근 실증적 연구는 과세소득 탄력성이 0.051에서 0.28 사이로 추정됐다. 이 결과는 고숙련 개인들에 부여된 사회후생적 가중치가 그렇게 크지 않다면, 일본의 최적 최고한계세율이 2000년대 수준보다 더 높을 것을 나타낸다. 이는 2014년에 고소득자에 대한 세금 인상 주장의 지지 근거가 되었다.

2) 자본소득세

자본소득, 특히 이자소득과 배당소득은 매우 낮은 실효세율이 부과된다. 개인마다 일정한 한도까지는 세금이 면제되는 비과세 저축을 가질 수 있으며, 한도는 가명을 사용하여 우회하기 쉬웠다. 그러나 1988년 4월부터 비과세 저축액은 크게 줄어들었다. 노인(65세 이상), 장애인 및 싱글 맘을 제외한 개인들은 금융기관이 원천 징수하는 20% 분리 이자소득세를 적용받는다. 2006년부터는 장애인만이 제외 혜택을 받을 수 있었다. 이 개혁은 일본의 저축행태와 자본 유출에 잠재적으로 상당한 영향을 미칠 수 있다.

유가증권 자본이득은 1989 회계연도부터 과세됐다. 자본이득세는 실제 이득에 대한 별도 자진신고 과세 또는 추정 이득에 대한 별도 원천징수 중 선택할 수 있었다. 이 제도는 2002년까지만 유지되었다. 현재 개인들은 실제 자본이득에 대한 별도 자진신고 과세를 신청해야 하며, 세율은 20%이다.

최적 소득과세에 관한 문헌은 일반적으로 근로소득과 자본소득은 경제적인 반응이 다르기 때문에 다르게 과세되어야 한다고 제안한다. 효율비용이 두 세율 간에 차이가 있다면, 최적 과세 구조는 동일하지 않아야 한다. 자본소득이 근로소득보다 탄력적이라면, 자본소득에 대한 과세는 근로소득에 대한 과세보다 적어야 한다. 만약 이것이 일본에서도 성립한다면, 현재의 자본소득에 대한 세금 적용은 타당할 수 있다. 불평등의 원인은 일반적으로 임금 숙련도의 차이에서 비롯되는 것이 자본소득 숙련도의 차이보다 크기 때문에 근로소득이 누진적으로 과세되고 자본소득이 비례적으로 과세되는 것이 타당한 것으로 보인다.

3) 소득세 개혁

1990년대 이후 일본의 소득세 개혁은 세 가지 요소를 포함하고 있다. 이는 한계세율의 감소, 기본 공제의 증가, 그리고 과세소득 계산 시 배우자에 대한 특별 공제의 증가다. 앞서 설명한 대로, 최고 한계세율은 (국세의 경우) 50%에서 37%로 낮아졌고, (주민세의 경우) 15%에서 13%로 낮아져, 전체적으로 1999년에 65%에서 50%로 낮아졌다. 그러나 2015년 이후에는 한계세율이 총 55%로 인상됐다.

세 가지 요소 중 후자 두 가지는 대체적으로 기혼 여성들의 노동 참여 동기를 증가시키기 위한 목적도 일부 포함되어 도입됐다. 이러한 변경으로 인해 이전의 세제와 비교하여 가계의 이차 임금소득자의 세후 소득이 증가하게 됐다. 세제 개혁 이후의 실증적 증거는 기혼 여성들의 근로

공급에는 미미한 양의 긍정적 효과가 있었으며, 남성들의 근로 공급에는 유의한 영향이 없었다는 점을 보여준다. 전반적으로 의도한 대로 근로 공급 효과는 약간의 긍정적인 면을 지니고 있으며, 이에 따라 효율성 증가도 일정 부분 이루어졌다.

2015년부터 세제 개혁의 경향이 효율성보다 형평성을 더 고려하도록 변화했다. 최고 한계세율은 다시 45%(국세)와 10%(지방세)로 인상되어, 합계 55%가 되었다. 그러나 이러한 인상의 세입에 대한 기여는 매우 미미했다. 출산율 하락과 고령화 사회에서는 근로자의 수가 감소하므로 근로소득에 대한 총세입도 감소한다. 평균 소득에 대한 한계세율 인상이 정치적으로 현실적이지 않은 한, 근로소득의 과세 기반을 확대하는 것이 전체 세입을 유지하기 위해 필요하다.

4) 사회보장 부담

타지카와 야시오(Tajika & Yashio)(2018)는 사회보험기여률이 비례적이고 증가하고 있다고 지적했다. 따라서 특히 저소득층 젊은이들에게는 사회보험료 납부 부담이 소득세 부담보다 더욱 무거워졌다. 이러한 문제를 해결하기 위한 개혁방안으로 그들은 소득세와 사회보험료 부담을 통합하여 포괄적으로 정의된 소득에 부과하고, 소득공제를 통해 완화할 수 없는 사회보험료 부담을 줄이기 위한 세액공제제도 도입을 제안했다.

세액공제용 재원을 마련하기 위해서 현재 55%인 최고 한계세율을 인상하는 대신 고소득자에 대한 소득세 공제를 줄이고 과세 기반을 확대하여 이들에게 더 많은 부담을 요구하는 것이 필요하다. 또한, 과세소득 산정 과정에서 공적 연금에 대한 공제를 폐지하는 것이 바람직하다. 이를 통해 현재 존재하는 젊은 세대와 노인 세대 사이의 부담 불균형과 노인 저소득자의 세금부담이 감소할 수 있을 것이다.

5) 소득세에 대한 미시경제학적 분석

국민 부담의 증가는 저소득 가구에 지나치게 무거운 부담을 지울 것이다. 따라서 저소득 가구들은 소득세 부담을 증가시키는 것을 반기지 않는다. 이러한 반응은 소득세와 소비세를 인상하여 재정건전화를 시행하는 것에 장애물이 될 수 있다. 카와데(Kawade)(2018)는 미시경제 시뮬레이션 분석을 수행하였는데, 케이오 가계 패널 조사(KHPS; Keio Household Panel Survey)를 사용하여 소득세 및 소비세 부담과 사회보험료 부담을 계산했다. KHPS는 일본에서 가장 신뢰할 수 있는 개별 가구 소득 데이터다(참고: https://www.pdrc.keio.ac.jp/en/paneldata/datasets/jhpskhps/).

그는 2009년부터 2012년까지의 데이터로 그간의 소득에 실제 세금과 사회보험료 부과체계를 적용하여 세금 및 사회보험료 지출액을 재계산했다. 실제 세금 신고 미시 데이터는 일본의 학계 연구자에게는 이용이 불가능하기 때문에 그는 KHPS의 소득 데이터에 실제 세법을 적용하여 관련 세금 지불액을 재계산해야 했다.

먼저, 그는 각 가구의 공적 이전액을 더함으로써 동등 총소득(Equivalent Gross Income)을 구했고, 소득 십 분위로 구분하여 평가를 수행했다. 그다음, 그는 2008년부터 2011년 사이의 소득에 2015 회계 연도의 세금 및 사회보험 체계를 적용하여 가상의 국민 부담을 추정했다. 결과적으로 사회보험료의 증가와 소비세 인상이 저소득 가구에 상대적으로 큰 부담을 가하고 있음이 밝혀졌다. 소득 계층 간 국민 부담 구조는 저소득 가구에 비해 고소득 가구의 국민 부담 증가율이 제한되어 있어 평탄화되는 경향을 보였다. 미래에 가능한 사회보험료 증액과 소비세 인상으로 인해 평탄화가 지속될 것으로 예상된다.

현재 일본의 개인 소득세는 세액공제(Tax Credits)보다 소득공제(Tax Allowance)를 더 많이 사용한다. 그러나 세액공제는 소득 격차를 줄이는 데 있어서 소득공제보다 더 효과적이라는 것이 잘 알려져 있다. 도이(Doi)(2020)는 일본 가구 패널 조사(JHPS; Japan Household Panel Survey)와 유사한 미시 데이터를 사용하여 주요 소득공제를 폐지하고 가구 구성에 기반한 세액공제를 신설하는 개인 소득세 개혁방안에 대해 미시 시뮬레이션 분석을 시행했다. 실제 세금 신고 미시 데이터를 학계 연구자는 사용할 수 없으므로 그 역시 소득에서 세금 납부액을 재계산했다.

소득공제(Deduction)에서 세액공제(Credit)로의 전환과 더불어 그는 개인 소득세 개혁과 일관성을 갖추기 위해 저소득자에 대한 사회보험료 할인을 제안했다. JHPS를 사용한 미시 시뮬레이션 분석 결과, 이러한 제안은 가구의 소득 격차를 줄이는 데 효과적이라는 것을 보여줬다.

4. 법인소득세

1) 세율 인하

일본의 법인소득세 비중은 다른 국가들과 비교했을 때 상당히 높다. 다른 국가들은 법인세가 세수에서 차지하는 비중이 감소하고 있다. 법인세 부담을 줄이는 것은 효율성 관점에서는 바람직하지만 정치적으로는 인기가 없다. 일반 유권자들은 자신의 근로소득에 법인세 부담이 전가되지 않을 것이라고 믿기 때문에 근로소득세를 인상하는 대신 법인세를 인상하는 것을 지지한다.

최근에는 글로벌 경제에서의 조세 경쟁으로 인해 일본을 포함한 많은 선진국에서 법인세를 낮추고 동시에 과세 기반을 확대하는 세제 개혁이 이루어지고 있다. 1990년대 후반부터 법인세 개혁의 주요 목표는 기본 세율을 낮춰 세금 부담을 줄이는 것이다. 〈그림 3-2-8〉은 2022년 기준으로 살펴본 명목 법인소득세율의 국제 비교다. 일본의 29.74%는 여전히 G7 국가 중 가장 높은 수준이다.[8]

조세 경쟁은 다른 국가들이 법인세를 낮춘다면, 자국도 그렇게 해야 한다는 것을 의미한다. 그렇지 않으면, 법인기업들이 자국을 떠나게 된다. 따라서 법인세를 낮추는 것은 국제적인 환경과 조화를 이루는 법인세제 구축이 그 목적이다. 선진 산업화 국가 중 2000년대에 일본의 법인세율은 40%(국세와 지방세 포함)로 매우 높아 미국과 거의 같았다. 1999년 이후 일본, 미국, 프랑스 모두 41% 정도였다. 반면 영국은 법인세율이 30%로 매우 낮았으며, 프랑스는 33%였다. 독일의 법인세율은 낮아졌고, 영국은 여전히 가장 낮은 법인세율을 유지하고 있다.

2014년 1월에 아베 전 총리가 다보스 세계경제포럼 연례 회의에서 연설 직후, 일본 정부는 법인세율 인하 검토를 시작했고, 몇 년 안에 실효 법인세율을 국제적으로 비교 가능한 수준(20%대)으로 낮추는 것을 목표로 잡았다.

그들은 '세율 인하와 세원 확대'라는 근본적인 원칙에 기반한 성장 촉진형 법인세 개혁에 착수했고, 2015년에 법인세를 34.62%에서 32.11%로 낮췄다 더 나아가, 2016년에는 이를 29.97%로 낮추어 단 두 해 만에 목표를 달성했다.

일본 정부는 성장 촉진을 위한 법인세 개혁이 기업들의 투자를 증가

8 <그림 3-2-8> 명목 법인소득세율의 국제 비교(부록 486쪽) 참조

시키고 지속적인 임금상승을 유발할 것으로 기대했다. 법인세율을 낮추는 것의 경제적 효과는 긍정적이어야 하지만, 이러한 긍정적 효과를 실증적으로 확인하는 것은 어려워 보인다. 지금까지의 실증적 연구 결과에 따르면, 세금 요인이 투자에 미치는 중요성은 매우 미미한 것으로 나타났다. 법인 부문의 세 부담을 줄이기 위한 다양한 조세정책들은 해당 부문의 투자행태에 관측 가능할 수준의 영향을 미치지 못했다. 오히려 투자의 변동은 주로 실질 이자율과 자본재와 생산물의 상대 가격의 변화와 관련이 있었다.

2) 부채와 법인세

일본의 법인세 제도는 광범위하게 세금 감면을 위한 예비금과 세액공제를 허용하고 있다. 많은 예비금과 세액공제는 일반적이고 타당한 것으로, 예를 들어 부실채권 예비금, 투자 세액공제 및 지방세액(기업세)에 대한 공제 등이 있다. 그러나 논란의 여지가 있는 다른 제도들이 있으며 주로 소득 보호 관련 제도들이다. 이 중에는 상여금, 퇴직급여 및 가격 변동에 대한 예비금이 포함된다.

다시 검토해야 할 조세정책 중에서 핵심 요소는 지급된 이자지출의 비용공제 가능성이다. 역사적으로 일본기업은 부채에 의존했는데 특히 자기자본 확충보다 그들의 주거래 은행으로부터의 대출에 의존했다. 주거래 은행 시스템은 세 가지 이점을 가지고 있다. 첫째 에이전시(중개자) 비용을 줄일 수 있다. 둘째, 기업을 잘 감시할 수 있다. 셋째, 은행과 기업 사이에서 위험 분담이 가능하다. 이러한 이유들로 인해 조세정책 이외 부채에 많이 의존해왔다. 조세정책은 기업 부문의 부채를 통한 자금 조달을 통해 경제 전반의 실효 자본소득세율을 낮추는 역할을 해왔다.

3) 법인세 개혁

법인세 과세 기반을 확대하기 위해 소득공제와 세액공제를 축소하는 몇 가지 조정이 이루어졌다. 과세 기반확대는 법인세 수입을 증가시킨다. 첫째, 기업 간 배당금에 대한 세금이 인상됐으며, 한 기업이 다른 기업에게 지급하는 배당금에 추가적인 법인세가 부과됐다. 둘째, 기업은 토지 구매의 이자 지불액에 대한 공제액 한도를 부여받았다. 처음 4년간 기업은 토지 구매를 위한 대출비용의 이자를 비용으로 공제할 수 없다. 이는 기업이 대출로 토지를 구매함으로써 세금을 회피하는 것을 방지하기 위한 것이다.

최근 외국납부세액공제에 대한 관대한 취급은 지나치게 많은 공제액을 야기했다. 이것은 많은 비판을 받고 일부 정정됐다. 일본 내 납부 세액을 줄이기 위한 외국납부세액공제 사용을 제한하는 것은 세수손실 없이 법인세율을 낮출 수 있다는 것을 의미한다. 그러나 현재까지 이루어진 과세 기반 확대 조치는 법인세를 상당히 감소시킬 만큼 충분하진 못했다. 충분한 과세 기반 확대 조치가 없다면, 발생하는 추가 조세수입은 세율을 감소시키기에 충분치 않을 것이다. 게다가, 과세 기반을 더욱 확대하기 위해 논란의 대상이 되는 예비금을 폐지 또는 축소하려는 시도는 이루어지지 않았다.

도이(Doi)(2017)는 최근 일본의 법인세 개혁의 영향을 조사했다. 이 개혁에서 (유효)법인세율은 34.62%에서 29.74%로 감소했지만, 동시에 규모 기반의 기업세금(근로비용과 기타 요소 지급액의 합에 대한 부과금)은 2.5배로 상승했다. 그는 자본 구조(즉, 자기자본, 부채, 유보금 등의 선택)를 포함한 동적거시경제 모델에 기반 시뮬레이션을 수행하여 투자를 살펴보고, 법인소득세의 근로소득에 대한 귀착효과를 측정했다. 시뮬레이션 결과, 법인소득세 감소로 인한 근로소득의 혜택은 미미하며,

그 긍정적인 효과도 규모 기반의 기업세금 확대로 인해 약 30% 정도 감소했다. 그 이유는 규모 기반의 기업세금에서 발생하는 왜곡에 있다. (유효)법인소득세율 감소로 인해 근로소득은 증가하지만, 규모 기반의 기업세금 상승으로 인해 일부 증가분을 상실하게 된다.

대부분의 실증 연구는 조세정책이 일본에서 자본 비용을 감소시키는 데 효과적이었으나, 법인 투자를 촉진하는 데는 그리 효과적이지 않았음을 보여준다. 호테이(Hotei)(2018)는 일본 제조업의 시계열 데이터(1985~2012)를 사용하여 VAR 모형을 기반으로 일본과 해외(평균)의 법인세율 차이가 근로자당 자본과 근로자당 임금에 미치는 효과를 추정했다. 또한 법인세율 격차가 1% 증가하는 경우 장기적으로 임금률이 어떻게 변화하는지 추정했다(동적 승수 함수).

4) 중첩세대모형(OLG) 모델과 조세정책 평가

중첩세대모형(OLG; Overlapping Generation Models)을 사용하여 재정 및 조세 개혁의 동적 효과를 조사하는 연구가 많이 있다. 이호리 외(Ihori et al.)(2011) 및 임로호르글루, 키타오, 야마다(Imrohorglu, Kitao, & Yamada)(2018)는 일반균형, 중첩세대모형 모델을 개발하고 미래의 인구 분포와 생산성 증가율을 외생적 요인으로 모델에 포함시켰다. 이호리 외(Ihori et al.)(2011)는 2006년에 시작된 일본 공공의료보험의 대대적인 개혁을 평가했다. 시뮬레이션 결과는 해당 개혁이 미래의 공공의료보험 혜택을 크게 감소시키지는 않지만, 사적 저축을 촉진함으로써 경제성장과 후생을 증진시킬 수 있다는 것을 보여준다. 이 모델을 기반으로, 미래의 경제 및 재정 상황에 대한 시뮬레이션 분석을 수행하고 미래 재정 안정성을 달성하기 위해 필요한 세율을 계산했다. 결과는 생산성 증가율이 높아지고 의료 서비스가 줄어들고 경제활동참가율이 증가하더라도 정부 부채의 GDP 대비 비율을 안정적으로 낮추기 위해서 상당한 세율 인상이 필요하다는 것이다.

5. 결론

공공경제학자들에게 조세의 효율성과 정부 규모의 관계를 고려하는 것이 중요하다. 베커와 뮬리간(Becker & Mulligan)(1998)은 넓은 과세 기반의 세금으로 상당히 평평한 세율 구조를 갖추는 '더 효율적인' 조세 시스템이 더 큰 정부와 관련이 있다는 것을 보여줬다. 경제적 사중손실이 더 낮은 세제로 전환하면 납세 그룹으로부터의 압력이 줄어들고, 총 세금 및 정부 지출이 증가한다.

도이, 이호리와 콘도(Doi, Ihori, & Kondo)(2001)는 소득세나 소비세를 인상하는 것이 일본에서 '더 큰 정부'를 초래하는 추가적인 이유로 지적했다. 세수의 증가는 의무급여의 증가로 이어지므로, 단순히 세입을 증가시키는 것만으로는 재정 불균형을 완화하는 것이 본질적으로 불가능하다. 실제 효과는 그룹별 이전금액의 증가로 나타나, 정부 지출이 확대되는 '더 큰 정부'를 초래한다.

케인즈학파 단기 수요 안정화 정책과는 달리, 구조적인 세제 개혁은 조세 정책의 장기적인 공급 측면 효과에 중점을 둔다. 예를 들어 최대한 세율을 줄이고 세제를 더 효율적으로 만드는 것도 장기적인 공급효과를 강조하는 것이다. 경제성장을 촉진하기 위해서 단기적인 케인즈학파 재정정책보다 장기적인 구조적 재정개혁이 일본에서 더 중요하다. 따라서 성공적인 재정건전화를 실현하기 위해서는 기획하는 단계 초기에 합의된 조세와 재정 시스템의 효율성을 강화하기 위한 장기 프로그램을 지속적으로 추진하는 것이 중요하다. 또한 고령화 사회에서는 사회 복지에 낭비되는 지출을 줄이는 것도 중요하다.

조세개혁을 촉진하기 위한 두 가지 유용한 방법이 있다. 첫째, 조세 시스템을 대대적으로 재편하는 것이다. 조세 부담의 불평등을 교정하기 위해 납세자 식별번호 시스템을 도입하는 것은 유용하다. 세제의 효율성과 투명성 제고는 탈세 감소 및 납세자의 신뢰성 회복 노력을 보완하게 된다. 이러한 변화는 바람직하며 보다 효율적인 방식으로 세제개혁을 촉진할 수 있는 속도가 필요하다.

조세개혁의 바람을 일으키는 두 번째 방식은 대규모의 적자를 피하기 위한 방책으로 세수를 증가시키는 것이다. 세수확보 자체가 가장 우선시하는 것은 합리적이지 않다. 그렇지만 일본의 재정 건전성이 악화되고 있는 상황에서 세수 증가는 중요한 정책 목표이다. 세수확보 지연이 초래할 문제를 고려하면 소비세 인상 및 과세 기반 확대 등의 증세 정책이 신속히 실행될 필요가 있다. 중장기적 관점에서 바람직한 조세시스템을 구축하기 위한 조세개혁이 필요하다.

6. 부록: 평가 및 제도

1) 중앙정부의 조세위원회(Tax Commission)

일본에서는 조세 연구자들이 세금 신고에 대한 개별 데이터를 분석하는 데 어려움을 겪고 있다. 조세 당국은 학계 연구자들이 개별세무신고 데이터에 접근하는 것을 허용하지 않는다. 하지만 많은 조세 연구자들은 실제 조세개혁에 자문하는 역할을 수행하고 있다. 예를 들어, 일부 연구자들은 중앙 및 지방 정부의 여러 조세 관련 위원회에 참여하여 재정 연구를 기반으로 바람직한 조세개혁을 권고하고 있다.

그중, 중앙정부의 조세위원회가 조세정책 제안에서 가장 권위 있는 위원회이다. 이 위원회는 학계 연구자뿐만 아니라 기업인 및 언론인들로 구성되어 있다. 비록 이 위원회는 공공경제학을 기반으로 한 과학적 조사는 수행하지 않지만, 위원회 내 다양한 이해관계 그룹의 논의를 바탕으로 조세개혁 권고안을 발표한다(참고: https://www.mof.go.jp/english/policy/tax_policy/tax_commission/index.htm).

예를 들어, 조세위원회는 2019년 9월에 중간보고서인 "경제체제의 구조적 변화를 고려한 레이와(Reiwa) 시대의 바람직한 세금제도"를 편찬했다. 이 권고보고서는 조세위원회가 개발하고 정부가 생각하는 중-장기적인 시작에서의 적절한 조세제도의 전반적인 모습을 기술하고 있다. 주요 메시지는 다음과 같다.

일본이 직면한 다양한 사회경제 구조 변화와 사회보장을 위한 안정적인 수입원을 확보할 필요성을 고려할 때, 남은 시간은 많지 않다. 개혁이 늦어질수록 극복하기 어려운 도전들이 커질 것이다. 대중의 동의를 받아 조세제도의 근본적 개혁이 가능한 빠른 시일 내에 시행되어야 한다. 이를 위해 위원회는 21세기 일본의 경제와 사회 구조 변화를 수용할 수 있는 종합적인 조세제도의 바람직한 형태를 탐색하기 위한 일련의 심의를 진행했다. 이 보고서는 모든 사회 구성원들 간의 건설적인 토론을 촉진하여 바람직한 조세제도의 수립을 끌어낼 수 있는 로드맵을 제시한다. 정부는 이 보고서에 포함된 구체적인 권고사항을 실시하기 위한 시간표를 고려하고 적절하게 결정해야 한다.

2) 국세청 연구소(NTA Academy)

일본 정부 안에는 국세 정책을 다루는 학술 연구기관인 NTA 아카데미(National Tax Academy)가 국세청의 한 부서로 있다. 국세청은 1949년 재무성의 외부기관으로 조직됐다. 국세청은 일본 전역에 걸쳐 12개의 지방국세관청(오키나와 지방국세청사를 포함)과 524개의 세무서를 관리한다. 국세청은 세무 담당 공무원을 교육하는 역할을 하며, 국세심판원은 납세자로부터의 재검토 요청을 심사하는 특별기관으로 활동한다. 국세청의 임무는 '납세자가 세무 의무를 적절하고 원활하게 이행할 수 있도록 돕는 것'이다(참고: https://www.nta.go.jp/english/Report_pdf/2022e_04.pdf).

앞서 언급했듯이 개별납세신고 데이터를 이용하는 것은 다른 선진국에서와 달리 일본 학술 연구자들에게는 불가능했다. 국세청은 이러한 개별신고 데이터를 보유하고 있지만, 해당 데이터를 사용한 분석은 국세청 내부에서만 진행됐다.

하지만 2022년 국세청은 정책을 변경하였고, 소수의 학술 연구자 그룹을 초대하여 개인소득세의 경제적 영향을 조사하는 데에 개별 세무신고 데이터를 활용하기 시작했다. 그러나 개별신고 데이터에 대한 접근에 있어 국세청은 매우 제약적인 규정을 적용한다. 예를 들어, 국세청은 학술 연구자들의 제안을 기반으로 소수의 학술 연구자 그룹을 선정하고, 제안이 수락되면 국세청의 관계자가 공동 연구 파트너로 참여하여 연구 과정을 모니터링해야 한다. 또한, 연구는 도심에서 멀리 떨어진 아사카(Asaka)에 위치한 국세청 사무실에서 진행되어야 한다. 학술 연구자들이 마이크로 데이터를 충분히 활용하기 위해서는 여전히 많은 제한이 있는 것으로 보인다.

3) GRIPS: 공공재정 프로그램

국립정책연구원(GRIPS; National Graduate Institute for Policy Studies)의 공공재정 프로그램은 조세 및 관세 분야의 리더로 성장할 수 있는 개념적 이해와 기술 능력을 학생들에게 제공하는 것을 주요 목표로 한다. 이 프로그램은 세계은행(World Bank)의 일본/세계은행 합동 대학원 장학금 프로그램 및 세계관세기구(WCO; World Customs Organization)의 일본/세계통관기구 인력개발 프로그램의 지원을 받아 운영된다. 개발도상국의 정부 관계자들 중 현재 조세 또는 관세 행정 또는 관련 분야에서 근무하는 자격을 갖춘 인원을 대상으로 한다. 관세 과정은 최소 2년, 조세 과정은 최소 3년의 관련 분야 근무 경험이 필요하다. 이 프로그램의 졸업생들은 소속기관으로 돌아가 조세 및 관세 분야에서 재정 리더가 되기를 기대한다. 실제로, 대부분 졸업생들이 자국의 조세 및 관세국에서 근무하고 있다(참고: https://www.grips.ac.jp/cms/wp-content/uploads/2016/11/2017-GRIPS_TAX_0829.pdf).

참고문헌

· Asano, S. and T. Fukushima, "Some Empirical Evidence on Demand System and Optimal Commodity Taxation", Japanese Economic Review, 57, 50-68, 2006.

· Becker, G. S. and C. B. Mulligan, "Deadweight Costs and the Size of Government", NBER Working paper 6789, 1998.

· Bostani, S., "How should Consumption be Taxed?", CESifo Working paper 10038. 2022.

· Doi, T. , Ihori, T. and H. Kondo, "Japanese Fiscal Reform: Fiscal Reconstruction and Fiscal Policy", Japan and the World Economy, 351-370, 2001.

· Doi, T., "Incidence of Corporate Tax after the Corporate Tax Reform in Japan: A Simulation Analysis with a Dynamic Macroeconomic Model", JCER Economic Journal, 78, 1- 34, 2020.

· Doi, T., "Effect of Deductions of Personal Income Tax on Income Inequality in Japan: A Microsimulation of Reform of Spousal Tax Deductions and Tax Credit", Economic Review, 68, 150-168, 2017.

· Hotei. M, "Corporate Tax Incidence: Is Labor Bearing the Burden of Corporate Tax?", Public Policy Review, Policy Research Institute, Ministry of Finance Japan, 14, 325-346, 2018.

· Ihori, T., "Fiscal Policy and Fiscal Reconstruction in Japan", Journal of International Tax and Public Finance, 13, 489-508, 2006.

· Ihori, T., R.R. Kato., M. Kawade and S. Bessho, "Health Insurance Reform and Economic Growth: Simulation Analysis in Japan", Japan and the World Economy, 23, 227-239, 2011.

· Ihori, T. and H. Kondo, "Efficiency of Disaggregate Public Capital Provision in Japan", Public Finance and Management, 161-182, 2001.

· Ihori. T. and A. Nakamoto, "Japan's Fiscal Policy and Fiscal Reconstruction", International Economics and Economic Policy, 2, 153-172, 2005.

· Ihori, T. Nakazato, T, and M. Kawade, "Japan's Fiscal Policies in the 1990s", The World Economy, 325-338.26, 2003.

· Imrohorglu, S., Kitao, S., and T. Yamada, "Fiscal Sustainability in Japan: What to Tackle", RIETI Discussion Paper Series 18-E-064, 2018.

· Ishi, H, "International Tax Evasion and Avoidance in Japan", Hitotsubashi Journal of Economics, Hitotsubashi University, 25, 21-29, 1984.

· Kameda, K, "A Note on Empirical Studies of Non-Keynesian Effects", Journal of Policy Studies, 24, 1-10, 2006.

· Kawade, M, "National Burden and Economic Inequality: Micro-Simulation Analysis", Public Policy Review, Policy Research Institute, Ministry of Finance Japan, 14, 245-266, 2018.

· Kunieda, S., "New Optimal Income Tax Theory and Japan's Income Tax System", Japanese Economy 39, 60-78, 2012.

· Mihira, T., "Causes of Fiscal Multiplier Decline in Japan", Public Policy Review, 17, 1-41, 2021.

· Miyazaki, M., "The Effects of Fiscal Policy in the 1990s in Japan: A VAR analysis with event studies", Japan and the World Economy, 22, 80-87, 2010.

· Mizoguchi, T., "Nihon no Kougaku Shotokusha no Bunpu" [in Japanese: Distribution of Japanese High Income Earners], Keizai kenkyū 38, 130-38, 1987.

· Perrotti., R, "Fiscal Policies in Good and Bad Times", Quarterly Journal of Economics, 114, 1399-1439, 1999.

· Ramaswamy, R. and C. Rendu, Japan's Stagnant Nineties: A Vector Autoregression Retrospective, IMF Staff papers, 47-2, 2000.

· Saez, E., "Using Elasticities to Derive Optimal Income Tax Rates", Review of Economics Studies, 68, 205-229, 2001.

· Tajika, E. and H. Yashio, "What Needs to be Done of Personal Income Tax of Japan? A perspective for reform under deflation and aging population", Public Policy Review, Policy Research Institute, Ministry of Finance Japan, 14, 217-244, 2018.

· Yokoyama, I., "The Impact of Tax Reform in Japan on the Work - Hour and Income Distributions of Married Women", Discussion papers; No. 2015 - 02, Graduate School of Economics, Hitotsubashi University, 2015.

· Yokoyama, I. and N. Kodama, "Women fs Labor Supply and Taxation? Analysis of the Current Situation Using Data?", Public Policy Review, Policy Research Institute, Ministry of Finance Japan, 14, 267-300, 2018.

■ 토론

사회자: 유일호 〔전 경제부총리 / 전 한국조세재정연구원장〕

토론자: 이철인 〔서울대학교 교수 / 한국재정학회장〕

방기선 〔기획재정부 제1차관 / 전 아시아개발은행 상임이사〕

유일호(사회자)

두 분 토론자의 토론을 듣도록 하겠습니다. 우선 이철인 교수님부터 시작하도록 하겠습니다.

이철인(토론자)

제가 지금 다시금 몇 가지 질문들과 그리고 제 의견을 드리도록 하겠습니다.

먼저 요약부터 하겠습니다. 첫 번째 아우어바흐 교수님께서는 이제 여러 가지 재정적인 정책에 관해서 많이 보여주셨습니다. 미국과 일본은 다른 모습을 보여왔고요. 그리고 불공평성도 미국은 굉장히 심각하죠. 그런데 일본은 그렇게 심각하지 않습니다. 하지만 공통점을 보게 되면 지금 양국 모두 다 이제 부분에서 불평등도를 개선하기 위해 정책을 마련하고 있다는 것 그리고 세대 간 개정을 만들어놓고 있다는 것이었습니다.

그리고 국제 세제 개혁 움직임이 있는데 이 부분에 있어서는 이 프로핏 셰어링과 프로핏 쉬프팅(Profit sharing and Profit shifting)에 관련된 방향을 제시했습니다. 최종 목적지를 기반으로 한 세금 부과를 위한 정책에 대한 제언을 해주셨습니다. 다 굉장히 저는 실현하기 좋은 아이디어라고 생각합니다.

또 두 번째 이호리 교수님께서 발표해주신 걸 요약해보면 장기적으로 재정정책을 다시 생각해봐야 한다고 말씀하셨습니다. 단기적으로 경기 부양책이 필요하긴 하지만 너무 과도하다고 얘기를 하면 과도한 경기 부양책으로 인해서 부채는 눈덩이처럼 늘어나면서 경기가 다시 정상화되는 데는 오히려 더 시간이 오래 걸리게 되는 부작용이 있다고 했습니다. 또 세수를 높여서 국가 부채를 낮춰야 한다고도 말씀해주셨습니다. 이렇게 해서 또 재정적인 정책 등을 통해서 경기 안정화를 하고자 하는 것은 단기적인 정책이지 장기적인 정책이 될 수 없다고 얘기하셨는데요, 굉장히 유용합니다.

이제 몇 가지 두 논문의 배경을 조금 더 말씀드리겠습니다. 두 가지 논문 다 재정정책이 전례 없는 상황이라는 것을 기준으로 가정하고 있습니다. 다시 말하면 계속해서 양적 완화를 하는 거죠. 인플레이션이 일어날 정도로 계속해서 양적 완화를 했다는 것이고 계속해서 정부 지출이 늘어나면서 금리는 계속 낮은 수준을 유지하고 있었습니다. 그렇게 했던 이유는 일본, 한국, 미국이 모두 다 처한 공통적인 상황 때문이기도 합니다. 코로나도 그 원인이었고요. 이렇게 전례 없는 재정적인 정책을 많은 나라에서 현재 실행을 하고 있다는 점을 짚어주셨고요.

가장 기본적인 거는 계속해서 지출만 늘리고 있다는 게 문제점으로 제시됐습니다. 금리는 경제 성장률보다 낮고 혹은 인플레이션보다 낮은 상황인데 만약 계속해서 경기를 진작시키기 위해서 양적 완화만 하게 되면 결국에는 경제 인플레이션이 심해져서 안정적인 상황을 벗어날 수밖에 없다는 것, 불안해질 수밖에 없다는 것이 제시됐습니다. 계속 반복해서 양적 완화를 하게 되면 상황이 악화되고 지속가능해지지 않는다는 것이 반복적으로 나왔던 요점이었습니다.

GDP 대비 부채 비율은 한국 같은 경우는 50% 정도라서 일본이나 미국에 비해서는 그렇게 높지 않습니다. 일본과 미국은 100%가 넘은 상황입니다. 지금 한국도 노령화되고 있고 또 여러 가지 사회복지 프로그램이 늘어나고 있기 때문에 앞으로 미국이나 일본과 비슷한 모습으로 가지 않을까 생각합니다. 이러한 상황에도 불구하고 우리가 교훈으로 배워야 할 것은 경기 침체 중에 재정적인 정책을 취하게 되면 이것이 경제에는 전반적으로 큰 영향을 끼치게 된다는 것입니다.

임시 비상 상황에 대해 비상 지출을 해서 경기를 부양하는 것은 매우 중요한 부분이고 재정적인 승수가 굉장히 커지는 결과도 가져오지만 부작용도 있습니다. 지금 여기에서 강조하는 것은 재정적으로 양적 완화가 된 정책을 막기 위한 반대급부적인 정책도 필요하다는 것입니다. 일본에서 제시되고 있던 양적 완화 경기 부양책은 그렇게 강도가 높지 않았습니다. 그래서 이것은 부채를 통제하기 위한 하나의 방안이었고요, 또 공공 부채를 봐야 합니다.

경기부양책이라는 얘기를 계속하는데요, 사실 경기 부양책이 계속되면 사람들이 그 혜택을 당연시하게 된다는 것도 또 하나의 문제입니다. 재정정책이라는 것은 IMF 때 맨 처음 채택하기 시작해서, 굉장히 아주 과감하게 많은 혜택을 시민들에게 주었습니다만 이렇게 빠르게 강한 지원을 하고 단계별로 축소를 했습니다. 예산의 균형을 맞추려는 조치였습니다만 이것이 계속되어 지출과 혜택이 계속 지워지게 되면 이를 당연시하는 부작용이 나타나게 됩니다.

부채 관리도 위기 중에는 굉장히 중요하지만 국가부채뿐만 아니라 다양한 형태의 모든 부채가 굉장히 중요한데 민간 부분의 부채가 높을 때는 정부가 재정적인 정책을 취한다 하더라도 그 부분을 해소하지 못한다는 점도 감안해야 합니다.

오늘 또 재정적인 규율이 부족하다는 얘기도 했습니다. 재정 경기 부양책은 어떻게 보면 시기가 잘 맞지 않았다고 말할 수 있습니다. 많은 나라가 비슷한 문제를 겪고 있습니다. 그런데 일본과 한국은 계속 부채가 누적되고 있는 것에 대해서 좀 민감하지 않은 모습을 보이고 있습니다. 크게 신경 쓰지 않는 모습을 보이는데 시장에는 분명히 이로 인한 부정적인 신호들이 쌓이고 있을 것입니다. 이에 대한 조치가 필요하고요, 또 많은 부분에서 시장의 안정화를 위한 정책이 반드시 필요합니다. 또 한 가지 이 규율이 부족하다는 것, 부채가 상당히 높음에도 불구하고 시장에서 무언가 나쁜 징조의 신호가 오기까지는 정치적인 문제로 인해서 재정적인 정책을 많이 활발하게 전개하는 것 외에 다른 옵션이 사실 많이 없는 상황입니다. 정치적인 이유로요. 그래서 계속 부채가 늘어나고 지출이 늘어나는 것을 그저 지켜볼 수밖에 없는 상황이기도 한 부분도 있습니다.

세금 같은 경우는 과도한 지출이 정부에서 늘어나면서 세금을 높여야 한다는 필요성이 대두되고 있습니다. 계속 세금을 높이기 위해서 국민들을 설득해야 하는 상황이고요. 그런 면에서 다국적 기업에 대한 세제라든지 세금을 마련할 필요가 있습니다. 세제 개혁 같은 조치들은 아직까지는 널리 채용되고 있지 않습니다. 세제 개혁을 잠깐 얘기를 하면요, 세제라는 것은 일본하고 미국에서 그리고 한국에서 그렇게 강한 편은 아닙니다. 특히 법인세 같은 경우가 시간이 지나면서 점점 줄어들고 약세를 띠고 있는데요. 반면 개인 소득은 또 다른 모습을 보입니다. 그래서 자본 소득이나 이런 부분에 대한 세제 개혁이 필요하고요.

이는 인구가 노령화되고 출산율이 낮아지면서 세제를 강화하는 것에만 국한되는 것이 아니라 세제를 다시 개혁하고 설계를 바꾸는 것이 필요해 보입니다. 그래서 소득이나 자산세로 초점을 두고 지금 변화하는 사회 구조에 맞춰서 세금의 구조를 바꿀 필요가 있습니다.

불공평에 있어서는 시간 때문에 두 번째 부분만 집중해서 얘기하겠습니다. 부의 불공평이 점점 더 심각해지고 있습니다. 그래서 부에 대한 세제를 도입하는 것도 방법이 되겠습니다. 부동산세와 또 다른 부에 대한 세금도 필요해 보이는데요. 근데 어떤 경우에는 너무 과도하게 좁은 범위에 대해서 과금이 되는 경우들이 있습니다. 그래서 일반적으로 실질적인 세제의 개혁이 어떤 점으로 이루어지면 좋을지 생각해볼 필요가 있다고 생각하고요.

마지막으로 재정과 세금 정책에 대해서 드리고 싶은 말씀은 제가 과장하는 것이 아니라 재정정책은 위기 시대에 너무 과도하게 남용되어왔다고 말하고 싶습니다. 그렇게 얘기해도 과언은 아닌 것 같습니다. 위기 상황이 생길 때마다 양적 완화를 너무 적극적으로 펼쳐왔습니다. 그래서 지금이야말로 재정정책에 꼬여 있는 것들을 정리해야 할 시기라고 생각합니다. 재정정책은 양적 완화와 관련이 많습니다. 비상 상황에 대한 조치를 취하기 위한 것인데요. 지금 두 분의 발표를 들으면서 이런 부분들을 이것을 바로잡을 때가 됐다는 생각이 들었습니다.

유일호(사회자)

마지막 토론자 방기선 차관님 말씀해주시죠.

방기선(토론자)

제가 오늘 말씀드릴 사항들은 크게 현재 처한 우리나라의 재정과 세제의 현황에 관한 내용입니다. 그리고 오늘 두 분의 석학께서 미국과 일본의 상황을 말씀을 주셨는데 과연 우리가 미국, 일본과 다른 점이 무엇인지 이철인 교수님께서도 간단히 언급해주셨는데요, 다른 점이 좀 무엇인지에 대해서 말씀드리고 앞으로 우리가 어떠한 정책을 가지고 이 제도 정책에 대해 펼쳐나갈지에 대해서 간단히 말씀드리도록 하겠습니다.

첫 번째로 우리가 처한 이 재정 현상을 보면 재정 지출 측면에서는 여러분들 잘 아시는 것처럼 지난 5년간 저희는 재정 적자가 400조나 늘었습니다. 지난 정부가 들어서기 전에 재정 적자 600조였던 것이 끝날 무렵에는 1,000조가 됐고요. 재정을 아끼려고 노력을 했습니다만 사실 금년도 예산에도 한 60조 정도의 국가 채무, 적자 부채가 포함되어 있습니다. 이게 그동안 빠른 속도로 진행이 되었다는 걸 말씀드리겠고, 결국 GDP 비율로 봤을 때 과거 10년 정도를 보게 되면 국가채무가 한 30% 내외에서 움직여왔던 것이 금년도에 50% 가까운 숫자를 보이고 있습니다. 그 증가 속도가 굉장히 빨랐다는 걸 다시 말씀드리며, 또 과거에는 사실 국민연금의 지출 속도가 그렇게 빠르지 않았기 때문에 통합 재정 수지보다 관리 재정 수지로 주로 쓰게 되는데요. 관리 재정 수지도 그동안 꾸준히 마이너스 1% 정도 내외에서 움직여왔던 것이 2019년도에 마이너스 2.8%, 2020년도에 마이너스 5.8%, 그다음 2021년에 마이너스 4.4%, 2022년에 마이너스 5.4%로 굉장히 빠른 속도로 악화가 되면서 결국 국가채무가 급격하게 증가가 되는 양상을 보이고 있습니다.

결국 과대한 재정 지출이 우리나라에 미치는 영향을 보게 되면 과거 민간 부분이 성장에 기여한 것을 볼 수 있는데, 비율이 보통 한 80% 정도가 됩니다. 만약 해마다 5% 정도 성장을 하게 되면 한 4% 정도가 민간 부분의 성장에서 이루어졌던 것이 과거 5년을 보게 되면 그것이 60% 이하로 떨어집니다. 결국 5% 성장을 했다면 3% 정도만 민간이 성장한 겁니다. 3%가 채 안 되는 부분이 민간에서 성장한 거고 그 나머지 부분은 대부분 재정지출에 의해서 결국은 재정이 투입되면서 성장을 버텨왔다는 것을 말씀드리도록 하겠습니다.

세제 측면에서 보면, 우리나라는 굉장히 빠른 속도로 복지의 성숙도가 이루어지고 있습니다만 사실 복지의 수준이 그렇게 높지 않은 편이어서 아직까진 조세 부담률과 국민 부담률이 OECD 평균과는 차이가 있습니다. 예를 들면 2017년도에 우리나라 조세 부담률이 18.8%였고요. 이게 OECD 평균보다 5.7% 정도 낮은 수준이었는데 2021년도에 보면 조세 부담률이 22%로 증가하게 됩니다. 결국 OECD와의 격차가 3% 미만으로 떨어져 5년 동안은 한 3.3%의 개입이 줄어들었다 할 수 있고요. 국민 부담률도 2017년도가 25.4%로 OECD 평균보다는 한 8% 가까이 낮은 수준이었는데 2021년도에는 그 갭이 한 4% 정도로 줄어들었습니다.

결국 OECD 평균에서 점점 조세 부담률과 국민 부담률의 차이가 줄어들었던 것인데 그 이유를 살펴보면 우리가 조세라는 것을 굉장히 여러 가지 재정정책을 활용하는 측면이 큰 거죠. 크게 늘어나게 되면 종부세 같은 경우인데요. 종부세 같은 경우에는 5년간 인원이 4배로 늘고 세 부담이 10배로 늘어났고 양도세도 5년간 한 2배 정도 늘어날 정도로 세제가 정부의 재정정책의 수단으로 활용된다는 것을 보게 됩니다.

그래서 미국, 일본과 우리나라가 처한 상황이 어떻게 다르냐면, 아까 이 교수님이 말씀하신 대로 미국이 한 130% 받고 구급 지역 국가 채무의 비율을 보이고 일본은 250% 정도 굉장히 높습니다. 우리나라의 50%와 비교해보면 굉장히 우리나라가 현저하게 낮지 않으냐고 말씀해주시는 분들이 있는데요. 미국과 일본은 기축 통화를 사용하는 나라들입니다. 대부분의 기축 통화들의 평균을 보면 우리나라와 같은 비기축 통화와 비교해 GDP 대비 채무비율이 25% 정도가 낮습니다. 왜냐하면 우리는 무한정으로 채권을 발행할 수도 없고 그것이 안전자산으로서의 원화가치가 이루어지지 않기 때문에 결국은 한번 빠져나가기 시작하면 걷잡을 수 없이 돈이 빠져나가서 과거에 봤던 위기들이 발현할 수 있는 것이죠.

그렇기 때문에 우리가 미국이나 일본과 비교해서 현재의 수준이 낮다 하더라도 계속 높여나가도 되는 상황이 아니라는 걸 좀 말씀을 드리고요. 이것은 경상수지 측면에서 나타납니다. 경상수지가 더 악화되기 시작했을 때 일반적인 기축 통화들은 그 자체가 안전 자산이기 때문에 결국은 해외에 나가거나 또는 자산들이 국내로 다시 유입되는 현상들이 실증적으로 많이 보이는 상황인데 사실 우리나라는 그렇지 않다는 점을 말씀드리겠습니다.

그럼 향후 어떠한 수준으로 우리가 이 정책을 펴야 할 것인가를 보게 되면, 재정 지출 측면에서는 아까 이철인 교수님이 간단히 말씀해주셨는데 우리의 좀 다른 측면들이 있죠. 미국이나 일본, 다른 선진국들과 비교해봤을 때 우리나라는 굉장히 고령화가 굉장히 빠르게 이루어지고 있습니다. 제가 1960년대 중반 태생인데 저희가 태어났을 때는 1년에 100만 인구가 태어났던 것이 현재는 25만 정도만 태어날 정도로 고령화의 속도가 굉장히 빠릅니다. 그럼에도 불구하고 복지 수준 자체가 최근 빠르게 좋아졌지만 앞으로의 고령화 추세 속도와 비교해보면 결국 복지 지출로 늘어나는 지출들이 더 빠른 속도로 늘어날 것이기 때문에 우리는 돈을 더 아껴야 한다는 측면이고요.

그리고 또 다른 나라와 다른 점이 통일이라는 과제가 있다는 것입니다. 통일됐을 때를 대비해서도 재정 지출 측면에서 조금 예비(Reserve)가 필요하다는 걸 말씀드립니다. 그렇기 때문에 현재로서 5년간의 계획을 봤을 때, 과거 정부가 들어서기 전까지만 해도 한 3% 내외의 재정지출 증가율을 보였던 것이 약 5년 만에 거의 한 9~10% 정도가 늘어났던 것이고요. 저희가 그거를 최소한으로 하더라도 한 4% 정도 내외에서의 재정지출 증가율을 가지려고 노력하고 있습니다.

그리고 한 해 재정 수지는 한 3% 이내로 마감하도록 하고 이 정부가 끝날 때는 50% 중반대 정도로 국가 채무의 비율을 가지려고 노력을 하게 됩니다. 조세 측면에서 봤을 때는 일본이 법인세가 아직은 높다고 말씀을 하셨는데, 사실 우리나라 법인세도 전반적으로 OECD 다른 나라들에 비해 높은 편이죠. OECD 선진국들의 법인세 최고세율이 21%이고 우리나라는 25%였고요. 그걸 굉장히 낮추려고 노력을 했습니다만 국회에서 논의하는 과정에서 겨우 1% 정도 낮춰서 25%에서 24%로 낮춘 상황이고요. 조금 더 법인세를 낮춰야 하는 상황이 아닌가 싶지만 사실 법을 고치기는 쉽지 않은 상황입니다. 현재 정치적 상황이 그렇고, 소득세 측면에서는 한 35% 정도의 면세점이 있습니다. 국민들의 35% 정도가 소득세를 내지 않는 상황이기 때문에 사실 소득세로 움직일 수 있는 부분은 굉장히 적은 부분이고 그럼에도 불구하고 저희가 금년도에 소득세의 최하 구간에 대해서 조금 더 낮춰서 국민들의 부담을 조금 더 낮추려고 노력을 한다는 것을 말씀을 드립니다.

그래서 최근에 국가가 감세를 통해서 세수 상황이 안 좋으냐 말씀하시는 분들이 있는데요. 사실 감세되는 부분에 대해서는 과거에 너무 지나치게 높았던 법인세라든가 종부세라든가 이런 부분들에서 저희가 낮춘 것들이고, 전반적으로 세 부담이 그렇게 많이 낮춰진 것은 아니라는 거 말씀드리며 이미 세 부담이 낮아진 부분들에는 금년도 세수에 예산에 반영되어 있습니다.

근데 그것이 최근에 급격하게 법인 기업 상황이 좀 안 좋아지고 그다음에 자산의 양도가 제대로 채권, 주식이라든가 부동산의 거래가 활발하지 않기 때문에 세수 상황이 안 좋았다는 걸 이해해주셨으면 합니다. 그래서 조세 측면에서도 앞으로는 무리하게 증세를 한다거나 무리하게 감세를 한다는 측면이 아닌, 투자가 이루어지는 부분에 지원해드리는 식으로 투자 촉진 세제로 바꾸려고 하고 있고 그것이 최근 반도체라든가 디스플레이라든가 바이오라든가 하는 부분에 있어서 세제 혜택을 더 크게 하는 형태가 될 것이고요.

그 외에도 민생을 안정하기 위해서 저희가 조금 세 부담을 낮춰야 하는 부분들이 있으면 각종 감세, 세수에 대해서도 지속적으로 지원을 하겠다는 말씀을 드리겠습니다. 그리고 재정 지출이나 세제 개편이나 안에서 항상 재정 건전성을 최우선의 과제로 두고 있다는 걸 말씀드리고, 그렇기 때문에 그것을 위해서 재정 준칙이 반드시 국회에서 통과되고 그것이 우리나라에 원활히 작동될 수 있는 여건이 마련되어야 한다고 생각합니다.

유일호(사회자)

방기선 차관님 수고하셨습니다. 우리 한국 사정에 대해서 자세히 설명을 해주셨고요. 시간이 많이 지났는데 방청석에서 의견을 말씀해주시거나 질문을 해주시는 시간을 갖도록 하겠습니다.

김낙회(전 재정부 차관)

감사합니다. 저는 김낙회라고 하고요. 이전에 재정부 차관을 했습니다. 정부관리자 역으로 제가 여기에 참여하게 되어 대단히 영광으로 생각합니다. 이 자리에 정말 많은 석학으로부터 뛰어난 이야기들을 듣게 되었습니다. 영광으로 생각하는데요. 발표해주신 부분에 대해서 질문 드리도록 하겠습니다. 일본의 경우에 관해서 질문 드리겠습니다. GDP 대비 부채라는 것들의 의미를 살펴보겠는데요.

제가 알기로는 일본의 경우 지금 GDP 부채율이 250%를 넘고 있고 그러한 현상이 벌써 한 이십 년 이상 지속되고 있는 것으로 알고 있습니다.

최소 몇십 년 이상 지속되고 있는데 그런 것이 일본이 재정정책을 펴는 데 있어서 또 금융정책을 펴는 데 굉장히 부담이 되는 것으로 알고 있습니다.

그런데 아까 말씀하신 것을 보면 조세 부담률을 높여서 GDP 부채 비율을 낮춰야 한다고 하셨는데 과연 말씀하신 대로 조세 부담률을 높인다면 소비세를 높이는 방안과 법인세를 높이는 방안, 소득세를 높이는 방안 중에 소비세 부담을 높이는 것이 낫다고 말씀해주신 것 같습니다.

저도 그 부분에 대해서 동의를 하면서 그럼에도 불구하고 소득세에서 소득세율을 최고세율을 높이는 것보다는 중간 단계에서 조세 부담을 높여나가는 쪽의 방안도 생각해볼 수 있지 않을지에 대해서 같이 한번 말씀해주시면 좋을 것 같습니다. 이상입니다.

유일호(사회자)

예, 감사합니다. 이호리 교수님, 제가 질문자의 질문을 반복한 후에 답변해주시면 됩니다. 소비부담률 관련해서 동의하셨던 부분이 소비세를 늘리는 것이 우선순위라고는 생각하지만 동시에 소득세도 늘리는 것이 중요하지 않을까요? 라는 질문을 하셨습니다. 이게 질문의 요지이죠?

김낙회(전 재정부 차관)

제가 질문이 좀 부족했던 것 같습니다. 제 질문은 소비세 부담을 높이는 것과 함께 두 번째 옵션으로 소득세 부담을 좀 높이는 것이 더 낫지 않을까, 소득세 부담을 높이는 방법은 소득세 최고세율을 높이는 것보다는 중간 단계에서 소득세 부담이 늘어날 수 있도록 하는 것입니다.

왜냐하면 일본도 벌써 최고세율 자체가 55%의 높은 수준에 있기 때문에 최고세율을 높이기에는 굉장히 어려울 것으로 보여집니다.

그렇다면 소득세에 있어서 세금 기반(Tax Base)을 넓혀가는 동시에 중간 수준에서 소득세 부담이 늘어날 수 있도록 하는 방안은 어떤지 여쭙고 싶습니다.

유일호(사회자)

그럼 하나의 질문을 더 듣도록 하겠습니다.

질문(청중)

알란 아우어바흐 교수님께 질문 드리겠습니다. 전 세계적으로 선진국들조차도 코로나 시기에 양적 완화 정책을 많이 펼쳤는데 양적 완화가 실제적으로 경기를 부양하고는 있다고 인정되지만 정말 어느 정도 경기를 부양하고 실제적으로 국가가 견딜 수 있었는지에 대해 체계적으로 연구가 진행된 적이 있는지, 그리고 앞으로 이런 부분에 대한 연구를 할 필요가 있는지에 대해서 여쭙고 싶습니다.

유일호(사회자)

감사합니다. 그러면 일단 두 분의 질문이 나왔기 때문에 우리 이호리 교수님 먼저 답변하시고 아우어바흐 교수님이 두 번째로 답변하면 되겠습니다.

도시히로 이호리

질문 감사드립니다. 이렇게 두 개를 조합해서 하는 게 중요하다고 생각합니다. 소득세, 소비세를 같이 늘리는 것이 중요하다고 생각합니다. 마이크로 경제학적인 부분에서 사실은 소비세는 소득세와 거의 비슷합니다. 왜냐하면 소득이라는 것은 사실은 소비를 위해서 쓰는 것이지 않습니까? 그렇기 때문에 소비세와 소득세, 총소득은 거의 비슷한 것입니다. 세수 측면에서도 비슷하다고 생각합니다. 두 개의 세금 다 굉장히 광범위한, 포괄적인 조세입니다. 소비세는 비율적으로 비례적인 간접세고요, 소득세는 직접세이면서 누진세입니다. 말씀하신 것처럼 사실은 최고세율을 높이는 것은 어렵습니다. 이미 55%이기 때문에 더 이상 이것을 올리는 것은 어렵습니다. 그렇기 때문에 소비세를 사실 올리는 것은 정치적으로도 가능하지가 않습니다. 그러면 소득세를 올려야 하는데 더 많은 세수를 위해서는 소득세를 올려야 하는 것입니다. 그래서 그렇게 하기 위해서는 세금을 중간 소득 계층으로부터 더 많이 얻어야 하겠죠. 하지만 생각해보면 중산층 또는 노동계층에는 세금을 내는 사람들이 많지 않습니까? 그렇기 때문에 중간 정도의 소비세 또는 소득세를 올리는 것 자체도 쉽지가 않은 것입니다.

하나의 옵션이라고 하는 것은 과세 표준을 늘리는 것입니다. 세율을 올리는 것보다는 과세 표준을 늘리면 더 많은 세수가 있겠지만 과세 표준을 늘린다는 것이 제 생각에는 좋은 옵션인 것 같습니다. 일본에는 소셜 시큐리티 컨트리뷰션(Social Security Contribution)이라는 것이 있는

데 이것은 소득세에서 공제가 가능한 부분입니다. 하지만 Social Security Contribution이 아니라면 더 많은 소득세가 있을 수 있다는 것입니다. 그래서 소득세 과세 표준은 늘리는 것이 사실은 좋은 옵션이 될 수 있다고 생각합니다.

유일호(사회자)

감사합니다. 알란 교수님, 답변해주시면 됩니다.

알란 아우어바흐

질문에 대해 답변을 먼저 드리겠는데요. 특히 질문 중에서 양적 완화 정책을 선진국에서 많이 채택했다고 말씀하셨는데요. 이에 대해서 두 가지로 말씀드릴 수 있을 것 같습니다. 일단 과거 역사를 보게 되면 제가 연구했던 것들, 그리고 제가 얘기했던 연구 프로그램 중에 진행했던 연구가 있는데요. 그때 연구 중의 하나가 재정 양적 완화 정책이 OECD 국가에서 펼쳐졌을 때 그 결과를 살펴본 것이었습니다. 미국뿐만 아니라 OECD 국가들을 봤는데요. 양적 완화 정책을 했을 때 그 결과는 경제 상황에 따라 많이 달라졌습니다. 경기 침체 중에는 효과가 컸다는 결과가 나왔고요. 그래서 코로나 때 우리가 취했던 양적 완화는 옳은 방책이었고 방안이었습니다. 미국도 그렇고 이 정책을 통해서 소비자들과 일반 직원들이 미국 내에서 활동할 수 있는 여지를 줬기 때문에 올바른 정책 방향이었고, 그 결과를 미국에서만 보게 되면 미국의 경제가 코로나 때는 약한 상황이었기 때문에 더 효과가 있었던 것도 맞습니다만 그게 어느 정도 결과를 가져왔는지에 대한 연구는 아직 없습니다.

제가 아까 토론 중에 나왔던 코멘트에 대해서 말씀드려도 된다면 한 가지 의견을 전하고 싶습니다. 아까 토론에서 얘기했을 때 한국의 재정건전성에 관한 얘기가 나왔습니다. 재정 그리고 재정정책의 역할을 같이 생각해보았는데 저는 사실 전문가가 아닙니다. 한국 상황은 잘 모르지만 제가 다른 나라에서 했던 것, 특히 유럽에서 진행했던 것을 바탕으로 의견을 드리자면 재정적인 규칙이라는 것은 그렇게 효과가 없을 수 있습니다. 재정적인 규율은 정책 확장 면에서도 역할을 하긴 하지만 사실 정부가 모든 부분에서 규칙을 제대로 지키지 않는다면 재정정책의 규칙이라는 것이 효과를 내기가 쉽지 않습니다. 트레이드 오프(Trade Off)가 있습니다. 정부가 어떤 규칙으로 부작용을 일으킨다는 상황에 처할 수 있기 때문입니다. 모든 규칙은 유연합니다. 그래서 정부는 상황에 맞는 적절한 판단을 따라서 그 규칙을 지키기도 하고 좀 여유를 두고 다른 방식으로 가기도 해야 합니다. 단순하게 재정 규칙을 강조하기보다는 재정위원회를 두게 되면 예를 들어 미국의 의회 예산국이나 영국에 있는 조세국, 그리고 스웨덴에도 비슷한 것이 있는데요. 위원회가 마련이 되면 정책의 지속가능성 그리고 어떤 특정 상황에서 지속가능성, 효율성, 그리고 유연성에 관해서 평가를 하게 됩니다. 독일 같은 경우는 재정 규칙을 채택했습니다. 그랬을 경우 꽤 아주 야심 찬 목표를 갖고 있었는데요. 그런데 이러한 것이 이미 꽤 재정 책임에 있어서 매우 견실한 성과를 보이는 국가가 채택을 한 것이거든요, 재정 규칙이라는 것을. 그러다 보니까 재정의 확대가 좀 제한이 되는 부분들이 있었습니다. 재정적인 정책이 제대로 확대가 되지 않아서 어떠한 상황에 처했을 때 이것이 제대로 기능을 하지 못했던 부분들도 있었습니다. 유럽에서 경험을 감안하고 봤을 때 정책의 유연성과 정부 신뢰성을 함께 평가해야 합니다. 1990년대부터 정책 경험이 쌓이고 있지만 아직 그 유효성에 대한 결정적인 결과는 안 나왔습니다. 다만 두 측면을 균형 있게 보아야 합니다.

유일호(사회자)

감사합니다. 다른 질문, 아 저기 한 분 계시네요. 아마도 시간상 저 질문이 마지막이 될 것 같습니다.

전수경(연구원)

질문할 기회를 주셔서 감사합니다. 저는 전수경이라고 합니다. 연구자이고요. 지금 한국의 여당에서 연구원으로 일하고 있습니다. 제 질문은 알란 교수님께 드리고 싶은데요. 세대 간의 회계를 말씀하셨습니다. 저한테 굉장히 흥미롭게 들렸습니다. 제가 지금 드리고 싶은 질문은 제가 개인적으로 세대 간 회계에 관심이 많습니다. 한국은 출산율이 굉장히 낮습니다. 그래서 세대 간 형평성 문제가 심각한 상황입니다. 교수님이 이 세대 간에 회계를 생각하실 때 이러한 부분을 감안을 하셨는지 궁금하고요. 시간이 된다면 하나 더 질문을 드리고 싶은데요. 최근 저는 국무부에 초청을 받아서 미국에 방문했었는데, 당시 동부에서 서부를 횡단하게 되었습니다. 그렇게 5개 주를 다녀봤는데요. 그때 관심 있게 본 것 중 하나가 오리건 주에 있던 일입니다. 그때 보니까 판매세가 없더라고요. 모두가 다 세금을 높이려고 하잖아요. 법인세를 높이려고 하고 또 소비세를 높이려고 인상하려고 노력을 하는데 반대의 트렌드를 보여서 흥미로웠습니다. 그래서 이렇게 판매세를 낮게 유지하거나 없애는 것이 건전한 방식이라고 생각하시는지 궁금합니다. 사실 그걸 보고선 제가 깜짝 놀랐었거든요. 그래서 그에 대해서 어떻게 생각하시는지 궁금합니다.

알란 아우어바흐

첫 번째 질문부터 답변 드리겠습니다. 제가 여전히 세대 간 회계에 대해서 굉장히 긍정적으로 생각합니다. 매우 중요한 도구라고 생각하고요. 세대 간에 공정성을 평가하고 재정적인 건전성을 평가하는 중요한 도구가 될 것이라고 생각합니다. 그렇게 생각하는 이유 중 하나는 이 질문에 대해서 불편할 수도 있는데요. 어떠한 경우에는 사람들이 선호하는 답변만 찾고 선호하는 질문만 하려고 합니다. 사실 그 부분에 대해서는 좀 더 깊이 있게 계속 얘기할 수도 있습니다만 미국의 각 주는 자율성이 있습니다.

두 번째 질문으로 넘어갔습니다. 정책, 특히 세제에 있어서는 자율성이 큽니다. 어떤 주는 판매세가 없고요. 여섯 개 주에서는 소득세가 없습니다. 그래서 각 주마다 세제가 굉장히 다르게 운영되고 있습니다. 정치와 경제가 여기에 같이 공통적으로 작용합니다. 주정부가 세수를 얼마를 걷는지 따라서 달라지기도 하고요. 또 경제상황, 그 주가 처한 경제상황에 따라서 세금운영을 자유롭게 하고 있습니다. 또 주마다 얼마큼 부를 축적했는지도 서로 다른 상황이고요. 또 소득이 높은 주는 세금을 많이 부과하는 경향이 있습니다. 소득세 같은 것들을 많이 하죠. 간단하게 왜 오리건이 판매세가 없는지 이유를 설명드리면요. 긍정적인 요소를 먼저 말씀드릴게요. 연구자들이 사실 여러 분석을 해봤습니다. 그런데 여기에서 모든 주가 일단 동일한 세금을 가질 필요가 없다는 연구가 나와서 각 주가 자율성을 갖게 되었습니다.

유일호(사회자)

감사합니다. 아, 표학길 교수님. 그럼 표 교수님이 마지막입니다.

표학길(서울대학교 교수)

두 분의 발표자 여러분께 감사의 말씀을 먼저 드리겠습니다. 화폐전환, 예를 들어서 미국이나 일본의 엔화는 모두 환산 가능한 화폐인데요. 그렇기 때문에 미국의 부채 같은 경우에는 자연적으로 달러와 연결되어 있기 때문에 어느 정도는 그 선순위를 가지고 있는 거죠. 하지만 한국의 상황은 다릅니다. 한국 같은 경우에는 환산 가능한 통화가 아니기 때문에 이러한 재정적인 건전성에 대한 기준이 다르게 적용이 되어야 한다고 생각합니다. 그 부분에 대해 아우어바흐 박사님 그리고 이호리 박사님께서 의견을 주시면 감사하겠습니다.

도시히로 이호리

굉장히 흥미로운 질문인데요. 사실 그 부분에 대해서 제가 알맞은 답변을 드리기가 어려울 것 같습니다. 저는 통화 부분에 대해서는 전문가가 아니기 때문에 제가 말씀을 드리기에는 어려울 것 같습니다.

알란 아우어바흐

저도 말씀을 드리자면 한국의 지속가능한 부채 수준은 다르다고 하신 부분에 동의합니다. 미국과 일본의 상황과 다르기 때문이죠. 동일하게 이탈리아 같은 경우에는 부채의 수준은 더 적지만 그럼에도 불구하고 재정 위기 상황에 맞닥뜨려 있는 거죠. 그렇기 때문에 이러한 얘기들이 제기되어왔습니다. 미국과 달러 같은 경우에 기축통화로서 부채 수준의 제한이 작다는 이야기가 있는데, 사실은 어떤 포식자(위기 상황)가 있으면 동물(국가)들이 도망가는 것처럼 도망가기 위해서 제일 빠른 동물일 필요는 없습니다. 두 번째로 빠르더라도 충분히 도망갈 수 있다는 것입니다. 다시 말해서 미국은 기축 통화가 있지만 일본, 유럽도 기축 통화가 있기 때문입니다. 그렇다고 해서 이 상황이 향후 크게 달라질 것이라고 생각하지는 않습니다.

유일호(사회자)

감사합니다. 제가 시간이 다 됐기 때문에 더 이상 그 질문을 받지 못하는 걸 양해 바라고요.

원래는 제가 이제 총정리 같은 걸 하게 되어 있었는데 드릴 수 있는 말씀은 정말 글쎄요, 지금 미국과 일본의 조세정책과 재정정책 전반에 대한 이야기를 듣고 우리나라에 어떤 함의를 가질 수 있는가에 대해서 많은 이야기를 했다고 생각을 합니다.

특히 두 분의 발표자와 두 분의 토론자들께서 우리나라와 연관을 시켜 많은 정리를 잘해주셔서 제 짐이 그만큼 덜어진 것 같고요. 그래도 한 가지를 말씀드려야 한다면 역시 재정의 안정성 문제에 대해서 우리가 같이 고민을 해야 하는 것이 아닌가 두 나라의 케이스로부터 많이 배운 게 있다고 생각하고, 그 부분에 대해서 방 차관님도 나오셨지만 재정 당국이 특별히 노력을 기울여주셔야 하는 게 아닌가 하는 점을 마지막 코멘트로 하겠습니다.

장시간 수고하셨고 오늘 좋은 발표를 해주신 두 분의 저명한 경제학자들께 감사드리고 또 두 분의 토론자께도 감사드리고 무엇보다도 여기 방청석에서 끝까지 자리를 지켜주신 청중께도 감사드립니다.

대단히 감사합니다. 이것으로 세션 마치겠습니다.

제4부

노동 및 인구정책 평가

1장

인구 고령화와 공공정책

로날드 리(Ronald Lee) [버클리대학교 교수 / 전 인구연구소장]

PERI 심포지엄을 위해 준비된 논문 『정책평가의 새로운 지평, 서울, 대한민국』의 공동 저자이자 협력자인 라이언 에드워즈(Ryan Edwards), 티모시 밀러(Timothy Miller), 칼 보(Carl Boe), 그레첸 던하우어(Gretchen Donehower), 알란 아우어바흐(Alan Auerbach), 앤드류 메이슨(Andrew Mason)과 함께 작업한 내용을 바탕으로 이 논문을 집필하였고 이들에게 감사를 표한다. 또한 추정치를 제공해준 각국 국세청 팀(www.ntaccounts.org 참조)과 특히 현재 진행 중인 프로젝트로 국민이전계정을 추산해준 한국 팀에게 감사드린다.

1. 서론

인구와 그 변화는 거시경제 전반과 특히 정부 예산에 영향을 미친다. 이 주제에 접근하는 방법에는 여러 가지가 있다. 하나는 중첩 세대 모형을 사용하는 이론적 접근이다. 다른 하나는 국제 횡단면 데이터와 시계열 데이터를 기반으로 과거 결과를 연구하기 위해 계량 경제학을 활용하는 방법이다. 세 번째는 국민이전계정(NTA; National Transfer Account)에서 제공하는 것과 같이, 인구와 거시경제 간의 접점을 제공하는 경제행동의 연령별 프로필을 사용하여 인구 변화의 결과를 예측하거나 시뮬레이션하는 것이다. 다행히도 세 가지 접근 방식은 모두 비슷한 결론을 도출한다. 여기서는 주로 세 번째 접근법에 의존하며, 특히 미국 인구와 정책에 관한 과거 연구를 바탕으로 요점을 설명한 많은 사례에서 국민이전계정에서 기반한 자료를 사용할 것이며, 한국의 경우 국민이전계정(NTA) 자료를 활용할 것이다.

인구는 모든 단계의 정부 정책에 던져지는 많은 질문들의 핵심 요소이다. 거시경제적인 주제에 초점을 맞춰 그 질문의 일부를 다룬다. 인구 예측과 그 불확실성을 어떻게 공적 연금 제도를 포함한 정부 예산의 예측에 사용할 수 있을까? 인구학적 충격을 흡수하고 소득 분배를 공정하게 하기 위해 연금시스템을 어떻게 설계할 수 있을까? 인구 고령화가 거시경제에 미치는 영향은 무엇이며, 이것이 한국에 어떤 영향을 미칠까? 한국에 적합한 출산율은 어느 수준일까? 이민이 인구 고령화의 영향을 상쇄하는 데 도움이 될까?

여기서 설명하는 접근 방식은 두 가지를 기반으로 한다. 첫째, 사망률, 출산율, 이주를 포함한 인구 예측이다. 출생 후 성장하여 노동력에 진입하는 데 18~25년, 은퇴할 때까지 60~70년이 걸리기 때문에 인구 변화와 그 결과는 비교적 느리게 진행된다. 인구 변화의 결과는 다소 느리게 진행되기 때문에 수십 년에 걸친 장기적인 예측이 필요하다. 물론 먼 미래에는 상당한 불확실성이 존재한다. 분석에 따르면, 공식적인 국가 전망은 미래 기대 수명 증가를 과소평가하는 경향이 있으며 심지어 출산율에는 더 많은 문제가 있는 것으로 나타났다.

정부의 공식 예측에서 불확실성을 다루는 전통적이고 일반적인 방법은 고-중-저 시나리오를 사용하는 것이다. 세 가지 시나리오에서 각 변수는 최선의 추측(중간), 최대한의 가능성(높음) 또는 최소한의 가능성(낮음)으로 여겨지는 결정론적 진행경로를 할당받는다. 이런 직관적이고 상식적인 접근 방식은 유용하지만, 그 진행경로들이 의미하는 바를 더 자세히 설명하거나 결과를 확률적으로 해석하려고 하는 순간 그 이면의 논리는 무너진다(리(Lee)(1999)). 확률적(추측 통계학의) 인구 예측은 직관적이지 않고 정책입안자가 이해하기 어렵지만 과학적 관점에서는 적절한 접근 방식이다. 이를 통해 정책입안자는 심각한 인구 고령화와 같은 결과가 수십 년 내에 반드시 발생할 것인지 아니면 출산율과 사망률의 변화에 따라 사라질 것인지의 여부를 알 수 있다.

두 번째 기본 구성 요소는 근로소득, 세금 납부, 공공 혜택 수령, 소비, 저축, 자산소득 수령 등과 같은 변수에 대한 연령 프로필이다. 이러한 변수는 연령에 따라 강력하고 체계적으로 변화한다. 그렇지 않다면 인구 변화로 인한 경제적 결과에 대해 걱정할 필요가 없을 것이다. 연령 프로필은 인구와 경제의 접점이며, 인구 변화가 경제에 미치는 영향을 매개한다. 국민이전계정(NTA)은 국민소득 및 생산계정인 유엔국민계정(SNA; Systems of National Account)과 일치하는 연령 프로필의 포괄적인 컬렉션을 제공한다. 특정 연도의 연령 프로필에 해당 연도의 인구연령 분포를 곱하고 그 결과를 합산하면 SNA의 항목에 해당한다. 또한 국민이전계정(NTA)은 특정 목적을 위한 프로필을 평가하는 훌륭한 방법을 제공한다.

먼저 두 가지 구성 요소인 인구 예측 및 경제연령 프로필에 대해 논의한 다음, 공공정책을 알리기 위한 응용 사례들을 살펴본다.

1) 인구 예측

리(Lee)(1974)를 시작으로 저자는 수학적 인구학 모델을 통계적 시계열분석과 결합하여 출산율과 사망률을 모델링하고 예측했다. 로렌스 카터와 함께 개발한 리-카터(Lee-Carter)(1992) 방법과 그 확장 및 변형은 인구학과 금융 및 연금계획에서의 사망률 예측에 널리 사용되며, 한국에서도 일부 응용되고 있다. 간단히 설명하자면, 이 방법은 지난 수십 년간의 사망률 분석을 기반으로 예측을 생성한다. 핵심 매개변수는 과거 평균 추세를 설명하는 '드리프트' 비율이다. 특정 연도의 특정 연령대 사망률 또는 기대 수명과 같이 미래에 관심 있는 모든 항목에 대한 확률 분포를 계산할 수 있다. 대안적으로, 추정된 모델을 컴퓨터로 생성된 난수와 함께 사용하여 사망률 결과에 대한 수많은 무작위 샘플 경로를 생성, 실험할 수 있다. 출산율 모델에 대해서도 동일한 방법을 적용할 수 있다(리(Lee)(1993)). 이러한 결과 분포는 불확실성에 대한 첫 번째 접근법의 분석 결과와 일치해야 한다.

다음 단계는 초기 인구연령 분포와 시뮬레이션된 출산율 및 사망률의 무작위 표본 경로를 결합하여 연령별 인구 궤적에 해당하는 무작위 표본 경로를 계산하는 것이다.[1] 국제 이주는 이러한 방식으로 모델링하기 힘들지만 가능하다. 그런 다음 무작위 표본 경로 모음을 사용하여 관심 있는 모든 인구통계학적 결과의 확률 분포를 구할 수 있다.

2) 국민이전계정 연령 프로필은 많은 정보를 제공한다

아래에서 설명하는 대부분의 방법은 인구 예측과 경제 행동의 연령 프로필을 결합한다. 연령 프로필은 리와 메이슨 외(Lee & Mason et al.)(2014)의 설명처럼 국민이전계정에서 제공하거나 국민계정 매뉴얼(UN)(2013)에 설명된 것과 유사한 방법을 사용하여 추정된다. 연령 프

1 슈리파드 툴랴푸르카(Shripad Tuljapurkar)(1994)와 함께 개발

로필은 행정 데이터 또는 설문조사 데이터로 구성할 수 있다. 두 경우 모두 추정된 프로필에 인구연령 분포를 곱하고 합산했을 때 총계가 국민계정의 총계와 일치하도록 조정해야 한다. 국민이전계정에 대해서는 이번 심포지엄에서 이상협 교수가 다루었으므로 여기서는 자세히 다루지 않겠다.

2. 확률적 예측

1) 장기 공적연금 재정에 대한 확률적 예측

인구 고령화가 공적연금의 재정과 안정성에 압박을 가할 것이라는 점은 잘 알고 있다. 하지만 이런 일이 일어날 것이라고 얼마나 확신할 수 있을까? 출산율이 예기치 않게 상승하거나 수명이 줄어들지는 않을까? 생산성이 급증하면 위기를 모면할 수 있을까? 이러한 질문에 답하기 위해 확률적 인구 예측과 예상 연령 프로필을 결합할 수 있다. 또한 표준 방법을 사용하여 생산성 증가율(유효 노동 시간당 생산량 증가율)을 시계열로 모델링하고 예측할 수 있다. 많은 정부기관의 관행에 따라 근로소득의 연령 프로필이 시간이 지나면서 같은 비율로 증가하고 대부분의 정부 혜택에 대한 지출 연령 프로필도 증가한다고 가정할 수 있으므로 공교육 비용, 공적연금 계획의 비용 및 기여금, 전체 국가 예산의 세입 및 세출과 같은 항목에 대해 연령 프로필을 예측할 수 있다.

일부 항목은 특별한 처리가 필요할 수 있다. 예를 들어, 연금 프로그램마다 급여와 임금 및 생산성이 서로 다른 방식으로 연계하고 있으므로 이러한 연계를 본떠야 한다. 더 중요한 것은 대부분의 국가에서 연령별 공적 의료 서비스 비용이 생산성 증가율보다 빠르게 증가하는 경향이 있는데 아마도 연간 2% 또는 3% 정도 더 빠르게 증가할 수 있다. 이 또한 모형화해야 한다. 마지막으로 정부 또는 정부 일부가 자산을 보유하거나 부채를 보유할 수 있으며, 계정에 이자가 지급될 수 있다. 그러면 생산성 증가율과 마찬가지로 실질 금리를 모델링하고 예측할 수 있게 된다.

이 시스템은 확률적 예산 예측을 생성하는 데 사용할 수 있다. 먼저 인구와 연령 분포에 대한 무작위 표본 경로를 하나 선택한다. 그런 다음 생산성 증가에 대한 무작위 경로를 반영하여 납세 연령 프로필에 대한 무작위 샘플 경로를 선택한다. 이를 연도별로 곱한 다음 연령별로 합산하여 해당 연도의 예상 세수를 구한다. 전체 지출 또는 특정 프로그램에 대해 동일한 작업을 수행할 수 있으며 이 작업을 수천 번 반복하여 결과에 대한 확률 분포를 구할 수 있다. 각 무작위 경로를 따라 정부 예산의 흑자 또는 적자를 누적하고 무작위 샘플 이자율 경로를 고려하여 정부 부채 또는 연금 신탁기금 규모에 대한 무작위 예측을 얻을 수 있다. 이러한 종류의 확률적 예측은 매년 미국 사회보장국 신탁관리위원회 보고서에서 보고된다.

〈그림 4-1-1〉은 출산율, 사망률, 생산성 증가율 및 이자율의 무작위성을 반영하여 2000년부터 2070년까지 사회보장국 신탁기금에 대해 생성된 10개의 무작위 샘플 경로를 보여준다. 실제 예측은 일반적으로 최소 1,000개, 때로는 10,000개의 샘플 경로를 기반으로 한다.[2]

〈그림 4-1-2〉는 각 미래 연도의 무작위 샘플 경로 분포에 따른 신탁기금 규모의 확률 분포를 보여준다. 67% 확률 구간으로 둘러싸인 중앙값(50% 확률선)을 보여준다. 또 샘플 경로 결과의 평균도 보여준다. 기준

---

2 <그림 4-1-1> 2001~2050년 출산율, 사망률, 생산성 증가율 및 이자율에 대한 확률적 시계열 모델을 기반으로 한 미국 공적연금(사회보장) 신탁기금 잔액의 10가지 무작위 궤적(부록 487쪽) 참조

연도인 2000년에 예측한 대로 2037년까지 신탁기금이 소진될 확률은 50%였다. 동일한 종류의 연산을 수행하여 신탁기금 소진 날짜, 75년 동안의 보험수리적 잔액, 신탁기금의 절반을 국채가 아닌 주식에 투자하는 것과 같은 정책 변경에 따른 새로운 분배금, 은퇴연령의 변화, 세율의 변화 등과 같은 모든 관심사에 대한 예측결과를 얻을 수 있다.[3]

2) 예산 예측

일반적으로 국가 수준 또는 주 및 지역 단위의 정부 예산을 예측할 수 있다(주 단위 예측에 대해서는 리, 밀러, 에드워즈(Lee, Miller, Edwards)(2003) 참조, 일반적인 요약에 대해서는 리(Lee)(2004) 참조). 특정 연령을 대상으로 하거나(예: 연금 프로그램) 사실상 특정 연령을 다른 연령보다 선호하는(예: 공교육 또는 자녀를 둔 가정을 위한 지원) 각 정부 프로그램에 대한 연령 프로필을 개발한다. 특히 국방, 외교부, 도로 또는 하수도와 같은 기반 시설과 같은 공공재를 위한 많은 프로그램에서는 연령을 고려하지 않는다. 이러한 프로그램은 인구의 모든 개개인에게 동등하게 할당된다.

연금과 같은 일부 프로그램은 전용 세금으로 지원된다는 점에서 자체 예산이 있을 수 있지만, 대부분의 프로그램은 일반적인 소득, 특히 노동소득, 자본 이득, 재산, 부가가치세, 소비세 또는 판매세에 대한 세금을 통한 일반 수입에서 조달된다. 대부분의 경우 모든 세금과 기부금 수입을 모든 비용이 소요되는 프로그램의 총액과 관련하여 함께 고려하는 것이 합리적이다.

---

3 <그림 4-1-2> 무작위 출산율, 사망률, 생산성 증가율 및 이자율이 포함된 1,000개의 샘플 경로를 기반으로 한 미국 공적연금(사회보장) 신탁기금 잔액에 대한 확률 구간(부록 488쪽) 참조

〈그림 4-1-3〉은 60세 이상에 대한 지출을 노인을 위한 프로그램으로, 20세 미만은 아동을 위한 프로그램으로, 그 외는 연령 중립으로 분류하여 GDP 대비 공공 지출의 확률적 예측을 보여준다(주, 지방 및 연방 수준 합산). 아동에 대한 예상 지출은 거의 변하지 않았지만 노인에 대한 지출은 한 세기 동안 GDP의 8%에서 28%로 급격히 증가했으며, 연령 중립적 지출은 완만하게 증가했다.[4]

정책입안자는 장기 예측을 얼마나 진지하게 받아들여야 할까? 이 그림은 중앙 예측에 95% 확률 구간을 더한 것이다. 75년 동안 패널 D의 전체 재정사업에 대한 95% 간격은 초기 24%에서 2070년에는 27~47%로 변화한다. 이는 매우 넓은 범위이지만 현실적으로 가능성이 높다. 불확실성의 척도는 출산율, 사망률, 생산성 증가율 및 이자율에서만 발생한다는 점에 유의해야 한다. 정책의 변화 가능성으로 인한 불확실성은 정책 결정자에게 도움이 되지 않으므로 포함하지 않았다. 따라서 이 예측은 기준 연도에 정의된 정책(정년과 같이 법제화된 미래 변화 포함)을 조건으로 한다. 패널 A, B, C를 비교하면 알 수 있듯이, 거의 모든 예상 증가는 인구 고령화에 기인한다. 사망률과 생존율로 인한 불확실성은 상대적으로 낮으며, 대부분 출산율에서 비롯된다. 40년 동안의 확률 범주는 상당히 좁고 불확실성은 낮으며, 그 이후에는 범주가 위쪽과 아래쪽 모두 빠르게 넓어진다.

〈그림 4-1-4〉는 예상 지출을 은퇴 비용, 고령자 건강 비용, 고령자에 대한 기타 지출, 고령자 외 지출 등 다양한 방식으로 분류한다. 시각적 명확성을 위해 확률 구간 없이 예상 평균을 제시하였다. 은퇴지출은 전체 대비 가장 낮은 반면, 노인을 위한 의료지출은 점차 확대되어 많은 비중

---

4 <그림 4-1-3> 무작위 출산율, 사망률, 생산성 증가율 및 이자율이 포함된 1,000개의 샘플 경로를 기반으로 한 미국 정부 예산, 주, 지방 및 연방 정부 예산의 확률 구간별 예측치(1995~2070)(부록 489쪽) 참조

을 차지하고 비고령자 지출 비중도 점차 증가한다는 점은 놀랍다. 그러나 미국은 높은 비용과 비효율적인 것으로 유명한 의료 시스템과 상대적으로 낮은 수준의 공적연금 프로그램을 가지고 있기 때문에 비정형적일 수 있다.[5]

3. 공적연금 분석 및 설계의 주제

1) 공적연금 재정수지 균형에 대한 무한 수평 추정치

미국 사회보장제도의 주요 재정 전망은 처음에는 일반적인 근로자의 수명으로 간주되는 75년 기간을 기준으로 한다. 미국은 1980년대 초 대규모 베이비붐 세대의 은퇴를 예상하여 정책입안자들이 중요한 개혁도입 시 도움이 되는 장기 전망을 제시하는 데 선구적인 역할을 하였다. 그러나 이 기준은 균형 잡힌 것으로 추정되는 시스템이 실제로는 76년째에 대규모 적자를 기록하고 있기 때문에 75년이라는 기간은 너무 길고, 부적절하다.

이 문제에 대한 간단한 해결책은 두 가지가 있다. 첫 번째 접근 방식은 매우 직관적인 방법으로, 재정적으로 균형 잡힌 계획(미래 세금 및 급여에 대한 일정한 비율)이 74년과 75년(또는 다른 기간 동안에도 유사하게)에 신탁기금과 급여 비용의 비율이 동일해야 한다는 기준을 충족하도록 하는 것이다. 공식적인 예측은 이미 75년 차까지 완료되었으므로 균

5 <그림 4-1-4> 2000~2100년 사이 지출 유형별 GDP 대비 연방 지출, 미국의 확률적 예측에 기반한 평균 결과(부록 490쪽) 참조

형 계획을 계산하기 위해 추가 예측이 필요하지 않다. 이 간단한 경험 법칙은 무한한 기간에 걸쳐 대략적인 안정성을 달성한다(리와 야마가타(Lee & Yamagata)(2003)). 두 번째 접근 방식은 확률적 예측을 500년으로 확장하는 것이다. 무한대는 아니지만 사회보장신탁기금을 위해 발행된 특별 국채 수익률(예: 2%(실질) 이자율)로 할인하면 500년 후의 모든 결과는 예측 기준선에 대해 exp(-500×0.02) = e-10 = 0.00005로 할인되어 0에 매우 근접하게 된다. 이 절차와 미국에 대한 결과는 리와 앤더슨(Lee & Anderson)(2005) 82쪽에서 다음과 같이 설명한다. "할인을 통해 사실상 무한대인 500년 확률적 예측을 사용하면, 기금잔고의 중위값은 급여의 -5.15%가 된다. … 95% 확률 범위는 -10.5~-1.3%이다. '일상적인' 불확실성만 반영하는 이러한 예측에는 많은 문제가 있지만 그럼에도 불구하고 가치가 있는 것으로 보인다."

2) 공적연금, 사회경제적 지위에 따른 사망률 차이, 불평등의 심화

거의 모든 국가가 조만간 상당한 인구 고령화를 경험할 것으로 예상되며, 한국은 '빠른' 범주를 대표하는 국가이다. 많은 국가들이 공적연금 프로그램을 운영하고 있어 인구 구조 변화로 인해 심각한 압박을 받게 될 것이며, 이에 대한 정책적 대응 중 하나는 은퇴연령을 상향 조정하는 것이 될 것이다. 그러나 대부분의 국가에서 저소득층은 고소득층보다 수명이 짧으며, 그 차이는 지난 30년 동안 급속히 확대되었다. 미국 국립과학아카데미는 이 주제에 대한 보고서(저자가 공동 의장을 맡은 2015년 위원회)를 통해 평생 소득의 최하위 5분위와 최상위 5분위 간 기대 수명에 큰 차이가 있음을 발견했다. 이러한 차이는 공적연금 프로그램인 사회보장제도의 의도된 재분배적 측면을 효과적으로 무력화하거나 역전시켰으며, 공적으로 제공되는 의료 및 노인 장기요양 서비스의 재분배적 측면도 약화시켰다.

미국의 경우, 미국 고령화 영향 위원회(2015)의 보고서에 따르면 1960년에 출생한 집단에서 50세 기준 잔여 기대수명은 생애 소득 상위 5분위 계층이 하위 5분위 계층보다 12.7년 더 길었으며, 이 격차는 1930년에 출생한 집단에 비해 2배 이상 증가한 것으로 나타났다. 이 연구에 따르면 50세에 도달한 최상위 5분위 남성의 66%가 85세까지 생존하는 반면, 최하위 5분위 남성의 26%만이 생존할 것으로 나타났다. 수명이 짧다는 것은 저소득 근로자가 고소득 근로자에 비해 연금이나 의료 혜택과 같은 공적 노인 혜택을 받는 기간이 훨씬 짧다는 것을 의미한다. 즉, 사망률의 사회경제적 차이는 고소득층에 비해 저소득층이 받는 평생 혜택을 감소시키고, 은퇴 전 세금 및 기여금에 대한 수익률을 감소시킨다. 결국 수명 격차 확대의 결과는 은퇴연령 상향 조정과 같이 프로그램의 재정적 지속가능성을 강화하기 위해 취할 수 있는 많은 정책 조치와도 상호작용한다. 새로운 정책으로 사회경제적 불평등을 해결할 수 있기 때문에 평생 소득 이력을 기준으로, 고소득층보다 평생 근로소득이 낮은 계층의 은퇴연령을 낮추는 정책을 도입해야 한다. 이 데이터는 이미 거의 모든 공적연금 시스템에서 수집되어 급여 수준에 사용되고 있으며 정책 조정 및 기타 정책 조정에 대해서는 미국 고령화 위원회(2015) 보고서에서 논의하고 있다. 한국도 빠른 인구 고령화가 가져올 불균형에 어떻게 대응할지 결정할 때 이러한 가능성을 고려해야 한다.

3) 연금설계와 불확실한 인구 통계

연금재정을 수십 년 또는 미국의 경우처럼 75년이라는 장기적인 관점에서 평가할 경우, 1~2년마다 재정적, 정치적 문제가 반복적으로 발생한다. 2022년과 2023년에 퇴직연령을 62세에서 64세로 올리려는 마크롱(Macron)의 노력은 이로 인해 발생할 수 있는 대혼란의 한 예에 불과하다. 이러한 반복되는 문제를 피하는 한 가지 방법은 연금설계에 자동 안정화 메커니즘을 도입하는 것이다. 은퇴연령을 기대 수명에 연동하는 것은 간단한 단계이지만, 더 나은 해결 방법은 저출산에 맞게 시스템을 조정하는 것이다. 스웨덴은 1990년대에 자동 재정 안정성과 세대 간 공평한 분배를 목표로 하는 명목 확정 기여금(NDC; Notional Defined Contribution) 제도를 선도적으로 도입했다. 이후 독일은 세금과 급여를 기대 수명뿐만 아니라 노년부양비에도 명시적으로 연계하는 다른 연금 개혁을 도입하여 재정 안정과 인구 고령화 비용의 세대 간 분담을 달성하고자 했다.

이 제도는 인구학적 불확실성 속에서 얼마나 잘 작동하고 있으며, 그 성과는 미국 사회보장제도와 어떻게 비교할 수 있을까? 아우어바흐와 리(Auerbach & Lee)는 새로운 방식으로 확률적 인구 예측을 사용하여 이러한 의문을 해결했다(2008, 2011년에는 쿠엥(Kueng), 2018년에는 야시노비치(Yatsynovich)와 함께). 모든 변수에 대해 확률적으로 시뮬레이션된 수많은 무작위 표본 경로(예: 1,000개)를 생성한 다음 스웨덴, 독일, 미국 연금 시스템의 의사결정 규칙과 결합하여 예상치 못한 인구통계학적 충격에 직면했을 때 재정 안정성과 세대 간 공정성을 평가했다. 그 결과 스웨덴의 제도는 재정적으로 완전히 안정적이지는 않지만 쉽게 안정성을 높일 수 있는 것으로 나타났다. 미국과 독일 시스템에 비해 스웨덴의 시스템은 세대 간 형평성이 더 높았다. 그러나 이는 비효율적인 적립금 축적을 통해 이루어졌다. 시스템의 다양한 특징은 무작위 충격의 다양한 원인을 감소시키는 역할을 한다. 생산성 성장 충격의 경우, 급여 수준을 조정하여 충격에 대응하는 미국 시스템과 독일 시스템이 효율적이다. 출산율 충격에는 세금과 수당을 모두 조정하는 미국 시스템이 가장 적합하고, 사망률과 이주 충격에는 세금 조정이 가장 적합하다 (아우어바흐 외(Auerbach et al.)(2018)).

4. 인구 고령화가 거시경제에 미치는 영향

인구 고령화가 거시경제에 미치는 영향에는 크게 두 가지가 있다(리(Lee)(언론보도)). 첫 번째는 1차 소득의 성장과 수준에 미치는 영향이다. '본원 소득'은 생산요소인 노동과 자본(보다 일반적으로 자산)의 소유자에게 발생하는 소득을 칭한다. 인구 고령화는 인구와 노동력의 성장 둔화 또는 두 가지 모두의 감소를 의미한다. 이는 GDP와 국민소득의 성장 둔화로 이어진다. 고령층이 저축, 자본 이득, 상속 등을 통해 평생 동안 자산을 축적해왔다는 점을 감안할 때, 고령층이 근로자 수에 비해 증가하면 경제의 자본 집약도가 상승한다. 이는 노동의 생산성과 실질 임금을 높이고 자본 수익률과 이자율을 떨어뜨린다. 현재와 미래에 예상되는 GDP 성장률이 느리면 잠재적 투자자는 금리가 낮더라도 신제품에 대한 수요 증가가 느려질 것으로 판단하여 신규 투자를 꺼릴 수 있다. 또한 낮은 금리는 경기 침체를 피하고 실업률을 낮추기 위해 중앙은행이 선택할 수 있는 옵션을 제한한다. 그럼에도 불구하고 저자는 GDP 성장이 한 국가의 주민 복지와 거의 관련이 없다고 생각한다. 중요한 것은 1인당 소득성장률인데, 인구 증가가 둔화하고 자본 집약도가 높아지고 있기 때문에 인구 고령화가 1인당 GDP 성장에 미치는 영향은 명확하지 않다. 실제로 일부 국가 간 실증 연구에 따르면 고령화가 더 빠르게 진행되는 국가일수록 1인당 소득도 더 빠르게 증가하는 것으로 나타났다(아세모글루와 레스트레포(Acemoglu & Restrepo)(2017), 에거슨 외(Eggertsson et al.)(2019)).

두 번째는 1차 소득을 받은 사람이 소득이 낮은 자녀, 노인, 배우자/파트너 등 다른 사람에게 소득을 재분배하는 2차 소득 재분배에서 발생한다. 이러한 재분배는 공공 부문(세금 및 혜택)과 가족을 통해 이루어진다. 국세청 데이터에 따르면, GDP의 약 절반이 이러한 방식으로 재분배되는 것으로 나타났다(리와 던하우어(Lee & Donehower)(2011)). 인구 고령화는 각 연령대별 기부자와 수혜자의 상대적 수를 변화시키기 때문에 중요하다. 주된 효과는 노동연령대의 순 기부자 수에 비해 노년층의 순 수혜자 수가 증가하여 균형을 유지하기 위해 기부자가 더 많이 기부하거나 수혜자가 더 적게 받아야 한다는 것이다. 이러한 현상은 어떤 방식으로든 일어날 수밖에 없으며, 정책적으로 세금을 올리거나 혜택을 줄임으로써 균형을 유지하거나 가족 사이의 재분배에서 영향을 미치는 제약이 발생한다.

1) 국민이전계정을 사용하여 효과를 정량화하기

국민이전계정은 두 가지 종류의 효과를 계산하는 데 도움을 줄 수 있다. 몇 가지 방정식을 통해 이해를 돕고자 한다. 먼저 국민이전계정의 기준 연도 t년에 발생한 연령 x의 근로소득을 $y_1(x)$로 표시하자. $y_1(x)$는 근로소득이 전혀 없는 사람을 포함한 남성과 여성의 평균이며 근로소득에는 임금 및 급여, 부가 혜택, 자영업 소득의 3분의 2가 포함된다. 여기에 기준연도 t년의 연령 x의 인구를 곱하고 합하면 t년의 총 근로소득이 되고, 이는 구조상 국민계정의 총 근로소득 $Y_1(t)$과 정확히 일치한다. 자산소득 $Y_a(x)$도 동일하게 계산할 수 있으며, 이는 국민계정과 일치하는 총 자산소득 $Y_a(t)$가 된다. 자산소득에는 배당금과 이자 지급액, 소유주가 거주하는 주택의 임대 가치, 기업 이익잉여금, 부동산 임대료, 자영업 소득의 3분의 1이 포함된다.

근로소득과 자산소득의 합계가 본원 소득이 되는데 이는 다른 국가로부터의 순자산소득을 포함한다는 점을 제외하면 GDP와 매우 유사하다.

소비와 저축에 대해서도 비슷한 계산을 할 수 있다. 소비에는 가구 구성원에게 할당된 사적 가계 소비와 공교육, 의료, 장기 요양 및 기타 비현금 항목과 같은 공적 현물 이전이 포함된다.

아래 방정식은 연도 t에 대한 항등식이다.

$$Y_l + Y_a = C + S \tag{0.1}$$

우리는 고정된 기준의 국민이전계정 연령 프로필을 계속 사용하면서 인구 예측을 기반으로 미래 u년 동안 유사한 계산을 수행할 수 있다. $t+u$ 연도의 합계인 $Y_l(t+u)$, $Y_a(t+u)$, $C(t+u)$, $S(t+u)$를 '유효' 근로소득, 자산소득, 소비 또는 저축이라고 부른다. 그러나 이제 인구연령 분포의 변화가 각 유효 수에 다르게 영향을 미치기 때문에 항등식(0.1)이 더 이상 유지되지 않는다. 예를 들어, 고령화가 진행되면서 근로소득이 거의 없지만 소비는 많은 고령자 비중이 증가하기 때문에 유효 근로소득은 유효 소비보다 적게 증가한다. 각 미래 연도 간 불일치 규모는 정책이 해결해야 하는 미래 불균형의 정도를 측정한다. 또한 유효 근로소득과 자산소득의 합으로 미래의 유효 일차 소득을 예측할 수 있다. 이 결과는 인구통계학적 변화가 생산량에 미치는 영향만을 알려주며 미래의 생산성 증가는 반영하지 않는다. 생산성 성장률 예측은 인구 변화에 따른 1차 소득의 변화율에 간단히 더할 수 있다. 유효 자산소득과 유효 근로소득의 비율도 인구 고령화에 따라 변화할 것이고 노동 계수가 3분의 2인 규모수익 불변의 콥-더글라스(Cobb-Douglass) 생산 함수를 가정하면 실질 임금과 실질 이자율의 비율은 이 비율에 정비례하여 변할 것이다.

두 번째는 각 연령에서 사적(가족) 및 공적 이전을 통해 받은 1차 소득의 2차 재분배에서 발생한다. 연령 x에 가족 간 사적 이전을 받은 것을 $\tau_f^+(x)$라 하고, 주는 것을 $\tau_f^-(x)$라 하자.

공적 이전을 기호 g로 유사하게 정의하면 개인이 다른 사람에게 주고받는 공적 이전과 사적 이전을 포함하는 개인에 대한 예산 균형 방정식(항등식)이 생긴다. 개인 수준에서 이전으로 인해 (0.1)의 총 항등식과는 반대로 각 연령에서 소비와 저축이 기본소득과 다를 수 있다.

$$y_l + y_a + \tau_f^+ + \tau_g^+ = c + s + \tau_f^- + \tau_g^- \quad (0.2)$$

그러나 개인 A가 B에게 1달러를 주면 B는 1달러를 더하고 A는 1달러를 빼서 합이 0이 되므로 개인 또는 가족 간 이체의 합은 0이 된다. 공공부문 이전도 마찬가지이다. 정부가 공공이전 프로그램의 증가하는 비용을 지불하기 위해 부채를 축적할 수 있지만, 정부 차입으로 조달한 이전 부분은 겉으로는 이전으로 보이지만 실제로 이전이 아니라 공공의 '자산 기반 재분배(NTA 매뉴얼, 유엔(UN)(2013) 참조)'에 기반한 것이므로 민간 부문뿐 아니라 공공 부문에 대해서도 항등식이 성립한다.

T_f와 T_g를 기준선에서 동일하게 0인 개인 및 공공 이체의 총합계로 정의한다. 즉,

$$T_f(t) = T_f^+(t) + T_f^-(t) = 0 \quad (0.3)$$

$$T_g(t) = T_g^+(t) + T_g^-(t) = 0 \quad (0.4)$$

이다. 개별 연령집단의 경우,

$$y_l(x)+y_a(x)+\tau_f(x)+\tau_g(x)-s(x)=c(x) \quad (0.5)$$

이 되는데, 이는 소비가 공적 및 사적 순이전으로 인해 저축되지 않은 기본소득의 일부와 다를 수 있음을 의미한다. $t+u$ 시점의 인구를 사용하여 이를 집계하면 다음과 같은 결과를 얻을 수 있다.

$$Y_l(t+u)+Y_a(t+u)+T_f(t+u)+T_g(t+u)-S(t+u)=C(t+u) \quad (0.6)$$

기준시점 $u=0$에서는 다음과 같다.

$$\begin{aligned} &Y_l(t)+Y_a(t)+T_f(t)+T_g(t)-S(t)=C(t) \\ &Y_l(t)+Y_a(t)-S(t)-C(t)=-T_f(t)-T_g(t)=0 \end{aligned} \quad (0.7)$$

기준시점을 벗어나면 이 항등식은 유지되지 않으며 왼쪽의 격차는 오른쪽의 중간 기간, 즉 미래 연도의 총 순이전이 0에서 달라지는 정도를 뺀 값과 같다. (0.6)의 양쪽을 $C(t+u)$로 나누고 (0.7)에서와 같이 배열하여 다음을 얻을 수 있다.

$$\begin{aligned} &\frac{Y_l(t+u)+Y_a(t+u)+T_f(t+u)+T_g(t+u)-S(t+u)}{C(t+u)}=1 \\ &\frac{Y_l(t+u)+Y_a(t+u)-S(t+u)}{C(t+u)}=1-\frac{T_f(t+u)+T_g(t+u)}{C(t+u)} \end{aligned} \quad (0.8)$$

$u=0$일 때 이는 익숙한 총액 항등식인 (0.1)과 같아진다. 그러나 미래로 넘어가면서 왼쪽의 불균형은 오른쪽의 수량, 즉 총 (유효) 순이전과 순소비의 비율로 측정된다.

5. 한국의 인구 고령화와 거시경제

1) NTA 빌딩블록

2019년 한국의 근로소득과 소비의 기본 연령 프로필은 〈그림 4-1-5〉에 나와있다. 비교를 위해 2010년 유럽연합(25개국)의 해당 수치도 함께 표시했으며, 소비와 근로소득을 모두 30~49세 평균 근로소득으로 나누어 비교가 용이하도록 했다. 몇 가지 눈에 띄는 점이 있다. 첫째는 한국의 고령층이 유럽연합에 비해 노동시장에 더 오래 머무르며 더 많은 근로소득을 창출한다는 점이고, 둘째는 한국의 고령층은 청년층에 비해 소비를 조금 덜 하는 반면, 유럽연합의 고령층은 청년층에 비해 훨씬 더 많이 소비한다는 점이다. 소비에는 의료 및 장기요양에 대한 현물 공적 이전이 포함된다는 점을 기억해야 한다. 셋째, 가장 중요한 것은 한국의 어린이 소비가 유럽보다 훨씬 더 많다는 점이다. 0세부터 20세까지의 어린이 소비를 더한 값을 30세부터 49세까지의 성인 평균 소비로 나누면 된다. EU의 비율은 17.6으로, 어린이가 성인보다 평균적으로 소비하는 금액이 다소 적다. 한국의 비율은 24.2로, 평균적으로 어린이가 성인보다 훨씬 더 많이 소비한다. 한국인 대다수가 자녀를 한 명만 키울 수 있다고 생각하는 것은 당연하다![6]

방정식 (0.8)의 어느 쪽이든 미래의 불균형과 저축 또는 세금을 통한 소비 조정의 필요성을 측정하는 척도로 사용될 수 있다. 그러나 왼쪽 식을 평가하는 데 필요한 자료는 현재 한국의 경우 공개되지 않은 반면, 오

---

6 <그림 4-1-5> 한국 및 유럽연합 25(2010), 30~49세 평균 근로소득 대비 근로소득 및 소비 비율(부록 491쪽) 참조

른쪽의 수치는 공개되어 있으므로 오른쪽에 초점을 맞추도록 하겠다. 저자는 이 양을 총(또는 유효) 순이전과 총(또는 유효) 소비의 비율인 '이전 부하(transfer load)'라고 칭한다.

〈그림 4-1-6〉은 2019년 한국 국세청 자료에서 계산한 기준 연령별 순이전액을 나타낸 것이다. 아동과 고령자 모두 공적 이전이 매우 크다. 자녀의 경우 사적 이전은 공적 이전보다 더 크지만, 노인의 경우 85세 이후에는 증가하지만 매우 작다. 공적 및 사적 순이전 연령 프로필에 예상 인구를 곱하고 합산한 다음 그 결과를 총 소비로 나누어 연도별 이전 부하를 구할 수 있다.[7]

〈그림 4-1-7〉은 한국의 이전 부하를 보여준다. 인구 고령화에 따라 공공이전 부하는 꾸준히 증가하여 1985년에 정점을 찍은 후 소폭 감소한다. 사적 이전 부하는 아동에 대한 비용이 감소하고 노인에 대한 사적 이전이 적기 때문에 실제로 처음 20년간은 소폭 감소한다. 2043년 이후에는 그 격차가 양수가 되어 꾸준히 증가하지만 공적 불균형의 3분의 1을 넘지 않는다.[8]

또한 공공이전 부하와 사적이전 부하를 합한 총계는 꾸준히 증가하여 2086년에 0.32로 정점을 찍는다. 이 상승에서 공공이전 부하가 민간이전 부하보다 3배 이상 더 많이 기여한다.

이 큰 폭의 증가는 신중한 고려와 해석이 필요하다. 이 수치는 2086년까지 유효 총 소비의 약 3분의 1에 해당하는 유효 일차 소득에서 저축액((0.8)의 왼쪽)을 뺀 부족분이 발생한다는 것을 나타낸다. 여기서 '효과적'이라는 표현은 균형이 매 순간 유지되어야 하지만 어떻게 유지될지는

---

7 <그림 4-1-6> 연령별 사적 및 공적 순이전, 2019년, 대한민국(국민이전계정)(부록 491쪽) 참조

8 <그림 4-1-7> 2019년 국세청 기준 대한민국 일반, 가족, 총 이체에 대한 이체 부하: 2019년 연령 프로필을 일정하게 유지한 상태에서의 예상 총 소비('유효 소비')의 비율로 예상되는 총 공공, 가족 및 총 순이전 불균형('유효 불균형')(부록 492쪽) 참조

알 수 없다는 것을 의미한다. 그러나 2086년에 필요한 조정 규모를 측정하는 기준은 모든 연령대의 소비가 그렇지 않았을 때와 비교하여 32% 감소하는 것과 같아야 한다는 것이다. 이는 평균 소비 증가율을 연 0.5% 감소시키는 것으로도 표현할 수 있으며 향후 20년 동안의 감소율은 연간 0.55%로 매우 유사할 것이다. 그러나 2030년대와 2040년대에는 감소율이 연간 0.7~0.8%로 상승할 것이다.

생산성 증가율이 팬데믹 이전 수준으로 연 2% 정도 회복된다고 가정해보자. 방금 설명한 고령화의 영향에도 불구하고 소비는 향후 60년 동안 매년 1~1.5%씩 증가할 수 있다. 이렇게 보면 인구 고령화 문제는 상당히 관리하기 쉬워 보이나, 다른 측면의 큰 문제들이 있다.

첫째, 정부 예측에서는 일반적으로 국민 1인당 복리후생 비용이 생산성 증가와 병행하여 상승한다고 가정한다. 예를 들어, 생산성 증가에 따라 일반 임금 수준이 상승하면 교사 및 의료 종사자의 임금도 상승해야 한다. 생산성 증가는 순이전 예산의 불균형 문제를 극복하는 데 한계가 있다.

둘째, 소득이 높은 근로자는 자신은 더 많은 소비를 즐기면서 늘어나는 고령자를 부양할 여유가 있지만, 소득의 3분의 1을 현재 기여금 외에 추가로 고령 부양가족에게 돌려야 하는 것에 대해 매우 불만스러울 수 있다. 근로자와 다른 소득 수령자에 대한 세금이 상당히 인상되는 동시에 노인에 대한 혜택도 상당히 삭감될 가능성이 크다.

셋째, 세율 인상은 경제에 상당한 사중손실(Dead Weight Loss)을 초래하여 경제 성장을 둔화시킬 수 있다. 예를 들어, 근로자들은 상당히 높은 세율에 대해 노동 공급을 줄이는 방식으로 대응할 수 있다.

넷째, NTA에 따르면 한국의 소비 연령별 비중은 연령이 높아질수록 보합세 또는 소폭 감소하는 것으로 나타났다. 25세 대비 79세 소비 비율은 0.91인데 2010년 유럽연합(EU)에 가입한 25개국의 해당 비율은 1.38

이며, 미국은 이보다 훨씬 높다. 이는 부분적으로는 노년층을 위한 의료 서비스 비용과 가용성의 증가에 기인하며, 한국에서도 동일한 힘이 작용하여 젊은 성인에 비해 노년층의 소비 수준이 높아질 것으로 예상된다. 동시에 한국의 25세 대비 65세 노동소득 비율은 0.66인데 반해 EU25는 0.39에 불과하다. 소득이 증가하고 공적연금의 보장 범위가 확대됨에 따라 근로자들이 더 일찍 은퇴하고 노년기에 노동력을 덜 공급하게 될 가능성이 있다. 이 두 가지 변화는 인구 고령화가 공공 예산에 미치는 영향을 크게 증가시킬 것이며, 2019년 국민이전계정의 데이터에 근거한 32%보다 더 큰 조정이 필요하다.

저자는 노년층의 기본소득을 높이고 노인에 대한 2차 재분배를 줄이기 위한 정책으로 두 가지 방법을 제언한다. 첫 번째는 근로연령층의 저축률을 높이도록 인센티브를 주거나 강제함으로써 노년층의 자산소득을 늘리는 것이다. 이는 노년기에 대체 소득원을 제공할 수 있다. 두 번째는 은퇴연령을 상향 조정하는 것이다. 노인들은 이제 더 오래 살고 있으며, 연장된 기간 중 적어도 일부는 건강하게 활기차게 보내고 있다. 노후 여가를 보내는 기간을 단축하고 노년기로 나아간 경제 활동이 수명 연장, 건강 증진, 저출산 및 고령화에 맞춰 조정 되어야 한다. 이는 또한 노년기의 주요 소득을 증가시킬 것이다. 1차 소득이 높아지면 노년층은 더 적은 금액을 나중에 이전 지급할 것이다. 하지만 이는 저자 의견일 뿐이며, 각 사회가 인구 고령화라는 광범위한 현상에 어떻게 대처할지는 스스로 선택해야 할 것이다.

현재 고령 근로자의 생산성이 젊은 근로자에 비해 상당히 낮은 것은 사실이기 때문에 정년 연장이 국민소득에 미치는 영향은 제한적일 것이다. 이는 동아시아를 비롯해 생산성이 매우 빠르게 성장하고 교육 수준이 높아져 고령 근로자에 비해 젊은 근로자의 노동 소득이 매우 높은 다른 국가에서도 흔히 볼 수 있는 상황이다. 하지만 이러한 상황은 일시적이다. 수십 년 후에는 생산성이 높은 젊은 근로자들이 은퇴를 앞두고 있으며, 이들이 은퇴를 늦추고 계속 일하고 세금을 납부하며 스스로를 부양한다면 큰 도움이 될 것이다. 정년 연장은 빠를수록 정치적 저항이 적기 때문에 지금부터 시작하는 것이 중요하다. 예를 들어, 입법을 통해 10년 후부터 정년 연장을 시작할 수 있다. 미국에서는 정년을 늘리는 데 30년이 걸렸다.

2) 출산율이 너무 낮은가?

한국의 합계출산율은 여성 1명당 0.78명으로 세계 주요 국가 중 가장 낮으며, 이는 우려할 만한 수준이다. 0.78명이 너무 낮다는 데는 누구나 동의할 것이다. 그렇다면 합계출산율은 어느 정도여야 할까? 2014년 『사이언스(Science)』에 실린 「저출산은 정말 문제인가? 인구 고령화, 부양가족, 그리고 소비」라는 제목의 논문(리와 메이슨 외(Lee & Mason et al.))에서 NTA 프로젝트의 50명 이상의 연구진은 유효 소비자당 소비를 최대화할 수 있는 출산율 수준이 어느 정도인지 질문하였고, 먼저 정상 상태의 유효 급여 비용 대비 유효 조세 납부 비율인 재정 지원 비율(FSR; Fiscal Support Ratio)을 최대화할 수 있는 합계출산율(TFR; Total Fertility Rate)를 찾았다. 그런 다음 전체 지원 비율, 즉 유효 소비 대비 유효 노동 소득을 최대화할 수 있는 TFR을 찾아내었고, 경제를 위한 자본 축적을 위한 저축 비용도 고려했을 때 유효 소비자당 소비를 최대화할 수 있는 TFR을 계산했다. 이 작업은 두 가지 방법으로 진행되었는데, 먼저 자본-생산 비율을 3.0(당시 OECD 평균)으로 유지하기 위해 필요한 저축을 계산했다. 둘째, 황금률 수준(소비를 극대화하는 근로자 1인당 자본)에 도달하기 위해 필요한 저축을 계산했다. 모든 최댓값은 정상 상태(인구가 안정된 상태)에 적용되며, 정상 상태로 전환하는 데 드는 비용은 고려하지 않았다.

〈표 4-1-1〉은 국민이전계정 연령 프로필에 기반한 안정적인 인구에서 다양한 목표를 극대화할 수 있는 합계출산율로 고소득 국가와 한국 사례를 보여주고 있다.

<표 4-1-1> 각 결과를 극대화하는 TFR

	재정 지원 비율	전체 지원 비율	K/Y=3.0의 최대 소비	최적의 K/L을 통한 최대 소비
평균 고소득 국가	2.94	2.27	1.78	1.48
한국	2.07	2.04	1.55	1.25

* 참고: 리와 메이슨(Lee & Mason), 2014 등의 <표 4-1-2>에서 가져온 결과이다. 감가상각률은 연 5%, 노동력 증강 기술 발전은 연 2%로 가정하였고, 각 국가의 현재 연령별 사망률은 미래에도 지속될 것으로 가정했다.

물론 이 계산 결과를 너무 심각하게 받아들여서는 안 된다. 그럼에도 불구하고 연구진은 높은 출산율이 정부 재정에는 좋을지 몰라도 일반 국민에게 유리하다고 생각하는 것은 신중해야 한다고 제안한다. 고소득 국가의 공공 부문은 일반적으로 공적연금, 건강 관리 및 노인 장기 요양 서비스를 넉넉하게 제공한다. 따라서 납세자는 많고 고령자가 적으면 재정에 도움이 될 것이며, 고소득 국가의 경우 놀랍도록 높은 최대 TFR=2.94를 볼 수 있다. 그러나 한국의 경우 그렇게 높지 않은데, 이 연구에 사용된 국민이전계정 데이터의 기준인 2000년에는 고령층을 위한 공적 이전이 덜 발달했거나 거의 발달하지 않았기 때문이다. 또한 앞서 언급한 바와 같이 한국의 고령층은 젊은 성인에 비해 노동 소득 기여도가 다소 높고 소비는 다소 적기 때문에 전체 부양비가 평균적인 고소득 국가보다 낮은 것으로 나타났다.

대체율 이상의 출산율과 제로 이상의 인구 증가율을 비교할 때 저축 비용을 고려하는 것은 분명한 의미가 있다. 하지만 출산율이 대체율보다 낮고 인구가 감소하는 경우에는 자본 비용과 저축을 어떻게 생각해야 할지는 명확하지 않다. 표의 결과를 액면 그대로 받아들이면 한국의 연령 프로필을 고려할 때 1.25의 낮은 합계출산율도 유리할 수 있지만, 여전히 현재 합계출산율보다 거의 절반 가까이 높은 출산율이다.

3) 이민의 재정적 영향

출산율이 낮은 고령화 인구에 대한 한 가지 일반적인 제안은 이민자들이 일반적으로 수용 인구보다 젊고 출산율이 훨씬 높을 수 있으므로 이민 비율을 높이는 것이다. 이것이 정부 예산에 얼마나 도움이 될까? 미국을 포함한 고소득 국가의 많은 사람들은 자녀 교육에 많은 비용을 쓰는 반면 이민자들은 소득이 낮고 세금을 적게 내며 안전망 혜택을 덜 받는 경향이 있기 때문에 이민자를 공공 재정의 낭비 요인으로 간주한다. 미국의 초당파적 의회 위원회는 국립과학아카데미에 이러한 문제에 대한 연구를 요청했고, 팀 밀러(Tim Miller)와 저자는 보고서 작성의 일환으로 이민자의 재정적 영향을 추정하였다.

하지만 여기에는 함정이 있다. 한 가지 일반적인 실수는 인구조사 데이터를 사용하여 이민자가 가장인 가구의 모든 구성원이 납부한 세금과 받은 혜택을 찾은 것이다. 이는 실제 생활은 종단적으로 이루어지는 데 반해, 특정 시점의 단편적 묘사만 제공한다는 점에서 어려움이 있다. 이민자의 순기여도 또는 비용을 계산하려면 특정 연령에 특정 수준의 교육을 받고 입국한 개인을 고려해야 한다. 그런 다음 생존 확률, 결혼, 출산율, 도착 후 예상 수입 및 세금 납부, 이민자 자녀의 교육 비용, 공적으로 제공되는 의료 서비스 비용, 장기적으로 공적연금 비용 등을 고려하여 개인의 삶을 예측해야 한다. 그런 다음 각 자녀의 삶, 자녀가 받을 것으로 예상되는 교육, 자녀가 받을 것으로 예상되는 소득 등을 따라야 한다. 이러한 작업에는 한국 태생과 이민 1, 2, 3세대를 대상으로 추정한 국민이전계정 유형별 연령 프로필이 필수적이다. 그런 다음 이 모든 계산을 어떻게든 유용한 방식으로 요약해야 한다. 한 가지 방법은 이민자의 연령과 교육 수준에 따라 세금 납부액에서 이민자 혜택을 뺀 순 현재가치(NPV; Net Present Value)를 계산하는 것이다. 그러고 나서 최근 이민자 흐름에서 각 유형의 이민자가 차지하는 비율과 동일한 가중치를 적용하여 위에서 계산한 NPV의 평균값을 구할 수 있다. NPV는 NRC(National Research Council)(1997)에서와 같이 사실상 무한대의 긴 기간에 걸쳐 할인을 적용하여 계산할 수도 있고, NASEM(National Academies of Science, Engineering and Medicine)(2016)에서와 같이 75년 기간에 걸쳐 계산할 수도 있다. NASEM 연구의 결과는 〈표 4-1-2〉에 나와있다. 이 프로젝트는 매우 복잡했지만 그 방법은 NRC(1997) 7장 및 NASEM(2016) 7장 및 8장에 자세히 설명되어 있다.

〈표 4-1-2〉에서 미국 이민자의 75년 순 현재가치(실질 할인율=3%)는 75년 동안 납부한 세금에서 연방, 주 및 지방 정부에 대한 혜택을 뺀 금액에서 미국 도착 시의 연령 및 학력별로 합산한 금액이며, 이민자에게 제공되는 공공재에 대해 비례 배분된 비용이 포함된다. 의회 예산처의 기준 예산 전망이며, 2021년 순 현재가치는 천 달러 단위이다.

<표 4-1-2> 이민자의 도착 시 연령 및 학력에 따른 재정적 영향의 순 현재가치(2012년 기준)

	도착 시 연령대			
교육	0-24	25-64	65+	**평균**
고졸 미만자	-77	-254	-279	**-201**
고졸자	127	-112	-187	**-33**
대학 유경험자	288	82	-178	**171**
대졸자	384	426	-183	**395**
대졸 초과 학력	339	915	-123	**725**
평균	**180**	**195**	**-224**	**173**

* 출처: NASEM(2016) p.454

〈표 4-1-2〉의 결과를 통해 다음과 같은 사실을 알 수 있다: ① 실제 이민자의 흐름에 따르면, 이민자와 그 후손은 평균적으로 75년간 173,000달러(2012년 기준)의 NPV 혜택을 가져온다. ② 고졸 이하의 이민자는 특히 고졸 미만 이민자의 경우 평균적으로 NPV가 마이너스이다. ③ 65세 이후에 도착하는 이민자는 비용이 급격히 상승한다. 이와 같은 계산은 이민 정책에 정보를 제공할 수 있다. 핵심은 다른 사람들과 마찬가지로 이민자들도 나이가 들어 비용이 많이 들지만, 이민을 받는 국가에서 교육을 받고 해당 언어를 모국어로 사용하는 자녀들이 근로 및 세금 납부 연령대에 있으면, 이들의 세금으로 이러한 비용을 일부 또는 전액을 부담한다는 점이다.

NPV = $173,000은 큰 수치인가? 인구 고령화의 재정 문제를 해결하는 데 도움이 될까? 한 가지 생각해볼 수 있는 방법이 있다. 이 금액을 3%의 수익률(NPV 계산에 사용된 수익률)로 투자하면 약 5,000달러의 영구적인 연간 소득 흐름을 얻을 수 있다. 최근 몇 년간 한국의 연간 순이민자 수는 한국 인구의 약 0.3% 수준이다. 이민자 1인당 연간 5,000달러를 한국에 적용하면, 1년 동안 입국하는 이민자는 1인당 기준으로 0.003×5,000 = 1인당 15달러의 영구적인 증가를 가져올 것이다. 이 비율로 10년 동안 이민자가 유입되면 1인당 150달러가 추가된다. 이 기여금은 1인당 연간 세금 납부액에서 이 정도 규모의 증가를 대신하는 것으로 생각할 수 있다. 2023년 1인당 GDP가 약 33,000달러가 될 것으로 예상되는 한국에서는 이 금액이 많거나 도움이 된다고 보는 사람도 있고, 작고 중요하지 않다고 보는 사람도 있을 것이다.

6. 결론

장래 인구 추계는 경제 행동의 연령별 프로필과 결합하여 인구 변화가 정부 예산과 거시경제에 영향을 미치는 다양한 방식을 조명할 수 있다. 인구 예측이 확률적일 경우 훨씬 더 다양한 용도로 사용할 수 있다. 저자는 이 논문에서 이러한 가능성 중 많은 부분을 간략하게 논의했다. 지면 제약으로 인해 실제로 이를 수행하는 데 필요한 세부 사항을 제시하지 못했지만, 세부 사항은 참고 문헌에 나와있다. 한국은 최근 국민이전계정을 공식 통계 시스템에 통합하였는데, 본 논의가 새로운 데이터를 활용할 수 있는 다양한 방법 중 일부를 제안하는 데 도움이 되기를 바란다. 본 논문의 국민이전계정 기반 계산을 통해서 한국은 급속하고 심각한 인구 고령화에 적응하기 위해 앞으로 큰 변화가 필요하다는 것을 분명히 알 수 있다. 한 가지 가능성은 단순히 세금을 인상하고 인구 고령화에 따라 급격히 증가하는 국민소득의 일부를 노년층에게 계속 이전하는 것이다. 이러한 접근 방식은 중요한 정치적, 경제적 위험을 수반한다. 다른 접근 방식은 노년층의 기본소득을 증가시켜 이전 필요성을 줄이는 행동 변화를 장려하는 것이다. 첫째, 근로자가 더 많이 저축하도록 인센티브를 제공하거나 강제성을 취한다. 둘째, 고령자가 더 오래 일하고 더 나이가 들어 은퇴하도록 인센티브를 제공한다. 이 두 가지 조정 모두 공공 및 민간이전 의존도를 줄일 수 있을 것이다.

참고문헌

· Acemoglu, D. and Restrepo, P., (2017) 「Secular Stagnation? The Effect of Aging on Economic Growth in the Age of Automation」, 『American Economic Review: Papers & Proceedings』, 107(5), p174-179, https://doi.org/10.1257/aer.p20171101.

· Auerbach, Alan, Lorenz Kueng, Ronald Lee and Yuri Yatsynovich, (2018) 「Propagation and Smoothing of Shocks in Alternative Social Security Systems」, 『Journal of Public Economics』, 164:91-105, An earlier draft appeared in 2013 as NBER Working Paper w19137.

· Auerbach, Alan and Ronald Lee, (2011) 「Welfare and generational equity in sustainable unfunded pension systems」, 『Journal of Public Economics』, 95:1-2, February 2011, pp.16-27, PMCID: PMC3148111 PMID: 21818166 http://www.pubmedcentral.gov/articlerender.fcgi?artid=3148111

· Auerbach, Alan J. and Ronald D. Lee, (2009) 「Notional Defined Contribution Pension Systems in a Stochastic Context: Design and Stability」, In Jeffrey Brown, Jeffrey Liebman and David Wise, editors, 『Social Security Policy in a Changing Environment』, University of Chicago Press. Also NBER Working Paper 12805 (January 2, 2007). Berkeley Program in Law & Economics, Working Paper Series. Paper 215. http://repositories.cdlib.org/blewp/art215

· Committee on the Long-Run Macro-Economic Effects of the Aging U.S. Population of the National Academy of Sciences, Phase II. Co-Chaired by Ronald Lee (2015). The Growing Gap in Life Expectancy by Income: Implications for Government Programs and Policy Responses. National Academy Press.

· Eggertsson, G.B., Lancastre, M., and Summers, L.H. (2019) "Aging, Output Per Capita, and Secular Stagnation" American Economic Review: Insights 2019, 1(3), p325-342. https://doi.org/10.1257/aeri.20180383 325

· Lee, Ronald (1974) "Forecasting Births in Post-Transition Populations: Stochastic Renewal with Serially Correlated Fertility", Journal of the American Statistical Association 69, n. 247 (September 1974), pp. 607-6l7.

· Lee, Ronald (1993) "Modeling and Forecasting the Time Series of US Fertility: Age Patterns, Range, and Ultimate Level", International Journal of Forecasting v.9, pp.187-202.

· Lee, Ronald (1994) "The Formal Demography of Population Aging, Transfers, and the Economic Life Cycle", in Linda Martin and Samuel Preston, eds., The Demography of Aging (National Academy Press, 1994) pp.8-49.

· Lee, Ronald (1999) "Probabilistic Approaches to Population Forecasting", in Wolfgang Lutz, James Vaupel and Dennis Ahlburg, eds, supplement to v. 24 of Population and Development Review, 1999 Rethinking Population Projections, pp.156-190.

· Lee, Ronald (2004) "Quantifying Our Ignorance: Stochastic Forecasts of Population and Public Budgets", Linda J. Waite, ed., a special supplement to v. 30 of the Population and Development Review, pp.153-176.

· Lee, Ronald (in press) "Economic Growth, Intergenerational Transfers, and Population Aging", Chapter 15 in David Bloom, Alfonso Sousa-Poza, and Uwe Sunde eds. the Routledge Handbook on the Economics of Ageing.

· Lee, Ronald and Andrew Mason et al. (2011) Population Aging and the Generational Economy: A Global Perspective. Edward Elgar, http://www.idrc.ca/EN/Resources/Publications/Pages/IDRCBookDetails.aspx?PublicationID=987

2장

젠더 및 공공정책 : 한국경제 성장의 기회

도나 긴서(Donna Ginther) [캔자스대학교 교수 / 정책 및 사회연구소장]

1. 서문

경제에서 공공정책은 성 평등을 촉진시키는 데 중요한 역할을 할 수 있다. 일반적인 문화적 규범에서는 남성 중심의 홑벌이 가구가 선호되는 편이지만 정책을 잘 설계한다면 행동변화를 장려하여 여성의 노동 참여, 고용, 더 나아가 경제 성장까지 일궈낼 수 있다. 본 연구에서는 대한민국(이하 한국)에서의 인구통계학적 정보와 고용 특성을 호주, 캐나다, 중국, 일본, 미국과 비교하여 조사했다. 이러한 통계적 특성은 한국 노동시장의 강점과 어려움을 서로 분리하여 정책 개입을 위한 기회로 이어지게 된다. 본 논문에서는 한국의 정책 과정에 대해 논의하고, 저출산 문제와 여성의 노동 참여를 증진시키는 방법에 대해 제시하고자 한다.

정책 과정은 복합적이지만, 〈그림 4-2-1〉에 나와있는 것처럼 간소화된 접근이 선호되는 편이다. 좋은 정책을 위한 첫 단계는, 경제 속 강점과 어려움에 대한 요인을 확인하는 일이다. 첫째, 경제와 노동력의 성장에 기여하는 대규모의 인구통계학적 요인에서 비롯한 어려움을 이해하고자 한다. 둘째, 이러한 장벽들은 여러 이해관계자들 및 정책 담당자와 함께 소통하는 일이다. 이 단계는 복합적인 단계로서 연구자인 우리가 간단 명료하게 소통하며 문제의 중요성과 해결 방안에 대한 필요성을 설명할 수 있어야 한다. 셋째, 정책들은 초기부터 평가와 함께 계획적으로 시행되어야 한다. 마지막으로 정책이 시행된 이후, 해당 정책이 의도한 바대로 영향을 미쳤는지, 의도하지 않은 결과가 존재했다면 이를 다루기 위해 개선될 필요가 있는지를 결정하기 위해 적절한 평가가 수행되어야 한다. 정책의 효과성은 견고하고, 입증 가능한 평가를 통해서만 결정될 수 있다. 사후에 이뤄지거나, 추가로 진행되는 통계 분석은 정책의 효과성을 설명할 때 유용하지 않은 편이다.[1]

이어서 한국이 직면하고 있는 인구, 노동력, 사회적 안전망의 강점과 어려움에 대한 요인을 검토한다. 어려움에 대한 요인을 확인한 후에는 저출산율과 여성의 노동 참여에 대한 문제를 다루기 위해 한국에 시행된 두 가지 정책에 대한 평가를 논의한다. 다음으로는 OECD에서 회원국들의 성 평등을 개선하고자 제안한 성 주류화에 대해 논의한다. 마지막에서는 학문 영역에서의 경력과 성에 대한 간단한 논의로 끝마치고자 한다.

2. 인구통계적 강점과 어려움

경제협력개발기구(OECD)의 자료를 통해 한국이 다른 아시아와 서구에 있는 선진국에 비해 직면하고 있는 인구통계적 강점과 어려움에 대해 비교할 수 있다. 주요 연령층의 인구와 노동력이 한국 경제의 강점이

---

1 <그림 4-2-1> 정책 과정(부록 493쪽) 참조

지만, 극도로 낮은 저 출산율은 다가오는 향후 몇십 년 동안 국가가 겪게 될 어려움으로 예상된다. 이에 한국의 인구 동향, 교육 수준, 노동 역학, 복지에 대한 공공 지출을 호주, 캐나다, 중국, 일본, 미국과 비교하여 조사했다. 중국에 대한 자료는 인구 특성에 대한 정보만 제공되며, 노동력에 대한 자료는 제공되지 않았다.

한국의 전체 인구 대비 노동을 하는 연령의 인구 비율은 2016년(〈그림 4-2-2〉)을 거쳐 전체 국가에서 가장 높은 축에 해당한다. 대규모의 노동 가능 연령 인구는 국가의 GDP를 잠재적으로 증진시킨다. 특히 일본의 근로연령 인구는 1990년도에 절정이었고, 가파르게 꺾임과 동시에 수십 년 동안 경제가 정체되었다. 중국의 근로연령 인구는 2006년에 절정이었지만, 1자녀 정책으로 인해 급격히 줄어들 전망이다.[2]

전 세계적으로 청소년(15세 미만)의 비율은 1970년과 2020년(〈그림 4-2-3〉) 사이에 감소했다. 중국과 한국의 청소년 수가 가장 급격하게 줄어들었지만, 중국의 경우 전체 인구의 25%까지 줄어든 반면에 한국과 일본에서는 12%에 그쳤다. 〈그림 4-2-4〉는 한국이 다른 국가와 비교하여 출산율이 유의미한 수준으로 줄어든 것을 보여준다. 그림에 나와있는 국가들의 경우, 일반적인 합계 출산율인 2(명)보다 낮은 편이지만 한국의 합계 출산율은 1(명)보다도 낮다. 극도로 낮은 청소년 비율과 출산율은 향후 수십 년 동안 한국 경제의 어려움으로 드러날 전망이다. 경제 성장의 핵심인 근로 가능 연령 인구의 비율은 앞으로 유의미하게 줄어들 추세이다. 한국의 출산 문제는 성별과 관련한 공공정책을 통해 집중적으로 다뤄야 할 사안에 해당한다.[3]

반면에 전 세계적으로 노인 인구 비율이 유의미하게 증가했다(〈그림

2 <그림 4-2-2> 근로연령 인구 비율(15~64세)(부록 494쪽) 참조

3 <그림 4-2-3> 청소년 인구 비율(15세 미만)(부록 495쪽) 참조
<그림 4-2-4> 출산율(부록 496쪽) 참조

4-2-5〉). 호주, 캐나다, 미국에서는 지난 10년 동안 노인 인구 비율이 증가했지만 일본, 한국, 중국에서는 급격히 증가했다. 일본에서는 1990년대에 증가하는 경향이 있었고, 한국에서는 2000년대에 가속화되는 경향이 있었다. 급격한 증가에도 불구하고, 한국에서는 근로 가능 연령 인구가 많아서 노년부양비(근로연령 인구 대비 65세 이상 인구의 비율)가 낮은 편이다(〈그림 4-2-6〉). 그러나 극도의 저출산율로 인해 근로연령대의 인구가 꾸준히 감소함에 따라 이러한 강점이 오래 유지되지 않을 것으로 예상된다.[4]

3. 교육 및 노동력의 강점과 도전요인

〈그림 4-2-7〉에서 볼 수 있듯이, 한국 역시 캐나다와 미국처럼 고학력 성인 인구를 보유하고 있다. 일본의 자료는 대학교 교육에 대해서만 보고된 관계로, 현 자료에는 포함되어 있지 않다. 성인의 평균 교육 수준은 한국이 중국이나 호주보다 높은 것으로 나타났다. 〈그림 4-2-8〉에 나와 있듯이 여성의 고등학교 교육 및 대학 교육 수준을 비교하면, 한국은 캐나다와 미국보다 뒤처지지만 중국과 호주보다는 앞서는 것으로 나타났다. 교육 수준이 수입과 경제 성장에 중요한 것을 미루어볼 때, 이는 한국 경제에 긍정적인 전망으로 비춰진다.[5]

높은 비율의 교육 수준을 보이고 있음에도, 한국 여성의 고용 상황은

---

4 <그림 4-2-5> 노인 인구 비율(65세 이상)(부록 497쪽) 참조
<그림 4-2-6> 노년부양비(부록 498쪽) 참조

5 <그림 4-2-7> 성인 교육 수준(부록 499쪽) 참조
<그림 4-2-8> 여성의 교육 수준(부록 500쪽) 참조

다른 국가와 상당히 다른 모습을 보인다. 〈그림 4-2-9〉에서는 남성과 여성의 근로연령 인구 대비 취업자 비율, 즉 고용률에 대해 보여주고 있다. 남성의 고용률은 한국에서 75%이며, 이는 미국, 캐나다, 호주와 비슷한 정도이다. 그러나 여성의 고용률은 58%로 다른 국가와 비교했을 때 낮은 것으로 나타났다.[6]

모든 국가를 통틀어 여성이 남성보다 시간제 근무로 일하는 경향을 나타내지만, 한국 여성의 시간제 근무 비율은 가장 낮다(〈그림 4-2-10〉). 이와 대조적으로 한국은 여성과 남성의 자영업 비율이 가장 높은 것으로 나타났다 (〈그림 4-2-11〉). 한국의 자영업 비율은 다른 국가와 비교할 때 거의 2배에 이르는 것으로 나타났다. 높은 비율의 자영업자는 수입이 규칙적이지 않거나, 소득이 낮아 잠재적으로 경제 성장을 저해시킬 수 있을 것이다.[7]

경제에서 생산성이 가장 높은 근로자들의 세력을 측정하는 방식은 주요 연령층(25~54세)의 경제활동참여율을 측정하는 것이다(〈그림 4-2-12〉). 일본을 제외한 다른 국가의 주요 노동연령층의 남성 참여율은 88%에서 92% 사이에 위치해있는 반면, 주요 연령층의 여성 참여율은 국가별로 차이가 존재한다. 여성의 참여율은 호주, 캐나다, 일본에서 80% 이상으로 나타나며, 미국에서는 그보다 낮은 75%로 드러났다. 한국은 예외적으로 주요 연령층의 근로자 중에서 67%만이 경제활동에 참여하는 것으로 나타났다.[8]

〈그림 4-2-13〉은 한국인들이 다른 나라와 비교할 때, 매년 유의미한 수준으로 더 많은 시간을 노동하며, 이는 두 번째에 위치해있는 미국보

---

6 <그림 4-2-9> 고용률(부록 501쪽) 참조

7 <그림 4-2-10> 주당 30시간 이하로 근무하는 시간제 근로자 비율(부록 502쪽) 참조
<그림 4-2-11> 전체 취업자 대비 자영업자 비율(부록 503쪽) 참조

8 <그림 4-2-12> 25~54세 주요 연령층의 경제활동참가율(2021)(부록 504쪽) 참조

다 200시간 정도 더 일하는 것이다.[9]

비교적 낮은 비율의 여성 경제활동참여는 현재 당면한 어려움과 동시에 기회임을 시사한다. 예상되는 노동 인구의 감소는 한국 경제 성장의 장애로 작용할 것이다. 그러나 주요 연령층에서 여성의 낮은 경제활동참여율은 여성들에게 더 많이 일할 수 있도록 장려함으로써 한국이 현재 당면한 문제에 대응할 수 있다는 점을 의미한다. 장시간 동안의 근무 시간은 여성들이 노동시장에 진입하는 것을 좌절시킬 수 있을 것이다.

코로나19의 유행은 실업률에 각기 다른 영향을 미쳤다. 캐나다와 미국은 코로나19로 인해 실업률이 급격히 상승한 것으로 나타났다(〈그림 4-2-14〉). 호주의 실업률은 크게 증가하지 않았다. 한국과 일본에서는 코로나19로 인한 실업률 변동이 거의 없었고, 이는 서구와 달리 노동자들이 팬데믹으로 인해 큰 타격이 없었던 것을 의미한다. 청년 실업률은 일반적으로 전체 실업률보다 높은 것으로 나타났다(〈그림 4-2-15〉). 한국은 다른 나라와 비교했을 때, 두 번째로 낮은 청년 실업률을 2023년 1분기에 보였다. 그 이유는 다른 나라에 비해 한국 청년의 인구수가 전체 인구수에 대비해 상대적으로 적은 사실이 반영된 것으로 추정된다.[10]

경제활동참여율과 마찬가지로, 주요 연령층 여성 근로자의 임금 중위수 비율과 남성 임금의 중위수 비율은 국가별로 상이한 것으로 나타났다(〈그림 4-2-16〉). 한국 여성의 임금은 남성 임금과 비교했을 때 남성의 69%에 불과하며, 이는 일본에서는 89%, 캐나다와 미국에서는 83%, 호주에서는 90%인 것으로 나타난다. 이러한 성별 간의 큰 격차는 여성의 노동 참여를 저해시키는 방향으로 작용한다.[11]

---

9 <그림 4-2-13> 연간 평균 노동 시간(2019)(부록 504쪽) 참조

10 <그림 4-2-14> 분기별 실업률(2018~2022)(부록 505쪽) 참조
<그림 4-2-15> 2023년 1분기 청년 실업률(부록 505쪽) 참조

11 <그림 4-2-16> 남성과 여성의 임금 차이(2021)(부록 506쪽) 참조

4. 육아 비용, 사회 복지에 대한 공공 지출

여성의 경제활동참여에 장애가 되는 한가지 요인은 육아 서비스 비용과 가용성이다. OECD에서는 맞벌이 가구 대상으로 보육 시설 이용에 따른 순육아 비용을 소득에 대비하여 백분율로 계산하였다. 가족 수입은 부부 중 한 명이 평균 임금의 67%를 벌고, 다른 한 사람이 최저 임금을 벌어들이는 것으로 추정하여 계산했다. 〈그림 4-2-17〉은 한국에서 여성이 노동에 참여하는 데 육아 비용이 장애요인으로 작용하지 않는다는 것을 보여준다. 보육 시설 이용으로 인한 비용은 가족 소득의 5%이며, 이는 다른 국가와 비교하면 가장 낮은 수준에 해당한다. 육아 보조금이 지원되지 않는 미국에서는 보육 시설 기반의 센터를 이용하는 비용에만 가족 소득의 20%를 소비한다. 〈그림 4-2-18〉에서는 재정적인 부분에서 노동에 대한 동기를 꺾는 점들을 반영하여 나타내고 있다. 여기에는 수입이 평균 임금에 해당하는 가구, 평균 임금의 67%에 해당하는 가구, 최저 임금에 해당하는 가구 등이 포함되었으며, 육아에 드는 비용이 높을수록 노동을 향한 동기가 낮아지는 경향을 나타냈다. 미국에서 수입이 최저 임금인 사람의 경우, 1달러를 벌어들일 때마다 혜택에서 1.25달러만큼을 잃고, 호주에서는 1달러당 95센트를 잃는 것으로 나타났다. 이에 반해 한국에서는 평균 임금을 얻는 사람의 수입 중 23%만을 육아비용으로 지출하여 근로유인 저해 수준이 가장 낮은 것으로 나타났다.[12]

마지막으로 국가별로 나타나는 국내총생산(GDP) 대비 연금 혜택 및 가족 수당 지출에 대한 비율 차이를 검토하고자 한다. 노인 인구가 많은

12 <그림 4-2-17> 수입이 평균 임금의 67%인 맞벌이 가구의 순 육아 비용 비율(2021)(부록 507쪽) 참조
<그림 4-2-18> 근로유인을 저해하는 재정적 요인(육아비용)(2021)(부록 508쪽) 참조

일본은 GDP의 10%를 연금 혜택에 지출하고, 미국에서는 7.5%를 지출한다(〈그림 4-2-19〉). 한국에서는 연금 혜택에 오직 4%만을 지출한다. 이 비율은 몇 년 동안 고령화 인구 비율이 증가함에 따라 증가할 경향이 높다는 것을 시사한다. 한국은 GDP의 1.5%를 가족 수당에 지출하고, 이는 미국보다 두 배에 해당하는 수치이며 호주보다는 1%가 낮은 수치에 해당한다(〈그림 4-2-20〉).[13]

이러한 자료는 성별에 근거한 공공정책의 중요성을 확인하는 기회로 이어진다. 경제 성장은 지속적으로 증가하는 근로 가능 연령 인구, 높은 비율의 노동 참여, 낮은 비율의 자영업 수준에 의존하고 있다. 앞서 언급한 바대로 한국의 근로 가능 연령 인구는 최고조에 도달했고, 저출산 비율과 함께 일본이 1990년대에 경험했던 것과 비슷한 경제 성장의 악화로 이어질 것으로 생각된다. 그럼에도 한국은 이러한 흐름을 완화시킬 수 있는 기회가 있는데, 이는 여성 노동참여의 증가라고 볼 수 있다. 여기서 당면하게 되는 어려움에는 이중적인 측면이 존재한다. 바로 탄탄한 경제 구축을 위해 한국 여성은 일도 열심히 하면서 아이도 많이 낳아야 한다는 점이 그에 해당한다. 이 두 가지 목표를 지원하기 위해서는 성별을 적절히 고려하는 정책들이 요구된다.

5. 두 가지 개입 정책: 출산과 유급 육아 휴직정책

한국은 저출산과 여성의 낮은 노동 참여에 대한 문제를 다루고자 대

13 <그림 4-2-19> GDP 대비 연금 지출(2019 또는 2020)(부록 509쪽) 참조
<그림 4-2-20> GDP 대비 가족 관련 지출(2019 또는 2020)(부록 509쪽) 참조

응해왔다. 그러나 이 정책들의 효과가 입증되었느냐는 점이 여전히 의문점으로 남아 있다. 출산을 지원하기 위한 한가지 접근은 출산 촉진 정책이다. 경제 이론에 따르면, 출산을 결정하게 만드는 요인은 수입, 양육 비용, 그리고 개인의 선호도에 따라 결정되는 것으로 나타났다(베커(Becker)(1960)). 이론적으로 아이를 갖는 사람에게 금전적 혜택을 제공하는 출산 촉진 정책은 출산율을 높인다. 그러나 구체적인 혜택 금액은 여성이 가지고 있는 기회비용에 따라 달라지게 된다(홀츠 외(Holz et alk.)(1997)). 출산율이 줄어들고 있는 여러 국가에서 아이를 낳으면 장려금을 제공하는 출산 촉진 정책을 채택했다. 저자들은 출산 촉진 정책을 채택한 프랑스(라루즈와 살라니(Larouge & Salanie)(2008))와 호주(드라고 외(Drago et alk.)(2009))에서 출산율이 상승한 것을 발견할 수 있었다.

미국의 켄자스 대학에서 최근 경제학 박사 학위를 취득한 박미선 박사(Misun Park)는 한국의 출산 보조금의 효과에 대해 연구했다. 박 박사는 연구를 통해 국내에서 시행된 출산 정책은 긍정적인 영향(손(Son)(2018))을 나타낸 반면, 다른 국가 사례(칼위(Kalwi)(2010))에서는 비효율적으로 나타난 혼재된 결과에 대해 언급했다.

박 박사는 17개 한국 시/도 및 229곳의 지방자치단체로부터 데이터를 수집하여 출산 보조금의 영향에 대한 조사를 수행했다. 한국에서는 출산 촉진 정책 도입이 2001년 시작되었으며, 지방자치단체마다 다르게 시행되었다. 박 박사는 정책의 변동성을 통해 출산율에 대한 출산 보조금의 인과적 효과를 확인할 수 있었다. 이중 차분을 적용한 추정치에서는 한국의 출산 보조금이 첫째 출생률을 3.4~5% 증가시키고, 둘째의 출생률을 3.8~11.6% 증가시킨다는 것을 발견했다. 하지만 셋째 또는 그 이상의 출생에 있어 출산 보조금이 비효과적인 것으로 나타났다. 박 박사는 한국에서 출산율을 증진시키고자 시행한 출산 보조금이 전반적인 효력을 나타내는 것으로 결과를 보고했다. 박 박사의 연구(2022)는 출산 보조금이 한국의 저조한 출산율에 대응하기 위한 효과적인 도구라는 것을 제시한다. 이러한 정책들은 더 많은 관할 구역으로 확대되거나, 첫째와 둘째 출산에 더 많은 지원금을 제공하는 방향으로 강화될 수 있을 것이다.

출산 보조금이 한국에서는 어느 정도 효과를 나타내는 것으로 보이지만, 한국은 출산 이후 여성의 낮은 경제활동참여율 문제에 대해 계속해서 다룰 필요가 있다. 이를 위한 잠재적인 접근 방법 중 하나는 산모에게 유급 육아 휴직을 제공하는 일이다. 유급 휴가는 산모로 하여금 직장(유급 노동)에 계속해서 연결되어 있는 상태를 유지하게끔 만들 것이다. 로신-슬레이터, 럼과 월포겔(Rossin-Slater, Ruhm & Waldfogel)(2013)의 연구에서는 캘리포니아서 시행한 유급 육아 휴직이 아이가 있는 산모들의 경제활동참여율을 증가시킨다는 것을 연구를 통해 밝혔다. 조(Seoyeon Jo)(2023)의 연구에서는 여성 노동 참여에 대한 한국의 유급 휴가 정책의 영향에 대해 조사했다. 한국에서는 2001년부터 최대 3년까지 사용 가능한 유급 육아 휴직을 도입했다. 이 프로그램은 2012년에 시간제 근로자들에게도 확대 적용되었고, 2014년에는 자녀의 나이 제한이 8살까지 확대되었다. 조(Jo)는 다섯 개의 한국 패널 자료 세트와 회귀 불연속 설계를 활용하여 경제활동참여에 대한 유급 육아 휴직의 영향을 추정했다. 그녀는 시간제 근로자에게 2012년 유급 휴가를 확대하면서, 산모들의 경제활동참여가 출산 후 첫해에 34% 감소한 것을 발견했다. 이러한 영향은 출산 후 5년 동안 지속되었고, 경제활동참여율을 14% 감소시켰다. 조(Jo)는 2014년에 확대된 정책에서도 부정적인 영향을 발견했으나, 그 효과는 더 작은 것으로 나타났다. 이러한 효과는 첫째 이후의 출산에서 더 강한 효과를 지니는 것으로 나타났다.

조(Jo)(2023)의 연구결과는 한국에서 유급 육아 휴직 정책이 의도하지 않은 결과를 만들어낼 수 있다는 점을 분명하게 제시한다. 이러한 프로그램에 대한 추가적 평가는 분명히 필요한 것으로 보인다. 예를 들어, 위와 같은 정책이 시행되기 전에 경제 활동을 멈춘 여성들을 대상으로 설문을 시행하여 노동시장에 다시 진입하면서 마주하게 되는 장애물들에 대한 이해를 넓힐 수 있을 것이다. 산모를 고용하는 일이 산모가 아닌 사람을 고용하는 일보다 비용이 더 드는 일이라는 점 또한 기업 조사를 통해 파악해볼 수 있을 것이다.

심화 평가를 통해 추출된 결과는 향후 유급 육아 휴직을 개선하는 데 사용될 수 있고, 이는 여성의 노동 참여율을 증진시키는 결과로 이어질 것으로 생각된다.

6. 성 주류화

위에서 논의한 출산 촉진 정책과 유급 육아 휴직 정책은 특별히 여성을 대상으로 논의되었다. 그러나 많은 정책이 성별 중립적이지 않을 수 있다. OECD에서는 정책입안에서 성 주류화를 촉진하고 있다. 성 주류화는 정부의 조치와 정책결정에 성 평등 관점을 반영하는 것을 의미한다(OECD)(2016). OECD의 2015년 '공적 생활에서 성 평등에 대한 위원회 권고'에서는 다음과 같이 성별을 특별히 고려한 정책 목표들을 제시했다.

① 관련 공공정책과 예산의 설계, 개발, 실패 및 평가함에 있어 성 평등을 주류로 적용한다.

② 정부기관 내외로 성 평등과 주류화 착수에 대한 책임, 감독 구조를 강화한다.

③ 공적 생활에서 의사결정을 하는 대표자리에 성별이 적절한 균형을 이룰 수

있도록 의회, 사법부, 기타 공공기관 등 모든 수준에서 여성의 정부 참여를 격려한다.

④ 공적 고용에 있어 성 평등이 개선될 수 있도록 적절한 대책을 세운다.

⑤ 공공기관에서 성 평등과 주류화 착수 과정에서 배운 교훈, 지식 등 좋은 사례를 지속적으로 공유하여 국제적 협동 운영을 강화한다.

OECD의 첫 번째 목표는 본 논문의 초반에 소개한 정책 과정과 유사하다. 성별은 정책 설계와 개발에 있어 고려해야 할 변인이 되어야 한다. 이러한 목표는 성별 차이로 인한 결과를 파악하기 위해서 모든 정책에 대한 평가를 우선시한다.

두 번째 목표는 정책 개발의 평가 측면에 해당하며 정책을 견고하게 평가하는 일은 적절한 책임과 감독을 동반하는 일이다.

세 번째 목표는 정책을 넘어 대표성으로 이어진다. 이 목표는 의사결정을 하는 위치에 있어 성별 대표성이 성 평등을 개선하도록 지원한다는 점을 주장한다. 몇몇 국가에서는 성별 할당제를 공공과 민간 부문에서 시행하였다. 인도는 여성 리더를 선출하기 위해 할당 정책을 도입했다. 바스카렌 외(Baskaren et al.)(2021)의 연구는 여성 대표성의 증가가 GDP를 높이는 결과로 이어지는 것을 발견했다. 발로트라 외(Bhalotra et al.)(2002) 연구는 선진국에서 증가한 여성 대표성이 8~12%에 해당하며 이는 모성 질환 발병률을 감소시키는 것을 발견했다. 이와 대조적으로, 버트랜드 외(Bertrand et al.)(2019)는 노르웨이의 기업 이사회가 7년간 시행한 할당 정책이 여성 노동시장에는 유의한 결과를 미치지 않은 것을 발견했다. 〈그림 4-2-21〉에서는 의회 내 여성 비율이 한국에서 20%로 일본보다는 2배 이상 높지만 다른 국가와 비교했을 때 현저히 낮은 것을 보여주고 있다. 따라서 위와 같은 증거는 여성의 정치적 대표성을 증진시키도록 설계된 정책이 선호된다는 것을 보여준다. 이와 같은 대표성이라는 구조는 경제에 있어 여성이 경제활동을 통해 얻는 결과물을 개선하는 데 도움된다. 한국은 여성 대표 비율이 증가하면서 성 평등을 향한 진전이 있을 것으로 예상된다. 네 번째 목표는 정부가 많은 여성을 고용할수록 성 평등이 진전을 보일 것이라는 점을 나타낸다.[14]

7. 학계의 여성

정치적 대표성 외에도 남성 중심의 분야에서 여성의 참여를 증진시키는 한 가지 방법은 학계에서 여성의 비율을 높이는 일이다. 필자는 20년 넘는 학계 경력에서의 성별 차이에 대해 연구해왔다. 미국에서는 경제학을 제외한 인문학과 사회 과학 분야에서 여성이 남성과 동등하게 또는 그 이상의 비율로 박사 학위를 취득한 것으로 나타났다(칸과 긴서(Kahn & Ginther)(2018), 쎄시 외(Ceci et al.)(2014)). 여성이 학계로 진출하고 높은 지위로 올라가면서, 그들의 대표성은 감소하는 경향을 나타낸다(쎄시 외(Ceci et alk.)(2014)). 그럼에도 불구하고 많은 수의 증거들이 여성 교수가 있으면 여성에게 과학, 기술, 공학, 수학(STEM 분야)을 전공하도록 격려하게 된다는 점을 제시하고 있다. 그러므로 학계에서 여성의 참여를 증진시키는 접근 중 하나는 여성 교수의 수를 늘리는 것이라 볼 수 있다. 2020년을 기준으로 한국에서는 교수진 중 약 17.2%만이 여성에 해당하는 것으로 나타났다. 이전 정부에서는 국립대학에서 여성 교수진을 25%까지 늘리는 정책을 발표한 바 있다. 이러한 정책 변화는 장기적인 관점에서 한국의 성 평등을 지원하기 위한 투자가 될 것이다.

14 <그림 4-2-21> 의회/입법부 여성 비율(2021)(부록 510쪽) 참조

8. 결론

본 지면을 통해 검토된 자료는 다음을 명백하게 얘기하고 있다. 한국은 저출산율과 여성의 낮은 노동 참여라는 두 가지 어려움을 마주하고 있다는 사실이다. 오늘날 한국이 많은 수의 노동 가능 연령 인구를 보유하고 있고, 노인층에 대한 의존 비율이 낮지만 향후 몇십 년 동안 이러한 흐름이 역전될 것으로 예상된다. 한국은 높은 출산율과 여성의 노동 참여를 필요로 하므로 성별을 고려한 정책이 핵심이 될 것이다. 박(Park)(2022)의 연구에서는 출산 보조금의 증가가 첫째와 둘째 자녀에 대한 출산을 높이는 것을 발견했다. 따라서 이러한 정책을 통해 원하는 결과를 얻은 만큼 앞으로 더 확대될 필요가 있다.

OECD에서는 여성의 노동 참여에 있어 포괄적인 성장을 촉진하기 위해 다음 세 가지 정책을 시행하도록 권장한다. ① 출산 및 육아 휴가의 증가, ② 양질의 보육 서비스 확대, ③ 여성의 노동시장 이탈 후 복직을 촉진하는 일이다(OECD)(2021). 그럼에도 불구하고 육아 휴직에 대한 평가 결과, 여성은 2012년 정책 확장 이후 복직률이 낮아진 것으로 드러났다(조(Jo)(2023)). 그러므로 의도하지 않은 결과를 초래하는 정책을 주장하는 일은 문제가 있다. 조(Jo)(2023)의 연구결과와 OECD의 권고 사이의 모순은 정책 시행 이후 이를 평가하는 일의 중요성을 시사한다.

정책은 근거에 기반해야 하며, 근거가 의도치 않았던 결과를 가리키는 경우, 정책은 개선될 필요가 있다. 아이가 있는 여성들이 직장으로 복직하기 위해 직면하는 어려움에 대한 추가 연구가 수행될 필요가 있다. 장시간 근무를 요하는 주변의 기대가 가족을 형성함에 있어 '구축효과'로 작용될 수 있고, 또는 엄마들이 아이와 함께 지내며 가정을 보살피면서 경력을 동시에 이어나갈 수 없는 현상을 발생시키기도 한다.

마지막으로, 정치 및 학계에서 여성 대표성을 증가시키는 일은 전망이 밝다. 여성학자를 더 배출하는 일은 다음 세대의 한국 여성들에 롤모델을 제공할 것이다. 연구에 따르면 여성의 정치적 대표성 증가는 경제 성장 및 건강의 증진과 연관이 있다는 것을 나타내고 있다.

참고문헌

· Baskaran, T. and Bhalotra, S. and Uppal, Y, Women Legislators and Economic Performance. CEPR Discussion Paper No. DP16605, 2021.

· Becker G., An Economic Analysis of Fertility. In Demographic and Economic Change in Developed Countries, Universities-National Bureau of Economic Research Conference Series 11, p.209-240, (Princeton, NJ: NBER), 1960.

· Bertrand, M. Black, S.E., Jensen,S. abd Lleras-Muney, A., Breaking the Glass Ceiling? The Effect of Board Quotas on Female Labour Market Outcomes in Norway, Review of Economic Studies, 86(1), 191-239, 2019.

· Bhalotra, S.R., Clarke, D., Gomes, J.F. and Venkataramani, A., Maternal mortality and women's political power. NBER Working Paper 30103, 2022.

· Carrell, S. E., M. E. Page, and J. E. West, "Sex and science: How Professor Gender Perpetuates the Gender Gap." The Quarterly Journal of Economics 125(3): 1101-1144, 2010.

· Ceci, Stephen J., Donna K. Ginther, Shulamit Kahn and Wendy M. Williams, "Women in Science: The Path to Progress." Psychological Science in the Public Interest 15(3): 75-141, 2014.

· Drago, R., Sawyer, K., Shreffler, K., Warren, D., and Wooden, M., Did Australia's baby bonus increase fertility intentions and births? Population Research and Policy Review, 30(3):381-397, 2011.

· Hotz, V. J., Klerman, J.A. and Willis, R.J. The econometrics of fertility in developed countries. In The Handbook of Population Economics, ed. Mark R. Rosenzweig and O. Stark (Amsterdam: Elsevier Science), 1997.

· Gauthier, A. H., and Hatzius, J., 'Family benefits and fertility: an econometric analysis.' Population Studies 51(3), 295-306, 1997.

· Hoffmann, F., & P. Oreopoulos., "A Professor Like Me the Influence of Instructor Gender on College Achievement." Journal of Human Resources 44(2): 479-494, 2009.

· Laroque, G. and Salanie, B. Does Fertility Respond to Financial Incentives?, CESifo Working Paper Series No. 2339, 2008.

· Jo, S., The effect of paid maternity leave reformation on Korean women's labor supply. Working paper, University of Kansas. 2023.

· Kahn, Shulamit and Donna K. Ginther, "Women and Science, Technology, Engineering and Mathematics (STEM): Are Differences in Education and Careers due to Stereotypes, Interests or Family?" In The Oxford Handbook on the Economics of Women, ed. Susan L. Averett, Laura M. Argys, and Saul D. Hoffman. New York: Oxford University Press, 2018.

· Kalwij, A.,. The impact of family policy expenditure on fertility in Western Europe. Demography, 47(2):503-519, 2010.

· OECD, 2015 OECD Recommendation of the Council on Gender Equality in Public Life, OECD Publishing, Paris, https://doi.org/10.1787/9789264252820-en, 2016.

· OECD, Inclusive Growth Review of Korea: Creating Opportunities for All, OECD Publishing, Paris, https://doi.org/10.1787/4f713390-en, 2021.

· Park, M, The effects of childbirth subsidies on number of births in South Korea. Working paper, University of Kansas, 2022.

· Rossin-Slater, M., Ruhm, C., and Waldfogel, J., Effects of California's Paid Family Leave Program on Mothers' Leave-Taking and Subsequent Labor Market Outcomes, Journal of Policy Analysis and Management, 32(2): 224-245, 2013.

· Son, Y., Do childbirth grants increase the fertility rate? policy impacts in South Korea.

· Review of Economics of the Household, 16(3):713-735, 2018.

3장

국민이전계정 및 정책평가

이상협 [하와이대학교 경제학과 교수 / 한국연구소장]

1. 서론

출산율의 급속한 감소와 기대 수명의 증가로 세계의 많은 국가들이 매우 빠르게 고령화되고 있다. 특히 한국, 일본, 중국 등 동아시아 국가들은 연령 구조의 급격한 변화를 경험하고 있다. 이들 국가에서 급속한 인구 고령화 현상은 가장 중요한 경제적, 사회적 위험 중 하나로 인식되고 있다. 인구 고령화 현상은 지속가능한 성장과 건전재정을 저해하고 사회적 결속을 악화시킬 수 있다. 시장체제에만 의존하기에 고령화로 인한 경제 및 재정위험에 대한 대비는 충분하지 않을 수 있다. 또한 한국과 중국은 노인들에 대한 공적 지원 시스템이 부족하기에 인구 고령화에 대한 대비가 충분하게 이루어지지 않고 있다. 그리고 이와 더불어 복리후생비 급증, 세대 간 갈등, 고령 인구의 빈곤 등으로 인한 재정 부담은 고령화 현상에 대한 대응책 마련을 더욱 복잡하게 만들고 있다.

생애주기 측면에서 사람들이 경제적 자원을 연령별로 얼마나 획득하고 사용하는지에 대한 측정을 가능하게 해주는 국민이전계정의 개발은 경제적 생애 주기를 이해하고 세대 간 자원 재분배를 측정하는 데 최근 큰 기여를 하고 있다(리(Lee)(1994), 리, 리와 메이슨(Lee, Lee & Mason)(2008), 리와 메이슨(Lee & Mason)(2011)(http://ntaccounts.org)). 국민이전계정은 경제 성장, 세대 간 형평성, 양성평등, 공공재정 등 연령 구조 변화에 따른 사회경제적, 인구학적 변화로 인해 발생할 수 있는 중요한 공공정책 이슈를 광범위하게 분석하기 위해 개발된 분석 도구이다. 국민이전계정은 유엔의 국민계정체계와 일관성을 유지하면서 민간부문과 공공부문을 구분하여 주요 경제 변수에 대한 경제적 자원 흐름을 연령별(및 성별)로 측정하여 이에 대한 프로필을 제공한다는 점에서 고령화 등의 연구에서 매우 유용하게 활용될 수 있는 자료이다. 다음 절에서는 국민이전계정에 대해 간략하게 설명하고, 이후 이어지는 세 개의 절에서는 국민이전계정 자료를 활용한 대표적인 몇몇의 연구들을 실제로 살펴보고 이를 통해 강력한 정책적 시사점을 제안해보고자 한다.[1]

2. 국민이전계정

현대 사회에서 아동과 노인은 일반적으로 노동을 통해 자신이 생산하는 것보다 더 많은 것을 소비하는 반면, 근로 가능 연령의 성인은 노동을 통해 자신이 소비하는 것보다 더 많은 것을 생산하기 때문에 삶의 시작과 끝에는 장기간 남에게 의존하는 기간, 소위 생애주기 적자의 기간이 있게 된다. 이러한 경제적 생애 주기 속에서 생애주기 적자라는 의존 기

---

1 3절에서는 첫 번째 예로 메이슨, 리와 박(Mason, Lee & Park)(2022)의 연구를 살펴본다. 이어 4절에서는 리와 메이슨(Lee & Mason)(2022)의 연구를, 5절에서는 리, 박 외(Lee, Park, et al.)(2023)의 연구를 중점적으로 살펴본다. 이외에도 지난 20년 동안 수행된 많은 관련 연구가 있다. 자세한 내용은 http://ntaccounts.org를 참고.

간을 가능하게 만드는 것은 사회, 경제, 정치적 제도의 복합적 과정을 통해 세대에 걸쳐 발생하는 자원의 흐름 때문이다. 이 보편적인 패턴은 경제기획자와 정책입안자에게 여러 가지 중요한 질문을 제기한다. 경제적 수명 주기로 인해 연령별 인구 구조의 변화는 정책입안자들에게 특별한 과제를 부여했다. 공적연금과 의료 보건 프로그램은 지속가능한가? 납세자들은 점점 늘어나는 노인들에게 재정적 지원을 기꺼이 제공할 수 있는가? 노인 인구의 증가는 경제 성장을 둔화시킬 것인가? 그리고 인구 고령화가 사회 경제적 불평등에 미치는 영향은 무엇인가? 국민이전계정은 이러한 중요한 질문에 답하는 데 도움이 되는 데이터를 제공하고 분석 도구를 개발하여 제공한다. 연구자와 정책입안자는 국가 경제에 대한 성과 평가를 위해 국민계정체계의 여러 구성 요소들을 척도로 사용한다. 국민이전계정은 국민총생산을 포함하여 기존에 널리 사용되고 있는 경제 지표에 연령별 소득 및 소비 추정치를 제공함으로써 새로운 정보를 추가로 제공한다.

또한 국민이전계정은 세대 간 경제적 자원의 흐름을 추정하여 각 연령대가 삶의 모든 단계에서 소비를 지원하기 위해 이전이나 저축 등에 어느 정도 의존하는지를 보여준다. 모든 경제적 자원의 흐름을 고려하여 이를 두 가지 범주—세대 간 이전과 인생의 한 시점에서 다른 시점의 소비를 지원하기 위해 축적한 자산의 사용—로 구분한다. 이전은 교육, 의료, 연금과 같은 정부 프로그램과 가족을 통해 이루어진다. 자산 흐름에도 정부가 포함될 수 있지만 자산을 통한 자원의 흐름은 주로 기업, 금융회사 및 시장과 같은 민간기관을 통해 발생한다.

연령을 통해 경제 지표들을 살펴보는 국민이전계정 접근 방식은 오늘날 연령별 인구 구조가 과거보다 훨씬 더 빠르게 변화하고 있기 때문에 그 의미가 더욱 커지고 있다. 국민이전계정은 다양한 기초 자료들을 활용하여 작성이 이루어진다. 국민소득, 정부 재정 통계 및 다양한 행정 자료는 공공소비, 민간소비, 노동소득, 공공이전과 민간이전, 자산소득, 저축, 국제자본 흐름 및 그들의 구성 요소 등과 같은 포괄적인 경제변수를 추정하는 데 활용된다. 경제 흐름에 대한 연령 프로필은 행정 자료와 국가별 대표 소득 및 지출 조사, 노동력 조사, 의료비 조사 및 특수 목적을 가진 가구 조사 자료 등을 복합적으로 활용하여 추정된다. 국가별로 자료의 품질과 포괄 범위가 각각 다르지만, 많은 국가들이 국민이전계정에서 요구하는 연령 프로필을 추정하는 데 필요한 수많은 통계자료를 생산하고 있다.

3. 인구 배당

1) 경제적 생애주기와 1차 인구 배당

경제적 생애주기의 접근 방법을 통해 인구변화가 특정 시점에 경제에 어떠한 영향을 미치는지를 보다 정확히 파악해낼 수 있다. 여기서 핵심 원칙은 평균 노동 소득과 소비의 프로필은 연령에 크게 의존한다는 점이다. 개인의 관점에서 유년기와 노년기에는 버는 것보다 더 많이 소비하는 반면에, 생산성이 높은 근로연령기에는 자신이 소비하는 것보다 더 많이 번다. 이러한 정형화된 사실은 모든 경제에 보편적으로 적용될 수 있지만, 모든 경제에 획일적인 특성을 갖고 있지는 않다. 생애주기 관점은 인구와 경제 성장에 관한 초기 문헌에서 비롯된다. 여기서 새로운 점은 경제 자료가 생애주기에 따라 어떻게 달라지고 경제의 성장 단계 및 기타 요인으로 인해 이러한 패턴이 경제 전반에 걸쳐 어떻게 달라지는지를 정량화하기 위한 포괄적인 노력이다.

소비 및 노동 소득의 생애주기 프로필을 국민이전계정 데이터베이스와 결합하여 인구 통계학적 변화가 경제에 미치는 영향을 포착하는 핵심 지표를 예측할 수 있다. 이들은 ① 유효 근로자 수 ② 유효 소비자 수 ③ 유효 근로자 수 대 유효 소비자의 비율로 계산되는 부양비로 요약된다. 아시아 국가들은 향후 몇십 년 동안 급격한 유효 근로자 수 감소를 경험할 것이다. 그 결과, 1차 인구 배당, 즉 부양비 상승에 따라 경제 성장이 지역별로 감소할 것이다.

여기에서는 〈그림 4-3-1〉에 표시된 19개 아시아 태평양 경제에 대한 국민이전계정 추정치를 제시한다. 위에서 언급한 가장 광범위한 패턴은 개별 경제에 일반적으로 적용되지만 세부 사항에 대해서는 중요한 차이가 있다. 아시아 태평양 이외 지역을 포함한 모든 국민이전계정 국가 중에서 중국은 모든 연령대에서 소비가 매우 낮은 수준으로 나타난다. 필리핀과 동티모르 같은 일부 국가에서는 소비가 근로소득에 비해 높게 나타난다. 이것은 경제적 요인은 아닐지라도 전 세계 나머지 다른 국가로부터 높은 수준의 순이전이 이루어지거나 또는 천연자원을 기반으로 한 높은 수준의 국민소득으로 인해 발생할 수 있다. 세부 사항에 대한 차이는 연령별 인구 구조 변화가 경제 성장에 어떠한 영향을 미칠지 평가하는 데 중요하다.[2]

인구연령 구조의 변화는 인구 배당으로 알려진 경제 성장을 할 수 있는 기회의 창을 만들어 준다. 1차 인구 배당은 인구학적 변화가 부양비 상승을 통해 생활 수준에 긍정적인 미치는 영향을 의미한다. 이는 유효 근로자 수가 유효 소비자 수보다 더 빠르게 증가하는 경우에 발생한다. 유효 소비자 1인당 소득 증가율은 생산성 증가율에 부양비 증가율을 더

---

2 <그림 4-3-1> 아시아 태평양 지역 국가들에 대한 소득 그룹별 국제 달러 기준 1인당 소비 및 노동 소득(구매지수 조정치)(부록 511쪽) 참조

한 것과 같다.

출산율이 감소하면 매년 출생아 수가 감소하고, 유년층에 속하는 부양 인구의 규모가 작아진다. 낮은 출산율은 국가의 연령 구조를 변화시키고 경제에 상당한 영향을 미칠 수 있다. 즉, 생산성이 높은 노동연령 인구의 비중이 증가한다면 경제 성장을 촉진할 수 있는 것이다. 이러한 조건은 더 높은 경제 생산성과 개인 소득 증가로 이어져 인구 배당으로 이어질 수 있다(블룸과 캐닝(Bloom & Canning)(2001), 블룸과 윌리엄슨(Bloom & Williamson)(1998), 메이슨(Mason)(2001), 메이슨과 리(Mason & Lee)(2008)). 그러나 출산율 전환이 진행 중인 대부분의 개발도상국에서 향후 20년 동안 이러한 기회는 제한적일 것으로 예상되기 때문에 인구 배당을 자동으로 기대하기는 어렵다. 세계 경제에서 경쟁할 수 있는 국가의 능력은 건강, 교육 및 고용 정책에 대한 신중한 정책결정에 달려 있다.

1차 인구 배당은 특히 동아시아 국가에서 두드러졌다. 중위 수준 경제를 기준으로 삼으면 부양비는 1970년대 초반부터 증가하기 시작하여 약 40년 동안 계속해서 경제성장에 우호적이었다(〈그림 4-3-2〉). 그러나 인구 고령화가 부양비 감소를 가져오면서 1차 인구 배당은 음(-)으로 전환됐으며, 이 상태는 2060년 이후까지도 지속될 것으로 예상된다. 1차 인구 배당이 가장 높았던 1980년대와 1990년대에는 배당이 유효 소비자당 GDP 기준 연간 1% 이상을 증가시켰다. 저점에서의 부양비 감소는 연간 약 1% 또는 그 이하이며 점차 줄어들면서 약 20년 동안 지속되었다. 1차 인구 배당의 호황기와 쇠퇴기를 비교하면 인구 변화가 실질 GDP에 미친 영향이 2%p 정도 된다.[3]

아시아 및 태평양의 다른 지역에서 실제 및 예상되는 1차 인구 배당은

3 <그림 4-3-2> 1970~2060년 아시아 태평양 지역 국가들의 1차 인구 배당(연간 %)(부록 512쪽) 참조

동아시아 국가와 유사하지만 변화 폭은 다소 완만하다. 부양비는 1990년대 초까지 남아시아를 제외한 모든 지역에서 1970년대까지 증가하기 시작했다. 출산율 감소가 다른 지역들에 비해 빠르지 않았기 때문에 인구 배당의 상승 및 하락은 동아시아 이외의 국가에서는 상대적으로 덜 뚜렷하다. 과거 및 향후 예상되는 1차 인구 배당은 대부분 태평양 국가에서 일어날 것이다. 일본에서는 고령화의 영향이 이미 시작되어 부양비 변동이 상당하지만 선진국의 부양비 변동은 일반적으로 완만하다.

2) 자산 축적과 2차 인구 배당

1차 인구 배당은 일시적인 현상이다. 부양비에 대한 인구 효과를 1차 인구 배당이라 한다면, 생산성에 대한 인구 효과는 2차 인구 배당이라고 한다. 거의 모든 국가에서 자산재배분을 통한 2차 인구 배당은 1차 인구 배당보다 더 크고 오래 지속될 수 있다.

2차 인구 배당은 공적 이전과 사적 이전의 조합을 통해 현재 소득에만 전적으로 의존해야 하는 노년기의 필요에서 비롯된다. 노년기에 발생하는 생애주기를 메우는 이전 프로그램의 평가와 특히 관련이 있지만 많은 국가, 특히 아시아 국가에서는 노년기의 요구를 충족하기 위해 이전 시스템에 크게 의존하지 않는다. 대신, 그들은 노후 생활에 필요한 자금을 자산에 의존한다. 이 절에서는 노후 자금 조달을 위해 정부나 가족을 통한 이전이 아닌 자산에 의존하는 사례를 통해 자산재배분 시스템에 따른 인구 고령화의 경제적 의미를 고찰한다.

자산재배분 시스템은 동시에 일어나는 이전 시스템보다 시간적으로 좀 더 복잡하다. 근로연령 기간 동안 각 연령집단(Cohort)은 은퇴 후 소비 재원으로 활용할 생애주기 부(Life Cycle Wealth)를 축적해야 한다. 우리는 이것을 은퇴 자산 축적 또는 축적 단계라고 부른다. 일정 수준의 은퇴 자산 축적은 모든 근로연령을 거쳐 발생한다. 예를 들어 근로자는 고용 기반 연금 계획에 참여할 수 있다. 그러나 우리는 이를 추상화하여 젊은 근로연령층의 생애주기 흑자는 자녀 부양에, 장년 근로연령층의 생애주기 흑자는 노후자산 축적에만 전담한다고 가정한다. 축적 단계는 생애주기 자산이 축적되고 증가하는 연령대로 정의한다.

축적 단계 다음에는 은퇴 단계가 이어진다. 이 단계에서 생애주기 자산은 감소하지만 미래에 예상되는 은퇴 수요를 충족시키기에는 충분하다. 각 연령집단은 자산소득과 저축 인출을 통해 노년기의 생애주기 적자를 충당한다. 여기서 고령자는 생애주기 적자를 충당하기 위해 자산소득의 일부에만 의존할 수 있기 때문에 생애주기 부의 최고점은 생애주기 적자가 처음 발생하는 연령보다 늦게 발생할 수 있음에 유의해야 한다. 단순화를 위해 생애주기 부의 최고점을 은퇴 단계로 가정하지만, 이 내용이 분석에 영향을 미치지는 않는다.

〈그림 4-3-3〉에는 2020년 아시아 태평양 지역 경제에 대한 노후 자금 조달에 필요한 은퇴 자산의 추정치가 제시되어 있다. 추정치의 범위는 매우 넓다. 일본의 경우 생애주기 부는 총 노동 소득의 12배이며, 홍콩, 호주, 뉴질랜드에서도 비슷한 수준으로 높은 수준을 나타낸다. 다른 9개 국가의 은퇴 자산 범위는 총 노동 소득의 약 5.0~7.5배이다. 은퇴 자산의 가치는 7개 국가에서 훨씬 더 낮으며 통가(49%)와 라오스(44%)에서 가장 낮다.[4]

부의 가치는 부유한 국가에서 종종 4와 5 범위 내에 있는 자본-산출비율(Capital-Output Ratio)과 비교할 때 사람들에게 매우 높다는 인상을 줄 수 있다. 그러나 두 가지 고려 사항을 염두에 두는 것이 중요하다. 여기에 제시된 값은 노동 소득을 분모로 하였으며, 이는 순 국민소득의

4 <그림 4-3-3> 총 노동 소득 대비 자산을 통한 부의 비율(%)(부록 513쪽) 참조

약 3분의 2에 해당하는 값으로 GDP와 비교할 때 상당히 작은 값이다. 예를 들어 일본의 경우 GDP 대비 생애주기 부의 비율은 8 미만이다. 두 번째로는 은퇴를 위해 자산에만 전적으로 의존하지 않는다는 점이다. 다른 분석을 통해 우리는 일본이 노후 생활을 위해 약 절반은 이전에 의존하고 있음을 발견했다. 이 값을 적용하면 노년에 필요한 자금을 조달하기 위한 은퇴 자산에 대한 수요는 일본의 경우 GDP의 약 4배가 될 것이다. 중국도 다소 의외의 결과를 보여준다. 중국 역시 향후 수십 년 동안 매우 빠르게 고령화될 것으로 예상되지만 은퇴를 위한 부는 노동 소득의 약 243%에 불과하다. 게다가 중국 노인들의 근로소득은 상대적으로 낮다. 그러나 중국의 은퇴 및 은퇴 전 단계의 매우 낮은 소비 수준이 낮다는 것이 다른 나라와 매우 다르다.

이전이 아닌 축적된 자산에 의존하는 것은 국가가 기본 생활 수준을 유지할 수 있는 자본 집약적 경제를 창출하는 데 도움이 되었다. 이는 한국의 경우도 마찬가지이지만 급변하는 사회복지제도에 노동과 자본시장이 어떻게 대응할 것인가 하는 문제는 여전히 중요한 문제로 남아 있다.

4. 고령화와 공공재정에 대한 시사점

1) 연령별 공공이전 유입 및 유출

인구가 공공재정에 미치는 영향에 대한 연구는 한편으로는 연령과 세수 간의 밀접한 관련성, 그리고 다른 한편으로는 연령과 복지혜택 사이의 밀접한 관련성을 강조한다. 일반적으로 성인은 정부 프로그램에 자금을 지원하고 아동과 노인은 주로 정부 프로그램에 의존한다. 노동연령층

중 납세층 성인인구의 증가는 재정의 흑자를 유도하는 반면에 아동 인구 또는 노인 인구의 증가는 국가 재정의 감소 및 공공재정의 악화로 이어진다.

공공재정과 인구 간의 기본적인 상호 작용은 국민이전계정 추정치를 기반으로 개별 국가별로 세금과 혜택에 대한 1인당 연령 프로필을 통해 파악될 수 있다. 세금에는 그 성격에 따라 개인에게 할당되는 직접세와 간접세가 있다. 의료 혜택이나 공적연금과 같은 본질적으로 개인에게 혜택이 주어지는 프로그램을 통한 혜택은 수혜자에게 할당되고 공공외교 또는 안전 및 보안과 같은 집단적 혜택은 비율에 따라 개인에게 할당된다. 예상 재정수지는 재정수지의 연령 분포와 연령별 인구 구조에 따라 증감이 이루어진다.

여기서 예측은 세금과 혜택에 대한 연령 패턴이 시간이 지남에 따라 변하지 않는다는 가정을 기반으로 하지만 미래에 중요한 변화가 발생할 가능성이 있음을 인정하는 것도 중요하다. 시간이 지남에 따라 많은 국가에서 보다 관대한 이전 시스템을 구축하고 있다. 아시아 국가의 경우 인구 변화뿐만 아니라 복지 프로그램이 생산성 증가에 비해 더 빠르게 증가하면서 공공부문의 중요성이 매우 빠르게 커졌다. 아동과 노인에 대한 1인당 정부 이전은 1인당 소득이 증가함에 따라 근로연령대의 성인에 대한 이전보다 훨씬 더 빠르게 증가했음을 알 수 있다.

세금 프로필도 바뀌고 있다. 세금이 경제 성장, 형평성 및 세수에 미치는 영향에 대한 문헌이 많이 나오고 있는데, 이들은 동태적 내생적 성장 모델의 맥락에서 직접세와 간접세 간의 선택 효과를 비교한다. 소득세는 간접세보다 조세저항을 좀 더 효과적으로 피하기 쉽기 때문에 과세 당국은 간접세에 의존할 가능성이 높다. 결과적으로 개발도상국은 간접세에 더 많이 의존하는 반면 선진국은 직접세에 더 의존하는 경향이 있다. 다수의 실증 연구에 따르면 1인당 소득이 증가할수록 직접세에 대한 의존도가 높아진다(에스트라다, 리와 박(Estrada, Lee & Park)(2015)). 예를 들어 소비에 대한 연령 프로필과 소득에 대한 연령 프로필이 다르다는 측면에서 세금 부과는 연령에 따라 달라질 수 있다. 세금과 지출의 패턴은 아시아에서 상당히 다양하다. 일본과 한국은 세입의 약 80%를 소득세, 법인세, 부가가치세에 의존하고 있는데, 한국의 경우에는 소득세 의존도가 상대적으로 낮다.

국민이전계정은 모든 연령대가 지불하는 세금과 그들이 받는 공공혜택에 대한 정보를 제공함으로써 재정운용에 기여하는 시사점이 크다. 공공이전의 유입과 유출의 크기는 연령별로 다를 것이다. 예를 들어, 생산적인 중년기에는 정부로의 유출(즉, 세금 납부)이 정부로부터의 유입(즉, 혜택)을 초과할 것으로 예상할 수 있다. 국민이전계정은 이와 관련한 연령 프로필을 사용하여 인구가 공공재정에 미치는 영향을 예측한다. 고령화와 공공부문 간의 관련성은 아시아 태평양 지역에서 매우 중요하다. 일부 국가에서는 고령화가 공공재정에 미치는 영향은 즉각적인 우려 사항이다. 위에서 논의한 바와 같이 고령화는 생애주기 적자의 증가를 가져올 것으로 예상할 수 있기에 일부 정부는 노인층에서 발생하는 적자를 메우는 데 크게 관여하고 있다. 급속한 고령화와 노인에 대한 광범위한 공공지원이 있는 경제에서는 공공지출을 늘려야 한다는 압력이 공공자원의 가용성을 증가시킬 수 있다. 반면 많은 공공부문의 역할이 제한적인 나라도 많은데, 이는 부분적으로 고령화가 이루어지거나 아니면 노인을 위한 생애주기 적자를 메우는데 공공부문이 덜 관여한다는 사실에 기인한다.

노인 부양 제도의 차이는 인도네시아와 한국의 연령별 공공이전 유입 및 유출 추정치를 사용하여 설명된다(〈그림 4-3-4〉). 한국의 공공부문은 인도네시아보다 훨씬 크다. 한국의 주요 근로연령대인 40대 초반에서 30~49세 성인 1인당 노동소득 기준 약 40%가 세금 등을 통한 공적 이전 유출이 되는 데 반해, 인도네시아의 주요 근로연령대인 40대 중반에서는 약 15%만이 공공이전 유출이 된다. 공공이전 유입액, 즉 정부를 통한 복지 등 혜택을 기준으로 공공부문의 중요성을 고려해도 한국의 공공부문 규모가 인도네시아보다 훨씬 크다.[5]

유입(혜택)에 대한 연령 패턴 역시 한국과 인도네시아는 현저히 다르게 나타난다. 인도네시아를 비롯한 전 세계 거의 모든 국가와 비교했을 때 한국에서의 유입이 특히 높지만 아동에 대한 유입은 양국 모두 성인 연령층에 대한 유입보다 높다. 고령화가 경제에 미치는 영향을 분석할 때 특히 중요한 것은 고령자에 대한 공공이전 유입의 국가별 차이이다. 인도네시아에서는 노년기에 유입이 더 높아지는 경향이 거의 없다. 연금이나 의료 부분에 대한 주요 지출이 노인에 대한 더 높은 지원으로 이어지지 않는다. 반면에 한국은 노인에 대한 상당한 공공이전이 발생하는 많은 고소득 국가와 유사한 패턴을 나타낸다.

2) 고령화와 부채

인구 변화가 부채에 미치는 영향을 평가해보자. 이 방법론은 가계의 부채 수요와 정부의 부채 공급 모두에 적용된다. 연령별 인구 예측은 UN에서 가장 최근에 입수할 수 있는 데이터를 기반으로 한다. 거시경제 변수에 대한 의미는 국민이전계정을 기반으로 경제 흐름의 연령 프로필을 사용하는데, 이는 경제 기준연도 값과 고정된 연령 패턴을 유지한 상태에서 인구 변화가 경제 변수에 미치는 영향을 평가하는 데 사용된다. 경제 변수의 1인당 연령 프로필은 연간 1.5%의 생산성 증가율로 상향 이동한다고 가정한다.

---

5 <그림 4-3-4> 인도네시아(2005)와 한국(2012)의 연령별 공공이전 유입 및 유출(부록 514쪽) 참조

경제 변수 예측은 고령화가 개별 경제에 미치는 영향을 평가하는 데 종종 사용되는 일반균형모델과 같은 보다 복잡한 모델보다 간단한 방법을 이용하였다. 특히, 매우 이질적인 상황에 있는 여러 국가에 대해서 수년에 걸친 고령화의 영향을 고려하였다. 이러한 방법은 경제구조, 공공정책 또는 다른 변화가 없는 상태에서 고령화의 1차 효과를 평가하는 데 매우 유용하다. 따라서 여기에 제시된 시뮬레이션은 거시경제 추세에 대한 장기 예측이 아님을 주지할 필요가 있다.

재정수지 $BF(t)$와 공공저축 $SG(t)$의 예측에 의존하는 공공부채에 적용되는 우리의 간단한 접근법은 다음과 같다.

$$BF(t) = Taxes(t) - TGI(t)$$
$$SG(t) = BF(t) + rAG(t)$$

여기서 TGI는 공공지출을, AG는 공공자산을, $Taxes$는 정부수입, TGI는 유입(정부지출)을, r은 이자율을, SG는 공공저축을 나타낸다.

기준 연도에 대해서 앞의 방정식에 따라 예측되는 세금과 이전이 균형을 이루도록 세금을 조정한다. 부채의 변화는 기존의 적자는 반영하지 않고 고령화로 인해 발생하는 적자만을 반영한다. 공공자산 AG는 다음의 식을 통해 예측된다.

$$AG(t+1) = AG(t) + SG(t)$$

공공부채는 음(-)의 공공 자산과 동일하다. 공공자산(또는 부채)을 두 가지 형태로 구분된다. 첫 번째는 국가가 이미 축적한 공공부채의 결과인 기존 부채(Legacy Debt)이다. 기존 부채는 국가가 이미 경험한 고령화를 어느 정도 반영할 수 있지만 전쟁, 재정 위기, 고령화와 관련 없는 기타 요인의 영향도 반영된다. 둘째, 신규부채(New Debt)는 인구 고령화로 인한 공공이전 유입과 유출 사이의 불균형만을 측정한다.

$$\text{Legacy debt: } -(1+r)^{t-t0} AG(t0)$$
$$\text{New debt: } -\sum_{z=0}^{t-t0}(1+r)^{z} BF(t0+z)$$

여기서 $t0$은 기준 연도이고 t는 예상 값의 연도이다. 또한 공공부채의 수요와 공급을 구분하는데, 공공부채에 대한 수요는 공적 신용과 사적 신용, 그리고 기타 다른 형태의 생애주기 부 사이에서 포트폴리오를 다양화하려는 소비자가 보유한 증권을 의미한다. 부채의 공급은 정부 지출 및 조세정책의 결과로 발생한 부채를 의미한다. 예상가치가 다른 만큼 정부는 재정정책을 조정하고 소비자는 공공부채에 대한 의존도를 조정하라는 압력에 직면하게 될 것이다.

이 방법을 단순히 확장하면 1인당 공공이전 유입 및 세금 프로필을 변경할 수 있다. 이는 우리가 출간했던 이전의 여러 논문에서 사용된 접근 방식이다(리, 김과 박(Lee, Kim & Park)(2017), 리와 메이슨(Lee & Mason)(2015)). 현재의 세금과 지출의 연령 프로필을 기반으로 한 부채 예측은 〈표 4-3-1〉에 제시되어 있다. 9개 회원국에 대한 총부채 및 신규부채를 별도로 추산하였다. 순 부채 추산은 일본, 한국, 인도네시아의 3개국에 대해서만 가능하다. 신규부채 추정치는 2015년에 재정 균형을 이루도록 하였다. 최근 수십 년 동안의 부채 중 일부는 이미 경험한 고령화의 결과이다. 그러나 다른 거시경제적 요인과 비교하여 지난 부채에서 고령화의 영향을 따로 정량화하는 확실한 방법은 없다. 이러한 이유로 우리는 인구적 요인에 기인한 신규부채라고 하는 부채의 증가에 특히 관심을 둔다. 일본은 최근 몇 년간 재정적자를 기록하고 있는데, 2020년에 대한 총부채는 GDP의 250%를 초과하고 순 부채는 GDP의 175%에 도달하여 다른 아시아 국가보다 훨씬 높은 부채 수준을 보여준다. 이자율을 3% 정도 높게 잡을 때 일본의 신규부채는 2060년에 GDP의 700%를 약간 상회하고 기존 부채는 600%에 이를 것으로 예상된다. 총 순 부채는 2060년까지 GDP의 1,300%에 근접할 것이다.

인구가 공공부채에 미치는 영향에 대한 예상은 동아시아 경제에서 매우 중요하다. 신규부채 누적이 가장 적은 곳은 대만이지만, 심지어 대만의 경우도 신규부채가 2060년 341%까지 증가할 것으로 예상한다. 동아시아의 다른 지역에서는 신규부채가 훨씬 더 많을 것으로 예상되며 한국도 GDP의 826%로 크게 증가할 것으로 예상된다. 이 수준의 부채 규모 증가는 확실히 지속 불가능하다. 이자율을 1.5% 정도로 낮게 잡으면 신규부채 수준이 절반으로 줄어들기는 하지만 400%의 부채도 감당할 수 있는 수준이 아니다.

상당히 다른 상황에 처해있는 동남아시아 4개국에 대해서도 예측이 가능하다. 태국, 싱가포르, 인도네시아에서는 2050년 싱가포르 GDP의 6%와 인도네시아 GDP의 62% 사이의 신규부채 증가가 예상된다. 인도네시아에서만 2060년에 GDP의 100%를 초과할 것으로 예상된다. 필리핀의 상황은 노인에 대한 공공이전이 매우 제한적이기 때문에 현재의 상황을 적용할 때 완전히 다른 결과가 나온다. 필리핀의 인구변화는 오히려 적자보다는 예산 흑자로 이어질 것으로 예상된다.

<표 4-3-1> 2010년부터 2060년까지 9개국의 공공부채 예측

% of GDP		2010	2020	2030	2040	2050	2060
총 기존부채							
동아시아	중국	33.7	51.1	68.7	92.3	124.1	166.8
	일본	207.9	256.8	345.1	463.8	623.3	837.6
	한국	--	43.8	58.8	79.0	106.2	142.8
	대만	36.7	38.8	52.1	70.0	94.1	126.5

동남아시아	인도네시아	24.5	32.1	43.2	58.0	78.0	104.8
	필리핀	49.7	43.6	58.6	78.8	105.9	142.3
	싱가포르	98.7	119.7	160.8	216.1	290.4	390.3
	태국	27.8	35.6	47.9	64.3	86.5	116.2
순 기존부채							
	일본	137.2	174.7	234.8	315.6	424.1	570.0
	한국	11.3	11.8	15.9	21.3	28.7	38.5
	인도네시아	9.1	3.7	5.0	6.8	9.1	12.2
신규부채							
동아시아	중국		2.2	29.9	105.5	248.4	476.9
	한국		2.2	36.6	150.6	400.1	826.6
	대만		0.7	12.7	58.3	162.0	341.2
	일본		4.8	40.0	144.8	362.6	708.9
동남아시아	인도네시아		0.6	7.0	25.6	62.4	124.9
	필리핀		-2.8	-27.4	-89.4	-209.7	-424.4
	싱가포르		-1.4	-8.4	-9.4	6.1	41.2
	태국		-0.8	-4.2	-1.7	15.2	57.0
총 혼합부채							
동아시아	중국	33.7	53.3	98.6	197.8	372.5	643.7
	한국	--	46.0	95.4	229.7	506.3	969.4
	대만	36.7	39.5	64.9	128.4	256.1	467.7
	일본	207.9	261.6	385.0	608.6	985.8	1546.5
동남아시아	인도네시아	24.5	32.7	50.2	83.7	140.4	229.7
	필리핀	49.7	40.9	31.2	-10.6	-103.9	-282.1
	싱가포르	98.7	118.2	152.4	206.7	296.5	431.5
	태국	27.8	34.8	43.6	62.6	101.6	173.2
순 혼합부채							
	일본	137.2	179.5	274.8	460.4	786.7	1278.8
	한국	11.3	14.0	52.5	171.9	428.8	865.1
	인도네시아	9.1	4.3	12.1	32.4	71.5	137.2

3) 정책 시뮬레이션

인구 고령화의 부정적인 영향을 완화시키기 위해서는 세금을 인상하거나 혜택을 줄이거나 둘을 조합해야 한다. 〈그림 4-3-5〉에는 2060년까지 매년 고령화 효과를 없앨 수 있는 세금 인상이 예시되어 있다. 이는 정부 이전 프로필을 일정하게 유지하면서 매년 재정 수지를 0으로 만들도록 하는 방법을 통해 계산되었다. 예를 들어, 한국의 경우 세금(지출)은 지출(세금) 프로필이 일정할 때 매년 0.4~1% 사이에서 증가(감소)해야 한다. 제시된 모든 국가에서 사례 연구에서 연간 0.1%에서 1% 내의 조세 증가(또는 혜택 감소)가 불가피하다.[6]

여기서 두 가지 사항에 유의해야 한다. 첫째, 말할 필요도 없이 이 예측은 이자율뿐만 아니라 생산성 증가에 대한 우리의 기본 가정에 따라 달라질 수 있다. 그러나 예상되는 신규부채는 매우 우호적인 가정(즉 매우 낮은 이자율과 높은 성장률)을 가정하더라도 여전히 매우 높은 수준을 나타내는데, 이는 가정과 무관하게 인구변화가 정부부채에 미치는 영향이 일부 국가에서 상당히 클 것임을 의미한다. 둘째, 아시아 국가들은 인구 변화 속도와 거시경제적 상황 면에서 매우 다양하다. 우리의 예측에 있는 동아시아 4개국은 매우 빠른 인구 고령화를 경험하고 있지만 일부 저소득 국가는 그렇지 않다. 그러나 인구 고령화는 결국 아시아 전역에 영향을 미치는 지역적 특성을 나타낼 것이다.

우리의 예측은 세금과 복지혜택에 대한 연령 프로필이 일정하게 유지될 것이라고 가정한다. 그러나 과거 자료는 이것이 절대 사실일 수 없음을 보여준다. 현실 세계에서 아동과 노인에 대한 공적 혜택은 경제 발

---

6 <그림 4-3-5> 인구 고령화 효과를 없애기 위해 필요한 조세증가율(%) 연도별(2017~2060) 3년 이동평균(부록 514쪽) 참조

전 수준과 관계없이 모든 국가에서 급격히 증가할 것이 분명하다. 〈그림 4-3-6〉은 한국의 1인당 정부 이전을 보여주는데, 아동과 노인에 대한 공적 혜택이 불과 6년 사이에 급격히 증가했음을 알 수 있다.[7]

이러한 급격한 상승은 이례적이다. 그 결과 GDP 대비 사회적 지출이 크게 증가했다(〈그림 4-3-7 참고〉). 일부에서는 한국의 사회복지지출 수준이 OECD 국가 중 거의 최저 수준이라고 하지만 증가율은 다른 OECD 국가와 비교할 수조차 없을 정도로 높게 나타난다. 특히 증가율은 GDP 대비로 나타내었기 때문에 실질 증가율은 여기에 GDP 성장률을 더한 수치여서 한국의 사회적 지출 증가율이 얼마나 높은지 알 수 있다.[8]

세금 프로필도 변경되고 있다. 역사적으로 세금 인상은 조세저항 등으로 정부 지출 증대보다 실현하기가 훨씬 더 어려우며 이는 특히 빠르게 성장하는 국가일수록 더욱 그렇다. 따라서 문제는 유리한 인구 구조와 빠르게 성장하는 국가들이 궁극적으로 지속 불가능한 것으로 판명되는 관대한 정부 이전 시스템을 구축할 것이라는 점이다. 실제로 아시아의 저소득 국가들은 인구조건과 거의 관련이 없는 이유로 공공 프로그램에 상대적으로 적은 비용을 지출한다. 그러나 저소득 국가가 발전함에 따라 인구 고령화와 동시에 공공부문이 얼마나 빠르게 확장되는가가 핵심 정책문제로 대두되고 있다.

---

7 <그림 4-3-6> 연령별 1인당 정부 이전(지출) 추이(부록 515쪽) 참조

8 <그림 4-3-7> 수준(왼쪽, 2018) 대 증가율(오른쪽, 1990~2019) GDP 대비 사회적 지출 비율(%)(부록 515쪽) 참조

5. 실버 배당(일할 수 있는 건강 여력)

고령화의 부정적인 영향을 줄이기 위한 주요 개혁 중 하나는 은퇴연령을 높이는 등의 방법으로 고령자를 노동시장에 머물게 하는 것이다. 사람들이 더 오래 더 건강하게 살게 됨에 따라 성장을 유지하고 고령 근로자를 지원하기 위해 건강한 고령 근로자를 활용하는 것을 고려하는 것은 당연히 합리적인 방법이다. 노인들은 자신의 건강 상태를 고려할 때 얼마나 더 일할 수 있는지, 그것이 경제 성장에 어떻게 기여하는지(이른바 실버 배당)를 코일, 밀리건과 와이즈(Coile, Milligan & Wise)(2017) 방법과 국민이전계정을 이용하여 박과 리(Park & Lee)(2023)는 측정하였다. 핵심적인 정책함의는 한국은 개인 수준에는 일할 수 있는 역량이 꽤 되나, 국가차원에서의 실버 배당은 다른 많은 국가보다 상대적으로 작다는 것이다.

한국의 고령화패널(KloSA; Korean Longitudinal Study of Aging) 등의 미시자료를 이용하여 일할 수 있는 건강 능력을 추정한 후, 국가별 국민이전계정을 이용하여 경제부양비(Economic Support Ratio)를 다시 계산하여 실버 배당을 계산해 보았다. 경제부양비는 연령별 인구 구조와 생애주기를 구성하는 연령별 생산 및 소비 패턴을 적용하였다(리와 메이슨(Lee & Mason)(2011), 메이슨 외(Mason et al.)(2017)). t년의 총 근로소득 $Y(t)$, t년의 총 소비 $C(t)$, 그리고 t년의 인구 $\mathrm{N}(t)$은 각각 다음과 같이 정의된다.

$$Y(t) = \sum_{x=0}^{w} y(x)n(x,t), \quad y(x) = \frac{y_l(x)}{y_l(30-49)}$$

$$C(t) = \sum_{x=0}^{w} c(x)n(x,t), \quad c(x) = \frac{c_l(x)}{c_l(30-49)}$$

$$\mathrm{N}(t) = \sum_{x=0}^{w} n(x,t)$$

여기서 $y(x)$는 30~49세 인구의 1인당 소득에 대한 x세의 1인당 노동소득, $n(x, t)$는 t년의 x세 인구, $c(x)$는 소비 30~49세 인구의 1인당 소비에 대한 x세의 1인당 소비이다. 0~100세 인구 데이터를 사용하기 때문에 w는 100이며, 근로소득과 소비를 30~49세의 평균값으로 나누어 숫자를 정규화하기 때문에 국가 간 비교를 보다 일관되게 할 수 있다.

국민이전계정 방법론은 노동하는 각 연령의 인구 비율과 해당 노동 인구의 근로소득을 별도로 추정하지 않는다. 그러나 연령별 경제활동참가율은 국제노동기구(ILO; International Labor Organization)에서 구할 수 있으므로 1인당 근로소득을 연령별 경제활동참가율로 나누어 노동인구의 생산성을 역으로 측정할 수 있다. 이러한 방법은 정확한 생산성을 연령별로 제공하지 않을 수도 있지만 그 결과는 아주 유용한 정책함의를 제공할 수 있다.

경제부양비(ESR; Economic Support Ratio)는 생산성에 대한 연령 프로필 $p(x)$이 시간이 지남에 따라 변화하지 않는다는 가정하에 일할 수 있는 건강 능력에 의해 증가된 새로운 $y'(x)$를 계산해냄으로써 추정된다. 각 국가의 새로운 경제부양비는 다음의 방정식으로 표현될 수 있다.

$$y'(x) = p(x)h'(x)$$

여기서 $p(x)$는 x세에 대한 노동 생산성 지수를 나타내고 $h'(x)$는 추가 노동력에 의해 증가된 x세의 노동 인구 비율을 나타낸다. 〈그림 4-3-8〉은 이렇게 해서 계산된 결과 즉, 2017년부터 2100년까지 건강이 허용하는 추가 노동력을 활용할 때 3개국의 경제부양비(ESR) 증가 비율, 즉 경제성장률이 이들 노동력을 이용할 때 얼마만큼 변화할 수 있는지를 보여준다.[9]

한국의 경제부양비(ESR) 증가는 시간이 지날수록 높아지지만 그 수준은 미국이나 일본에 비해 월등히 낮다. 이렇듯 한국에서 건강한 사람이 일을 더 함으로써 얻는 실버 배당이 낮은 이유 중 가장 큰 이유는 노령 근로자의 낮은 생산성 때문이다(리와 오가와(Lee & Ogawa)(2011)). 이러한 결과가 갖는 함의는 분명하다. 한국은 노인의 경제활동참가율은 높지만 생산성은 낮다. 낮은 생산성 효과가 높은 노동 시장참가율의 영향을 압도하는 것이다. 한국 정부는 고령자들의 노동시장 참여율을 높여 인구 고령화의 경제적 영향을 완화하는 정책을 고려하고 있다. 사람들이 더 오래 더 건강하게 살게 됨에 따라 노동시장에서 이를 활용하는 것은 확실히 좋은 정책으로 보인다. 그러나 우리의 결과는 한국의 노인들이 회사에서 빨리 은퇴해서 낮은 생산성 부문, 또는 자영업자나 비정규직으로 계속 일하는 것이 근로소득에 미치는 영향은 나라 전체로 볼 때 제한적일 수밖에 없음을 보여준다. 즉, 일을 그냥 많이 하는 것이 문제가 아니라, 고소득을 올릴 수 있는 양질의 일거리가 노인들에게 제한되어있는 것이 더 큰 문제임을 보여준다.

6. 맺음말

인구 고령화는 경제에 좋지 않은 영향을 미치고 세대 간 불평등을 심

9 <그림 4-3-8> 경제부양비(ESR) 증가율(2017~2100)(부록 516쪽) 참조

화시키며 공공재정에 해악을 끼친다고 널리 인식되어 있다. 인구 고령화는 두 가지 문제를 제시한다. 하나는 인구 고령화가 진행되면서도 경제 성장을 유지하는 것이고 다른 하나는 급속하게 증가하는 많은 노인들에게 노후의 경제적 안정을 제공하는 것이다. 역설적이게도 과거 대규모의 인구 배당으로 상당한 호황을 누렸던 아시아 경제는 2020년에서 2060년 사이에 유효 노동력 성장의 급격한 감소로 낮은 성장을 경험할 것이다.

국민이전계정은 경제적 자원이 어떻게 생산되고 소비되는지, 각 연령이 정부, 가족 및 금융시장에 어떻게 의존하는지에 대해 연령별로 수치를 제공하는 유용한 도구이다. 이 논문에서는 인구 및 경제 자료를 통해 아시아 태평양 지역의 인구 변화가 경제에 미치는 영향에 대한 이해를 높이려 국민이전계정을 이용한 몇 가지 분석 사례를 제시하였다. 한국 정부는 세계 최초로 국민이전계정을 국가공식통계로 제도화하였다. 이것은 다른 나라의 모델이 될 수 있다. 만약 다른 나라의 정부가 국민이전계정의 전 자료를 구축하거나 국가통계에 포함하기 어려울 경우 몇 가지 특정 지표만을 포함시킬 수도 있다.

대체로 인구 고령화는 경제 성장에 부정적인 영향을 미칠 것이다. GDP 등 경제 지표는 앞으로 더 안 좋게 나타날 것으로 예상될 수 있다. 과거에는 유효 노동력의 증가가 빠른 GDP 성장으로 이어졌지만 앞으로는 그렇지 않을 것으로 예상된다. 출산율이 매우 낮은 한국과 같은 나라들의 경우에는 유효 노동력이 엄청나게 줄어들고 국민총생산이 감소할 수 있다.

이 논문에서는 또한 증가하는 노인 인구를 위한 적절한 자원을 확보하는 문제에 대해서도 논의했다. 고령화는 노인을 지원하는 데 필요한 자원에 대한 수요를 크게 증가시킬 것이다. 이에 대한 정책함의는 매우 복잡하고 예측하기 어렵다. 국가 단위에서 노인에 대한 지원은 아동에 대한 지출이 특히 높은 수준으로 유지되는 사회에서는 근로연령층 성인에게 상당한 재정적 부담이 될 수 있다. 실제 고령화는 전체 국가 수준이 아닌 가족단위의 수준에서 더 크게 느껴질 수도 있다. 많은 가정에서 금전적 비용은 종종 여성의 책임으로 주어지는 돌봄의 부담보다 오히려 덜 중요할 수 있다. 많은 사회에서 노인 부양은 하지만 가족의 책임이 아니라 사회의 책임이다. 대부분의 아시아 국가에서 노인에 대한 공공이전은 유럽 및 라틴아메리카 국가보다 덜 중요하다.

그럼에도 불구하고 고령화로 인해 세수는 지출보다 훨씬 느리게 증가할 것이다. 이에 세율을 인상하거나 혜택을 축소하거나 둘 다 해야 하는 어려운 상황이 발생할 것이다. 현재와 같이 부과방식(Pay as you go)에 의한 부양 방식은 많은 나라에서 큰 한계에 도달할 가능성이 크다. 많은 근로자들은 은퇴를 예상하여 자산을 축적할 수 있다. 그들은 연금 프로그램에 참여하거나 집을 구입하거나 다른 많은 방법으로 자산을 축적할 수 있다. 자산 축적은 고령화 사회에 부과되는 재정적 부담을 덜어줄 것이다.

사실 경제 성장과 노년층의 경제적 안정에 인구 고령화가 미치는 영향을 완화하기 위해 정책입안자들이 할 수 있는 일이 적지 않다. 예를 들어, 정부는 교육과 인적 자본에 더 많이 투자함으로써 더 높은 노동 생산성으로 1차 인구 배당 감소를 완화할 수 있다. 또 다른 예로는 노인들이 더 오랜 기간 동안 생산성을 유지할 수 있도록 하는 작업 환경을 만드는 것이다. 이는 노년층의 경제적 안정과 경제 성장에 모두 기여할 것이다. 요컨대, 정부정책은 결코 무력하지 않다. 한국의 경우 노동시장의 경직성을 제거하는 것이 상황을 개선하는데 한 방법이 될 수 있다. 연공 서열에서 성과 중심의 임금체계로 전환하여 임금 체계와 노동시장의 유연성을 높이는 등의 방법으로 노인의 조기퇴직을 지연시키는 것이 중요하다. 단기적인 해결책으로는 임금피크제를 전면적으로 도입하는 것이 바람직하다. 또한 연금 수급연령이 높아짐에 따라 고령자에 적합한 양질의 일자리 창출이 노동시장정책의 핵심 의제로 등장할 것으로 예상된다. 노후지원제도와의 통합적 관점에서 노인일자리 프로그램의 명확한 목표 설정이 필요하다.

현재는 고령자의 고용을 늘리거나 일할 수 있는 건강 능력을 활용하는 것이 주류 의제지만, 국민이전계정을 통한 결과는 현재 한국 노동시장 상황을 감안할 때 이러한 정책이 한계가 있음을 시사한다. 대신 고령 근로자의 생산성 향상을 위해 고령층의 고용 구조와 노동시장구조를 바꾸는 것이 더 중요하다. 생산성이나 능력이 상대적으로 높은 사람에 대해서는 생산성 향상을 위한 교육 프로그램을 강화할 필요가 있다. 한국은 중년 퇴직자를 위한 공식적인 재교육 프로그램이 거의 없기 때문에 고령자를 위한 고용촉진정책은 맞춤형 재교육 프로그램을 동반해야 한다.

끝으로, 한국의 고령화 관련 제반문제는 교육, 연금, 주거, 노동시장, 출산, 여성 등 모든 정책과 긴밀히, 다른 나라보다도 훨씬 더 긴밀히, 연관되어 있다. 따라서 국민 및 정책입안자들 사이에, 모든 부문에 걸친 광범위한 개혁만이 고령화로 인한 경제 및 사회 문제를 궁극적으로 해소할 수 있다는 공감대를 형성하는 것이 무엇보다도 중요하다.

참고문헌

· An, C-B, Y-J Chun, E-S Kim, N. Hwang, and S-H Lee. 2011. "Intergenerational Resource Allocation in the Republic of Korea", R. Lee and A. Mason (eds.) Population Aging and the Generational Economy, Cheltenham, UK and Northampton, MA, USA, Edward Elgar. pp. 381-393.

· Lee, R, S-H Lee, and A. Mason. 2008. "Charting the Economic Life Cycle", Population and Development Review 34: 208-37.

· Lee, R. A. Mason, et al. 2014. "Is Low Fertility Really a Problem? Population Aging, Dependency, and Consumption", Science 346(6206):229-234.

· Lee, S-H, A. Mason, and D. Park, 2022, "Aging and Debt", in B. Ferrarini et al. (eds), The Sustainability of Asia's Debt. Cheltenham, UK and Northampton, MA, USA, Edward Elgar.

· Lee, S-H, and A. Mason. 2015. "Are Current Tax and Spending Regimes Sustainable in Developing Asia?" in Park, D. S-H Lee, and M. Lee (eds). Fiscal Policy, Inequality, and Inclusive Growth in Asia, Oxon, UK, and New York, NY, USA, Routledge. pp. 202-234.

· Lee, S-H, J. Kim, and D. Park, 2017, "Demographic Change and Fiscal Sustainability in Asia", Social Indicators Research 134(1): 287-322.

· Lee, S-H, and N. Ogawa. 2011. "Labor Income over the Life-Cycle", R. Lee and A. Mason, Population Aging and the Generational Economy, Cheltenham, UK and Northampton, MA, USA, Edward Elgar. pp. 109-135.

· Mason, A. S-H Lee, and D. Park, 2022. "Demographic Change, Economic Growth, and Old-Age Economic Security: Asia and the World", Asian Development Review 39:131-169.

· Mason, A. and S-H Lee, 2019. "Macroeconomic Impacts and Policies in Aging Societies", in Aging Societies: Policies and Perspectives, Asian Development Bank Institute: Tokyo. pp: 1-9.

· Matsukura, R., S. Shimizutani, N. Mitsuyama, S-H Lee, and N. Ogawa, 2018, "Untapped Work Capacity among Old Persons and Their Potential Contributions to the "Silver Dividend" in Japan", Journal of the Economics of Aging 12: 236-49.

사회자: 김현숙 〔여성가족부장관 / 전 고용복지수석 비서관〕

토론자: 고영선 〔KDI 부원장 / 전 고용노동부 차관〕

권기섭 〔고용노동부 차관〕

김현숙(사회자)

이상협 교수님은 한국이 상당히 유니크하고 광범위한 개혁이 필요하다고 마지막에 매듭지으면서 말씀해주셨습니다. 토론자 두 분을 모시고 토론을 이어가도록 하겠습니다. 첫 번째 토론자는 KDI 부원장이시며 전 고용노동부 차관이신 고영선 부원장님이십니다.

고영선(토론자)

저는 세 분의 통찰력 있고 많은 정보를 제공하는 좋은 발표에 대해서 더 코멘트를 할 것은 없고 덧붙여서 몇 가지 제 생각을 말씀드리겠습니다.

첫 번째는 오늘의 주제와 주제를 포함한 전체 정책평가에 대해서 말씀을 드리고자 합니다. 제가 이제 소개받은 것처럼 정부에서 몇 년 일한 경험도 있고 또 국책연구소에 있었던 몇십 년 해왔는데 제가 볼 때 우리나라 정부의 정책이 형성되고 집행되고 평가되는 일련 과정은 상당한 문제가 있다고 생각됩니다. 이것은 특정 정권의 문제는 아니라 아주 오래된 문제라고 생각이 됩니다. 흔히 정책 실패 사이클이라고 부르는 것인데요. 예컨대 저출산 문제가 있다고 사회적으로 인식이 되면 그것에 대해서 정책을 만듭니다.

그런데 정책을 만들 때 이것은 충분한 검토와 평가를 놓치고 그냥 굉장히 급작스럽게 만드는 경향이 있습니다. 저출산뿐만 아니라 청년 실업이라든지 주택 문제라든지 거의 모든 중요한 문제에 대해서 충분한 검토와 평가가 없이, 과거에 대한 반성이 없이 굉장히 짧은 시간 안에 만듭니다. 그러다 보니까 효과가 제대로 있을 수는 없고, 문제는 계속 남습니다. 시간이 지나서 남은 것은 결국 예산이 늘어나고, 사업이 늘어나고 공무원은 늘어나고 문제는 여전하다는 것입니다.

그러니깐, 다시 또 문제가 제기되는 사이클을 반복하는 현상이 굉장히 많습니다. 그러다 보니깐 문제는 안 풀리고 정부 사업만 많아진다는 것입니다. 우리나라에 예컨대 R&D 분야를 보면 사업 수가 400개 된다고 합니다. 그리고 중소기업 관련 사업 수는 한 1,000개쯤 된다고 합니다. 산업부, 중기부 거의 모든 부처가 하나 이상의 사업을 하고 있다고 듣고 있고요. 저도 고용노동부에 있었지만 일자리 관련 사업도 들은 바로 140개 정도 된다고 합니다. 어느 하나도 사실 뚜렷한 성과는 찾아보기 힘든 것이 우리나라의 현실이라고 생각합니다. 그런 의미에서 사업 평가를 통해서 잘된 사업과 못된 사업, 성과가 없는 사업을 갈라내고 그중에 잘되는 사업을 중심으로 해서 전반적으로 사업의 효과성을 높이는 작업이 굉장히 중요하다고 생각합니다.

오늘 발표해주신 것과 관련해서는 특히 저출산이라든지 여성의 고용 문제에 대해서도 비슷한 문제를 지적할 수가 있습니다. 지금 저출산고령화위원회라는 곳이 있습니다. 영어로는 Presidential Committee on Ageing Society and Population Policy라는 이름이더라고요.

대통령 직속 위원회든지 범부처 위원회(Interministerial Committee)

를 만들게 되면 당연히 국가적으로 중요한 일이 있으니까 만드는 것이겠죠. 이제 어떻게 작동하는가를 보면, 일단 계획을 만듭니다. 4차 계획 등 여러 가지 사업을 쭉 나열을 하고 반복을 합니다. 제가 말씀드린 정책 실패의 사이클을 반복하는 거죠. 만들고 실행한다고 발표하지만 사실 효과가 생기지는 않고 사후적으로 평가도 제대로 안 하는 그런 행태가 반복되는 것입니다.

오늘 긴서 교수님도 말씀하시고 했지만 주제를 좁혀서 여성의 고용이나 저출산이나 경력 단절 문제로 생각을 해보면, 가족노동이 별로 효과가 없다. 여성의 재취업, 그러니까 출산이나 육아 후에 재취업을 방해하는 측면도 있다는 말씀을 해주셨는데 이런 것들을 피드백해서 새로운 계획을 만들고 전략을 수립할 때 활용되어야 한다고 생각이 듭니다.

또 하나 더 중요하게 생각하는 것은 이상협 교수님도 굉장히 강조를 하신 부분인데요. 하나의 정책이 다른 분야와 여러 가지 측면에서 긴밀하게 연결되어 있을 수 있다는 것입니다. 예컨대 저출산이나 여성 고용의 문제는 우리나라의 산업 구조나 기업 구조와 굉장히 밀접하게 관계가 있다는 것입니다.

우리나라는 유급 출산 휴가도 있고 육아 휴직도 있습니다. 실제로 제도가 있어도 활용하는 것은 기업에 따라 굉장히 큰 차이를 보입니다. 대기업 같은 경우에는 공공부문도 마찬가지겠지만 대부분의 여성들이 잘 활용하고 있지만, 서베이를 해서 보면 중소기업 특히 영세기업으로 갈수록 제도가 있어도 근로자들이 사용하지 못하는 경우가 절반이 넘습니다.

우리나라는 자영업이 굉장히 많습니다. 과거에 비해서는 훨씬 더 줄어들었지만 아직도 소득수준에 비해서 자영업이 많은 나라이고, 전반적으로 기업 규모도 작습니다. OECD 통계를 보더라도 대기업의 일자리가 그렇게 많지가 않습니다. 한 20%, 30% 정도라고 추정이 되고 있는데 독일 같은 경우에는 대기업 비중이 절반이 넘습니다. 일자리 비중이 우리나라는 자영업과 소규모인 기업이 많은 나라입니다. 그러다 보니 여성의 경제 활동도 굉장히 쉽지 않아 출산이나 육아 애로가 큰 상황입니다.

그런 측면에서 보자면 우리나라의 경제가 좀 더 선진화되고 대기업화가 되고 규모화가 커져야지 이 저출산 문제도 근본적으로 해결되지 않을까 생각합니다. 다시 말씀드려서 저출산 문제와 대기업정책이나 중소기업정책도 다시 되돌아볼 필요가 있다는 말씀입니다.

우리나라는 재벌에 대해서는 굉장히 안 좋은 'Selfish' 하다는 인식이 있고요. 반면에 중소기업이나 소상공인에 대해서는 사회보장적인 관점에서 바라보는 시각이 있습니다. 그러니까 대기업이나 중소기업에 대한 시각이 우리나라 저출산의 어떤 하나의 원인이 되고 있지 않을까 하는 부분도 검토해봐야 된다고 생각합니다.

또 한 가지 저출산과 관련해서 말씀드릴 것은 이상협 교수님이 말씀하셨지만, 우리나라의 교육과 관련된 문제입니다. 우리나라는 초등학교 수업이 굉장히 일찍 끝납니다. 수업 시간이 일찍 끝나기 때문에 방과 후에 아동들에 대한 지원이 굉장히 필요합니다. 제가 정부에 있을 때 느낀 것이지만, 교육부가 이 부분에서 큰 관심이 없다는 느낌을 받았고요. 이는 교육부의 문제가 아니라 우리나라 교육정책 전반에 관한 문제이고 교육전문가 전반에 걸친 문제입니다. 우리나라 공교육이 실패를 하고 사교육이 번창하다 보니 돈이 많이 들고 그렇다 보니 애기 갖기가 겁나고 이 문제를 해결하기 위해 '공교육을 개혁하자'라고 말하면 굉장히 많은 논의가 있고 서로 다른 가치관을 가진 사람들끼리 충돌하다 보니 공교육이 쉽게 바뀌지 못하는 것이 현실입니다.

재벌이나 중소기업의 문제와 저출산 문제하고 충돌될 수가 있다는 말씀드렸는데 공교육 문제도 이러한 저출산 문제와 충돌되는 부분이 있다는 생각이 듭니다. 정책들 간의 연결고리를 감안하고 우선순위를 정하고 교육혁신도 하고, 기업 부분의 혁신도 하면서 정합성을 가지는 방향으로 정책을 펴나갈 필요가 있다고 생각됩니다.

마지막으로 권 차관님께서 말씀을 해주시겠지만 저는 노동개혁이 굉장히 중요한 과제인데, 대기업의 좋은 일자리를 만드는 문제와 현재 노동계의 시각이 너무나 다르기 때문에, 일반 국민, 특히 청년들이 노동개혁에 대해서 심정적으로 동의하지 않는다는 생각이 들고요. 이런 것들이 다 정합적으로 이루어져야 저출산 문제도 해결이 되고 선진국에도 더 한 발짝 다가갈 수 있다는 생각이 듭니다.

평가가 중요하고 정책을 제대로 찬찬히 차근차근 효과가 있도록 만드는 것이 중요하고 또 여러 정책들 간의 정합성을 도모할 필요가 있고 그러자면 사회 구성원 간의 어떤 충분한 논의와 타협과 어떠한 상생하는 그런 모습이 필요하다고 생각합니다.

김현숙(사회자)

고영선 부원장님, 그동안 정부에서도 일하시고 정책 개발하시면서 느꼈던 부분에 대해 진솔하게 말씀해주셔서 해외에서 오신 발표자분들께서 한국에 대해서 이해하시는 데 도움이 됐을 것 같습니다. 이어서 권기섭 고용노동부 차관님의 발표를 듣도록 하겠습니다.

권기섭(토론자)

올바른 정책은 올바른 평가에서 나온다는 말을 새삼 느낀다는 말씀을 먼저 드리고 싶습니다.

노동시장이나 인구정책에 포커스를 맞춰서 말씀을 드리자면 우리나라가 다 아시는 바와 같이 저출산, 고령화 속도가 워낙 빠르게 진행이 되고 있기 때문에 광범위하게 우리 사회에 영향을 미치고 있는 것은 사실입니다.

단기적으로는 산업 현장에 인력난이 굉장히 심해지고 있는 상황이고 학령인구 감소나 도농 격차 때문에 축소 사회가 도래하고 있고 또 중장기적으로는 생산가능인구가 급감함으로써 국가의 잠재 성장률은 떨어지고 부양비의 증가로 재정의 건전성이 악화될 가능성이 많은 상황입니다.

노동 수요 측면에서는 4차 산업혁명 신기술의 가속화, 노동 공급 측면에서 저출산, 고령화의 급진전 때문에 노동시장정책, 저희가 하고 있는 고용노동정책에도 어떤 큰 변화를 가져올 수밖에 없는 것 같습니다. 기술 혁신에 따라서 사람이 하는 일 자체가 지금 계속 변화하고 있고 그 일을 누가 어떻게 언제 하는지도, 변동성도 굉장히 커지고 있는 것 같습니다. 그간의 취약계층으로서 노동시장에서 어떤 보충적 역할을 하고 보호를 해야 될 고령자나 여성, 외국인이 현재 노동시장의 핵심 인력으로 활용되어야 할 상황이 되었습니다.

과거보다 교육 수준이나 숙련도가 높은 고령층은 노동시장에서 더 오래 일할 수 있도록 지원을 해야 되고 또 저출산 문제에 대응하기 위해서는 노동시장에서 여성의 경력 단절을 예방하고, 또 결혼, 출산, 양육이 개인에게 더 행복한 선택이 될 수 있도록 일과 가정이 양립하는 환경도 조성해야 되고, 또 산업 인력 부족을 막기 위한 외국 인력의 적극적 활용 또 탄력적 활용 나아가서는 체계적인 이민정책의 체계 수립도 고민을 해야 되는 시점이라고 생각하고 있습니다. 결국 이런 문제는 산업 구조와 노동시장 구조의 문제와 연결이 되어 있습니다. 특히, 고령자나 여성의 경제활동을 전반적으로 높이려면 대·중소기업이나 정규직 비정규직 노동시장의 이중구조 문제를 완화시키고 여러 가지 제도적인 근로시간의 선택권 확대 등의 어떤 임금 체계 개편 등이 같이 동반되어야 문제가 해결될 것으로 생각하고 있습니다.

고령자 관련해서는 2017년에 모든 기업의 60세 정년이 의무화가 됐지만 정년 의무이나 혜택은 사실 공공기관이나 대기업 근로자에 집중이 되고 상당수 중소기업 근로자는 여러 가지 인건비 부담, 특히 연봉 베이스의 인건비 부담 때문에 많이 50대 초중반에 퇴직하고, 또 저임금 일자리로 가는 경우 이동하는 경우가 많습니다.

특히 우리나라 임금 체계는 연봉의 영향이 압도적으로 크기 때문에 선진국과 대비해서 저출생 고령화 시대에서 여러 가지 문제를 야기하고 있는 걸로 알고 있습니다. 특히 공정성에 민감한 청년들에게는 또 세대 간 갈등의 유발 요인으로 작용을 하고 있습니다. 특히 대기업과 중소기업도 정규직 간의 임금 격차를 확대하고 또 중소기업 근로자의 조기 퇴직, 대기업에서는 정규직 채용을 기피하거나 외주화를 촉진하는 등의 노동시장 격차를 구조화하고 공고히 하는 원인으로 작용하는 것으로 생각하고 있습니다. 그래서 결국은 기업 여러 가지 노동시장 문제도 해결해야 되지만 고령층의 계속 고용을 확대하기 위해서는 연봉급 중심의 임금 체계를 어느 정도 완화를 시켜야 직무 성과 중심으로 임금 체계를 개편해야 되지 않을까 이렇게 생각을 하고 있습니다.

이 외에도 정부 차원에서 이·전직을 희망하는 고령자에게 재취업이나 고용지원 서비스도 하고 있고 신흥 기술 변화에 따른 여러 가지 직업 훈련 과정도 계속 확대해나가고 있습니다. 그리고 퇴직 전문 인력들이 본인들의 노하우가 사장되지 않고 활용할 수 있도록 여러 가지 지역사회나 기업 학회들과 연결시키는 작업들도 하고 있습니다.

특히 중요한 것은 노후의 어떤 소득 보장 체계를 연금으로만 할 수 없기 때문에 퇴직금 제도를 빨리 퇴직연금 제도로 의무화하고 퇴직연금 제도가 여러 가지 정착될 수 있는 기간을 빠른 속도로 마련하는 것도 고령화 시대에 역할이 아닐까 생각하고 있습니다.

여성 노동 고용과 관련해서는 대기업 정규직 쪽이 혼인율과 출산율이 높다는 얘기도 있고 성별 고용이나 임금 등에서 격차가 아직까지는 여전하고 경력 단절 후에 재취업할 때는 전부 다 낮은 일자리로 취업하는 경우도 굉장히 많은 것으로 알고 있습니다. 앞서 말씀드린 우리의 예를 들어서 경직된 노동시장 구조 또 특히 연봉급 어떤 임금 체계 때문에 사실은 진입 장벽이 상당히 공고해지고 여러 가지 제대로 보상받지 못하는 부분이 많고 경력 단절의 예방에서는 제일 중요한 게 부모의 시간 선택권을 어떻게 확보하는가입니다.

육아기 때 부모가 초등학교까지 일하면서 여러 가지 돌볼 수 있는 근로시간 단축 제도를 어떻게 확대해 나갈 것이냐, 그다음에 육아기에 재택근무나 시차출퇴근제를 어떤 방식으로 활용할 수 있도록 할 것이냐 이련 것들을 제도적으로 정부의 지원으로 부담을 많이 해야 될 것 같고, 특히 부모의 공동육아를 확산하고 또 아빠의 참여를 확대하는 정책들도 필요할 것 같습니다. 지금 현재 저희가 육아 휴직 기간이나 급여의 인센티브를 주거나 배우자 출산휴가를 확대하는 여러 가지 방법들도 고민하고 있습니다. 다만 지정 토론자분들도 지적하셨지만 대·중소기업의 이 제도들의 활용률 격차가 동시에 존재하고 있다는 것도 저희가 풀어야 할 과제인데 이것은 아까 말씀드린 노동시장의 이중구조 문제나 여러 가지 산업 구조의 문제와 같이 동반되는 문제이기 때문에 함께 풀어나가야 할 것이라고 생각합니다.

외국인력 관련해서도 코로나 이후에 다른 선진국에서도 적극적으로 이민친화정책을 펼치고 있는 것으로 알고 있습니다. 그간에 대한민국의 외부인력정책은 보충성의 원칙과 단기 순환의 원칙을 고수를 하면서 여러 산업의 인력 부족을 메우는 방식으로 진행되어 왔습니다만 앞으로의 우리 인구 구조 변화에 따라서는 조금 더 전향적이고 적극적인 방향에서 외부인력정책이 필요하다고 생각합니다. 숙련 인력을 우대하고 사회 통합적 관점에서의 외부인력정책, 이민정책을 들여다보고 또 체류 지원이나 적응을 지원하는 부분을 함께 같이 논의해야 되지 않을까 하는 생각을 하고 있습니다.

마지막으로 이상협 교수님께서 발제하신 노동시장 고용연금 제도의 광범위한 개혁은 정말 필수적이라고 생각을 하고 있고 적극 공감을 하고 있습니다. 현재 정부가 노동개혁을 추진하고 있습니다. 그런데 여러 가지 이슈가 있지만 그중에서도 아까 앞서 말씀드린 노동시장의 이중구조 문제를 어떻게 해소할 것인가가 아마 저출산 고령화 인구 구조 문제와도 상당히 직결되어 있는 것으로 생각하고 있습니다.

현재 한국의 대기업 정규직 노조하고 바깥에 1차 노동시장과 2차 노동시장의 격차가 상당히 견고하고 벌어져 있기 때문에 이런 것들을 해소하는 방법이 필요한데 이것은 아무래도 기존 제도와 틀을 다시 한 번 깨는 과감한 개혁이 필요하지 않나 생각을 합니다. 앞서 말씀드렸듯이 연봉급의 임금 체계를 완화할 수 있는 방법, 그다음에 근로시간에 대한 근로자들의 선택권을 계속적으로 확보할 수 있을까 하는 방법들 그리고 그간에 저희가 보호를 하기 위해서 만들었던 기간제법이나 파견제법들이 1차 노동시장과 2차 노동시장에 벽을 더 견고히 하는 것들이 아닌가 하는, 그래서 제도들 간의 정합성을 봐야 되지 않느냐 하는 생각입니다. 고성장, 압축성장시대의 노동 법규와 규범들이 그 안에 기존의 규범들이 통용이 되었다면 저출생, 고령화 또 지속가능한 노동시장을 구축하기 위해서 지금 가지고 있는 우리의 노동 규제와 법제 이런 것들이 유효한지에 대해서 한번 봐야 될 것 같고 사실 그것을 개혁하는 작업이 현재 저희 정부가 추진하고 있는 노동개혁 작업이라고 생각을 하고 있습니다.

오늘 여러 가지 주신 말씀을 통해서 다시 한 번 저희 정책들을 되돌아보고 앞으로 지속가능한 노동시장 저출산의 고령화에 대비하기 위한 노동시장 구축을 위해서 최선을 다하도록 하겠습니다.

김현숙(사회자)

노동 및 인구정책 평가에 대해서 발표해주신 발표자나 토론을 진행 중인 토론자 어떤 분들에게도 다 말씀하셔도 되는데요. 궁금한 내용이 있으시면 질문을 해주시길 바랍니다.

김병준(강남대 교수)

먼저 발표 그리고 발제 감사드립니다. 저는 강남대학교의 교수 김병준입니다. 두 개의 질문이 있습니다. 먼저 한국의 노동시장 변화 그리고 임금과 관련된 프로그램 관련해서 질문이 있는데요. 이상협 교수님 한국의 안심소득 시스템에 대해서 아마 들어보셨을 겁니다. 성신여대의 박기성 교수님께서 만드신 실험적인 프로그램인데요. 안심소득 시스템이라는 것은 은퇴자와 실업자들께 적용될 수 있다고 생각합니다.

한국의 국민연금 같은 경우에는 지속가능성 관련해서 큰 문제들을 가지고 있습니다. 일단은 국민연금 자체가 2055년에는 고갈될 것으로 예상이 되고 있기 때문에 안심소득 시스템을 도입하는 것이야말로 은퇴자들에게 임금 재분배로 보완이 되고 솔루션이 되어서 나중에 국민연금이 고갈되는 부분들에 대해서 문제를 보완해줄 수 있다고 생각합니다. 혹시 이 부분 관련해서 의견이 있으실까요?

그리고 두 번째는 노동시장의 변화에 대한 질문입니다. 아시다시피 한국은 오늘날 고령화뿐만이 아니라 인구가 감소하고 있습니다. 전 세계적으로 유례없는 가장 낮은 저조한 저출산율 때문인 거죠. 하지만 AI 그리고 로봇이 인간의 일자리를 대체하고 있습니다. 단순 노동으로부터 숙련된 일자리까지 대체를 하고 있는데요. 그러면 이러한 트렌드가 한국의 이런 노동 인구 감소 그리고 한국의 정부가 미래의 성장 정책에 있어서 어떻게 연결시킬 수 있다고 생각을 하시나요? 감사합니다.

티모시 스미딩

안녕하세요. 저는 티모시 스미딩이고요. 여기 두 분의 이 박사님이 계십니다. 기술적인 변화에 대해서 지금 말씀하지 않으셨습니까? 그러면 누가 로봇을 소유하게 되는 건가요? 인간이 아니고 기업들입니다. 그러면 거기서 발생하는 수익은 투자를 하게 되면 여러분들도 수익의 일부분을 받게 되겠죠. 이거는 도나 박사님께서 얘기를 하셨지만 유급 휴직 제도가 한국에는 있어요. 그리고 또 여러 가지 노동 관련된 정책들이 있어요.

하지만 인구 감소가 이루어지고 있어요. 만약에 육아 휴직을 갔어요. 다시 돌아오면 그 원래 일자리로 가는 게 아니라 다시 밑에서부터 시작을 해야 하는 거예요. 그러면 다시 밑에서 시작하는 것 때문에 사람들의 노동 참여율이 저조해지는 거예요. 왜냐하면 다시 일자리로 돌아간다고 하더라도 예전에 누리던 것들을 못 누리기 때문에 파트타임 잡이나 유연성이 없어요. 그래서 여성의 노동 참여와 노동시장에서의 참여율이 중요합니다.

김현숙(사회자)

첫 번째 질문하신 강남대 교수님의 안심소득 얘기에 대해서 대답해주실, 지금 저희 플로어에 누가 여기 지금 우리 연사 중에 누가 계신가요? 고영선 부원장님.

아마 오늘 발표하신 주제 내에서 안심소득에 대해서 특별히 저희가 관련된 발표가 없었기 때문에 그 부분에 대한 코멘트를 해주실 분은 여기에는 계신 것 같지는 않고, 다만 말씀하신 것처럼 국민연금이 고갈이 2055년쯤에 될 거라고 예측이 되고 있기 때문에 노후에 어떤 소득을 어떻게 안정적으로 확보할 것인지에 대한 문제에 대해서 다양한 의견이 있을 수 있고, 연금개혁도 지금 얘기가 되고 있는 부분이고 그 연금을 늦게 좀 받게 된다든가 아니면 연금을 더 내고 덜 받는 개혁을 한다든가 그런 것도 있을 수 있습니다. 안심소득에 대해서도 제가 알고 있는데 일부 이견이 있을 수 있다고 생각이 되고 앞으로 더 논의를 해야 될 문제라고 생각이 됩니다.

김병준(강남대 교수)

제가 설명을 좀 드릴게요. 그러니까 첫 번째 질문의 요지는 이겁니다. 국민연금의 기금 고갈에 직면해서 그 기금고갈을 해결하기 위해서 무슨 뭐 보험료를 올리고 그다음에 급여를 삭감하고 이런 기본적인 거 말고 국민연금 프로그램 내에 있는 소득 재분배 기능을 없애는 대신에 별도로 안심소득제를 노인 은퇴한 연령에 대해서도 우리가 적용을 하는 것은 어떻겠느냐, 이게 이제 제 질문의 요지고요.

두 번째 질문은 지금 노동시장이 변하고 있는데 일반적으로 아무리 이민정책을 취한다 하더라도 자본가 계층, 그다음에 젊은 계층, 그런 노동력의 유입은 괜찮은 현상이지만 반대로 노인이 유입되거나, 아니면 자본력이 없는 사람들이 유입되는 건 굉장히 바람직하지 못하죠. 그런 측면에서 AI나 또 Computerization(컴퓨터화) 이러한 로봇의 활용을 어떻게 긍정적으로 평가할 수 있겠느냐 하는 것이 제 질문의 요지입니다. 이상입니다.

이상협

첫 번째 질문을 저도 들어는 봤는데 제가 분석하지 않은 거에 대해서는 대답을 절대 안 하는 성격이기 때문에 제가 분석을 해본 적이 없습니다. 연구를 해보지 않았기 때문에 말씀을 드릴 수는 없고, 두 번째 AI에 대해서는 사실은 ADB(Asian Development Bank)에서 광범위한 연구를 4년 전에 했고 제가 거기에 참여를 했어요. 결론은 뭐냐 하면 이게 산업 영역마다 임팩트가 너무 다르다는 거죠. 직업이 다른 사람들은 새로 창출된 직업이 인력이 모자르다 이런 얘기를 하는데 그거보다는 인력이 재배치가 된다는 거죠. 그거를 분야별로 각 나라에 어디서 얼마만큼 줄어들고 하는 걸 사실은 우리가 예측을 했습니다. 사실은 유명한 리서치인데 잘 팔리진 않아요. 이게 단순히 사람의 문제는 아니에요.

수요와 공급의 문제는 아니고 구조개혁(Restructuring)의 문제가 더 심각한 문제고 옛날에 기계 파괴 운동이라고 혹시 기억하시는지 모르겠지만, 옛날에 산업혁명이 일어나고 기계가 들어올 때 사람들이 반대를 많이 했었거든요. 근데 사실은 직업은 없어지는 것뿐만 아니라 새로운 직업이 생기기도 하죠. 컴퓨터도 마찬가지로 모든 직업은 구조개혁이 되고 거기에 따라서 새로운 잡이 생기기 때문에 그거를 단순히 어떤 이게 돕는다 안 한다, 이렇게 말씀드리긴 좀 어렵고, 다만 저는 항상 기술진보(Technological Progress)에 대해서는 긍정적인 입장을 갖고 있고. 마지막으로 말씀드릴 것은 한국이 이렇게 많은 문제를 갖고 있지만 한국도 사실은 이거를 결국은 해결해나갈 거라고 사실 굉장히 긍정적인 생각을 하고 있습니다.

김현숙(사회자)

또 다른 질문 혹시 있으신가요? 로날드 리 교수님 말씀해주세요.

로날드 리

저는 두 가지를 좀 말씀드리고 싶습니다. 첫 번째는요. 일단 이상협 교수님 발표 감사합니다. 아까 노인 인구가 시장에 참여해야 하고 생산성을 높여야 한다고 지적해주신 건 매우 유용했다고 생각합니다. 그런데 요즘 동아시아는 다 공통적으로 나타나는 현상인 것 같아요. 노인 인구가 일을 한다 하더라도 생산성이 낮다는 것은 아시아에 나타나고 있는 전반적인 현상인데요. 그래서 노인 인구의 생산성을 높이기 위한 노력을 하게 되면 교육을, 재교육을 다시 하게 되면 많은 부분 개선이 되지 않을까 하는 생각이 듭니다. 제가 생각했을 때 지금 현재는 이렇게 노인 노동 인구에 대해서 많이 고려를 하고 있지는 않은 것 같습니다. 하지만 앞으로는 상황이 굉장히 더 달라질 거라고 보입니다.

노인들이 지금 나중에 노인이 될 사람들은 생산성이 매우 높아서 젊은 청년들만큼이나 생산성이 높을 수가 있습니다. 지금 차세대 노인들이 말이죠. 그렇게 생산성이 높은 상태로 일을 오래 하게 되면 경제의 GDP 성장까지도 크게 영향을 줄 수 있다고 생각합니다. 그래서 이러한 변화를 가급적 일찍 시작하는 것, 지금 시점에 시작하는 것이 매우 의미가 있을 것이라고 생각합니다. 예를 들어서 문화가 바뀐다는 것을 이해하고 정책이 바뀌고 환경이 바뀐다는 것을 이해하고 미래를 대비하고자 하는 차세대 노인들에 대해서 재교육이라든지 생산성을 높이기 위한 변화를 빨리 시작을 하게 되면 훨씬 더 미래에 많은 장점을 누릴 수 있다고 생각합니다. 그리고 전 세계적으로 궁극적으로는 은퇴연령을 60대, 65세가 아니라 70대로 높여야 한다고 생각합니다. 이런 방향으로 전반적으로 움직이는 모습이 보이고 한국도 그렇게 되어야 한다고 생각하고요.

제가 얘기하고자 하는 두 번째 포인트는 도나 긴서 교수님의 말에 정말 동의합니다. 도나 긴서 교수님 발표 중에 제가 하고 있는 일이기도 한데요. 여성의 노동 참여를 높이는 것 그것도 굉장히 적극적으로 동의합니다. 굉장히 중요한 정책 목표이기도 합니다. 그런데 아까 질문 중에서 재정적으로 아동 양육을 위한 아동수당을 지급하는 부분, 그래서 근로 여성의 참여도를 높이기 위한 인센티브로 제안을 하셨는데요. 저는 여기에 약간의 의문점은 듭니다. 이게 결국에는 장기적으로 아이를 낳고 재취업을 하려는 여성들의 근로의욕을 높이고 또 결국에는 출산율을 높이는 장기적인 효과가 있을지는 잘 모르겠습니다. 그것은 스웨덴의 정책을 살펴보면 비슷한 것이 있는데 전체 출산율을 높이는 데는 기여는 했지만 일시적인 현상에만 불과했었던 경우가 있습니다. 사실 처음에는 출산율이 높아졌지만 시간이 지남에 따라서 출산율이 다시 떨어지는 경향을 보였거든요. 그래서 한국 같은 경우는 그런 관련된 연구는 아직까지는 보지 못했습니다만 이미 이런 것들을 고려할 수는 있었겠지만 효과가 오래 지속되지 않을 수 있을 수도 있다는 가능성을 한번 제시해드리고 싶었습니다.

또 특히 지금은 아동수당은 나오지만 정권이 바뀌면 그것이 없어질 수도 있다고 사람들이 생각하고 출산을 안 할 수도 있기 때문에 그 가능성도 생각해보셨으면 합니다.

김현숙(사회자)

로날드 리 교수님 말씀의 첫 번째 부분에 노인 인구의 생산성을 높일 수 있는 재교육에 대해서는 아까 플로어에서 주셨던 소득 재분배, 앞으로의 어떤 4차 산업혁명 시대에 어떻게 저희가 안정적으로 소득을 잘 분배되어서 모두가 골고루 잘 살 수 있는지 청중 질문에 대해서도 대답이 되셨다고 생각이 되고요. 여성의 노동 참여율을 노동시장 참여율, 경제활동 참가율을 높이려는 것은, 저도 굉장히 애를 쓰고 있는 부분인데 출산 장려금에 대해서 로날드 리 교수님께서 한국 자료를 보신 게 없다고 하셨는데 상당히 많은 출산 장려금에 대한 한국 연구가 있는데요. 대부분의 결과는 중대하지만 굉장히 작은 미미한 영향을 미쳤다는 연구 결과, 저도 관련 연구를 한 편 냈었는데 어느 특정 연도까지는 효과가 있었지만 2016년 이후로는 출산 장려금이 자녀의 출생에 영향을 주지 못한다는 연구 결과를 발견했기 때문에, 저도 로날드 리 교수님이 얘기했던 부분에 대해서 동의합니다. 오늘 토론을 정리하도록 하겠습니다.

처음 로날드 리 교수님께서 랜덤 샘플 경로 아우박을 이용을 하셔서 인구 전망하고 연령 프로필을 좀 보여주면서 한국의 전체적으로 아동에 대한 지출이 굉장히 높고 그다음에 어르신들에 대한 어떤 지출 부분은 낮아서 이런 부분을 위해서는 저축 같은 것들을 좀 많이 해야 되고 NTA를 가지고 좀 잘 봤으면 좋겠다는 말씀해주셨고, 적절한 출산율을 얘기해주셨던 게 되게 인상적이었는데 너무 높은 숫자여서 과연 저희가 그 숫자를 향해서 갈 수 있을지, 지금 0.78이고 현재 나온 저희가 2분기까지의 출산율만 봐도 올해는 0.78보다 더 떨어질 거라고 예상을 해서 너무 걱정을 하고 있는데, 그런 부분에서 적정한 출산율로 갈 수 있는 모멘텀을 한국 정부가 만들어낼 수 있기를 다 같이 희망한다는 말씀을 드리고요.

도나 긴서 교수님이 얘기해주신 부분에는 상당 부분 동의합니다. 저출산이나 여성의 경제활동 참가율이 낮거나 좋은 파트타임 직업이 없기 때문에 여성들이 일을 하러 가지 않는 부분들이 전체적으로 성장에 도움을 주지 않는다는 얘기를 해주셨고 출산 장려금에 대한 연구는 엇갈리는 연구 결과가 있다는 말씀을 드리고, 그다음에 성 주류에 대한 얘기는 저도 굉장히 동의를 해서 양성평등 예산(Gender Budgeting)도 한국은 하고 있긴 하지만 조금 더 정치적인 참여에서 정치적 역량 강화(Empowerment) 압박이 아직 안 되고 있거든요. 유럽 국가나 호주, 뉴질랜드 같은 국가에 비해서 경제적 역량 강화도, 성별 임금 격차도 굉장히 큰데, 그것뿐만 아니라 정치적 역량 강화에서도 아직도 한국은 많이 뒤처져 있기 때문에 성 주류화가 되는 부분이 필요하다는 의견에 대해서는 적극적으로 동의하고 아마 여기 계신 청중분들도 비슷한 생각을 하시지 않을까 싶습니다.

그다음에 이상협 교수님은 한국을 참 잘 알고 계신 분인데요. NTA의 효용성에 대해서 세대 간 경제(Generation Economy)를 볼 수 있도록 해주는 효용성에 대해서 많은 말씀을 해주셨고 그다음에 아까 로날드 리 교수님도 언급하셨던 것처럼 어르신들이 일을 해도 건강 여력이 있는 분들이 일하는 것에서 생산성이 좀 나오지 않는 부분이어서 노동시장을 무조건 늘리는 것들이 그렇게 유의미하지는 않을 것입니다. 한국은 여러 가지 부분에서 굉장히 발전도 빨리하고 여러 가지 면도 같이 가지고 있는, 어떻게 보면 유니크한 나라이기 때문에 교육이나 노동연금 시스템이 다 연계된 것들에 대해서 다 한꺼번에 제도를 개선하는 것에 대해서 필요하다는 것에 대해서 동의를 하고요.

전직 차관인 고영선 KDI 부원장님과 현 권기섭 차관님께서도 증거기반에 대한 얘기는 많이 하신 것 같습니다. 그래서 평가에 기반해서 효율적이고 효과가 있는 정책에 저희가 주력하고, 좀 그렇지 않은 부분에 대해서는 정책에 있어서 과감하게 배제해서 선택과 집중을 하는, 새 정부는 조금 더 저출산정책이나 그다음에 다른 어떤 연금개혁이나 노동개혁이나 이런 부분에서도 조금 더 효과가 있는 정책들을 피드백 시스템을 잘 마련해서 할 수 있도록 노력하겠다는 말씀을 드리면서 이번 세션을 마치도록 하겠습니다.

제5부

금융 및 산업정책(에너지) 평가

1장

중국 금융정책의 재분배 효과

치우 첸(Zhiwu Chen) [홍콩대학교 석좌교수 / 전 예일대학교 교수]

앤드류 싱클레어(Andrew Sinclair) [홍콩대학교 비즈니스 스쿨]

1. 머리말

중국의 사회주의 시장경제는 경제학자들에게 새로운 시사점을 제시하고 있다. 이 체제하에서는 금융시장이 정부에 종속되어 있고, 그 관계는 중국경제 내 생산적 자산에 대한 광범위한 국가 소유와 금융 시스템 자체에 대한 국가의 통제를 통해 유지된다(첸(Chen)(2023)). 기존 연구결과에 따르면 금융시장에 대한 규제는 부의 분배에 중요한 영향을 미치는 것으로 알려져 있으며(라잔(Rajan)(2003), 라잔(Rajan)(2004), 클레센(Claessens)(2007)), 이런 면에서 볼 때 중국 은행 시스템 규모와 중앙 정부의 막강한 권한은 금융시장정책이 엄청난 규모의 재분배 효과를 가져올 것임을 시사한다. 그러나 이러한 왜곡 효과가 정확히 어느 정도 규모인지는 여전히 미지수로 남아 있다.

중국의 경제 성장은 '금융 억압(Financial Repression)'에 의해 촉진되었으며, 중앙 정부가 선호하는 기업에 저렴한 대출을 제공하기 위해 예금 금리를 인위적으로 낮게 유지해왔다는 주장이 오랫동안 제기되어왔다(리 외(Li et al.)(2008)).[1] 이는 잠재적으로 가계에서 기업으로의 부의 이전을 의미한다. 금리가 시장이 아닌 중앙정부에 의해 통제된다는 점과 이와 비교할 수 있는 균형 예금 금리나 대출 금리에 대한 적절한 벤치마크 이론이 없기 때문에 정부 금융정책으로 인한 금융 억압(인위적인 저금리정책)의 정도를 측정하기 어려운 문제가 있다. 즉, 금융 억압의 정도를 정확히 측정할 수 있는 이론적 추정이 용이하지 않다는 문제점이 있다.

본 고에서는 '공정한' 예금 및 대출 금리를 예측하는 머신러닝(ML; Machine Learning) 알고리즘을 구축하여 이 문제를 다루고자 한다. 이 알고리즘은 단순한 선형 모델의 구성 요소를 가져와 고차 상호 작용 조건을 통합하는 유연한 기능적 형태를 통해 균형 이자율을 제시한다. 136개국의 데이터를 사용하여 ML 모델을 학습시키고 테스트한 다음, 표본 외 추정을 적용해 중국에서 '공정한' 예금 및 대출 금리가 얼마였을지를 측정한다. 즉 '중국에서도 다른 136개 국가와 비슷한 방식으로 금융정책이 결정되었다면 과연 예금과 대출의 공정한 이자율은 얼마였어야 할까?' 하는 문제에 답을 제시하고자 한다. 우리의 ML 모델은 최소 자승법(OLS; Ordinary Least Squares) 모델보다 훨씬 더 우수한 성과를 보여주었으며 중국 금리정책의 시계열적 추세를 더 잘 설명하는 것으로 밝혀졌다.

그다음 이러한 ML 조건법적 추론을 사용하여 중국 은행 시스템에서 부의 이전 정도를 추정했다. 그 결과 1997년부터 2019년까지 대출자로의 부의 이전 규모는 34조 4,000억 위안(약 4조 9,100억 달러, 1달러당 7위안 환율 기준)이었고 예금자로부터의 부의 이전 규모는 11조 5,000억

---

1 (2014, November 25). China Savers Prioritized Over Banks by PBOC. Bloomberg News. https://www.bloomberg.com/news/articles/2014-11-25/china-savers-prioritized-over-banks-by-pboc-as-repression-eases

위안(1조 6,400억 달러)으로 추정되었다.

2. 예금 대출 금리 피드 포워드 신경망 모델 (Feed-Forward Neural-Net Model of Deposit and Lending Rates)

우리는 매년 예금 및 대출 금리를 결정하기 위해 피드 포워드 신경망을 적용하여 ML 모델을 구축한다. 이 모델은 포트폴리오 수익률 예측을 위해 싱클레어(Sinclair)(2023)가 수행한 분석을 기반으로 한다.

입력 레이어(L_1)는 세계은행의 세계개발지표(WDI)에서 얻은 다음의 5가지 변수(x)로 구성되어 있다.

- 광범위 통화성장률(%/년)
- GDP 성장률(%/년)
- 1인당 로그 GDP(2015년 불변가격, 미 달러)
- 국내총저축(GDP 내 %)
- 인플레이션, GDP 디플레이터(%/년)

출력 레이어(L_4) 는 WDI에서 가지고 온 예금 이자율과 대출 이자율로 구성된다. 신경망은 각각 32개와 16개 신경을 가진 두 개의 숨겨진 레이어, L_2와 L_3로 구성된다. 각각의 레이어 사이에는 L_{jb}가 레이어 j의 b번째 신경 값을 뜻하는 $\sigma(L_{jb}) = \max(0, L_{jb})$ 표준 정류된 선형 함수(ReLU; Rectified Linear Unit) 활성화 기능을 적용한다.

입력 레이어는 L_1=X로 설정되어 있다. 각각의 숨겨진 j+1 레이어의 k 번째 신경 값은 $L_{j+1,k} = \sum_b W_{bk}^j \ \sigma(L_{jb})$로 규정된다.

여기서 b는 j 레이어의 b 번째 신경이며, W_{bk}^j는 j 레이어의 b 신경값에 대해 j+1 레이어의 신경 k가 부여하는 가중치다. 예측된 출력 레이어는 $\hat{L}_4$로 주어지며, 출력 레이어의 예상치는 이전 숨겨진 레이어의 선형 함수 $\hat{L}_{4,k} = \sum_b W_{bk}^j \ L_{jb}$로 나타난다.

모델 피팅은 다음 최적화 문제를 해결하기 위한 가중치 w를 찾는 것에 해당한다.

$$\arg\min_{w} Loss(L_4, \widehat{L_4})$$

여기서 손실 함수는 유클리드 거리, 즉 $Loss(L_4, \hat{L}_4) = \|L_4 - \hat{L}_4\|^2$로 정의된다. 최적화 과정은 확률적 그래디언트(gradient) 하강법을 이용했다. 즉 임의로 설정한 w의 기초값에서 출발해 알고리즘은 추정된 그래디언트값 개선을 반복해 손실 함수의 최솟값을 파악한다.

상기한 모형은 OLS 벤치마크를 변형한 형태로 해석할 수 있다. 실제 ReLU 활성화 함수를 선형 활성화 함수로 대체하면 우리 접근 방식은 OLS와 정확히 동일하다. OLS와 달리 활성화 함수의 킹크는 고차 종속성을 추가적으로 반영한다는 장점이 있다.

상기한 모형은 파이썬(Python)의 텐서플로우 패키지를 이용해 ML 모델을 추정했다. 이 모형은 1966년부터 2021년까지 136개 국가에 걸쳐 3,501개의 국가별-연도별 수치를 바탕으로 학습되었다. 기본적으로 이 모형은 주어진 입력 변수에 대해 일반적인 국가의 예금 및 대출 금리는 어떻게 결정되었는지를 학습한다. 그 결과 '중국이 다른 나라와 유사한 구조로 적정 예금 및 대출 금리를 결정한다면 그 금리 수준은 얼마였어야 했을까?'에 대한 해답을 제시하게 된다.

이러한 방법론은 패널 OLS 프레임워크에 비해 분명 개선된 점이 있다. 중국의 사례에서 이를 확인하기 위해 ML 모델에서 예금 금리를 예측하고 OLS 모델과 비교했다(〈그림 5-1-1〉). 그림에서 보듯 ML 모형은 OLS보다 훨씬 더 우수한 금리 예측력을 보여주고 있다. ML 모델과 OLS 모델의 R-제곱을 계산하여 이 차이를 비교하면 ML 모형의 상대적 예측력이 훨씬 더 강력함을 알 수 있다. 중요한 점은 ML 모형을 학습하거나 추정하는 데 중국 자료는 포함되어 있지 않았기 때문에 결과는 완전히 표본 외 예측임에도 불구하고 ML 모형은 중국 예금 금리의 시계열적 움직임을 잘 설명하고 있다는 점이다.[2]

〈그림 5-1-1〉을 보면 1980년부터 1998년까지 실제 예금 금리가 ML 모델 예금 금리를 중심으로 등락을 거듭했음을 알 수 있다. 그러나 1999년부터 실제 예금 금리는 ML 모델 예금 금리보다 지속적으로 낮은 수준을 유지했으며, 표본 기간이 끝나는 2021년에도 여전히 낮은 수준을 유지하고 있다. 이는 예금자들이 은행(대부분이 국영이며 정부 대리인이 운영)으로부터 과소 지급 받았다는 것을 의미한다.

〈그림 5-1-2〉에서는 1980년부터 2021년까지 중국의 대출 금리에 ML 모델을 적용했다. 정치적 혼란을 겪었던 1989년을 제외하고 실제 대출 금리는 항상 ML 모델의 예측 대출 금리보다 훨씬 낮았으며, 이는 대출자에게 보조금이 지속적으로 지급되었음을 시사한다.[3]

〈그림 5-1-1〉과 〈그림 5-1-2〉는 적어도 1999년 이후로 중국의 통화정책이 대출자(대부분 산업 기업)를 우대한 반면 예금자(대부분 가계)를 지속적으로 희생시켰음을 보여준다. 이러한 정책적 차별은 자원 배분의 왜곡, 민간·가계 소비 증가율의 지연, 국유기업(은행이 가장 선호하는 대

2 <그림 5-1-1> ML 모델과 OLS 모델에 의해 결정된 예금 금리와 실제 예금 금리(부록 517쪽) 참조

3 <그림 5-1-2> 실제 및 ML 모델 대출 금리(부록 518쪽) 참조

출자로 잘 알려져 있음)의 과잉투자 및 부실 대출 등 중국 경제에 드리운 광범위한 왜곡 형성에 적어도 부분적으로 책임이 있다고 볼 수 있다.

3. 부의 이전 및 보조금 규모

다음으로 총 예금과 대출에 각각 실제 이자율과 ML 모형 이자율의 차이를 적용하여 과소 지급 받은 예금자로부터의 부의 이전 연간 총액과 대출자에 대한 연간 보조금 총액을 계산했다. 예금자로부터의 부의 이전은 예금 총액에 실제 예금 금리와 예측 예금 금리의 차이를 곱한 값으로 계산하고, 대출자로의 부의 이전은 대출 총액에 예측 대출 금리와 실제 대출 금리의 차이를 곱한 값으로 계산한다. 저축 예금과 대출 총액에 대한 자료는 CEIC 자료를 활용했다. 다만 CEIC가 1997년 이전 기간의 총 예금·대출 데이터를 제공하지 않기 때문에 1997년부터 2019년까지를 계산해 그 결과를 〈그림 5-1-3〉에 표시했다.[4]

계산 결과 1997~2019년 동안 대출자에게 이전된 총 부의 규모는 34조 4,000억 위안(약 4조 9,100억 달러, 1달러당 7위안 환율 기준)이었고, 예금자로부터 이전된 총 부의 규모는 11조 5,000억 위안(1조 6,400억 달러)이었다. 일반적으로 총 은행 대출(예: 2019년 136조 위안)이 총 은행 예금(2019년 71조 6,000억 위안)보다 훨씬 큰데 그 이유는 그림자 금융의 자산관리상품과 같은 다른 자금원이 있기 때문이다.

4 <그림 5-1-3> 예금자로부터의 부의 이전, 대출자로의 부의 이전(부록 518쪽) 참조

4. 대출자 유형별 부의 이전 내역

CEIC는 대출자 유형별 정보를 2010년부터 2016년까지에 대해서만 제공하고 있다. 이 기간 동안 대출자들은 14조 1,000억 위안의 부를 이전받았다. 이 중 기업은 8조 6,000억 위안, 일반 소비자는 2조 7,000억 위안, '기타'는 2조 8,000억 위안을 받은 것으로 나타났다. 여기서 '기타'는 기업과 소비자를 제외한 잔여 금액이다. 총 보조금의 연도별 내역은 〈그림 5-1-4〉에 나와있다.[5]

"기업 대출자"는 "국유 기업"과 "비국유 기업(민간 및 홍콩/외국인 소유 포함)"이 포함되어 있다. 8조 6,000억 위안의 부의 기업 이전 중 5조 위안은 국유기업에, 나머지 3조 6,000억 위안은 비국유 기업에 이전되었으며, 연도별 분석은 〈그림 5-1-5〉에 나와있다.[6]

소비자 대출은 주택담보대출과 비주택담보대출로 나눌 수 있다. 2011년부터 2021년까지 8조 9,000억 위안의 자산이 가계로 이전되었으며, 이 중 6조 2,000억 위안은 주택담보대출을 통해, 2조 7,000억 위안은 기타 소비자 대출을 통해 가계로 이전되었다. 이 가계로의 이전 규모는 상기 분석 기간에 비해 더 긴 기간을 대상으로 산정되었기 때문에 상기한 결과보다 그 규모가 훨씬 더 크다. 〈그림 5-1-6〉은 연도별 내역을 보여주고 있는데 2015년 이후 가계대출, 특히 주택담보대출이 크게 증가한 점을 볼 수 있다.[7]

가계는 시장보다 낮은 예금 금리와 시장보다 낮은 주택담보대출 금

5 <그림 5-1-4> 대출자 유형별 대출 보조금 분포(부록 519쪽) 참조

6 <그림 5-1-5> 연도별 국유 기업과 비국유 기업의 대출 보조금 내역(부록 520쪽) 참조

7 <그림 5-1-6> 대출 유형에 따른 연도별 소비자 대출 내역(부록 521쪽) 참조

리를 적용받았지만, 두 경우의 가계가 동일하지 않은 만큼 이러한 상반된 효과는 상호 완전상쇄될 수는 없다. 가계 예금자로부터의 부의 이전과 가계대출자에게 제공되는 부의 이전을 비교하면 부의 이전이 가계에 미치는 순효과를 추정할 수 있다. 2007년부터 2019년까지 예금자로부터 9조 7,000억 위안의 부의 이전이 있었던 반면, 주택담보대출자는 6조 5,000억 위안의 부의 이전을 얻었다. 가계 입장에서는 3조 1,000억 위안의 순 자산이 외부로 이전된 셈이다. 〈그림 5-1-7〉은 이 기간 중 2012~2014년에만 가계가 왜곡된 통화정책으로 인해 부의 이전 이익을 얻었음을 보여준다.[8]

5. 아시아 국가만을 이용한 ML 모형 금리 학습

136개 국가의 데이터를 모두 사용하여 ML 모형을 학습시키는 것이 부적절하다는 지적이 있을 수 있다. 중국의 정책입안자에게 136개국의 정책입안자가 따른 규칙을 유사하게 따르고 행동하도록 요구하는 것과 같기 때문이다. 보다 중국에 적절한 벤치마크를 설정하기 위해, 아시아 국가 데이터만을 사용해 ML 모델을 설정했다. 아시아 국가로만 표본을 제한하면 표본 크기가 3분의 2 이상 줄어들지만, 모델은 여전히 적절하게 작동하며 전체 표본을 사용하는 것에 비해 보다 보수적인 결과를 주는 것으로 보인다. 〈그림 5-1-8〉과 〈그림 5-1-9〉는 〈그림 5-1-1〉과 〈그림 5-1-2〉와 유사한 왜곡 패턴을 보여준다.[9]

---

8 <그림 5-1-7> 연도별 가계 부의 이전(부록 522쪽) 참조

9 <그림 5-1-8> 아시아 국가 데이터로 학습된 ML 모델 예금 금리와 실제 예금 금리(부록 522쪽) 참조
<그림 5-1-9> 아시아 국가 데이터로 학습된 ML 모델 대출 금리와 실제 대출 금리(부록 523쪽) 참조

〈그림 5-1-10〉은 1997년과 2019년 사이 총 예금과 대출에 실제 이자율 대비 모델 이자율을 대비 적용해 예금자로부터 대출자로의 연도별 총 부의 이전 규모를 각각 보여준다. 대출자로의 부의 이전 규모는 20조 위안, 예금자로부터의 부의 이전 규모는 6조 1,000억 위안으로, 두 규모 모두 〈그림 5-1-3〉의 전체 표본에서 추정된 금액에 비해 약간은 작은 만큼 중국 정책입안자들이 아시아 국가들과 유사하게 행동한다는 가정을 확인할 수 있다.[10]

6. 결론

정책평가는 사회문제에 있어서 매우 중요하다. 그러나 평가에 적절한 벤치마크를 구축하는 데는 많은 가정이 필요하기 때문에 평가를 제대로 수행하기란 쉽지 않다. '좋은' 정책을 위한 '최상의' 벤치마크가 존재하더라도 이를 직접적으로 관찰할 수 없는 만큼 우리는 구조적, 비구조적, 또는 비모수적 모형과 같은 모형에 의존할 수밖에 없다. 본 고에서는 최근에 개발된 '최적 모형 프레임워크'를 기초로 중국의 금융정책을 분석해 이러한 정책결정이 얼마나 왜곡될 수 있는지 보여주고자 했다. 적어도 중국의 금융정책은 승자와 패자를 만들어냈을 뿐만 아니라 중국의 성장 모형이 투자, 산업, 수출에 크게 의존하는 결과를 초래했다고 할 수 있다. 중국의 경제 성장률에 상응하는 마땅한 예금 금리를 받지 못한 가계가 치른 희생은 소비 수요 약화로 이어져, 중국의 성장 모형을 투자 및 수출 주도에서 소비 주도로 전환하는 데 어려움을 겪도록 만들고 있다. 그리

10 <그림 5-1-10> 아시아 국가 데이터를 이용한 예금자로부터 대출자로의 부의 이전(부록 523쪽) 참조

고 가계의 희생이 기업에 대한 지원으로 연결됨에 따라 과잉 생산 문제를 더욱 악화시킬 수 있다. 중국이 통화정책부터 일상의 생활까지 거의 모든 분야에 대한 정부의 통제력을 강화한 만큼, 정책으로 인한 심각한 왜곡이 조속한 시일 내에 해결될 가능성은 낮다고 보인다.

참고문헌

· Chen, Z, How China keeps putting off its Lehman moment, The New York Times, 2023.

· Claessens. S. and E. Perotti, Finance and inequality: Channels and evidence. Journal of comparative Economics 35 (4), 748-773, 2007.

· Li, Hongbin, Lingsheng Meng, Qian Wang, and Li-An Zhou(2008). Political connections, financing and firm performance: Evidence from Chinese private firms. Journal of Development Economics, 87(2):283-299, October 2008.

· Rajan, R. G. and L. Zingales, The great reversals: the politics of financial development in the twentieth century. Journal of financial economics 69 (1), 5-50, 2003.

· Rajan, R. G. and L. Zingales, Saving capitalism from the capitalists: Unleashing the power of financial markets to create wealth and spread opportunity. Princeton University, 2004.

· Press. Sinclair, Andrew, (2023) Lecture Notes from BEM 114 Hedge Funds. California Institute of Technology, April 2023.

2장

글로벌 에너지 전환과 일본과 한국의 과제

켄 고야마(Ken Koyama) [일본 에너지경제연구원 소장]

1. 세계 분열과 에너지의 지정학

글로벌 에너지 지형이 급변하고 있다. 세계 에너지시장은 단기적으로 2020년 코로나19 영향으로 인한 심각한 공급 과잉과 극심한 에너지 가격 하락을 겪었으나, 2021년 하반기 이후 세계 경제 회복과 함께 수요가 증가하면서 수급 압박과 가격 상승으로 이어졌다. 20세기 후반부터 글로벌 이슈로 자리 잡은 기후 변화는 여전히 지난 몇 년 동안 전 세계 에너지 논의를 지배해왔으며, 2020년에는 전 세계적으로 주요 국가들이 탄소 중립 목표를 잇달아 발표했다. 이런 격변 중 갑자기 발생한 러시아의 우크라이나 침공은 에너지 가격 변동성과 글로벌 에너지시장의 불안정성을 더욱 심화시켜 이제 세계 에너지시장의 미래는 불확실성과 예측 불가능성으로 가득해졌다.

더욱 중요한 것은 점점 더 심각해지는 세계 분열 상황이 국제 정치, 세계 경제, 에너지 지정학에 영향을 미치는 핵심 요소가 되었다는 점이다. 특히 우크라이나 전쟁 이후 미-중 갈등과 '서방'과 '중국-러시아 측' 간의 갈등이 전 세계를 뒤흔들고 있다. 분열된 세계에서는 안보가 더욱 중요해진다. 자유 무역과 국제 분업에서 벗어나려는 소위 '탈동조화' 또는 '탈위험화'가 진지하게 논의되고 있으며, 중요한 정책 옵션으로 고려되고 있다. 이러한 상황에서 에너지 및 경제안보와 공급망 보호가 정책 우선순위로 떠올랐다.

2. 우크라이나 위기에 따른 영향과 에너지 안보에 대한 재검토

에너지는 인간의 삶과 경제 활동에 필수적인 재화다. 2022년 우크라이나 전쟁으로 야기된 에너지 가격 폭등은 세계 경제와 에너지 소비 및 수입 국가에 상당히 부정적 영향을 미쳤다. 저렴한 가격으로 에너지를 안정적으로 확보하는 에너지 안보가 전 세계적으로 에너지정책의 최우선순위가 되었다. 특히, 유럽은 러시아 에너지 공급에 대한 의존도가 높은 데서 오는 심각한 문제를 시급히 해결하기 위해 전면적이고 포괄적인 에너지 안보정책을 수립했다.

새로운 에너지 환경에서 에너지 안보를 강화하기 위해 유럽 및 기타 주요 서방 국가들은 다음과 같은 네 가지 에너지정책을 추진하고 있다. 첫 번째는 러시아 의존도 감소다. 비화석 에너지 사용, 에너지 절약/효율 개선, 전기화 및 수소화를 통해 화석연료 사용량을 줄이고, 필요한 화석에너지는 미국 LNG 등 러시아가 아닌 국가들로부터 확보하여 러시아 에너지에 대한 의존도를 낮추는 것이다. 두 번째는 위기 대응능력 제고다. 에너지 공급 중단 및 시장 불안정에 의한 외부 충격에서 벗어나는 국내 에너지 시스템의 복원력과 국제 협력을 강화하여 에너지 공급 중단이나 극심한 시장 불안정 상황이 발생했을 때를 대비하는 것이다. 세 번째는 에너지 투자를 촉진해 세계 에너지시장에서 충분한 에너지 수급 능력을 확보하는 것이다. 네 번째는 안정적이고 신뢰할 수 있는 무탄소 기저부하 전원(및 무공해)의 전력 공급의 활용도를 높이는 것이다. 이런 측면에서 원자력은 현재 많은 국가에서 에너지 안보와 이산화탄소 배출 감소에 기여할 수 있는 매우 중요한 선택지로 여겨지고 있다.

3. 에너지 안보와 탈탄소화를 동시에 달성하기 위한 움직임

우크라이나 전쟁으로 에너지 안보와 안정적인 에너지 공급이 당장 해결해야 할 현안으로 떠오르자 유럽을 비롯한 많은 국가들은 이산화탄소 배출량 증가를 감수하면서까지 상대적으로 저렴하고 수급이 안정된 석탄화력발전소 가동을 높여 전력 부족을 타개하였다. 그러나 이는 현재 진행 중인 위기를 극복하기 위한 일시적이고 긴급한 조치로 여겨지고 있다. 중장기적으로는 세계 많은 국가들이 에너지원 다변화를 통해 에너지 안보와 이산화탄소 배출 감축(탈탄소화)을 동시에 달성하려는 노력을 경주할 것으로 전망된다. 에너지 효율을 향상시키고, 재생 에너지 및 원자력 에너지를 촉진하여 에너지원의 다변화를 꾀해야 한다. 무탄소 전원에 의한 전기화도 중요한 선택 사항이다. 수소 및 기타 수소 파생 에너지(Hydrogen Derivatives)도 중요한 역할을 해야 하며, 동시에 화석 연료의 탈탄소화 및 탄소 관리도 함께 추진되어야 한다. 탈탄소화로의 에너지 전환은 중요 광물에 대한 수요를 크게 확대할 것이다. 국제 공급망 질서가 개편되고 있는 상황에서 주요 광물의 안정적 공급은 에너지정책에 또 다른 중요 고려사항이 되어야 한다.

4. 일본과 한국을 위한 에너지정책 과제

위에서 언급한 글로벌 에너지 환경하에서 일본과 한국은 공통의 에너지 정책 과제에 직면해있다. 주요 산업 경제 대국이자 미국의 동맹국인 두 나라는 석유, 가스, 석탄에 주로 의존하고 있는 대규모 에너지 소비국이다. 일본과 한국은 국내 화석 연료 자원이 부족하기 때문에 중동 석유 공급에 의존하고 있을 뿐 아니라, 에너지 수입 의존도가 높다. 양국은 2050년 탄소 중립을 목표로 하고 있으며, 중기적으로는 큰 규모의 온실가스 감축을 목표로 하고 있다.

양국은 에너지 효율 향상을 정책 우선순위로 삼아 적극 노력할 필요가 있다. 에너지 효율 향상은 에너지 안보, 온실가스 감축, 경제 경쟁력 강화에 일조할 것이기 때문이다. 양국은 태양광, 풍력 등 재생에너지 보급을 더욱 가속화할 필요가 있다. 물론 재생에너지 확대 과정에서 경제안보와 간헐성 문제는 충분히 고려해야 한다. 또한 이산화탄소 배출이 없는 수소와 암모니아, 기타 수소 파생 에너지 사용을 확대하고, 혁신적 연료의 국제적 공급망을 구축하며 에너지 혁신을 가속화하는 것이 중요하다.

그러나 가장 중요한 양국의 공통 과제는 원자력을 최대한 활용하는 것이다. 일본의 경우 안전성과 국민 수용성 확보를 기반으로 원전 재가동, 기존 원자로의 수명 연장, 원전 신설 및 SMR 등 첨단 기술 사용을 통한 대체가 가장 중요한 우선 과제다. 한국의 경우, 탈원전정책을 폐기하고 원전 비중 30%를 목표로 추진되는 복원전정책은 중요한 도전이 될 수 있다. 안전성이 강화되고 국민 수용성이 확보된 상태에서 원자력을 최대한 활용한다면 양국은 안정적인 에너지 공급, 공급 비용 절감, 이산화탄소 감축이라는 목표를 효과적으로 달성할 수 있을 것이다. 이러한 점에서 현재 한일 양국이 취하고 있는 원전정책은 올바른 방향이며, 향후 에너지 안보 강화와 탈탄소화에 긍정적으로 작용할 것으로 기대된다. 마지막으로, 복잡한 지정학적 상황을 가진 분열된 세계 환경에서 글로벌 에너지 안보와 기후변화 대응을 강화하기 위해 한국과 일본을 서로 협력할 필요가 있다.

■ 토론

사회자: 표학길 〔서울대학교 경제학부 명예교수〕

토론자: 안동현 〔서울대학교 교수 / 전 자본시장연구원장〕

박주헌 〔동덕여자대학교 교수 / 전 한국자원경제학회장〕

표학길(사회자)

지금부터 두 분의 토론자분이 말씀을 해주실 텐데요. 안동현 교수님, 박주헌 교수님께서 말씀을 해주시겠습니다.

안동현(토론자)

이 논문의 핵심은 정부의 개입이 어떻게 거시적인 변수에 영향을 미치는지에 대한 부분을 분석하고자 했습니다. 이러한 예시로 중국 정부가 시행하고 있는 금리억제정책에 초점을 맞춰 이러한 정책이 어떻게 부의 분배에 왜곡을 불러오는지에 대해 살펴보고자 했습니다. 학문적으로 주목할 만한 많은 공헌이 있지만 시간 제약상 두 가지의 부분에 대해서 말씀을 드리겠습니다.

첫 번째는 테크니컬한 부분에서의 기여도입니다. 이 논문에서는 최근에 개발된 최신 연구를 활용해 벤치마크 모델을 설정하셨습니다. 즉 정부의 인위적 개입이 없는 시장경제에서 결정되었다면 예대 금리가 어느 정도가 되었을까를 추정하는 겁니다. 이는 마치 뮤추얼 펀드나 헤지 펀드의 성과를 측정하기 위해서는 구체적이고 정확한 자산가격결정 모형이라는 벤치마크 모형을 필요로 하는 것과 마찬가지입니다. 물론 기존 문헌에는 수많은 자산가격결정 모형이 존재합니다만 모든 모형들이 그렇듯 오류가 있는 것이 사실입니다. 예를 들어 들어서 소비자산가격결정 모형(Consumption CAPM)에서 보듯 소비를 포함한 거시경제 변수에 기초해 공정한 예대 금리를 추정할 수 있습니다만 모형 자체가 가지고 있는 한계뿐 아니라 어떤 변수를 사용하느냐, 또한 모형을 어떤 방법으로 추정하느냐에 따라 결과가 달라진다는 문제가 있습니다. 즉 모형의 설정 오류 문제로 인해 이에 기초한 결과 역시 신뢰성이 떨어진다는 것이죠. 본 논문의 경우 이러한 오류로 벤치마크 예대 금리를 잘못 산출할 수도 있게 되고, 그리고 그 결과로 경제정책에 대한 평가 역시 왜곡될 수 있게 되겠죠. 그렇기 때문에 정확한 벤치마크 모델을 적용하는 것이 중요합니다.

이러한 문제를 극복하기 위해 본 고에서는 머신러닝 벤치마킹 모델을 활용했습니다. 이 방법론은 굉장히 훌륭한 모델이라고 생각합니다. 물론 어떤 분들께서는 머신러닝이라는 인공지능적 접근 방식은 일종의 블랙박스이기 때문에 경제적으로 어떤 인과관계로 결과가 도출되었는지에 대해 시사점을 주지 않는다는 비판을 하실 수도 있습니다. 즉 이 경우 중국의 예대 금리가 어떻게 결정되었어야 하는지에 대해 경제학적 분석에 기초하지 않는 만큼 한계가 있지 않느냐 비판할 수 있습니다. 그런데 이 논문의 목적은 공정금리가 어떻게 결정되는지를 이해하는 데 있지 않고 공정금리 수준이 얼마고 금리억제정책으로 인해 이로부터 실제 금리가 얼마만큼 낮게 결정되었는지를 파악하는 데 있습니다. 즉 구체적으로 산출된 수치를 알고자 하는 것입니다. 그런 만큼 이 접근 방식이야말로 연구에 합목적적이고 훌륭하다고 생각을 하고 이러한 테크닉을 향후 정책 평가에 있어서 활용하는 것이 바람직하다고 생각합니다.

그리고 두 번째에 기여하는 바에 대해서 말씀을 드리자면 부의 이전 규모에 대한 추정입니다. 이는 상당한 정책적 시사점을 줍니다. 얼마만큼이 대출자한테 돌아갔고 또 얼마큼 예금자들은 손실을 봤는지 살펴보면 부의 이전 규모가 상당히 크다는 점을 알 수 있습니다. 논문에 제시된 그래프를 통해 추정해 보면 2019년의 경우 대략 부의 이전 규모가 중국 GDP 대비 약 4% 정도로 추산됩니다. 이 정도 부의 왜곡이라면 가계의 부에서 차지하는 비중은 훨씬 더 높아질 것이기 때문에 우려할 만한 규모라고 볼 수 있습니다.

그러면 두 가지의 질문을 드리고 싶습니다. 첫 번째는 단순한 질문으로 처음 이 논문을 읽었을 때 한국의 경제 역사에 대해서 좀 돌아볼 기회가 되었습니다. 한국경제의 개발연대 시절인 1960년대에서 1980년대 역시 상당한 금리억압이라는 경제적인 개입이 있었습니다. 현재 중국과 마찬가지로 당시의 이자율은 정부가 타이트하게 관리를 하고 있었습니다. 그리고 동시에 그런 이자율 기간구조를 보면 장단기금리가 역전된 인버티드된 형태(Inverted Shape)였으며 이후에도 상당히 플래트(Flat)한 형태를 유지했습니다. 미국이나 다른 선진국 시장에서는 그러한 구조를 관측하는 게 쉽지가 않은 것이 사실입니다. 경기 사이클의 꼭짓점에 가까워 경기둔화가 예측될 경우 가끔 나타나는 형태죠. 이러한 장기저리 유지를 통해 한국 정부는 기업의 장기적 대출을 용이하게 하고 펀딩 비용(Funding Cost)을 낮춰 장기투자를 유도해 경제 성장을 도모한 겁니다. 그래서 제가 궁금한 것은 이러한 유사한 현상을 중국에서도 볼 수 있는지, 즉 이자율의 기간구조가 역전된 형태인지가 궁금합니다.

두 번째는 조금 더 기본적인 기초적인 질문이겠습니다. 애초 왜 중국이 이러한 금리에 개입을 했는지에 대한 질문에 대해 생각해봐야 할 것 같습니다. 왜냐하면 중국 정부 입장에서는 분배 왜곡에도 불구하고 이렇게 금리를 인위적으로 낮춰 경제 성장을 도모하고자 한 것으로 볼 수 있습니다. 그 결과 경제 규모가 커져서, 즉 경제 파이가 커질 경우 부가 일부 예금자에서 대출자한테로 이전된다고 하더라도 결국 예금자도 이득을 볼 수 있다면 윈윈(Win-Win)이 아니냐 볼 수 있는 거죠. 이게 사실인지 아닌지 모르겠습니다만 이는 실증적으로 검증해볼 만한 이슈라고 생각됩니다.

정리하면 이 논문은 굉장히 정교하고 뛰어난 논문입니다. 특히 방법론적인 기여도에 있어서 생각할 부분이 큰 것 같습니다. 제가 말씀드린 바와 같이 첸 박사님은 많은 논문을 쓰셨는데 그중 1990년대에 뮤추얼 펀드의 성과평가에 대해 매우 수학적으로 정교한 논문을 쓰셨습니다. 그런 면에서 이번 논문은 연결선상에 있는 것이죠. 그런데 성과평가의 정교함에 초점을 맞춘다면 본 논문에서 발표한 방법론은 향후 정책평가에 있어 상당히 유용한 수단이라고 볼 수 있습니다.

다시 한 번 강조합니다만 오늘 심포지엄 더 나아가 PERI의 목표는 특정 정부정책의 사후평가입니다. 이때 중요한 것은 정책으로 인해 거시경제변수에 어떤 변화가 있었는지를 측정하는 겁니다. 즉 정부 개입이 있을 때와 없을 때를 비교해야지만 순수 효과를 알 수가 있는 것입니다. 그 부분이 가장 중요한 출발점이라고 볼 수 있습니다. 특별히 정책을 평가할 때 있어서 그런 순수 효과를 어떻게 정량화할 수 있는지가 중요한 것 같은데요. 그러한 의미에서 이 논문은 새로운 관점을 주는 것 같습니다.

표학길(사회자)

이제 마지막으로 에너지정책에 관해서 토론 부탁드리겠습니다.

박주헌(토론자)

고야마 교수님의 발표를 통해서 현재 국제적으로 에너지시장이 어떤 문제를 가지고 있고 어떤 도전에 직면해 있는가를 잘 알게 되었습니다. 한일 양국이 아주 유사한 구조를 갖고 있다는 점도 잘 말씀해주셨고, 또 그에 따라서 두 나라가 어떤 에너지정책을 가지고 앞으로 이 문제를 해결해나가야 할까에 대해서도 굉장히 포괄적으로 잘 정리해주신 것 같습니다.

저는 오히려 고야마 씨의 논문에 대한 코멘트를 하기보다는 PERI가 추구하고 있는 증거와 과학에 입각해서 정책을 만들고 이를 평가하는 것이 얼마나 중요한가를 여러분들과 에너지정책이라는 측면에서 살펴보려고 합니다. 사실 제 생각에는, 정책이 행정의 영역에 있을 때는 비교적 증거와 과학에 기반하는 논리 구조를 가지고 있다고 봅니다.

그런데 한국의 경우, 정책이 정치의 영역에 들어가면 증거도 없고 과학에 기반하지도 않는 이상한 모양으로 변질되어 우리 한국 경제 전체에 큰 부담을 주는 일이 참 자주 발생한다고 생각합니다. 그중에서도 한국의 에너지정책이 대표적으로 증거에 기반하지도 않고 과학적으로 만들어지지 않아서 우리 경제를 옥죄고 있는 대표 사례 중 하나라고 생각합니다.

전통적으로 에너지정책은 에너지 안보, 경제성, 환경성과 같은 세 가지 가치를 조화시키면서 만들어나가는데, 한국의 지난 정부가 추진했던 탈원전정책이 얼마나 증거나 과학에 기반하지 않고 만들어졌는지를 지적해보고 싶습니다. 탈원전정책이 방금 말씀드린 안보, 경제성, 환경성을 고려해서 만들어졌다는 어떤 증거도 찾을 수가 없습니다.

탈원전의 폐해가 얼마나 큰지 살펴보면, 보통 많은 분들은 탈원전 하면 고리 1호기와 경제성 조작으로 유명한 월성 1호기의 폐로 정도로만 알고 있는데 그렇지 않습니다. 신한울 1, 2호기는 거의 다 완성되었지만 5년 동안 가동하지 못했었고요. 신고리 5, 6호기는 공사 중에 공론화라고 하는 과정을 거치면서 결국은 늑장 출발을 하게 만들었고요. 또 신한울 3, 4호기는 건설 계획을 아예 그냥 취소해버렸었습니다.

그래서 한번 비교해봤습니다. 만약에 방금 말씀드린 원전을 원래 계획대로 지었다면 작년 말에 우리는 최소한 5개의 원전을 더 갖게 되었을 겁니다. 용량으로 말하면 한 7GW(기가와트) 정도의 새로운 신규 원전을 갖게 되었을 것입니다. 그리고 또 한편으로는 기후변화를 지나치게 강조한 나머지 석탄 발전을 악마화하기까지 했습니다. 그러다 보니까 신규 석탄 발전소도 건설이 지연되는 문제도 생겼죠. 고야마 씨도 강조했듯이 전력 부분에서는 기저 전원이 굉장히 중요한데 그 기저 전원을 담당하고 있는 원전과 석탄을 충분히 갖지 못했던 것입니다.

현재 전력수급 기본계획은 10차 계획입니다. 박근혜 정부 때 마지막으로 만들어진 계획은 7차 계획이고요. 당연히 7차 계획에는 탈원전정책은 반영되어 있지 않습니다. 여기서 가정하기를 박근혜 정부 때 만들어져 있는 7차 전력수급 계획을 계속 이어갔다면 작년 말에 우리는 기저 설비를 71GW 정도를 갖고 있어야 합니다. 그런데 작년 말에 우리가 가지고 있었던 기저 설비는 약 60GW 정도밖에 되지 못했습니다. 약 11GW에 해당하는 기저 전원을 덜 갖게 됐던 거죠.

제가 추산을 한번 해보았습니다. 만약에 탈원전정책으로 사라진 11GW의 원전이 보통 원전의 이용률 80%대로 발전했다면 약 800만 톤에 해당하는 가스 수입을 줄일 수 있었을 것입니다. 탈원전으로 줄어든 원전 발전량을 가스발전으로 메웠었거든요. 이런 부분을 포함하여 탈원전으로 한국경제가 입은 손실을 국회 입법처에서 추정해보았더니 약 26조 원에 이른다는 결과도 있습니다. 이것이 증거와 과학에 기초하지 않은 정책의 첫 번째 사례입니다.

두 번째 사례는 온실가스 감축목표(NDC; Nationally Determined Contribution)라는 게 있습니다. 우리나라가 온실가스를 2030년까지 얼마만큼을 줄이겠다고 하는 목표인데요. 우리나라는 2030년까지 2018년 대비 무려 40%를 줄이겠다고 문재인 대통령께서 영국 글래스고에 가서 전 세계에 약속을 했죠. 그런데 이 40% 감축목표가 정해진 과정에서 증거와 과학을 찾을 수가 없습니다. 처음에 우리나라 산업부에서는 28% 정도로 목표를 제시했지만, 입법 과정에서 35% 이상으로 탄소 중립 기본법에 명시를 했고 그것을 받아 시행령을 통해서 40% 목표가 설정된 겁니다.

산업부가 최초에 설정한 28% 감축목표는 상당한 논리적인 근거를 가지고 있었습니다. 이 정도는 우리가 해낼 수 있고 우리 경제가 버틸 수 있을 거라는 나름의 논리도 있었습니다. 그런데 이것이 35%를 지나 40%로 확정되는 과정에서는 어떤 논리도 사실 찾아볼 수 없었습니다. 더욱이 문제가 되는 것은 그와 같이 정해진 목표를 법제화했다는 점입니다. 목표를 법에다 명시를 했거든요. 법에 명시한 나라는 전 세계에 거의 없습니다. NDC 목표를 명시한 탄소 중립 기본법 밑에는 하위 계획들이 있습니다. 예를 들어, 전력수급 기본 계획, 천연가스 장기 수급 계획 등이 있는데, 탄소 중립 기본법에 이런 하위 계획들은 NDC 목표에 부합되게 작성해야만 한다고 강제하고 있습니다. 그러다 보니까 40% 목표 달성을 전제로 계획들이 작성되었죠. 당연히 완전 엉터리 계획에 가깝게 될 수밖에 없습니다. 목표가 증거나 과학에 기반하지 않고 정치적으로 그냥 주먹구구식으로 정해지고, 그 목표 달성을 전제로 작성되는 계획이 제대로 작성될 수는 없는 노릇입니다.

문제는 이런 계획들이 경제활동의 안정성을 해칠 수 있다는 점입니다. 예를 들어, 가스수급의 안정성을 크게 해칠 수 있습니다. 현재 전력수급 기본계획대로 가면은 2036년에 우리나라 가스 발전 비중은 9%대로 줄어듭니다. 지금 거의 약 30% 정도를 차지하고 있습니다. 이렇게 LNG 발전비중이 9%로 줄어들게 되면, 천연가스를 수입하는 가스공사가 20년 이상 지속되는 장기계약에 나서기 어렵습니다. 계획의 실현 가능성과 별개로 법정 계획상으로 LNG 수요가 10여 년 내로 대폭 줄어들게 되어 있는 상황에서 20년 이상의 장기 계약을 맺을 수는 없을 겁니다.

한국의 에너지 안보 수준을 높이기 위해서는 천연가스의 상당량을 장기 계약을 통해서 확보할 필요가 있는데, 10여 년 후에 천연가스 비중이 10%도 안 되는 계획을 만들어놓았으니 장기 계약에 선뜻 나설 용기 있는 가스공사 사장이 있을 수가 없겠죠. 그래서 이 문제를 해결하기 위해, 정부는 계획안에 무슨 기준 전망이다, 수급 관리 전망이다 해가며 두 가지 전망을 한 가지 계획에 담는 우스꽝스러운 모양을 만들어냈죠.

또 하나는 전기 가격 문제입니다. 한국의 전기 가격은 사실 철저히 정치적으로 결정이 되고 있거든요. 아시다시피 콩값이 오르면 두부값이 오르는 건 정상 아니겠습니까? 아까 고야마 선생님이 얘기한 것처럼 작년에 전 세계적으로 천연가스 가격이 최대 8배, 9배까지 올랐었어요. 그것을 원료로 해서 만들어지는 전기 가격이 오르는 건 당연할 텐데 전기가격을 계속 낮은 단계로 묶어놨던 것이죠. 대개 인플레이션을 막겠다라고 하는 이유, 선거를 앞두고 서민 가계에 부담을 주면 안 되겠다는 이유 등을 들어 가격을 통제하게 된 것이죠. 그 결과 여러분 잘 아시다시피 작년 한 해에만 한국전력이 입은 손실이 32조 5천억 원입니다. 가스공사는 9조 원의 손실을 입었고요. 이와 같은 손실은 분명히 미래 시점에서 누군가가 해결해야 하는 문제입니다.

이와 같은 것들이 대개 보면은 어떤 증거나 통계나 어떤 과학적인 논리에 의해서 만들어지는 것이 아니라 어떤 정치적인 이념이나 이상적인 자기의 신념과 같은 것에 근거해서 이런 정책들이 만들어지다 보니 경제 전반에 부담을 주게 됩니다. 저는 앞으로 한국의 정책들이 증거와 과학에 입각해서 만들어지고 평가되어지는 그런 세상을 좀 꿈꿔 봅니다. 앞으로 PERI가 해야 할 역할이 많을 거라고 생각합니다.

마지막으로 고야마 선생님한테 드리고 싶은 질문이 하나 있습니다. 지금 일본은 후쿠시마 사고로 원전을 전부 셧다운 했었는데 지금 조금씩 계속 운전, 리스타트를 하고 있는 것으로 알고 있습니다. 앞으로 일본은 원자력정책을 향후에 어떻게 가져갈 계획인지 간단하게 설명해주시면 감사하겠습니다.

표학길(사회자)

제가 두 개 논문에 대한 저의 총평을 좀 말씀드리고자 합니다. 중국의 금융시장이라는 좀 접근하기 어려운 부분에 대해서 잘 얘기를 해주셨다고 생각합니다. 방법론적으로는 좀 개정이 됐다고 얘기를 할 수 있을 것 같습니다. 다른 모델하고 비교를 해봤을 때 이 방법론은 평형 디스이퀼리브리엄(Disequilibrium)이라는 모델을 참고하는 것이 어떨까 하는 생각이 듭니다.

최근에 보면 여러 가지 상관관계에 관한 모델에 관해서 여러 가지 논문이 있습니다. 아마 첸 교수님도 그 말고 다른 대안 모델을 검토하신 걸로 보이는데요. 나중에 그 결과를 제가 지금 얘기했던 또 다른 그러한 예측 모델과 비교를 해보시면 또 유의미한 결과가 있지 않을까 싶습니다. 아주 훌륭한 발표를 해주셔서 감사합니다.

한 말씀 더 드리자면 두 가지 기술적인 말씀을 드리고 싶은데요. 첫 번째로 샘플 국가를 선택하는 데 있어서 아시아로만 국한시키지 않았으면 좋겠습니다. 아마도 컨버터빌리티(Convertibility)를 선정한 나라만 선정을 하고 싶었던 것으로 보입니다. OECD의 국제 자본 이동에 관한 논문들을 참고하셔서 그런 국가들에 한해서 선택을 하신 것 같은데요. 그 대신에 전 세계를 무대로 좀 더 폭을 높이신다면, 70개에서 80개 정도로 범위를 넓히시게 되면 좀 더 합당한 결과가 나오지 않을까 하는 생각이 듭니다.

마지막 코멘트는 방법론에 관한 것입니다. 다섯 가지 팩터 모델을 도출하셨는데요. 6가지 인자가 환율에 관한 것이었습니다. 금융 개방도 정도는 금융시장 평형 상태에 영향을 분명히 주기 때문에 여기에 5개가 아니라 하나를 더 추가하셔서 6가지에서 도출을 하시면 좋을 것 같다는 생각이 듭니다. 이렇게 금융 개방도까지 포함하시게 되면 중국의 금융시장의 평형 상태까지 잘 보여줄 수 있을 거라고 생각합니다.

두 분의 토론자 감사드립니다. 오늘 이렇게 토론과 세션 마치도록 하겠습니다.

제6부

부동산 및 도시정책 평가

1장

계획적인 무작위 사회적 실험과 비계획적인 사회적 실험

마크 슈로더(Mark Shroder) [부동산 및 도시발전 전문가 / 임의사회실험 학회지 편집인]

1. 서론

정책의 가치가 인간이 반응하는 규모와 범위에 달려있다고 한다면, 무작위 사회적 실험은 물리적, 재정적, 정치적으로 실현 가능하다는 전제하에 인간의 반응을 측정하는 최선의 방법일 것이다. 이 논문의 2절과 3절에서는 무작위 사회적 실험을 정의하고 설명한다.

4절에서는 현재까지 한국에서 수행된 무작위 사회 실험에 대해 필자가 아는 한도에서 설명한다. 영어로 출판된 한국의 사회적 실험은 단 하나만 계획되어 있었다. 이외의 무작위 사회적 실험은 객관적인 영향 측정이 아닌 다른 이유로 착수되었고, 연구진들은 해당 결과를 사후평가에 사용하였다. 이처럼 우연으로 실험을 실시하는 것에는 단점이 존재한다.

5절에서는 미국의 주택정책에 대한 무작위 사회적 실험을 설명한다. 한국과 미국은 동일하게 심각한 주택문제를 겪고 있지만 현황, 제도, 정책 등이 상이할 때가 많다. 미국의 일부 실험이 한국에 적용이 안 될 수 있기 때문에 본 논문의 목적은 모방을 장려하는 것이 아닌 실험이 정책 환경을 밝혀 줄 수 있는 방법이라는 점을 설명하는 데 있다.

2. 사회적 실험의 특징

본 논문은 정책평가에서 엄격한 적용의 타당성에 대한 이야기로 시작한다. 엄격한 적용이란 일반적으로 평가자가 정책의 효과 또는 부족한 점을 정책입안자와 대중에게 정확하게 알리기 위해 인간적인 방식으로 할 수 있는 모든 것을 의미한다.

엄격함[1]은 원인과 결과에 대한 추론에 충분한 근거가 있는지(내부 타당성), 결과를 일반화할 수 있는 모집단, 상황 설정 등이 명확한지(외부 타당성), 계획된 정보를 정확하게 파악하는 방법이 사용되는지(측정 신뢰성 및 유효성)를 요구한다.

프로그램이나 서비스의 영향을 평가할 때, 시간적, 지리적인 변화 또는 참여자와 비참여자 간의 차이와 같은 다른 외부 영향으로부터 최대한 격리하는 방법을 사용해 평가해야 한다. 가능하면 실험군과 대조군을 모집해야 한다. 실험군은 개입을 받는 모집단이다. 대조군은 개입을 받지 않은 집단이며, 위의 엄격한 기준에 따라 개입이 없는 경우에 발생할 수 있는 실험 그룹의 결과를 신뢰할 수 있게 한다. 이러한 인과관계에 관한 질문의 경우, 실험적 접근 방식이 선호된다.

무작위 사회적 실험[2]은 개인, 가정, 기업, 조직, 지역사회 또는 지방 정부가 두 개 이상의 대안에 무작위로 할당됐을 때 실행하는 사회 프로그램 연구이다. 이 연구의 주요 목적은 대안 실험이 행동에 미치는 효과(영

1 이 단락과 다음 단락의 표현은 HHS(Health and Human Services) 기획 연구 평가 사무소, DOL (Department of Labor), HUD(Housing and Urban Development) 세 미국 정부기관의 공식평가정책 성명에서 그대로 인용되었다.

2 본 단락과 다음 6개 단락의 표현은 그린버그와 슈로더(Greenberg and Shroder)(2004), 4페이지에서 발췌했다.

향)를 측정하는 것이다. 2차 연구 목표는 이전 지출, 세수 또는 행정 비용과 같은 해당 정부의 재정 결과를 측정하는 것이다. 따라서 사회적 실험은 다음과 같은 주요 특징이 있다.

- 무작위 지정: 우연만으로 서로 다른 두 개 이상의 그룹을 만드는 것이다.
- 정책 개입: 서로 다른 그룹의 구성원들이 일상생활에서 서로 '다른' 인센티브, 기회 또는 제약에 직면할 수 있도록 개입한다.
- 후속 데이터 수집: 각 그룹 구성원의 행동 및 재정 결과를 측정한다.
- 평가: 정책 개입이 초래한 결과의 차이 정도에 대해 통계적 추론과 전문가의 판단을 적용한다.

무작위로 지정된 두 그룹의 표본이 클 경우, 확률 이론의 중심 극한 정리에 따라 두 그룹의 표본 평균은 해당 특성이 관측되는지 여부에 관계없이 그들이 도출된 모집단의 평균으로 수렴한다. 이 부분이 매우 중요하다. 표본이 큰 경우, 각종 차이점들은 통계적으로 무시할 수 있어야 한다.

무작위화를 통해 실험군의 선택과 행동 결과 모두에 영향을 미칠 수 있는 일부 요인에 대해, 그룹이 관찰되지 않은 상태에서 발생하는 '선택 편향' 없애기를 시도한다. 예를 들어, 직업 훈련 프로그램에 참여할 자격이 있는 사람들은 종종 수입이 갑자기 감소하는 것을 경험할 수 있다. 그러나 프로그램에 참여한 사람들은 그렇지 않은 사람들보다 노동시장에서 그들의 미래가 더 심각하다는 점을 알 수 있다. 직업 훈련을 받은 사람들은 그 심각한 장벽을 극복할 수도 있고 극복하지 못할 수도 있지만, 그들의 결과를 장벽이 덜 심각했던 사람들과 비교하는 것은 오류이다. 우리는 직업 훈련 그룹 구성원들의 낮은 수입을 프로그램의 실패로 인한 것이라고 잘못 판단한 것이다.

이 경우 선택 편향은 부정적이다. 선택 편향은 긍정적일 수도 있고 부정적일 수도 있으며, 일반적으로 정책입안자나 분석가도 편향의 크기나 방향에 대해 알지 못한다. 정책개입에 있어 편견 없는 측정 사례보다 선택 편향이 있는 사례가 더 많다.

프로그램 관계자에 의한 선택도 만일 다른 사람들보다 더 호감이 가고, 매력적이고, 지속적이고, 정치적으로 활발하며, 교육을 받은 사람들을 실험군으로 선택한다면 편향되기 쉽다. 목표는 사람이 아니라 정책을 평가하는 것이다.

무작위 지정[3]에는 선택도, 재량권도 없다. 피실험자들은 실험에 참여할지 그 여부를 선택할 권리가 있을 수도 있고 없을 수도 있지만, 어느 그룹에 참여하게 될지 결정할 권리는 없다. 정책 개입 관리자들 역시 실험에 대한 자격을 제한할 수 있지만, 피실험자들이 어느 그룹에 속할지는 결정할 수 없으며, 오직 무작위화를 통해 배정이 이뤄진다.

이 논문에서 정의하는 무작위화는 실험실 실험을 제외한다. 실험실 환경은 연구자에 의해 통제되고 일상생활에서 마주칠 다양한 상황들과 그에 상응하는 인센티브와 영향력이 부족할 수 있기 때문에 정책입안자와 연구자가 결과를 적절하게 고려하지 못할 수 있다.

'무작위화의 윤리에 대한 간략한 여담'을 하자면, 피실험자의 각 그룹이 받는 대우가 윤리적이라면 그 실험은 윤리적 실험이다. 그러나 하나 이상의 비윤리적인 경우가 발생했다면, 그 실험은 비윤리적인 실험이다. 무작위 지정 그 자체는 윤리적으로 중립적이다.[4]

1940년대 후반 결핵에 대한 스트렙토마이신의 효능을 증명하기 위해 시작된 무작위 실험은 의학계와 제약 산업의 혁명적인 변화의 기초가 되

3 이 단락의 표현은 그린버그와 슈로더(Greenberg & Shroder)(2004), 4페이지에서 발췌했다.

4 동전을 던져서 앞면이 나오면 나를 쏘기로 했다고 가정하자. 당신이 나에게 동전을 던져달라고 하는 것 자체는 비윤리적인 요소가 아니다.

었다. 가장 최근의 유명한 사례를 들자면, 코로나19에 대한 메신저 RNA 백신은 이 백신이 입원 및 질병으로 인한 사망 확률을 낮춘다는 것을 보여준 무작위 대조 실험을 근거로 대량 사용이 승인되었다.

관심의 대상인 정책이 영리 기업의 정책일 경우, 무작위 실험은 A/B 테스트(즉 고객이 정책 A 또는 정책 B에 노출되어 어떻게 반응하는지 확인하는)라는 이름으로 진행된다. 이것은 경영대학원의 마케팅 프로그램의 표준적인 요소이며, 그 결과 본 논문의 거의 모든 독자들이 이 실험 여부를 아는 것과 상관없이 A/B 시험의 대상이 되었고, 회사는 일반적으로 그들에게 그 사실을 알릴 의무가 없다. 예를 들어, 실험군에만 가격 할인을 제공하고 통제그룹은 실험군과 비교할 목적으로 할인을 제공하지 않는다.

기업들은 또한 정책 변경이 직원들에게 미치는 영향을 무작위로 테스트한다. 그들은 시간당 임금이 아닌 생산 단가로 보상했을 때, 연금계획에 참여하는 기본값을 변경했을 때, 매출이 가장 높은 상점에 대한 단체 보너스 제도를 도입했을 때의 효과 등을 테스트할 수 있다.

구글 스칼라(Google Scholar)와 사회과학 연구네트워크(SSRN; Social Science Research Network)에서 검색한 결과, 영문 기사로 보고된 한국의 무작위 의학 실험은 수백, 어쩌면 수천 건이었지만 무작위 사회적 실험은 소수에 불과하다.

3. 계획된 실험과 계획되지 않은 실험

본 논문에서 다루는 중요한 차이점은 계획된 실험과 계획되지 않은 실험 간의 차이이다. 거의 모든 한국의 사회적 실험은 계획되지 않은 것이다.

계획된 실험에서 정부나 연구비를 지급하는 기관은 연구팀과 어느 정도 협의하여 실험을 본격적으로 시작하기 전에 모집단을 정하고, 그들에게 적용될 차별적 실험과 그에 따른 결과, 데이터 수집 자료와 방법 등을 지정한다.

그러나 계획되지 않은 실험에서는 정부(또는 다른 기관)는 과학적인 측정보다 실험에 적용될 모집단을 무작위로 선정한다. 예를 들어, 이 방식은 한정된 공공자원을 공정하게 배분하기 위하여 무작위화할 수 있다.[5] 연구자는 이후 랜덤화를 이용하여 사용 가능한 결과 데이터를 사용해 영향력을 측정할 수 있다. 계획되지 않은 실험의 큰 장점은 정부가 새로운 데이터를 수집할 필요가 없기 때문에 훨씬 저렴하다는 것이다. 반면, 정부와 대중에 불리한 점은 다음과 같다.

- 기준 데이터 수집이 부족하다는 것은 배경 특성에 대한 정보가 매우 제한적이기 때문에 하위 집단별 영향 분석이 매우 제한적이라는 것을 의미한다.
- 기준 데이터 수집이 부족하다는 것은 무작위화 전에 정기적으로 데이터가 수집되지 않는 한, 주요 결과의 변화에 대한 분석이 불가능하다는 뜻이다.
- 프로세스 또는 정성적 분석의 결여는 일반적으로 개입의 정확성과 각 현장에서의 프로그램 전달 방식의 차이에 대한 정보의 부재, 피실험자와 프로그램과 상호 작용에 대한 증거가 결여되어 있고, 피실험자의 행동에 영향을 미칠 수 있는 예상치 못한 환경적 요인에 대한 인식이 부족하다는 것을 의미한다.
- 새로운 결과 데이터 수집이 부족하다는 것은 이미 정기적으로 수집된 결과 이외의 새로운 결과에 대한 분석이 어렵다는 것을 의미한다.
- 정부(또는 다른 기관)와 연구팀과의 기존 관계가 없다는 것은 결과 발표가 연

5 앙그리스트(Angrist)(1990)의 고전적인 자연적 실험은 베트남 시대 징병제가 젊은 백인 남성의 평생 소득에 미치는 영향을 측정한다. 징병제는 생일별로 할당되었고, 추첨을 통해 상위 또는 하위 순위가 매겨졌다.

구자의 편의에 따라 이루어지거나 아예 이루어지지 않을 수 있다는 것을 의미한다.

- 연구팀과의 기존 관계가 부족하다는 것은 무관한 연구자들이 ⓐ 시험 대상 정책이 무엇인지 스스로 정의할 수 있고, ⓑ 정책 영향의 측정보다 새로운 사회과학 연구 결과 보고에 관심을 둔 논문들을 생산할 수 있다는 것을 의미한다.

4. 한국의 실험연구들

나는 이 논문에서 언급하는 한국의 계획되지 않은 많은 실험에서 이러한 단점들이 많이 발견될 것이라고 생각한다.

나는 '자연적인 실험'보다는 '계획되지 않은 실험'이라는 용어를 사용한다. '자연적인 실험'은 영국 역학자 존 스노우의 위대한 콜레라 연구를 참조하여 신성시되지만, 사회과학에서는 덜 엄격한 연구의 총칭으로 쓰인다. 이것은 본 논문에서 가장 논란이 될 수 있는 필자의 발언일 수 있다. 이 포럼의 참가자들은 한국에서 필자가 열거한 것보다 더 많은 자연적인 실험들이 있었고, 그들은 다른 나라의 사회과학자들의 발자취를 따른다고 생각할지 모르겠다.

무작위화의 과학적 근거는 동일한 모집단으로부터 무작위 추출된 두 집단의 어떠한 변수든 그 평균값이 모집단 평균에 수렴한다는 것이다. 돌발적이고 예기치 못한 정책 변화가 일어났을 때, 정책 변화 전후로 관찰되는 행동의 차이가 자연적인 실험에 해당한다는 주장이 일부 사회과학자들 사이에서 보편화되었다. 이러한 저자들은 종종 오래된 정책의 피험자 집단과 새로운 정책의 피험자 집단이 동일하거나 실험의 선택이 무작위적이었다는 사실을 보여주는 것을 중요시하지 않는다. 예를 들어 강의 동쪽에서 정책이 변경됐지만 강의 서쪽에서는 변경이 없었다면, 저자들은 관찰된 데이터가 동일한 모집단에서 무작위 추출이라는 것을 증명하지 않고 이 또한 자연적인 실험이라고 주장할 수 있다.

모집단은 시간이 지남에 따라 변경될 수 있으므로 서로 다른 시간의 관측치가 동일한 모집단에서 추출되지 않을 수 있다. 이는 특히 경계의 한쪽에서 변화가 발생하지만 다른 쪽에서는 발생하지 않는 경우에 해당한다. '자연적인 실험'에 매우 자주 사용되는 통계분석모델은 이중차분모델(Difference-in-Differences Model)인데, 대부분의 분석가들은 이 통계분석모델을 평가 목적으로는 상대적으로 취약한 모델로 간주한다.

이러한 이유와 필자의 한국어 문헌 자료에 대한 접근 부족으로 무작위화를 기반으로 한 연구를 의도치 않게 생략한 것에 대해서는 너그러이 관용을 베풀어주시길 부탁드린다. 그러나 무작위화를 기반으로 하지 않은 연구들을 제외한 데 대해서는 사과하지 않겠다.

1) Section 1: 계획된 실험

"문자 메시지 발송에 대한 피크시간대 요금제"(부록 1 Section 1 참조)

이것은 필자가 발견한 교육정책에 관한 것이 아닌 한국의 유일한 사회적 실험이다. 또한 '자연적인' 실험과는 대조적인 유일하게 계획된 실험이기도 하다.

전력회사는 고객의 수요가 최고조에 달했을 때 더 비싼 전력을 가동해야 한다. 따라서 피크 로드 가격정책은 선진 경제에서 일반적으로 테스트되는 개입이다. 전력회사는 변경된 요금 계획과 특정 기간 동안의 가격 인상 및 인하에 따른 특별 경고에 대한 고객의 반응을 알아야 한다.

여기에 보고된 결과는 한국전력이 서울에서 계획한 무작위 제어 시험을 기반으로 한다. 실험군의 구성원들은 피크시간대 전력 소비를 줄이는 것에 대해 인센티브를 받았다. 저자들은 이 프로그램이 초기 목표를 달성했다는 것을 발견했다.

2) Section 2: 계획되지 않은 실험

"서울 고등학교 평준화 정책"(부록 1 Section 2 참조)

이 논문에 인용된 모든 결과는 2010년에 종료된 서울에서 시행된 고등학교 무작위화에 대한 계획되지 않은 실험을 기반으로 한다. 평준화 정책의 목적은 많은 지역의 모든 학생들에게 교육 기회의 공정한 배분을 보장하는 것이다. 수용 지역에 있는 일부 고등학교는 사립학교, 일부는 공립학교였다. 또 일부는 남녀공학이고, 일부는 단일 성별 학교이다. 주의: 6개의 발표된 연구가 있으며, 독자들은 이 연구에서 수집된 정보가 복잡하고 혼란스러울 수 있다. 보고된 분석 결과는 다음과 같다.

- 단일 성별 학교는 여학생과 남학생 모두에게 대학 입학시험 점수와 대학 입학률을 올린다. 증가폭(각 0.065 및 0.1 표준편차)은 경미하지만 합격선을 초과하기에 충분할 수 있다. 단일 성별 학교는 여학생과 남학생 모두에게 대학 진학률을 높인다. 증가폭(각 0.5 및 0.8 표준편차)은 매우 크다.
- 1년간의 추가 데이터를 통해, 단일 성별 학교는 대학 입학시험 점수는 올리지만 대학 입학률은 올리지 '않는' 것으로 밝혀졌다. 게다가, 단일 성별 학교에 다니는 여학생들은 대학에 입학할 가능성이 '덜' 높다. 또한, 대학 입시 결과는 어떤 종류의 재단(공공 또는 민간)이 학교를 소유하고 있는지에 민감하다.
- 단일 성별 '사립'학교는 남학생들이 방과 후에 공부하고 방과 후 가정교사와 더 많은 시간을 보내게 된다. 그러나 단일 성별 공립학교는 그렇지 않다. 단일 성별 학교는 여학생들의 방과 후 시간 사용에 영향을 미치지 않는다. 시험 점수에 영향을 미치는 것은 방과 후 학습이 증가한 결과로 보인다.

- 단일 성별 학교가 여성의 장기 소득에 미치는 장기적인 영향은 긍정적이고 시간이 지남에 따라 증가한다. 하지만 단일 성별 학교를 다닌 여성들은 경제활동에 참여할 가능성이 작다. 남녀공학이 남성의 소득과 경제활동 참여에 미치는 영향은 크지 않다.
- 단일 성별 학교를 졸업한 여성들은 시민 사회와 개인적인 정치 활동에 더 적극적으로 참여한다. 청원 서명, 제품 불매 운동, 집회 참석, 정치활동, 캠페인 기부, 자선 기부, 정치 웹사이트 방문, 정치적인 내용 게시, 투표. 그들은 종교 단체, 전문직종 협회, 자원봉사 단체, 지역사회 협회, 취미 단체에서 지도자 자리를 차지했을 가능성이 훨씬 더 크다. 단일 성별 학교는 남성의 시민 사회에 참여, 개인적인 정치 활동 또는 리더십 위치에 영향을 미치지 않는다.
- 저자들은 서울 소재 학교의 무작위화를 이용하여 단일 성별 대 남녀공학이 아닌 공립과 사립을 비교한다. 더 높은 훈육 문제, 더 낮은 졸업률, 더 낮은 대학 이수율, 특히 공립 학교의 4년제 대학 이수율, 그리고 약간 낮은 표준 시험 점수를 보여준다.

계획되지 않은 서울 소재 고등학교 실험의 결론은 다음과 같다.

- 해당 기간 동안 서울 소재 고등학교를 졸업한 모든 사람은 단일 성별 혹은 남녀공학, 사립학교 대 공립학교에 대한 각자의 의견이 있을 것이다. 이 논문들은 독자의 의견을 바꾸지는 못할지도 모르지만, 이것은 정보에 입각한 의견이 될 것이다. 이러한 질문에 대해 여전히 논쟁이 있을 경우, 증거에 의해 정보를 제공하는 논쟁이 될 수 있다.
- 단성학교나 사립학교가 자폐증을 가진 학생들, 또는 타고난 운동선수들, 또는 재능 있는 음악가들에게 어떤 영향을 미치는지 알고 싶은 독자는 운이 좋지 않다. 그러한 하부 그룹들을 만드는 데 필요한 기초 정보가 수집되지 않았기 때문이다. 마찬가지로, 6개월 동안 화학 선생님이 공석이거나 겨울에 두 달 동안

난로가 작동하지 않았을 때 발생하는 영향력에 대해 알고 싶어하는 독자도 운이 좋지 않다. 아직 이와 관련된 연구가 수행되지 않았다.

3) Section 3: 계획되지 않은 실험

"공적 방과 후 수업이 고등학생에게 미치는 영향"(부록 1 Section 3 참조)

한국은 방과 후 교육 프로그램을 학부모들의 사교육에 대한 경제적 부담을 줄이고 교육의 불평등을 줄이기 위해 시작했다. 이 프로그램은 일부 학교에서 시행되었다. 학생들이 무작위로 학교에 배정되었기 때문에 자연스러운 통제 그룹에 의한 프로그램 평가가 가능하다. 저자들은 프로그램이 초기 목표를 달성했다는 것을 발견한다.

4) Section 4: 계획되지 않은 실험

"중학교 수학 여교사들"(부록 1 Section 4 참조)

비록 정부가 원한다면 더 많은 여성들을 수학 교사로 장려하는 조치를 채택할 수 있겠지만, 더 많은 여성들을 수학교사로 만드는 것은 한국 정부의 정책적 결정이 아니었다. 같은 학교 내에서 학생들을 무작위로 수업에 배정하는 것을 통해 림(Lim)과 미어(Meer)는 7학년 때 여성 수학 교사로부터 배운 여학생들의 수학 성적 및 스템(STEM; Science, Technology, Engineering and Mathematics)과 고등학교 입학률 사이의 인과 관계를 추론할 수 있었다.

5) Section 5: 계획되지 않은 실험

"중학생 또래집단의 다양한 영향"(부록 1 Section 5 참조)

이 실험을 완전성을 위해 목록에 포함시킨다. 동료 효과 연구는 학생들이 기숙사나 스터디 그룹에 무작위로 배정되는 선진국에서 매우 흔하다. 아동들과 어린 10대들을 위한 또래 효과 연구는 매우 흔하지만, 그러한 연구로부터 정책적 시사점을 도출하기는 어려울 수 있다.

여기에 인용된 모든 결과는 중학교 배정의 무작위화와 각 중학교 내 학급 배정의 무작위화로 인해 발생하는 지속적으로 계획되지 않은 실험에 근거한다.

- 우리는 저자들로부터 7학년 때 표준화된 수학 시험에서의 학급 순위에 따른 긍정적인(부정적인) 신호는 물론, 이는 무작위로 배정되는 것으로, 12학년까지 시험 점수에 긍정적인(부정적인) 영향을 미치며, 대학에서 STEM 분야를 전공하고 있다는 것을 알 수 있다.
- 우리는 저자들로부터 아이들에게 무작위로 배정된 중학교 교실에서 과체중 또래들의 수가 같은 반 아이들의 과체중 확률을 높인다는 것을 알 수 있다.
- 우리는 저자들로부터 무작위로 배정된 교실에서 과외를 받는 학생들의 수가 같은 반 아이들의 우울증 증상의 발생률을 증가시킨다는 것을 알 수 있다.

5. 미국 주택의 사회적 실험(부록 2)

이 실험들은 한국과 비슷한 사례들이다. 몇몇을 제외하고는 모두 계획된 실험이었다. 대부분의 계획된 실험에 대한 연구비 지원기관은 미국

주택도시개발부였다. 여기서 보고된 첫 번째 실험은 약 50년 전에 시작되었다. 2023년 5월 현재 연구 결과가 발표되지 않았기 때문에 보고되지 않은 몇 가지 진행 중인 실험이 있다.

미국도 한국과 마찬가지로 대부분의 가구가 주택 소유자이지만, 일단 주택 소유 실험은 마지막으로 남겨둔다. 가구의 3분의 1 이상이 임대인이다. 일부 세입자는 소득이 너무 낮아 양질의 주택을 살 수 없으며, 한국과 마찬가지로 정부는 저소득 주택 지원 프로그램을 일부 보유하고 있고 미국에서는 소득 대상 세입자의 약 4분의 1을 지원한다. 한국에서와 마찬가지로, 정부는 공공 또는 개인 소유의 특정 주택 프로젝트(단지)에 대해 임대료를 보조함으로써 일부 저소득 세입자들을 지원한다.

미국 주택 부록(부록 2)의 첫 두 가지 실험(Section 1)은 높은 효율성을 위해 현장에서 서비스를 지원하고 이 프로젝트에서 예측 가능한 요구를 가진 저소득 가구를 집중적으로 지원하는 것을 보여준다. 잡스 플러스(Jobs Plus)와 IWISH(Integrated Wellness in Supportive Housing) 시범 사업은 모두 클러스터 무작위화를 사용한다. 두 경우 모두 참여하는 프로젝트가 무작위화로 진행된다. 실험 프로젝트의 모든 거주자는 실험 시작 여부와 관계없이 실험 집단의 구성원이며, 통제 프로젝트의 모든 거주자는 실험 외부에서 유사한 서비스를 받는지 여부와 관계없이 통제 그룹의 구성원이다.

Jobs Plus는 저소득 근로연령층 성인들이 임대료 지원을 받는 곳이 한 곳에 집중되어 있어 때로는 임금을 받고 일하는 것을 지지하지 않는 문화로 이어질 수 있다는 믿음에 바탕을 두고 있다. 개입은 임대료 보조 방식에서 소득이 높은 주민들에 대한 임대료 지원상의 불이익을 다소 완화하였고, 주거 프로젝트 현장에 직업 훈련과 직업 관련 서비스를 제공했으며, 근로 문화 지원 활동에 주민들을 참여시키려고 했다. 저자들은 개입이 완전히 이행된 프로젝트는 주민들의 소득에 단기 및 장기적으로 긍정적인 영향을 미치지만, 직관적으로 짐작할 수 있는 것과는 반대로 정책 개입이 완전히 이행되지 않은 프로젝트의 주민들의 소득에는 부정적인 영향을 미쳤다고 보고한다.

IWISH 실험은 응급실과 양로원 방문을 지연시키거나 방지할 목적으로 저소득 노인 거주자들을 대상으로 한 프로젝트에서 수행되었다. 실험군 주거지에서 개입은 건강 관련 서비스에 대한 접근을 보장하기 위해 일하는 상근 웰니스 코디네이터와 시간제 간호사로 구성되었다. 연구 결과는 아직 발표되지 않았지만 부록에는 실행 보고서의 요약이 포함되어 있어 일부 속성으로 인해 실험을 이행하는 데 어려움을 겪었음을 알 수 있다.

저소득 가정의 빈곤이 공공주택에 집중되는 것에 대한 정책 대안은 정부가 그들이 민간시장에서 표준 품질의 주택을 찾을 수 있도록 세입자 기반의 지원을 제공하는 것이다. 저소득 주택 바우처 프로그램이 미국에서 50년 동안 운영되어왔다. 바우처를 받는 가정들은 공공주택이나 민간 프로젝트 기반 가구에 비해 집중도가 낮지만, 저소득 지역에 종종 군집한다. 바우처를 사용할 수 있는 주택들이 중산층 지역에 있지만 그런 주택들을 찾는 방법을 모르는 것이 이유 중의 하나다.

부록 2의 Section 2는 미국에서 가장 유명한 주택 실험인 '기회로의 이동(MTO; Moving to Opportunity)'에 대한 두 가지 중요한 출처를 제공한다. MTO는 지금까지 수행된 것 중 가장 유명한 사회 실험이기도 한데, 특정 정책의 영향뿐만 아니라 사회과학의 근본적인 질문인 이웃이 부모와 아이들에게 미치는 영향을 측정하기 때문에 유명하다.

이사를 원하는 대도시의 매우 빈곤한 공공주택 프로젝트에 거주하는 자녀가 있는 가정은 ① 저소득 빈곤층 지역에서만 사용할 수 있는 바우처를 얻거나, ② 제한 없이 사용할 수 있는 바우처를 얻거나, ③ 바우처를 받지 않도록 무작위화되었다. 제한된 집단의 절반이 약간 못 미치는 곳이 중산층 지역에 임대된 반면, 제한되지 않은 집단의 약 5분의 3은 주택을 찾았는데, 보통 그들의 원래 프로젝트보다 다소 덜 빈곤한 지역이었다.

만약 정책이 어린이들에게 심각한 영향을 주기 위한 것이라면, 그들이 성장할 때까지 그 결과를 측정하기 위해 기다려야 할 것이다. 무작위 추출이 시작된 지 17년 후, 연구팀(산본마츠 외(Sanbonmatsu et al.))은 바우처 실험이 실험그룹의 성인에게 다소 예상치 못한 긍정적인 건강 영향(우울증, 비만, 당뇨병 감소)을 미쳤지만 성인 소득이나 고용에는 영향을 미치지 않았다고 보고했다. 바우처 실험은 또한 10대 소녀들에게 긍정적인 정신건강 영향을 주는 것 외에 무작위로 할당된 10대 청소년들인 실험 그룹의 젊은이들에게 장기적인 영향을 미치지 않았다. 이러한 결과들이 발표되자 적지 않은 분노가 일어났다. 일부 옹호자들은 모빌리티 프로그램(Mobility Program)을 빈곤 탈출 티켓으로 기대하고 있었고, 건강에 대한 장기적인 영향은 그들이 기대했던 것이 아니었다.

이 실험에 대한 두 번째 비판적인 논문은 5년 후에 나왔다. 즉, 첫 번째 무작위화 이후 22년 후에 이루어진 소득세 신고를 기반으로 한 것이다. 성인과 청소년의 소득에 별 효과가 없다는 이전의 연구 결과는 확인되었지만, 무작위로 추출한 13세 미만의 실험군 가족 구성원들은 대조군의 가족들보다 더 높은 소득, 더 높은 대학 진학률, 그리고 한부모 가정이 될 확률이 더 낮은 것으로 밝혀졌다. 결국, 이웃은 영향을 미치지만, 그 결과를 보려면 아이들이 13세가 될 때까지 정책 개입을 늦춰서는 안 된다는 것이다.

Section 3은 MTO에 대한 결론이다. 나중에 더 자세히 논의할 예정인 계획되지 않은 실험에서는 시카고 공공주택 가구를 바우처 또는 바우처가 없는 가구로 무작위화하는 것을 검토했다. 바우처가 있는 가구는 이사를 가서 보조금을 받는 주택을 찾을 수 있다. 시카고 공공주택은 젊은 이들에게 특히 폭력적인 환경이었다. 저자들은 바우처가 실험군 10대 소녀들의 조기 사망을 전적으로 방지한다는 것을 발견했다. 10대 소년들의 경우, 사망률이 증가했다.

미국에서는 민간주택시장의 저소득층을 위한 바우처 지원 프로그램이 50년째 운영되고 있다고 앞서 언급했다. 현재 200만 가구 이상에게 서비스를 제공하고 있으며 단일주택 지원 프로그램으로는 가장 큰 규모이다. 한국에는 이와 비슷한 국가적인 보조 프로그램이 없는 것으로 알고 있다. 여기에 대해 알고 싶다면, Section 4의 연구를 읽어보기 바란다.

Section 4의 초록에는 HUD가 세입자 기반 지원 프로그램의 형태를 결정하기 위해 사용한 두 가지 대규모 실험이 포함되어 있다. 이 프로그램은 50년 전에 최저 주거 기준, 세입자 부담금에 사용할 소득의 % 비율, 실제 임대료 또는 보조금에 대한 시장 표준 임대료에 대한 많은 변형을 실험한 Section 4(케네디(Kennedy))에 자세히 설명된 첫 번째 실험을 포함하여 다양한 파일럿으로 시작되었다. 한 가지 중요한 발견은 저소득 가정이 중산층 연구에서 발견된 것보다 주거에 대한 소득 탄력성이 훨씬 낮다는 것이다. 일단 최저 주거 기준이 달성되면, 그들은 추가적인 돈으로 주택 이외의 상품을 소비하는 경향이 있고, 이것은 더 큰 보조금 프로그램이 더 큰 시장에서 임대료를 과도하게 부풀리지 않는다는 것을 의미했다.

Section 4의 두 번째 논문(레거와 케네디(Leger & Kennedy))은 10년 후에 두 가지 다른 형태의 임대료 보조금인 인증서와 바우처를 테스트했다. 그 차이점에 대해 당시 매우 논란이 많았다. 인증서 프로그램에서, 공공주택 당국은 보조금이 지급되는 평형에 대해 부과할 수 있는 최대 임대료를 제한했고 부양가족은 항상 수입의 30%를 지불했다. 바우처 프로그램에서 적당한 평형의 지불할 임대료의 수준을 고정했다. 만약 가족이 그보다 더 비싼 평형을 찾으면, 그에 대한 차액을 지불할 것이고, 만약 그보다 덜 든다면, 수입의 30% 미만을 지불할 것이다.[6] 실험에 따르면 바우처 프레임워크는 성공적인 임대 계약이 더 많이 늘었지만 소득의 30% 미만을 지불하게 된 가구의 우발적인 이득으로 인해 다소 더 큰 비용이 발생했다. 인증서와 바우처 프로그램은 1998년(본 연구의 발표 후 8년 뒤)에 결합되었다. 결과적으로 주택 선택 바우처 프로그램은 두 프로그램의 특징을 결합했다.

Section 4의 세 번째 논문(우드 외(Wood et al.))에서는 일시적 소득 지원 대상이 되는 자녀가 있는 가정, 즉 복지 가정에 대한 바우처 프로그램의 결과를 다룬다. 바우처 수령은 노숙자의 가능성을 제거했지만, 소득에 대한 단기적인 부정적인 영향과 복지 수령에 대한 긍정적인 영향은 미미했다. 이는 조부모와 함께 사는 경우를 줄이고 몇 가지 차원에서 거주지 주변을 개선했다.

HUD가 자금을 지원하지 않는 연구로 계획된 실험인 Section 4의 네 번째 논문(버그만 외(Bergman et al.))은 저소득층 거주 지역의 바우처 클러스터링을 줄이는 데 집주인의 봉사활동과 다양한 지원의 효율성을 테스트한다. 봉사활동이 없는 통제 그룹 중 15%에 비해 적절한 봉사활동은 좋은 환경을 가진(High-Opportunity) 지역에 바우처 보유자의 53%를 배치할 수 있다고 보고한다.

Section 5에는 시카고의 주택 바우처를 사용한 계획되지 않은 실험에 대한 논문의 초록이 포함되어 있다. 분석가들은 가족에게 바우처를 할당하는 것이 젊은이들의 학교 교육, 범죄, 건강 측면에서 어떤 방식으로도 영향을 미치지 않았다고 보고한다. 두 번째 논문에서는 가족에게 바우처를 할당하면 통계적으로 유의미하지 않은 정도로 고용과 소득이 감소하

---

6 그들은 더 저렴한 평형을 임대하고 있다. 주택 당국은 인증 프로그램에 따라 해당 평형에 대해 그만큼의 보조금을 지급하지 않았을 것이다.

고 복지 급여의 수령이 증가함을 발견했다. 시카고 가구의 표본은 평균적으로 앞서 논의된 국가 실험의 복지 가족보다 훨씬 덜 고통받고 있다.

Section 6은 선정된 노숙자 그룹에 대한 세입자 기반 지원의 결과를 볼 수 있다. 첫 번째 실험은 정신 질환 및 또는 약물 남용이 있는 노숙자 퇴역 군인들을 위한 것이다. 이들은 사례 관리 및 바우처, 또는 의료 서비스의 통제 조건에만 할당되었다. 바우처 그룹은 다른 두 그룹보다 더 많은 날을 집에서 보내고 더 적은 날을 노숙 생활로 보냈다. 주택 지원은 그들의 건강 상태에 영향을 미치지 않았다.

두 번째 실험은 정신 질환 및 또는 약물 남용이 있는 퇴역 군인이 아닌 사람을 대상으로 했다. 주거 지원에 할당된 사람들은 통제 그룹보다 집에서 더 많은 날을 보내고 더 적은 날을 노숙 생활로 보냈다. 그 지원은 그들의 건강 상태에 영향을 미치지 않았다.

Section 6에서 가장 야심찬 세 번째 실험은 바우처와 두 가지 다른 유형의 주거 지원(전환 프로젝트 기반 주택 및 신속한 새집 마련)을 자녀가 있는 노숙자 가정의 일반적인 돌봄 통제 조건과 비교하여 검증했다. 이런 가족을 통상적으로 돌보는 데는 상당히 비용이 많이 든다(3년간 가구당 41,000달러). 바우처 지원은 주거 불안정과 식량 불안을 크게 줄였지만 비용이 약 9% 더 들었다. 신속한 새 거처 마련은 통상적인 돌봄보다 비용이 조금 적게 들었지만 다른 이점은 없었다. 임시거처는 그 어떤 대안보다도 비용이 더 많이 들었으며 측정 가능한 이점은 없었다.

앞에서 언급한 바와 같이, 바우처 수급가구의 임대료 자기 부담은 소득의 30%이다. 이를 다른 시각으로 보면 가구원들이 벌어들이는 1달러당 30%의 세금과 같다. 가족들이 일을 하고 그들의 직업을 발전시키는 것을 저해하는 요소를 줄이는 방법이 있을까?

Section 7에서는 바우처 보유자들의 상향 이동성을 향상시키기 위한 두 가지 실험 계획을 살펴본다. 임대료 개혁 시범은 임대료 결정(임대료 분담금 결정) 과정의 여러 부분을 변경했으며, 특히 3년마다 소득 재인증을 요구했다. 만약 한 가족이 그 3년 동안 더 높은 소득을 올렸더라도, 더 이상 임대료를 낼 필요가 없었다. 원칙적으로 이것은 고용과 승진에 대한 인센티브를 향상시킨다. 4개 도시 간 효과에 차이가 있었지만, 3년 반 동안 소득에 큰 영향을 미치지는 않았다.

7년째 이어진 가족자급자족 시범사업(FSS; Family Self-Sufficiency Demonstration)의 최종 보고서는 공표되지 않고 있다. 저자는 그 보고서를 읽었고, 부록의 3년 차 보고서 초록이 오해의 소지가 없다는 것을 증언할 수 있다.

FSS는 지원 대상 가정이 5년 안에 일정한 목표를 달성하기로 합의하는 사례관리 계약으로 구성되어 있다. FSS는 소득이 증가하면 임대료를 더 내야 하는 불이익을 해결하기 위해 임대료 증가분을 에스크로 계좌에 입금했다가 계약 완료 시 받도록 했다. 에스크로 계정은 의미 있는 금액으로 키울 수 있지만, 프로그램에 참여하지 않은 통제 가족이 실험 가족만큼 많은 돈을 벌기 때문에 인센티브로서 큰 영향을 미치지는 않는다.

부록의 Section 8과 Section 9에서는 앞서 언급한 미국 가구의 대다수인 주택 소유자들의 문제를 다룬다. 주택 소유자로서, 실험은 그들이 담보대출 상환을 불이행하거나 그들이 미래에 채무 상환 불이행을 할 수 있는 담보대출을 고려하는 경우 상담 개입이 도움이 될지를 다룬다.

Section 8은 주택담보대출 상환을 불이행했지만 여전히 그 집에 살고 있는 주택 구매자들을 위해 상담을 통해 개입하는 몇 가지 오래된 실험을 요약하고 있다. 대출자가 상환을 재개하면 담보 대출을 보증한 정부에게는 이익이 되는 경우가 많지만[7], 때로는 대출자에게 이익이 되지 않

---

7 연방주택관리국(FHA; Federal Housing Administration) 또는 투자성 연금(VA; Variable Annuity) 보험뿐만 아니라 정부 후원 기업의 모기지론 구입을 보험 보증으로 처리한다.

을 수 있다고 상담원은 말하곤 한다. 반면에, 집에 거주하면서 수정된 지불 계획을 받아들이는 것이 대출자에게 더 이익이 될 수 있다. 이러한 경쟁적인 결과를 고려할 때, 정부가 채무 불이행 대출자에게 상담을 제공해야 할까?

첫 번째 연구는 상담이 채무 불이행 상태인 높은 보조금을 받는 담보대출에 대한 압류를 줄이고 상환을 증가시키는 데 약간의 영향을 미친다는 것을 발견했다. 두 번째 연구는 보조금을 받는 모기지와 보조금을 받지 않는 모기지를 혼합한 경우 대출금 상환 실적을 개선하는 데 완전히 실패한 것을 보여준다.

Section 9는 아직 집을 사지 않은 사람들을 위한 주택 소유 상담의 효과를 살펴본다. 차주와 대주 모두 압류로 손해를 보기 때문에 고객들이 이행할 수 없는 약속을 하지 않도록 교육하는 것이 상식에 맞는 것으로 보일 것이다.

하지만 많은 고객들은 교육을 받고 싶어 하지 않는 것으로 나타났다. Section 9에서 보고된 두 가지 실험은 잠재적인 주택 구매자들에게 제공되는 무료주택 소유 교육과 상담에 대한 참여가 미온적임을 보여준다. 첫 번째 사례에서는 '세 곳의 현장에서 집중적이고 비용이 많이 드는 봉사활동 캠페인(라디오 광고 사용)'을 실행했는데 1,200명만 등록했다. 비록 상담이 계획대로 진행되었지만 압류는 드문 경우이며, 이 샘플은 효과를 안정적으로 측정할 수 있을 만큼 크지 않다. 유일하게 의미 있는 결과는 통제 그룹에 비해 실험 그룹의 주택 구입이 감소하였다는 것이다. 물론 구매자가 모기지(mortgage) 납입에 대한 충분한 준비가 되어 있지 않다면 좋은 결과다.

두 번째 사례는 첫 번째 사례 이후 30여 년 만에 시작됐다. 이번에는 주요 전국구 주택대출 업체에 주택담보대출 문의를 하는 고객들을 대상으로 잠재적인 구매자들을 모집했다. 일반적으로 상담 및 교육을 받았던 고객 집단보다 이 고객 집단이 훨씬 더 경제력이 있었다. 비록 표본 크기는 통계적 추론을 위해 충분하지만, 처음에 소개된 고객 수에 비해서는 작다.

고객들은 직접 교육을 받으러 오지 않으려 했고 대다수는 인터넷을 통한 교육을 받고 전화를 통해 개별 상담을 받았다.

처음 선택한 중요한 결과는 60일 채무 불이행(60일 이상 지급에 실패한 경우) 및 신용 점수였다. 전체 표본의 경우 양측 모두에 영향이 없었다. 결과는 하부 그룹에 따라 다를 수 있다.

6. 결론

- 기존 정책은 사회적으로 수용하기 어려운 결과를 초래할 수 있다.
- 대체할 만한 새로운 정책은 더 나은 결과를 가져오지 않을 수 있다.
- 측정을 하지 않고는 기존 정책이나 정책에 대한 잠재적인 개혁에 대해 충분한 정보를 바탕으로 의미 있는 논의를 하기 어렵다.
- 좋은 측정을 위해서는 사후 가정이 필요하며, 이상적인 사후 가정이란 무작위화를 전제로 한다.
- 계획되지 않은 사회적 실험은 계획된 실험보다 비용이 덜 들지만, 그만큼의 정보를 제공하지 않는다.
- 실험의 결과는 종종 놀랍거나 실망스럽다. 그 결과들은 정책입안자들과 정책분석가들에게 현실 검증의 역할을 한다.

부록

부록 1: 한국의 실험연구들

▶ Section 1: 계획된 실험

- "Effect of Text-Message-Based Critical Peak Rebate Program on Residential Electricity Use: A Field Experiment in Korea" by Jina Kim, Dongsik Jang, Jiyong Eom, Byungtae Lee :: SSRN

▶ Section 2: 계획되지 않은 실험

- Seoul Equalization Policy

1) Causal Effects of Single-Sex Schools on College Entrance Exams and College Attendance: Random Assignment in Seoul High Schools, Hyunjoon Park; Jere R. Behrman; Jaesung Choi Demography, 50(2): 447-469, 2013. (https://doi.org/10.1007/s13524-012-0157-1)
2) Comment on Causal Effects of Single-Sex Schools on College Entrance Exams and College Attendance: Random Assignment in Seoul High Schools, Youjin Hah, Liang, Choon Wang M. Date Written: December 28, 2012. (https://papers.ssrn.com/sol3/papers.cfm?abstract_id=2194336)
3) The Effectiveness of Single-Sex Schools through Out-of-School Activities: Evidence from South Korea Oxford Bulletin of Economics and Statistics 81, no. 2 (2019): 369-393. Youjin Hahn, Liang Choon Wang (https://papers.ssrn.com/sol3/papers.cfm?abstract_id=2607313)
4) Causal Effects of Single-Sex Schools on Long-Term Outcomes: Evidence from Random High School Assignment in South Korea, Kyoung Hoon Lee, November 6, 2022. (https://papers.ssrn.com/sol3/papers.cfm?abstract_id=3957630)
5) Does School Environment Shape Gender Differences in Leadership and Participation? Evidence from a Natural Experiment in South Korea, Amber Lee, Nicholas Sambanis January 10, 2023. (https://papers.ssrn.com/sol3/papers.cfm?abstract_id=4321251)
6) Does greater school autonomy make a difference? Evidence from a randomized natural experiment in South Korea, Youjin Hahn, Liang Choon Wang, Hee-Seung Yang (https://doi.org/10.1016/j.jpubeco.2018.03.004)

▶ Section 3: 계획되지 않은 실험

- The Effect of After-School Classes on Private Tuition, Mental Health, and Academic Outcomes: Evidence from Korea 30 Pages Posted: 1 Apr 2015. Daniel Carr, Liang Choon Wang

▶ Section 4: 계획되지 않은 실험

- Female Math Teachers in Middle School, Persistent Effects of Teacher- Student Gender Matches, NBER Working Paper No. w24128, Jaegeum Lim, Jonathan Meer (https://papers.ssrn.com/sol3/papers.cfm?abstract_id=3089524)

▶ Section 5: 계획되지 않은 실험

- Effects of Middle-School Peers
  1) Persistent Effects of Ordinal Rank: Evidence from Middle Schools in South Korea, BYEUNG-KUK OH, Date Written: August 31, 2022. (https://papers.ssrn.com/sol3/papers.cfm?abstract_id=4205339)
  2) How Do Peers Influence BMI? Evidence from Randomly Assigned Classrooms in South Korea, NBER Working Paper No. w23901, Jaegeum Lim Jonathan Meer (https://papers.ssrn.com/sol3/papers.cfm?abstract_id=3049725)
  3) Peers' Private Tutoring and Adolescent Depressive Symptoms: Quasi-Experimental Evidence From Secondary Schools in South Korea, Taehoon Kim, Hayun Jang, Jinho Kim, J Adolesc Health. 2022 Apr; 70(4):658-665.

부록 2: 미국 주택 부록

▶ Section 1: 계획된 실험

1) Project-based assisted housing, Promoting Work in Public Housing, The Effectiveness of Jobs-Plus, 03/2005. Howard Bloom, James A. Riccio, Nandita Verma
2) IWISH, Supporting Aging in Place Through IWISH: Second Interim Report from the Evaluation of the Supportive Services Demonstration - Authors(Giardino, Elizabeth, Vandawalker, Melissa Kappil, Tresa, Robinson, Anna, Roby, Cayla, Abt Associates), 2021.

▶ Section 2: 계획된 실험

1) Moving from Project-based assisted housing to Tenant-based, Moving to Opportunity for Fair Housing Demonstration Program Final Impacts Evaluation, Lisa Sanbonmatsu, Jens Ludwig, Project Director, Lawrence F. Katz, Principal Investigator, Lisa A. Gennetian, Greg J. Duncan, Ronald C. Kessler, Emma Adam, Thomas W. McDade, Stacy Tessler Linda
2) The Effects of Exposure to Better Neighborhoods on Children: New Evidence from the Moving to Opportunity Experiment, Raj Chetty, Nathaniel Hendren, Lawrence F. Katz, AMERICAN ECONOMIC REVIEW, VOL. 106, NO. 4, APRIL 2016. (pp. 855-902)

▶ Section 3: 계획되지 않은 실험

- Moving from Project-based assisted housing to Tenant-Based, THE EFFECTS OF HOUSING AND NEIGHBORHOOD CONDITIONS ON CHILD MORTALITY - Authors(Brian A. Jacob, Jens Ludwig, Douglas L. Miller Working Paper 17369 (http://www.nber.org/papers/w17369)

▶ Section 4: 계획된 실험

- Tenant-Based Assistance, In General

1) Housing Allowance Demand Experiment, The Final Report of the Housing Allowance Demand Experiment, Stephen D. Kennedy, Abt Associates, June 1980.

2) Freestanding Housing Voucher Demonstration, Final Comprehensive Report of the Freestanding Housing Voucher Demonstration, Mireille L. Leger, Stephen D. Kennedy, Abt Associates, May 1990.

3) Effects of Housing Vouchers on Welfare Families - Authors, Abt Associates Wood, Michelle, Mills, Gregory, Gubits, Daniel, Orr, Larry, Long, David, Feins, Judith D., Kaul, Bulbul, Amy Jones and Associates Inc., Cloudburst Consulting, QED Group 2006.

4) CREATING MOVES TO OPPORTUNITY: EXPERIMENTAL EVIDENCE ON BARRIERS TO NEIGHBORHOOD CHOICE (http://www.nber.org/papers/w26164), Peter Bergman, Raj Chetty, Stefanie DeLuca, Nathaniel Hendren, Lawrence F. Katz, Christopher Palmer, Working Paper 26164, NATIONAL BUREAU OF ECONOMIC RESEARCH 1050 Massachusetts Avenue Cambridge, MA 02138, August 2019, Revised January 2023.

▶ Section 5: 계획되지 않은 실험

- Tenant-Based Assistance, In General

1) Human Capital Effects of Anti-Poverty Programs: Evidence from a Randomized Housing Voucher Lottery | NBER, Brian Jacob, Max Kapustin, Jens Ludwig, 2014.

2) The Effects of Housing Assistance on Labor Supply: Evidence from a Voucher Lottery Brian A. Jacob, Jens Ludwig, AMERICAN ECONOMIC REVIEW, VOL. 102, NO. 1, FEBRUARY 2012. (pp. 272-304)

▶ Section 6: 계획된 실험

- Tenant-Based Assistance for Homeless People

1) HUD/VA Supported Housing Program, Cost-effectiveness of Supported Housing for Homeless Persons With Mental Illness, Robert Rosenheck, MD; Wesley Kasprow, PhD; Linda Frisman, PhD; Wen Liu-Mares, PhD, Arch Gen Psychiatry. 2003;60(9):940-951. doi:10.1001/archpsyc.60.9.940

2) Housing First Services for People Who Are Homeless With Co-Occurring Serious Mental Illness and Substance Abuse, Deborah K. Padgett, Leyla Gulcur, Sam Tsemberis, Research on Social

Work Practice, Vol. 16 No. 1, January 2006 74-83, DOI: 10.1177/1049731505282593

3) Family Options Study 3-Year Impacts of Housing and Services Interventions for Homeless Families, Daniel Gubits, Marybeth Shinn, Michelle Wood, Stephen Bell, Samuel Dastrup, Claudia D. Solari, Scott R. Brown, Debi McInnis, Tom McCall, Utsav Katte, Abt Associates

▶ Section 7: 계획된 실험

1) Self-sufficiency reforms to tenant-based assistance, Rent Reform Demonstration, The Rent Reform Demonstration: Impacts on Work, Housing, and Well-Being After 42 Months, James Riccio, Nandita Verma, Gilda Azurdia, Edith Yang, MDRC, 2021. (https://www.huduser.gov/portal/publications/The-Rent-Reform-Demonstration-Impacts-on-Work.html)

2) Family Self-Sufficiency, Work, Engagement, and Well-being at the Midpoint: Findings from the Family Self-Sufficiency Evaluation, Nandita Verma, Stephen Freedman, Betsy Tessler, Barbara Fink, MDRC, July 2021. (https://www.huduser.gov/PORTAL/publications/FSS-Midpoint-2021.html)

▶ Section 8: 계획된 실험

- Post-Default Counseling to Mortgage Borrowers

1) Housing Counseling for Delinquent Mortgagors, Les Rubin, Chris Wye, HUD Office of Policy Development and Research, January 1977. (https://www.huduser.gov/portal/publications/Counseling-for-Delinquent-Mortgagors-II.html)

▶ Section 9: 계획된 실험

1) Pre-Purchase Housing Counseling for First-Time Home Buyers, Prepurchase Homeownership Counseling Demonstration (https://www.huduser.gov/portal/index.php?qbing=shroder+social+experiments&q=search.html), (This study was never published. URL is to my paper, "Social Experiments in Housing", 2000. Reference is to Feins, Bain and White, 1979.)

2) Long-Term Impact Report: The HUD First-Time Homebuyer Education and Counseling Demonstration - Authors(Peck, Laura, Moulton, Shawn, Bocian, Debbie Gruenstein, Morris, Tori, DeMarco, Donna, U.S. Department of Housing and Urban Development, Office of Policy Development and Research, Abt Associates, June 2021. (290 pages)

참고문헌

· Angrist, Joshua D. Lifetime Earnings and the Vietnam Era Draft Lottery: Evidence from Social Security Administrative Records. The American Economic Review, Vol. 80 No. 3 (June 1990), 313-336.

· Bell, Stephen, Larry L. Orr, John D. Blomquist, and Glen G. Cain. 1995. Program Applicants as a Comparison Group in Evaluating Training Programs, Kalamazoo, MI: W.E. Upjohn Institute for Employment Research.

· Fraker, Thomas and Rebecca Maynard. Evaluating Comparison Group Designs with Employment-Related Programs. Journal of Human Resources, Vol. 22 No. 2 (Spring 1987), 194-227.

· Friedlander, Daniel, and Philip K. Robins. Evaluating Program Evaluations: New Evidence on Commonly Used Nonexperimental Methods. The American Economic Review, Vol. 85 No. 4 (September 1995), 923-937.

· Greenberg, David, and Mark Shroder, The Digest of Social Experiments, Third Edition. 2004. Washington: Urban Institute Press.

· Lalonde, Robert J. Evaluating the Econometric Evaluations of Employment and Training Programs with Experimental Data, The American Economic Review, Vol. 76 No. 4 (September 1986), 604-620.

· Lalonde, Robert J., and Rebecca Maynard. How Precise Are Evaluations of Employment and Training Programs? Evidence from a Field Experiment, Evaluation Review, Vol. 11 No. 4 (August 1987), 428-451.

· Administration for Children and Families, US Department of Health and Human Services. ACF Evaluation Policy, November 9, 2021, https://www.acf.hhs.gov/opre/report/acf-evaluation-policy

· Office of the Assistant Secretary for Policy, US Department of Labor. U.S. Department of Labor Evaluation Policy, November 2013, https://www.dol.gov/agencies/oasp/evaluation/EvaluationPolicy

· Office of Policy Development and Research, US Department of Housing and Urban Development, HUD Program Evaluation Policy—Policy Statement, August 13, 2021, https://www.huduser.gov/portal/sites/default/files/pdf/Federal-Register-2021-17339.pdf

2장

싱가포르의 주택 및 도시정책 평가

석용 팡(Sock-Yong Phang) [싱가포르경영대학교 석좌교수]

1. 머리말

정책 과정은 일반적으로 의제설정, 정책수립, 의사결정, 정책실행, 정책평가의 5단계로 구성된 5단계 모델로 설명된다(하울렛(Howlett)(2022)). 정책평가 단계에서는 정책의 결과를 평가하고 정책 과정에 피드백하여 정책을 추가 개선하거나 변경한다. 그래서 정책사이클(Policy cycle)을 제안한다.

싱가포르는 정책평가를 위한 공식적이고 제도적인 준비가 되어 있지 않다. 그러나 정책평가는 정책수립에 관여하는 모든 부처와 정부기관이 지속적으로 수행하여 계획 및 시행을 개선하고 목표 달성 여부와 정책변경 필요성을 평가할 것으로 기대된다. 싱가포르 공무원 대학(CSC; Civil Service College, Singapore)[1]은 정책입안자들이 증거기반 정책 도구를 사용할 수 있도록 안내하는 툴킷(Toolkit)을 발간했다. 툴킷은 점점 복잡

1 싱가포르 공무원대학(CSC)은 2001년 공무원들에게 교육과 훈련을 제공하기 위해 총리실 산하에 대학과 법정 이사회로 설립되었다.

해지는 환경에서 정책수립의 과제를 강조하면서 다음과 같이 증거기반 정책수단들을 권장했다.

"… 데이터를 분석하고, 사람들이 어떻게 생각하는지 이해하고, 정책이 현장에 미칠 영향을 예측할 수 있는 보다 체계적인 방법을 제공하기 때문에 강력한 정책사이클의 핵심이다. 그들은 해결해야 할 문제에 대한 더 많은 증거를 제공하여 정책입안자들이 정책시각을 넓히고 오늘날 다루기 어려운 정책문제를 처리할 수 있는 효과적인 방법을 찾을 수 있도록 한다. 싱가포르의 지속적인 정책 성공을 보장하기 위해서는 앞으로 공공부문에서 이러한 본능과 역량이 지속적으로 개발되어야 할 것이다(CSC)(2016)."

이 툴킷은 정책평가가 전체 정책 사이클에서 어느 부분에 적합한지 이해하는 프레임워크 역할을 하는 정부의 정책개발 프로세스를 참조했다(〈그림 6-2-1〉 참조). 이 툴킷에는 정성적 피드백, 비용-편익 분석(CBA; Cost-Benefit Analysis), 무작위 통제 실험 및 정책결과를 평가하기 위한 데이터 분석에 대한 장(chapter)과 예제가 포함되어 있다.[2]

본 논문에서는 싱가포르의 주택 및 도시정책평가를 위해 CSC 툴킷에서 제안된 방법을 사용하는 것에 초점을 맞출 것이다. 싱가포르는 560만 명 인구와 72km^{2}의 땅을 가진 도시 국가다. 토지의 부족은 정부가 성공적인 경제 개발, 저렴한 주택 소유 및 살기 좋은 도시를 가능케 한 정부 주도의 토지 및 주택정책을 채택하도록 이끌었다. 국민의 자가주택 점유율은 1990년대 이후 약 90% 수준을 유지하고 있다. 이 논문의 2절은 싱가포르의 주택정책에 대한 간략한 개요를 제공할 것이다. 3~6절은 각각 정성적 조사, 비용-편익 분석, 파일럿 및 데이터 분석을 사용한 정책평가에 대해 설명하며, 7절에서 마무리된다.

---

2 <그림 6-2-1> 정책개발 프로세스에서 증거기반 정책 도구 사용(부록 524쪽) 참조

2. 싱가포르의 주택 및 도시정책 상황: 간략한 개요[3]

싱가포르는 1819년부터 영국의 식민지였고 1959년에 자치 정부를 수립했다. 1963년부터 1965년까지 말레이시아 연방의 일부였고, 1965년에 완전한 독립 국가가 되었다. 1960년대의 주택 상황은 끔찍했다. 전쟁 전의 상점가, 빈민가, 무단 거주지, 아연으로 덮인 지붕의 거주지가 풍경에 점재하고 있었다. 1959년에 처음으로 선출된 정부는 '필요한 모든 사람들에게 현대적인 편의 시설을 갖춘 괜찮은 집을 제공하기'라는 비전을 가지고 있었다. 싱가포르가 직면한 중대한 경제적, 사회적 문제를 해결하기 위한 새로운 정책과 제도를 마련하기 위해 빠르게 움직였다. 주택개발청(HDB; Housing & Development Board)이 1960년에 설립되었고 야심 찬 건설 프로그램에 착수했다. 위원회 수립 후 첫 10년 만에 110,000호 이상의 고층 아파트를 지었고, 1971년과 1975년 사이에 110,000호의 아파트를 더 지었다.

HDB는 건설 프로젝트를 위한 토지 취득 권한으로 실행력을 확대하였다. 1965년 싱가포르가 독립했을 때, 의회는 강제 토지 취득 시 적절한 보상을 받을 권리를 제외한 말레이시아 헌법의 모든 조항을 채택했다. 1966년 의회는 정부와 그 기관에 광범위한 토지 취득 권한을 부여하는 토지 수용법을 통과시켰다(팡(Phang)(2018)). 오늘날, 토지의 90%가 정부 소유이며, 거주자가구의 78%가 주택재고의 약 70%를 차지하는 HDB 아파트에 살고 있다.

또 다른 목표는 초대 총리 리콴유가 사회와 정치적 안정을 위해 필수적이라고 여겼던 '자가 소유 사회'였다. 이러한 목표를 달성하기 위해 정

3 주택정책에 대한 싱가포르의 접근 방식에 대한 이 섹션은 팡(Phang)(2019)에서 발췌한 것이다.

부는 1968년 주택 구입 구성 요소를 추가하고 의무 기여율을 빠르게 증가시킴으로써 확정 중앙적립기금(CPF; Central Provident Fund)으로 전환했다. 직원과 고용주는 직원의 계정에 매달 납입해야 했고 99년 임대로 판매되는 HDB 아파트를 구입하기 위해 계약금과 주택담보대출금을 인출할 수 있었다.

이 주택금융 프레임워크는 자가 소유를 고용된 가구의 기본 선택으로 만들었고 국내 저축을 동원했다. 주택 소유율이 1970년 29%에서 1990년 88%로 빠르게 증가한 것에서 정책의 효과를 확실히 볼 수 있었다.

1960년대와 1970년대에 주택정책 평가를 위한 광범위한 정량적 수단이 사용되었다. HDB는 5년 단위의 건설 계획을 가지고 있었는데, 성과는 의회에 제출된 연례 보고서에 보고되었다. 주택 보유율의 증가는 주택 소유 사회의 정책목표 달성에 대한 HDB-CPF 주택 프레임워크의 성공을 반영하는 또 다른 가시적인 지표였다. 그러나 1980년대 중반까지 근로자와 고용주의 CPF 기여율이 근로자 임금의 5%에서 25%(총 50% 의무 저축)로 증가한 것은 임금 인플레이션과 1985년 싱가포르 최초의 경기침체에 기여했다. 광범위한 검토로부터 도출된 정책조치 중 하나는 1986년 4월 정부가 고용주의 CPF 기여율을 임금의 25%에서 10%로 낮추었다.

1990년대에는 양적인 주택부족 문제가 해결되었다. 정부는 HDB 재판매 시장의 규제를 완화하고 토지 이용 계획 과정을 개혁했다. 민간주택과 상위 중산층 주택개발을 위한 정부소유 토지의 정기 판매를 실시했다(살기 좋은 도시를 위한 연구센터(Centre for Liveable Cities)(2021)). 또한 여러 소유자가 보유한 부동산의 재개발을 용이하게 하기 위해 부동산 소유권(Strata-Title)을 개정했다. 1990년대 전반기는 급격한 주택자산 가격 인플레이션의 시기였다. 그러나 1997~1998년의 아시아 금융 위기는 지역 경제 위기와 부동산시장 침체로 이어졌다. HDB가 새 아파트를 위해 가지고 있던 대기자 명단이 사라지고, HDB는 17,500개 이상의 미분양 아파트를 안게 되었다(팡(Phang)(2019), 제3장). 이에 따라 HDB는 2002년에 새로운 단위 할당 프로세스를 대기 시스템에서 주문 제작 방식(BTO; Build-to-Order) 프로젝트로 변경했다. BTO 프로젝트는 개발 중인 아파트에 대한 수요가 충분할 때만 진행된다. 투표는 수요가 공급을 초과할 때 진행되며 신청가구가 특정 프로젝트에서 특정 아파트를 예약하는 것을 확인한 후 해당 가구는 프로젝트가 완료되기까지 3~4년을 기다려야 한다.

〈표 6-2-1〉은 주택시장의 공급과 수요 측면 모두에 대한 주요 주택정책개입을 요약하여 보여준다. 지난 수십 년 동안 싱가포르의 모든 계층을 위한 합리적인 가격의 주택 소유라는 정책목표를 충족하기 위해 수많은 정책이 시행되었다. 이 정책에 대한 자세한 내용은 3절에서 6절까지 다루겠다. 팡(Phang)(2018)은 수많은 정책에 대한 상세한 분석을 제공한다. 주택정책이 더 표적화됨에 따라, 광범위한 정량적 조치 이외의 정책평가 도구가 요구되고 있다. 다음 4개 절에서는 정책평가 도구 중 네 가지에 대해 살펴본다.

3. 선호도와 만족도를 결정하기 위한 질적 조사

HDB는 싱가포르에서 가장 큰 주택 개발업자이기도 한 정부기관이다. 싱가포르 가구의 약 78%가 24개 마을과 3개 부지에 걸쳐 위치한 100만 호의 HDB 아파트에 주거하고 있다. HDB가 설립된 1960년 이후로 HDB 아파트와 커뮤니티의 설계와 시설은 크게 개선되었다. HDB가 거주자들의 선호도와 거주지, 이웃 및 생활 환경의 사회적 측면에 대한 피드백을 얻기 위해 대규모 설문 조사를 정기적으로 실시한다. 또한 HDB 표본 가구 조사(SHS; Sample Household Surveys)는 거주자의 인구 통계학적 및 사회 경제적 프로필에 대한 정보를 제공하고 변화하는 요구사항을 확인하는 데 도움이 된다. 이 조사는 개선 및 또는 정책적 관심이 필요한 분야에 대한 정보를 HDB 및 정부에 제공한다.

<표 6-2-1> 싱가포르의 토지 및 주택정책

주택공급 개입	주택수요 개입
① 정부 토지 취득 ② 토지 매립 ③ 토지이용계획 ④ HDB(주택재고의 73%) - 임대주택 제공(5%) - 판매용 평형 개발(68%) - 2차 시장 규제(HDB 단위 재판매) ⑤ 이그제큐티브 콘도 계획(2%) ⑥ 민간주택(25%) - 임대료 통제 해제 - 토지 이용 기본 계획: 토지 이용 변경 및 상향 조정 지침 - 그리드락을 없애고 고밀도의 재개발을 장려하는 법안 - 투명한 토지 개선 요금 체계 - 민간주택에 대한 정부 토지 매각	① 주택 구입을 위한 중앙 연금 기금 저축 ② 시장 세분화 및 규제 - 거주자격(시민, 영주권자, 외국인) - 가계 소득 - 가구 프로필(인종, 연령, 결혼 여부) - 위치(프라임, 발달(mature), 미발달(non-mature)) ③ 거시건전성 정책 - 추가 구매자 인지세(0%~65%) - 개인 또는 전체 - 거주 자격 - 구매자가 소유한 부동산의 수 - 부동산 수수료(0%~12%) - 주택담보인정비율(LTV)과 총부채상환비율(TDSR) ④ 누진재산세(0%~36%)

첫 번째 SHS는 1968년에 시작되었고 그 이후로 5년마다 조사가 실시된다. 각 에디션에 대한 SHS는 특정 기간 동안의 사회와 HDB에 대한 관심을 반영했다. 1960년대와 1970년대에는 재정착과 고층 생활 적응에 대한 우려가 있었다. 1980년대와 1990년대에는 고층 주거가 널리 받아들여졌고, 주거 환경에 대한 만족도로 관심이 이동했다. 2000년대에는 사회적, 공동체적, 생활 측면이 중요해졌다. 이 연구 결과는 새로운 HDB 아파트의 설계와 HDB 생활 환경을 개선하는 데 도움이 되었으며, HDB의 운영 및 정책검토에 중요한 자료로 활용되었다. 또한 5년마다 실시되

는 설문 조사를 통해 추세 분석이 가능하다.

11번째 SHS는 2018년에 완료되었으며, 연구 결과는 각각 200페이지가 넘는 2개의 모노그래프(HDB 2021a 및 2021b)로 출판되었다. 약 8,000가구를 대상으로 가구 프로필, 물리적 생활 환경에 대한 만족도, 부동산 시설 사용, 주거 이동성 및 주거 요구사항, 교통 및 여행 패턴(쇼핑 포함)에 대해 조사했다. 게다가, 조사 항목에 삶에 대한 관점, 가족 유대, 사회적 자본, 이웃의 상호 작용, 발생 및 이웃에게서 받는 방해 유형, 지역 사회 유대 및 노인의 행복을 포함한 웰빙에 대한 질문을 포함했다.

4. 편의시설 평가를 위한 비용-편익 분석(CBA) 적용

CBA는 프로젝트 또는 정책평가 단계에서 정책입안자가 사용하는 표준 도구이며 의사결정 프로세스를 개선하는 데 도움이 된다. 정책 또는 프로젝트가 구현된 후 정책평가 단계에서도 사용할 수 있다. CBA를 적용할 때 어려운 점은 가치를 산정할 근거가 되는 시장이 없다는 것이다. 따라서 CBA가 없다면, 공원, 녹지, 수역 및 기능과 같은 편의 시설의 공급 부족으로 이어질 수 있다.

싱가포르는 단연 정원 도시라 자부한다. 1967년 독립 후 2년 만에 리콴유 당시 총리가 발표한 야심찬 계획으로 리 총리는 깨끗한 도시가 정부의 역량의 증거로 받아들여질 것이고 깨끗한 녹색 도시는 외국인 관광객과 투자자들을 끌어들일 것이라고 주장했다.[4] 그 정책은 매우 성공

4 리콴유 총리는 기업인과 관광객을 유치하기 위해 싱가포르를 다른 제3세계 국가들과 차별화하는 전략으로 '깨끗하고 녹색의 도시'를 고려했다(리(Lee)(2000), 199~200).

적이었고 공공공원뿐만 아니라 대부분의 도로 주변과 중앙 부분에 넓은 조경을 포함했다. 2006년 공익위원회(싱가포르 국가 물 관리국)는 '정원과 물의 도시' 비전을 보완하여 싱가포르를 '정원과 물의 도시'로 만들기 위해 활동적이고, 아름답고, 깨끗한 물(Active, Beautiful and Clean Waters) 프로그램을 시작했다. ABC 워터스 프로그램은 배수관, 운하, 저수지를 주변 공원과 공간에 통합되는 하천, 강, 호수로 바꾸는 것을 목표로 한다.

지속가능환경부는 ABC에 대해 가치를 정량화하기 위해 헤도닉 가격 모형[5]을 사용하여 비산-앙 모키오(Bishan-Ang Mo Kio) 공원 프로젝트 근처에 위치한 HDB 전매 부동산의 가격 동향을 분석했다(CSC)(2016). ABC 워터스 프로그램에 따르면, 62ha(헥타르)의 공원에 있는 오래된 콘크리트 운하의 3km가 자연 수로로 탈콘크리트화되었다. 이 연구는 프로젝트 완료 후, 프로젝트에 더 가까운 주택에 대한 HDB 재판매 가격이 증가했으며 부동산 가치의 증가만으로도 프로젝트의 비용이 더 커졌다는 것을 보여주었다.

정책평가는 싱가포르 대학과 연구기관에서도 실시하고 있다. ABC 워터스 프로그램의 이점은 싱가포르 국립물정책연구소의 연구원들에 의해서도 연구되었다(이프테카르(Iftekhar)(2019), 폴야코브 외(Polyakov et al.)(2022)). 폴야코브 외(Polyakov et al.)(2022) 연구진은 2008년과 2016년 사이에 개조된 13개 운하의 2km 내 HDB 및 개인 주택거래를 헤도닉 가격 모형을 사용하여 분석했다. 저자들은 운하 업그레이드 프로젝트의 500m 이내에 있는 아파트의 가치 상승을 모든 ABC 워터스 프로젝트의 총비용을 초과하는 3억 3,600만~5억 400만 달러 사이로 추정했다.

---

5 이 연구에서는 대조 방법론을 사용하고 실험군과 대조군을 사용했다. 부동산의 다른 헤도닉 특성도 부동산 근처의 다른 편의시설의 영향을 설명하기 위한 추가적인 통제변수로 포함되었다(CSC)(2016).

5. 새로운 계획을 위한 파일럿 사용

거주 인구의 4분의 3 이상이 HDB 아파트에 살고 있기에, 다양한 계획들이 국민들의 여러 욕구들을 충족시킨다. 인구의 변화하는 요구를 충족시키기 위해 종종 새로운 계획이 도입된다. 소규모 파일럿은 특정 계획을 본격적으로 구현하기 전에 특정 새 정책의 실행 가능성을 평가하고 위험을 관리하며 상당한 리소스가 투입되기 전에 문제를 파악하는 데 유용한 도구다.

커뮤니티 케어 아파트와 같은 최근 주택 계획에 파일럿 방식이 적용되었다.[6] 커뮤니티 케어 아파트는 65세 이상 노인을 위한 주거 선택권의 연속성 확대를 목표로 국가개발부, 보건부, HDB가 공동으로 제공하는 공공주거지원 생활 개념이다. 노인 친화적 주택과 돌봄 필요 및 사회 활동에 따라 규모를 조정할 수 있는 돌봄 서비스를 통합하여 노인들이 지역사회 내에서 노후를 독립적으로 보낼 수 있도록 지원한다. 첫 번째 파일럿은 2021년 2월에 시작했고, 두 번째 파일럿은 2022년 11월에 시행되었다.

2021년 12월에 새로운 임대 계획인 관리자가 운영하는 독신자 연결 방안(Joint Singles Scheme Operator-Run) 파일럿[7]이 시작되었다. 그 계획에 따르면, 독신자들은 먼저 플랫 메이트를 구하지 않고도 임대주택을 신청할 수 있다. 대신에 개별 지원자들은 성별, 나이, 민족성, 그리고 생활 습관과 같은 요소들을 고려하여 운영자에 의해 플랫 메이트를 배정받

---

6 HDB 웹사이트: https://www.hdb.gov.sg/residential/buying-a-flat/finding-a-flat/types-of-flats/community-care-apartments

7 HDB 웹사이트: https://www.hdb.gov.sg/cs/infoweb/residential/renting-a-flat/renting-from-hdb/public-rental-scheme/eligibility/joint-singles-scheme-operator-run-pilot

을 것이다. 처음 세 개의 파일럿은 2021년 12월에 시작되었고 2023년에 다른 세 곳으로 확장되었다.

2023년 3월 국가개발부는 종전의 학생 호스텔을 보조 임대주택이 필요한 독신자를 위한 공유 시설이 있는 싱글 룸으로 전환하는 새로운 싱글 룸 공유 시설 임대 파일럿을 발표했다(HDB의 다른 두 가지 싱글 임대 계획에 따라 싱글 룸은 다른 플랫 메이트와 공유해야 함). 국가 개발부 장관은 "HDB가 모델이 작동하는지 여부와 새로 지은 임대 아파트와 기존 또는 오래된 임대 아파트를 개조하는 정부의 공공임대 계획에 영구적인 해결책으로 포함되어야 하는지에 대한 데이터를 수집하기 위해 1년에서 2년 동안 시범 운영할 것"이라고 발표했다. 물론, 이 파일럿으로부터 배울 점이 많을 것이다. 이것은 작동하지 않을 수 있으나 공간, 구성 및 비율을 조정하면 작동할 수 있다. 중요한 것은 시도해 보고 그 과정에서 배우는 것이다(더 스트레이트 타임스(The Straits Times, 2023년 3월 13일)).

6. 정책 개입 평가를 위한 데이터 분석

데이터 분석은 싱가포르의 주택 및 도시정책 의사결정에 광범위하게 사용된다. 1997~1998년 아시아 금융 위기의 여파로 인해 주택시장 데이터셋을 모으는 것이 시급해졌다. 경제위기의 영향을 받은 아시아 국가에서는 즉시 이용할 수 있고 적절한 부동산시장에 대한 데이터 부족이 주요 문제였다. 2001년, 도시 재개발 당국은 사용자들이 판매 및 임대 거래, 가격 및 임대 지수, 계획된 공급 물량 및 재고나 미분양에 대한 세부 데이터를 포함한 싱가포르 부동산시장에 대한 상세하고 포괄적인 데이터에 접근할 수 있는 데이터 플랫폼인 REALIS를 출시했다. 지난 20년 동안 빅데이터셋을 처리할 수 있는 컴퓨터 성능뿐만 아니라 사용 가능한 자료량이 기하급수적으로 증가했다. 이를 통해 정책입안자들은 원하는 목표를 달성하기 위해 상세한 정책평가를 수행하고 적절한 도구를 선택하며 적시에 시장 개입을 더 잘 수행할 수 있다. 이 섹션에서는 HDB의 가격정책과 부동산시장 과열 방지정책 등 두 가지 연관된 주택 구입 가능성 정책을 평가하고 개선하기 위한 자료 분석에 대해 논의할 것이다.

1) HDB의 신축 아파트 가격정책

최초 주택 구입자를 위한 구입 가능한 저렴한 자가 소유라는 정책목표는 싱가포르에서 오랜 역사를 가지고 있으며, 싱가포르 사람들에게 저렴하고 접근 가능한 주택을 제공할 수 있는 정부의 역할과 책임이 있는 사회적 계약으로 간주된다. HDB는 먼저 비교 가능한 HDB 재판매 아파트의 시장 가치를 고려한 다음, 평가된 시장 가치에 할인을 적용한다.[8] 국가개발부 장관은 2013년에 HDB 신규 아파트 가격이 재판매 HDB 가격과 함께 상승하지 않고 저렴하도록 하기 위해 재판매 아파트 가격에서 HDB 아파트 가격을 분리할 것이라고 발표했다.[9] 할인을 결정하기 위해 HDB는 중위 수준 이상 및 이하의 거주자 가구 소득 범위를 추가로 살펴보고 BTO 아파트를 출시할 때 제공되는 아파트 유형 및 판매 가격 범위와 비교한다. HDB는 다음과 같은 두 가지의 주택 구입 부담 벤치마크를 사용한다. 연소득 대비 주택가격 비율은 4에서 5 사이이고 주택담보대출 비율은 25% 미만이다. 또한 최초 주택 구입자는 가구 소득에 따라 조정

---

8 HDB 웹사이트: https://www.hdb.gov.sg/about-us/news-and-publications/publications/hdbspeaks/How-BTO-Flats-are-Priced

9 2007~2013년 기간의 주택정책에 대한 분석은 팡(Phang)(2018)의 3장을 참조하기 바람.

되는 최대 80,000 싱가포르 달러의 주택 보조금도 받는다.

따라서 고정 가격을 설정하려면 HDB가 재판매 시장, 인구 가구 소득, 신청자의 가계 소득, 모기지 시장 동향 등에 대한 데이터를 분석해야 한다. 2023년, HDB는 2022년 BTO 가격 책정 결과를 평가하고 다음과 같이 보고했다.

- BTO 아파트 가격 상승은 거주자가구 소득 증가와 속도를 맞췄다.
- 미발달 지역(Non-Mature Estates)에 출시된 4개의 방이 있는 아파트의 98%는 40만 싱가포르 달러(주택 보조금 이전) 미만의 가격이었다.
- 새 아파트를 받은 신규 주택 소유자의 80% 이상이 HDB 주택대출의 25% 미만을 사용했다. 이것은 그들이 매달 현금 지출이 거의 없이 CPF 기여금을 사용하여 매달 대출을 분할 지불할 수 있다는 것을 의미한다.
- BTO 아파트 구입자의 연소득 대비 주택가격(HPI; House Price-to-Income) 비율이 일반적으로 4에서 5 정도다. 이는 분양가가 구입자의 연간 가계소득의 4~5배 이내라는 뜻이다. 이것은 세계의 다른 주요 도시들보다 훨씬 낮다(런던, 로스앤젤레스, 시드니의 경우 9~13배, 홍콩의 경우 18배 이상).[10]

2) 부동산시장 과열 방지정책

HDB 새 아파트를 구입하는 사람들은 그 아파트를 최소 5년의 입주 기간을 충족한 후에 시장 가격에 팔 수 있다. HDB 재판매 시장에 대한 규제는 1990년대 초에 철폐되었다. 가구에 대한 소득 상한 요건이 없으며 영구 거주자는 HDB 재판매 아파트를 구입할 수 있다. 그러나 각 가구

10 HDB 홈페이지: https://www.hdb.gov.sg/about-us/news-and-publications/publications/hdbspeaks/Keeping-BTO-Flats-Affordable

는 HDB 아파트를 한 채만 소유할 수 있다. HDB 재판매 시장은 가구 이동을 촉진하고 업그레이드 및 축소를 가능하게 한다. 재판매 시장은 보조금을 받는 HDB 주택을 받을 자격이 없는 가구뿐만 아니라 신축 HDB 아파트가 완공될 때까지 몇 년을 기다리지 않으려는 가구에게 저렴한 주택을 제공한다. 또한 원하는 위치에 있는 아파트를 구입할 수 있으며 BTO 아파트의 출시 장소가 제한되지 않는다.

주택시장은 보다 효과적인 규제가 가능하도록 세심하게 세분화되어 있으며, 하위 시장은 가구 특성에 따라 정의된다. 〈표 6-2-2〉는 다양한 주택의 자격 기준 및 규정에 대한 세부 사항을 제공한다.

〈그림 6-2-2〉는 2000년부터 2022년까지 HDB 재판매 가격, 중위가구 소득 대비 민간주택 가격 동향을 보여준다(2000년 = 3개 지수 모두 100). 그래프에서 알 수 있듯이 HDB BTO 가격의 추세와 유사하게 HDB 재판매 가격과 개인주택 가격의 상승은 2000년부터 2022년까지 중위가구 소득 증가보다 높지 않았다. 이러한 결과는 2009년 이후 총 16차례에 걸친 정부의 주택시장 개입을 통해서 달성되었다(〈표 6-2-3〉 참조). 2008년 글로벌 금융위기 이후, 금융 시스템의 안정성을 위한 거시건전성 정책은 주택 및 주택대출 호황을 직접 다루는 여러 정책도구와 함께 중앙은행 및 금융기관 규제 당국의 정책 목표가 되었다.[11]

HDB 재판매 가격은 2006년부터 중위가구 소득보다 더 빠르게 상승했다(〈그림 6-2-2〉 참조). 2007~2008년 글로벌 금융위기 여파로 인한 중앙은행의 양적 완화 조치로 HDB와 민간주택 가격이 모두 지속적으로 상승한 것이 집값 부담능력 약화로 이어졌다. 이로 인해 2009년부터 2013년까지 10차례에 걸쳐 일련의 부동산시장 과열 방지 정책이 시

11 <그림 6-2-2> HDB 재판매 가격, 민간주택 가격 동향 및 중위가구 소득(2000년 = 100)(부록 525쪽) 참조

행되었고, 마침내 2014년부터 집값이 점진적으로 하락했다. 보다 안정적이고, 저렴하고, 지속가능한 부동산시장을 만들기 위해, 정부는 대출 확대를 제한하고 투기를 억제하기 위해 주택담보인정비율(LTV; Loan-to-Value)과 총 부채 상환 비율(TDSR; Total Debt Service to Income Ratio)에 대한 상한선을 강화했다. 또한 차입 능력에 제약을 받지 않을 수 있는 투자자 및 외국인 구매자를 위해 2011년 12월부터 주거용 부동산 구입에 대한 추가 등록세(ABSD; Additional Buyer Stamp Duties) 형태의 조치도 도입하였다(〈표 6-2-2〉 및 〈표 6-2-3〉 참조).

<표 6-2-2> 주택시장 세분화

<table>
<tr><th>주택 부문</th><th>시민권자</th><th>영주권자</th><th>외국인</th></tr>
<tr><td>HDB 공공임대주택</td><td>소득 < SGD 1,500</td><td rowspan="5">자격 없음</td><td rowspan="6">자격 없음</td></tr>
<tr><td>신축 방 2개 HDB 아파트 구매</td><td>소득 < SGD 6,000</td></tr>
<tr><td>신축 방 3개 HDB 아파트 구매</td><td>소득 < SGD 7,000
or < SGD 14,000</td></tr>
<tr><td>신축 방 4개 혹은 더 큰 HDB 구매</td><td>소득 < SGD 14,000</td></tr>
<tr><td>신축 이규제큐티브 콘도 구매</td><td>소득 < SGD 16,000</td></tr>
<tr><td>재판매
HDB 아파트 구매</td><td>소득 상한선 없음
민간 주거부동산 판매 후,
15개월 대기</td><td>+최소 3PR
+5% ABSD</td></tr>
<tr><td>시장가로 HDB 또는 민간주택 임대</td><td>가능</td><td>가능</td><td>가능</td></tr>
<tr><td>민간주택 & 콘도 구매</td><td>ABSD:
첫 구매 시 0%
두 번째 20%
이후 30%</td><td>ABSD:
첫 구매 시 5%
두 번째 30%
이후 35%</td><td>ABSD: 60%</td></tr>
<tr><td>사유지 부동산 구매</td><td>가능</td><td>자격 없음</td><td>자격 없음</td></tr>
</table>

<표 6-2-3> 안정적이고 지속가능한 주택시장을 위한 거시건전성 정책

회차	일시	정책수단			
		LTV 비율 및 TDSR 상한선 변경, 주택담보대출 조건	부동산 취득세 (BSD: Buyer Stamp Duty)와 ABSD 증가	부동산 매각 인지세 (SSD: Seller Stamp Duty) 변경	기타 규제
1	2009.09.14.				
2	2010.02.20.	V		V	
3	2010.08.30.	V		V	
4	2011.01.14.	V		V	
5	2011.12.08.		V		
6	2012.10.06.	V			
7	2013.01.12.	V	V		V
8	2013.06.29.	V			
9	2013.08.27.	V			V
10	2013.12.09.	V			V
11	2017.03.11.	×	V	×	
12	2018.07.06.	V	V		
13	2021.12.16.	V	V		
14	2022.09.30.	V			V
15	2023.02.15.		V		
16	2023.04.27.		V		

* 참고 1: ×는 조치 완화를 나타낸다. 2017년 3월 11일, 부동산 매각 인지세가 인하되었고, LTV 비율이 50% 이하인 주택담보대출에 대한 TDSR 한도 적용이 중단되었다.
* 참고 2: 정책변경에 대한 자세한 내용은 Phang(2018) and SRX, a property market portal-access at https://www.srx.com.sg/cooling-measures을 참조

이러한 조치는 구매자 프로필[12]에 따라 점진적으로 신중하게 조정되었으며, 시장을 불안정하게 하지 않도록 하기 위해 정부는 새로운 기준을 만들거나 기존의 기준에 변화를 주기 전에 각 회차의 효율성을 평가한

12 각각의 자유 무역 협정에 따라 아이슬란드, 리히텐슈타인, 노르웨이 또는 스위스의 국민 또는 영주권자와 미국 국민은 싱가포르 시민과 동일한 인지세 대우를 받는다.

다. 예를 들어, 외국인 주거용 부동산 구입자를 위한 ABSD는 2011년 12월 처음 도입되었을 때 10%로 설정되었고 2013년 1월 15%, 2018년 7월 20%, 2021년 12월 30%, 2023년 4월 60%로 인상되었다. LTV 비율 상한 및 기타 모기지 조건은 2009년과 2022년 사이에 부동산 과열 방지정책이 12번에 걸쳐 다양한 범주의 구입자에 대해 점진적으로 강화되었다. 정부는 과잉 수요 억제 개입을 사용하는 것 외에도, 민간 개발업자들의 주택 및 고급 콘도 건설을 위한 HDB 아파트 공급과 정부 토지 판매 수를 동시에 늘렸다.

덩 외(Deng et al.)(2019) 연구진은 2016년까지의 부동산 과열 방지정책의 효과에 대한 상세한 분석에서 2013년 4분기부터 집값이 하락하고 가구 소득 대비 주택가격 비율로 평가한 중위소득가구의 주택 구입 능력이 2007년 초반 수준을 회복했다는 점에서 정책들의 주요 목표가 달성된 것으로 보인다고 결론을 내렸다.

2020년의 글로벌 팬데믹 상황은 전 세계적으로 재택근무 방식으로의 대규모 전환을 야기했다. 싱가포르에서는 직장인(공공부문 종사자 포함)을 위한 하이브리드 방식이 일반화되었다. 가정 내 업무 공간에 대한 수요 증가는 집값과 임대료 상승으로 이어졌다. 해외여행이 재개되고 외국인 구입자 유입이 예상되자 정부는 2021년 12월부터 2023년 4월까지 4차례에 걸쳐 자가주택 우선순위를 두고 추가적인 부동산 과열 방지정책을 선제적으로 시행했다.

7. 정책평가의 중요성

정책평가는 정책프로세스의 중요한 부분이다. 주택 및 도시정책은 국가에 따라 크게 다르며, 한 관할 구역에서 성공적인 정책은 다른 관할 구역에서 동일한 결과를 얻지 못할 수 있다. 사회적, 정치적, 역사적, 제도적 규제의 상황은 다양하다(팡(Phang)(2013), 13장). 게다가, 사회적, 경제적 환경은 복잡하고 역동적이다. 따라서 주택 및 도시정책과 기관은 정기적인 평가와 검토를 받아야 한다. 이 논문은 싱가포르 주택 및 도시 상황, 즉 정기적인 가계 조사, CBA, 파일럿 사용 및 데이터 분석 중심 정책프로세스에서 사용되는 정책평가 방법 중 일부를 소개했다.

정책평가는 정책수단의 효과를 판단하는 데 특히 중요하다. 어떤 것이 작동하고 작동하지 않는지, 어떤 부분에 교정 및 개선이 필요한지, 명확한 정책목표를 설정하는 것 외에도, 정책입안자들은 정책평가에서 더 광범위한 경제와 사회에 대한 예상치 못한 않은 결과를 평가하고 모니터링하는 것도 중요하다. 정책평가에 있어 일몰제와 출구전략을 정책프로세스의 일부로 포함시키는 것이 현명한 방법이다.

참고문헌

· Centre for Liveable Cities (2021), The Government Land Sales Programme: Turning Plans into Reality. Urban Systems Studies. Centre for Liveable Cities, Singapore, 2021.

· Civil Service College (2016), Evidence-based Policymaking in Singapore: A Policymaker's Toolkit. Accessed May 6, 2023. https://www.csc.gov.sg/resources/book-evidence-based-policymaking-in-singapore-apolicymaker-s-toolkit

· Deng, Yong Heng, Joseph Gyourko and Teng Li (2019), "Singapore's cooling measures and its housing market." Journal of Housing Economics, 45, 101573.

· Housing and Development Board, Singapore (2021a), Public Housing in Singapore: Residents' Profile, Housing Satisfaction and Preferences. HDB Sample Household Survey 2018.

· Housing and Development Board, Singapore (2021b), Public Housing in Singapore: Social Well-Being of HDB Communities & Well-Being of the Elderly. HDB Sample Household Survey 2018.

· Housing and Development Board, Singapore. Access website at: www.hdb.gov.sg

· Howlett, Michael (ed.) (2022), The Routledge Handbook of Policy Tools. London: Routledge.

· Iftekhar, Md Sayed, Joost Buurman, Tommy Kevin Lee, Qihui He, Enid Chen (2019), "Non-market value of Singapore's ABC Waters Program. Water Research", Water Research, 157: pp. 310-320.

· Lee, Kuan Yew (2000), From Third World to First: The Singapore Story, 1965-2000. Singapore: Singapore Press Holdings, pp. 199-200.

· Phang, Sock Yong (2013), Housing Finance Systems: Market Failures and Government Failures. Palgrave Macmillan, Basingstoke.

· Phang, Sock Yong (2018), Policy Innovations for Affordable Housing in Singapore: From Colony to Global City. Palgrave Macmillan, Cham.

· Phang, Sock Yong (2019), Singapore's approach to housing policy. East Asia Forum. 15 March. Access at: https://www.eastasiaforum.org/author/sock-yong-phang/

· Polyakov, M., Md Sayed Iftekhar, James Fogarty, Joost Buurman (2022), "Renewal of waterways in a dense city creates value for residents." Ecological Economics, 199, 107468.

· The Straits Times (2023), "HDB to pilot new type of public rental housing with own room, shared facilities for low-income singles", March 13.

3장

한국의 주택 및 도시정책 평가

김경환 [서강대학교 명예교수 / 전 국토교통부 제1차관]

1. 서론

우리나라는 지난 60년 동안 눈부신 경제 성장과 급격한 도시화를 이룩하였다. 이 과정에서 열악했던 주택과 도시 기반시설의 양과 질이 현저하게 개선되었다. 주택, 토지, 도시 관련 제도와 정책의 효과가 이러한 성과 창출에 크게 기여했다는 사실은 부정할 수 없을 것이다. 경제개발 초기에는 취약한 재정 여건하에 토지구획정리사업 등 민간 재원에 의존하는 주택공급을 추진하면서도 한편으로는 대한주택공사, 한국주택은행, 한국토지개발공사, 국민주택기금 등을 설립하여 주택정책 인프라를 구축하였다. 1980년대 후반 공영택지개발을 통해 수도권 5개 신도시 건설 등 주택 200만 호를 건설한다는 계획은 획기적인 시도로 우리나라 주택정책에서 중요한 전환점이었다. 200만 호 건설이 성공적으로 마무리된 이후에도 외환위기와 글로벌 금융위기 시기를 제외하고는 연간 50만 호 이상의 주택이 꾸준히 공급된 결과, 전국적으로는 주택의 절대적 부족이 해소되었고 주택 자체의 품질과 부대 시설, 단지 내 기반시설의 양과 질도 크게 개선되었다. 비록 통근시간, 대기환경의 질 등 일부 영역에서는 아직 성과가 미흡하지만 국민들의 주거수준과 전반적인 삶의 질은 크게 개선되었으며 이는 객관적인 지표들에 의해 확인된다. 반면에 엄격한 토지이용 규제와 재개발 재건축에 관한 규제로 수요에 부응하는 주택공급이 제약되었고 이는 대도시 주택가격 상승의 중요한 원인으로 작용했다. 이에 따라 주택 구입 가능성이 저하되고 소득계층 간 주택자산의 격차가 확대되었다.

여기에 더하여 우리나라 도시들은 저출산 고령화에 따른 비수도권에 집중된 도시의 쇠퇴, 잠재성장률 둔화에 따른 경제 활력의 저하, 기후변화에 대응한 탄소 중립 실현 등 새로운 도전에 직면해있다. 이러한 난제들을 풀어나가기 위해서는 여러 분야에서 시장에 대한 정부의 적정 개입수준의 결정과 정책품질의 제고가 요구된다. 정책품질을 높이기 위해서는 정책에 대한 체계적인 사전·사후평가를 강화하고 그 결과를 널리 공유하며 정책 개선에 적극적으로 반영하려는 노력이 필요하다.

이 글은 이러한 맥락에서 주택정책 분야의 추이와 성과를 개괄하고 정책평가 개선방안을 제시하는 데 목적이 있다. 서론에 이어 2절에서는 주택정책의 목표와 정책수단, 접근 방식, 주요 성과와 과제, 삶의 질에 대한 국민들의 만족도 지표를 살펴본다. 3절에서는 공공임대주택과 주거급여로 대표되는 주거복지정책의 주요 내용과 평가 결과, 4절에서는 주택가격 및 시장안정을 위한 다주택 보유에 대한 중과세, 주택대출 규제, 임대차 보호법 개정 등의 효과 평가 결과를 정리한다. 이어서 5절에서는 현행 주택도시 분야 정책평가제도를 소개하고 정책평가의 질적 제고를 위한 데이터 인프라, 평가 방식, 결과 공유 및 활용 등의 개선 방안을 제안한다. 6절은 이 글의 결론이다.

2. 주택정책의 목표와 수단, 성과

1) 주택정책의 목표

우리나라의 주택정책은 크게 두 유형으로 분류할 수 있다. 하나는 시장안정, 보다 직접적으로는 가격안정이고 또 하나는 주거 취약계층의 주거복지 확대이다. 전자와 관련하여 정부가 주택정책의 목표를 가격안정에 두고 있다고 명시적으로 밝힌 공식 문건은 없지만 정부가 내놓는 구체적인 대책들은 대부분 시장안정, 그중에서도 집값 안정을 핵심 과제로 인식하고 있다. 정부의 자체평가나 언론의 평가에서도 개별적인 부동산 대책, 크게는 전체 주택정책의 성패를 가격 안정효과를 토대로 판단한다.

그러나 다른 나라들의 사례를 보면 주택가격 안정에 최우선순위를 두는 경우는 찾기 어렵다. 〈표 6-3-1〉은 OECD 회원국들을 대상으로 2021년에 실시한 Questionaire on Affordable and Social Housing 설문조사의 주택정책 주요 목표에 대한 응답 결과를 요약한 것이다. 설문에 답한 40개국 중에서 가장 많은 나라들이 추구하는 주택정책의 주요 목표는 주택품질 개선(28개국)과 부담 가능 주택에 대한 접근성 보장(26개국)이었다. 이 두 목표는 2016년과 2019년 조사에서도 가장 중요한 목표로 조사된 바 있다. 세 번째, 네 번째로 많은 나라들이 생각하는 주택정책의 주요 목표는 주택공급 확대(16개국), 지속가능하고 포용적인 도시개발(15개국)로 나타났다.

<표 6-3-1> OECD 국가들의 주택정책 목표

주택정책 목표	응답 국가 수
주택품질 개선	28
부담가능한 주택에 대한 접근성 보장	26
주택공급 확대	16
지속가능하고 포용적인 도시 개발	15
주택부문 주체들의 조직적 역량 강화	11
기타	10
에너지 효율 제고, 자연재해로부터의 회복성	10
효율적이고 균형있는 주택시장	9
특정 계층의 주거상태 개선	8
주택점유의 안정성 제고	6
특정 주거형태의 주택 공급 또는 개량	4

* 출처: OECD Affordable Housing Database

이 설문조사에는 주택정책 목표를 달성하는 데 장애가 되는 요인에 대한 질문이 있다. 8개국에서 주택건축비용과 토지비용을 제약요인으로 제시하였다. 그러나 주택가격 자체를 정책목표로 언급한 나라는 없었다.

2) 주요 정책수단

우리나라는 다양한 주택정책수단을 보유하고 실행하는 나라이다. 정책수단들은 크게 수요관리, 공급확대, 주거복지 영역으로 구분할 수 있다. 각 영역별 주요 정책수단은 〈표 6-3-2〉에 정리되어 있다. 수요 측 정책수단은 세제, 대출의 공급과 제한을 통해 수요를 확대하거나 억제하는 수단들이다. 무주택가구의 최초 주택 구입, 1세대 1주택자 등에 대한 세제, 금융지원과 다주택자들에 대한 중과세, 주택대출에 대한 거시건전성 규제, 그리고 기존주택의 거래와 주택 분양권 거래에 대한 규제 등이 여기에 속한다. 공급 측 정책수단은 신도시 및 대규모 신규택지 개발과 공급, 공공분양주택의 건설 등 공급확대를 위한 수단과 토지이용 규제, 재개발·재건축 규제 등 공급 조절을 위한 수단, 그리고 주택공급규칙 등 신규 주택의 배분에 대한 규제, 분양가 규제, 임대료 규제 등이 있다. 주거복지정책의 주요 수단은 공공임대주택의 건설과 주거급여다.

한편 〈표 6-3-3〉은 2019년 현재 OECD 국가들의 주택정책수단을 요약한 것이다. 주택 소유가구 대상 정책 중에서는 주택 재생(Regeneration)에 대한 지원이 가장 많은 국가에서 활용되고 있으며 이어 자가보유에 대한 조세감면, 주택 구입자에 대한 대출 지원 등이 주요 수단으로 조사되었다. 보조금은 임차인에 대한 주거급여가 가장 많았고 임차인 대상 정책 중에서는 공공임대주택을 공급하는 나라가 가장 많았고 이어서 임대료 규제가 많이 활용되는 것으로 나타났다. 〈표 6-3-2〉와 〈표 6-3-3〉을 비교해보면 우리나라가 상대적으로 더 다양한 정책수단을 활용하고 있음을 알 수 있다.

<표 6-3-2> 우리나라의 주택정책수단

구분	정책수단	사례
수요 관리	세제	취득세, 보유세, 양도소득세 다주택 중과세
	세제 지원	이자상환액 소득세 감면, 1세대 1주택 양도세 감면, 최초 구입자 취득세 감면
	대출	주택도시기금, 정책모기지(보금자리론 등)
	대출 규제	거시건전성 규제(DTI, LTV, DSR)
	거래 규제	토지 주택거래 허가제, 분양권 거래 규제
공급	택지개발	공공택지개발, 신도시
	공공주택	분양주택
	토지이용규제	개발제한구역, 수도권 규제 등
	재개발 재건축 규제	정밀안전진단, 개발밀도, 초과이익 환수 등
	신규주택 배분 규제	주택공급규칙, 분양가 규제 등
	임대료 규제	전월세상한제
주거 복지	공공임대주택	건설임대, 매입임대, 전세임대 등
	주거급여	임대료, 수선비 보조

<표 6-3-3> OECD 국가들의 주택정책수단

주택소유자 대상 정책	응답 수
주택재생에 대한 지원	41
자가보유에 대한 조세 감면	34
주택 구입자에 대한 저리대출 및 대출보증	29
자가보유 촉진을 위한 보조금	24
주택대출 과다가구에 대한 이자 감면	18
주택 소유자와 임차인 대상 정책	
주거급여	37
저렴 민간주택 건설 보조금	24
임차인 대상 정책	
공공임대주택	34
임대료 규제	24
임대주택에 대한 최저 품질 규제	21
주택의 단기 숙박 제공에 관한 규제	19
임대료에 대한 세제 지원	14
임대료 또는 보증금에 대한 보증	11

* 출처: OECD Affordable Housing Database

3) 정부 개입의 정당성과 수단에 대한 시각

집값 안정을 위한 정책은 정권의 성향과 시장 상황에 따라 시장개입의 강도와 방식에 있어서 극단적인 변화를 거듭해왔다. 그래서 주택정책에 냉탕-온탕식 정책이라는 이름이 붙여졌다. 지난 2003~2022년 기간 동안 진보 성향의 정권이 두 차례, 보수 성향의 정권이 두 차례 집권하였고 2022년에 보수 성향의 현 정권이 출범하였다. 진보 성향의 정권 시기에 집값이 큰 폭으로 오른 반면 보수 정권 시기에는 집값이 안정되었다. 또한 두 진보정권 시기의 집값 상승 폭은 초반보다 후반으로 갈수록 확대되었다. 이러한 주택가격 거시경제 변수 등 주택가격에 영향을 미치는 주택시장 외부 여건의 차이도 작용했겠지만 정책개입 방식에도 더 큰 원인이 있었다는 주장도 있다.

정책수단의 선택에 있어서 진보 정권들은 공통적으로 투기가 집값 상승의 핵심 원인이라는 진단을 토대로 수요관리를 통한 투기 억제에 역점을 두었다. 특히 임대사업자들을 포함한 다주택자들에 대한 양도소득세, 보유세, 취득세의 중과세, 대출 규제, 거래 규제 등이 중요한 비중을 차지하였다. 반면에 보수 정부는 과도한 규제의 완화를 통한 시장 정상화와 공급확대를 강조해왔다. 물론 이론적으로는 진보정부 시기에 집값이 안정되었더라도 강력한 수요억제정책을 사용했을지, 보수정부 시기에 시장이 과열되었더라면 비슷한 수요억제정책을 사용했을지를 장담할 수 없을 것이다. 그러나 주택시장에 대한 신뢰의 정도, 다주택자의 공과 등에 관한 진보적 정부와 보수적 정부의 근본적인 시각이 서로 다르다는 사실은 부인할 수 없을 것이다. 실제로 정권 성향에 따라 정책방향과 정책수단의 선택이 급선회하였다. 그뿐만 아니라 정책에 대한 평가도 주택문제의 원인에 대한 판단과 정부 개입의 필요성, 개입 방식에 관한 인식 차이로부터 자유로울 수 없다. 동일한 정책에 대한 '시장주의자'로 분류되는 전문가들의 평가와 진보적인 시민단체나 학자들의 평가는 큰 차이를 보이는 경우가 많다.

이에 반해 공공임대주택 공급 확대와 주거급여 확충을 중심으로 하는 주거복지정책은 지난 20여 년 동안 비교적 일관성 있게 추진되어왔다. 정권에 따라 세부 프로그램과 우선순위가 달라진 사례는 있지만 보수, 진보를 막론하고 공공임대주택 재고를 늘리고 주거급여 대상을 확대하고 급여 수준을 현실화한다는 정책기조를 유지하였다.

전문가들의 평가에서도 공공임대주택 재고의 적정 수준, 공공임대주택정책의 사회적, 형평성 등에 관해서는 논란이 있지만 큰 틀에서 두 정책수단의 필요성에 관해서는 상대적으로 이견이 적어 보인다.

4) 주택정책의 성과와 국민 만족도

주택 200만 호 건설계획의 추진은 우리나라 주택정책의 중요한 이정표가 되었다. 1980~1987년 주택건설 호수는 연평균 22만 호였으나 1989~1991년에는 연평균 60만 호 수준으로 급증하였다. 1985년에 610만 호였던 주택재고가 1990년에는 716만 호, 1995년에는 920만 호로 늘어났다. 즉 10년 사이에 주택재고가 50% 증가한 것이다. 이러한 엄청난 규모의 공급이 가능했던 것은 공공택지와 주택자금 공급이 획기적으로 늘었기 때문이다. 또한 처음으로 주거약자를 위한 영구임대주택이 국가재정으로 건설되었다.

200만 호 건설 이후에도 아시아 외환위기(AFC)와 글로벌 금융위기(GFC)시기를 제외하고는 50~60만 호의 신규주택이 안정적으로 공급되었다(〈그림 6-3-1 참조〉).

<표 6-3-4> 주거수준의 주요 지표 추이

항목	1980	1990	2000	2005	2010	2015	2020
평균 가구원수(인)	4.5	3.7	3.1	2.9	2.7	2.5	2.3
가구당 평균 사용방수(개)	2.2	2.5	3.4	3.6	3.7	3.8	3.7
1인당 사용방수(개)	0.5	0.7	1.1	1.3	1.4	1.5	1.6
방 1개당 거주 인원(인)	2.0	1.5	0.9	0.8	0.7	0.7	0.6
가구당 주거면적(㎡)	45.8	51.0	62.4	66.3	67.4	68.4	70.1
1인당 주거면적(㎡)	10.1	14.0	19.8	23.1	25.0	26.9	29.7
상수도 구비 주택의 비율(%)	56.1	74.0	85.0	89.3	97.9	98.8	96.9
수세식 화장실 구비 주택의 비율(%)	18.4	51.3	86.9	94.0	97.0	97.3	98.9
욕실 구비 주택의 비율(%)	22.1	44.1	89.1	96.2	98.4	98.6	99.2
온수 목욕시설 구비 주택의 비율(%)	9.9	34.1	87.4	95.8	96.9	99.8	99.5

* 출처: 통계청, 인구주택총조사, 각 연도의 결과에 근거하여 작성

그 결과 주택의 양적 부족이 해소되고 주거수준도 크게 향상되었다. 이러한 사실은 주요 주거지표를 정리한 〈표 6-3-4〉로부터 확인할 수 있다.[1]

이러한 주거수준의 양적 질적 향상에도 불구하고 지역 간, 소득계층 간 주거수준과 주택자산 보유의 격차, 주거비 부담 증가에 따른 내 집 마련 기회의 축소, 고령층 빈곤 인구 등 주거약자 문제, 고시촌, 옥탑방 등 비정상거처가구의 문제 등 해결해야 할 과제가 많다. 또한 선진국들과 비교해서 개선되어야 할 부문도 적지 않다. 〈표 6-3-5〉는 주거수준에 관한 우리나라의 효율성, 포용성, 지속가능성 지표를 OECD 회원국 평균치 및 최저·최고치와 비교한 것이다.

<표 6-3-5> 우리나라와 OECE 국가들의 주요 주거지표

		한국	최저	평균	최고
효율성	가계지출 대비 주거비(임대료와 광열비) 비중 (%)	17.6	14.53	22.64	30.63
	실질주택가격의 변동성(표준편차) (1990~2019)	6.27	2.01	7.61	24.43
	은행 대출금 총액 대비 주택대출 비중 (%)	16.98	6.71	28.35	65.66
포용성	혼잡도(가구원 수 기준 적정 방 개수 미달 가구의 비중 %)	7.75	0.65	11.05	34.21
	연소득 대비 100㎡ 규모 주택 구입 비용의 배율	17.03	3.65	10.42	18.76
	하루 통근 소요 시간 (분)	56.88	20.77	30.46	60.6
지속 가능성	주택부문 PM2.5 먼지 배출량 (톤/인)	0	0	0.17	0.68
	주택부문 에너지 소비 (TOE/인)	0.4	0.12	0.55	1.26
	대도시권 중심도시 소재 접근가능한 공원 면적 (%)	3.69	3.47	17.38	43.29

* 출처: OECD, Housing Sector Snapshot: Korea, June 2021.

이 지표에 의하면 국민계정의 가계소비지출 중에서 주거비가 차지하는 비중이 OECD 평균치보다 훨씬 낮은 것으로 되어 있다. 이는 전세보

1 <그림 6-3-1> 주택 건설 추이(인허가 기준)(부록 525쪽) 참조

증금의 임대료 전환 방식과 상대적으로 저렴한 광열비를 반영한 측면이 있다. 주택가격의 변동성은 평균보다 다소 낮은데 이는 우리나라 주택가격지수가 동향조사 기준인 반면 거의 대부분 회원국은 실거래가 지수를 사용하고 있다는 차이를 감안하여 해석되어야 한다. 100m^2 규모의 주택을 사기 위해 필요한 연 소득 배율(PIR)은 서울 수치를 반영한 것으로 보이지만 최고 수준으로 나타나 주택 구입 가능성이 매우 낮음을 시사한다. 이밖에 하루 통근 소요시간이 OECD에서 가장 긴 편이고 대도시권(Functional Urban Area 기준) 내 중심도시 면적 중 공원이 차지하는 비중은 가장 낮은 것으로 조사되었다.

주거와 도시 기반시설 및 공공서비스는 삶의 질을 결정하는 중요 변수들이다. 이 분야의 우리나라 객관적인 지표들은 비교적 양호한 편이지만 주관적인 삶의 질 만족도에 대한 국민들의 평가는 훨씬 냉정하다. 예컨대 각국 국민들을 대상으로 삶에 대한 평가에 대한 갤럽의 설문조사를 기초로 유엔 SDSN에서 발표하는 세계행복보고서에 따르면 우리나라의 행복지표는 전체 조사 대상국 146개 중 59위, OECD 38개 회원국 중에서는 36위로 최하위권이다. OECD의 Better Life Index에서도 주관적인 삶의 만족도는 41개국 중 32위로 하위권이다. 그나마 가장 높은 평가를 받는 항목이 주거비 부담인데 이는 우리 국민들이 체감하는 수치와는 거리가 있다. 요컨대 우리나라는 전 세계에서 가장 빠른 속도의 도시화를 슬기롭게 관리하면서 경제발전을 이루어냈지만 일부 객관적인 지표와 주관적인 지표로 측정되는 삶의 질을 국민들이 체감할 수 있는 수준으로 높여야 하는 과제를 안고 있다.

3. 주거복지정책의 평가

1) 주요 정책수단

주거복지정책의 두 축은 공공임대주택과 주택급여이다. 공공임대주택이 본격적으로 공급되기 시작한 것은 노태우 정부에서였다. 1988~1992년에 걸친 주택 200만 호 건설계획의 일환으로 정부 재정을 재원으로 영구임대주택 25만 호를 건설하였다. 영구임대주택 건설이 완료된 후 김영삼 정부에서는 5년 공공임대주택을 도입하였고 뒤를 이은 김대중 정부는 2003~2012년 기간 동안 국민임대정책 100만 호 건설계획을 발표하였다. 이후 정권에서도 이명박 정부의 보금자리주택, 박근혜 정부의 행복주택 등 명칭이 변경되었으나 공공임대주택 공급은 지속적으로 추진되었다. 문재인 정부의 주거복지 로드맵 2.0에서는 2022년부터 공공임대주택 중 영구임대주택, 국민임대주택, 행복주택을 통합 운영하는 통합공공임대주택을 도입하여 입주자격을 중위소득 130% 이내로 통일하고 임대료는 소득에 따라 차등화하였다.

한편 주거급여는 기초보장 급여체계가 2000년부터 시행된 이래 통합급여 방식으로 운영되다가 2015년부터 개별급여로 바뀌었다. 제도개편 이전에는 생계·주거·의료·교육 급여액과 수급자의 소득인정액을 합한 금액이 최저생계비 이상이 되도록 보장하는 기초생활급여의 일부로 주거급여가 임차가구, 자가가구 구별 없이 단순 소득인정액 기준에 따라 전액 현금으로 지급되었다. 2015년 7월 제도 개편으로 맞춤형 개별급여가 도입되면서 주거급여도 개별급여로 분리되었다. 2013년 말에 제정되어 2014년부터 발효된 주거급여법에 급여의 운영주체, 지급기준, 지급방법 등 주거급여의 실행을 위해 필요한 사항을 규정하고 일반적인 사항은 국민기초생활보장법을 일반법으로 준용하고 있다.

각 개별급여의 수급 자격을 결정하는 소득 조건은 생계급여가 중위소득의 30%, 의료급여는 중위소득의 40%, 주거급여는 중위소득의 43%, 교육급여는 중위소득의 50%까지 차별화되었다. 소득이 증가하여도 필요한 급여는 계속 받을 수 있도록 하여 근로능력이 있는 수급자들이 스스로 수급자 지위에서 벗어나려는 유인을 제공하려는 의도였다. 주거급여의 소득 한도는 2019년부터 점차 인상되어 2023년에는 소득인정액(소득평가액 + 재산의 소득환산액)이 중위소득의 47% 이하로 높아졌다. 주거급여 예산은 국토교통부 소관 일반 회계에 편성, 집행된다.

2) 정책평가

(1) 공공임대주택과 주거급여의 규모

지난 20여 년 동안 역대 정부에서 공공임대주택 재고의 지속적인 확충을 위해 노력한 결과 우리나라의 공공임대주택 재고는 급격히 증가하였다. 2021년 말 기준으로 임대 기간이 10년 이상인 장기공공임대주택 재고는 174만 호로 정부가 통제하는 임대주택 326만 호의 53.2%, 총 주택 수 2,167만 호의 8%에 달하였다. 2020년까지 LH가 128만 호, 지방자치단체가 31.3만 호, 민간임대사업자가 14.3만 호를 건설하였다(국토교통부(2022), pp. 372~375).

<표 6-3-6> 유형별 장기공공임대주택 재고 추이

연도	2005	2007	2009	2013	2017	2019	2021
영구임대	190,077	190,077	190,077	191,900	1,739,626	209,290	215,985
50년임대	91,946	100,007	96,124	102,646	109,646	111,745	113,859
국민임대	91,946	137,730	263,115	427,282	524,391	541,622	586,332
행복주택	-	-	0	-	15,866	63,355	111,942

매입임대	-	17,907	32,616	61,270	103,176	146,040	200,551
전세임대	-	15,736	38,834	114,826	194,892	265,647	294,560
10년임대	-	-	62,575	92,091	167,978	213,218	180,316
20년전세	-	-	7,884	26,471	32,741	33,180	36,081
합계	358,669	461,457	691,225	1,016,486	1,365,721	1,584,097	1,739,626

* 출처: 국토교통 통계누리(molit.go.kr)
* 참고: 장기공공임대주택은 공공임대주택 중 5년 임대와 사원임대주택을 제외한 수치다.

주거급여는 개별급여로 개편된 2015년 이후 자격요건을 확대하고 임대료를 현실화한 결과 수급자 수와 예산규모가 꾸준히 증가하였다. 주거급여에 관한 주요 지표는 〈표 6-3-7〉에 정리되어 있다.

<표 6-3-7> 주거급여 주요지표

	2015	2016	2017	2018	2019	2020	2021	2022
선정기준(중위소득 대비 %)	43	43	43	43	44	45	45	46
수급 가구(10,000)	80.0	80.4	81.0	94.0	104.0	118.9	127.3	134.5
임차	72.2	72.7	73.7	85.7	95.3	109.3	116.5	123.2
공공임대 거주		27.3	29.3	36.2	40.9	46.0	50.9	53.2
자가	7.8	7.7	7.3	8.3	8.7	9.6	10.8	11.3
일반가구	1,956.1	1,983.8	2,016.8	2,050.0	2,089.1	2,148.5	2,057.3	2,157.9
수급가구/일반가구(%)	4.1	4.1	4.0	4.6	5.0	5.5	6.2	6.2
예산(10억 원)		985.3	896.9	1,092.9	1,640.6	1,591.0	1,942.7	2,136.4
임차급여		880.8	805.6	1,008.3	1,496.1	1,467.4	1,818.3	2,011.7
수선유지		104.5	91.3	84.6	144.5	123.6	124.4	124.7

* 주 1: 공공임대 거주가구 수는 2022년은 8월 기준
* 주 2: 예산은 주거급여(세목) 기준
* 자료: (일반가구) 2015~2021년 통계청 인구총조사, 2022년 통계청 장래가구추계 값을 이용

(2) 공공임대주택과 주거급여 정책효과

공공임대주택과 주거급여는 주거복지정책의 대표적 정책수단으로 해당 예산의 대부분을 차지하고 있다. 2023년도 국토교통부 소관 예산

과 기금운용액은 55.8조 원인데 이 중 주거복지 예산인 주거안정지원에 35.8조가 배정되어 있고 공공임대주택에 대한 주택도시기금 출자액이 17.5조 원[2], 일반 회계 주거급여 예산이 2.57조 원이다. 또한 주거급여 수급자의 상당수가 공공임대주택에 거주하고 있다. 따라서 이들 두 정책 각각의 효과평가와 함께 두 정책의 통합효과를 분석하는 것이 중요하다. 여기서는 국토연구원과 LH 토지주택연구원 등이 발간한 주거급여와 공공임대주택정책의 효과에 대한 평가 결과를 정리한다.

이재춘 외(2022)는 공공임대주택 입주자의 주거비 절감 효과와 주거 상향이동 효과를 현재 공공임대주택에 거주하는 가구와 과거에 공공임대주택에 거주한 경험이 있는 민간주택 거주가구에 대한 설문조사를 통해 분석하였다. 분석 결과 주거비는 가구당 약 15.3만 원 절감되고 소득 대비 임대료 비율(RIR)은 5.0%p 감소하였다. 주거 상향이동을 점유형태, 주택 유형, 면적, 시설, 환경 등으로 구분하여 평가한 결과 주거면적을 제외한 모든 지표에서 개선된 것으로 나타났다. 모든 유형의 공공임대주택에서 입주면적이 협소하다는 점이 문제점으로 지적되었다.

LH 토지주택연구원(2023)은 영구임대, 국민임대, 행복주택 등 3종의 건설임대주택과 매입임대주택 및 전세임대주택 등에 거주하는 약 10,000가구 표본조사를 토대로 공공임대주택 거주자의 삶의 질과 주거복지 체감도를 분석하였다. 응답자들의 평균 거주 기간은 5~6년으로 민간임대 평균 거주 기간(3.6년)보다 길었으며, 10년 이상 장기 거주하는 가구 비중도 23.0%로 민간(8.2%)보다 높았다. 응답자의 71.1%는 임대주택의 전반적인 상태에 대해 “양호하다”고 대답했다. 국민임대(83.1%)와 행복주택(83.3%)은 “양호하다”는 응답자가 80%를 넘었다. 임대료에

---

2 공공임대주택의 비용 대비 효과를 측정하기 위해서는 임대주택의 관리 및 운영에 따른 LH의 손실을 고려해야 한다. 2022년의 경우 손실액이 1.97조 원에 달하였다.

대한 만족도가 높았는데 비슷한 면적의 민간임대주택에 비해 임대료가 30~70% 이상 저렴하고 RIR도 4~11%p 낮은 것으로 조사되었다.

국토교통부·국토연구원(2020)의 '주거급여 발전 방향 및 주거 상향지원 방안 연구'는 제1권 주거급여 최저보장수준 평가 및 발전 방안 연구, 제2권 주거급여 수급가구 주거 상향지원 방안, 제3권 1인가구 주거정책 및 공공임대 입주자 만족도 조사로 구성되어 있다.

주거급여는 주로 임차인들에게 지급되지만 자가 거주가구의 수선비에 대해서도 지원된다. 장경석·김강산(2022)은 수선유지급여를 받아 수리를 거친 주택의 노후도가 기존 대비 60% 수준으로 개선되고, 수급자의 만족도가 높은 것으로 나타났다고 분석하였다.

강미나 외(2022)는 주거급여 수급자와 공공임대 입주자의 경제적 편익을 추정하였다. 동일한 조건의 비수혜가구와 비교할 때 공공임대주택 거주가구는 월 30.5만 원, 주거급여 수급가구는 월 15.6만 원의 임대료 경감효과를 누리는 것으로 분석되었다.

SH도시연구원(2020)은 SH 공공임대주택 거주자 패널 데이터를 이용하여 입주자 편익과 소비특성을 분석하였다. 임대료 결정요인 추정을 통해 분석된 공공임대주택의 전체 평균 임대료 편익은 60만 원으로 추정되었으며, 장기전세가 평균 83만 원으로 가장 높고, 국민임대 66만 원, 영구 및 재개발임대 57만 원, 50년 공공임대 53만 원, 그리고 가장 낮은 다가구매입임대가 평균 43만 원으로 나타났다. 소득이 높아질수록 임대료 편익도 커지지만, 소득분위별 평균 소득대비 임대료 편익의 비중은 1분위 가구는 60.1%, 2분위 28.3%, 3분위 18.9%, 4분위 15.0%, 5분위 11.9%로 소득이 높아질수록 낮아져 공공임대주택의 공급이 저소득가구와 고소득가구 간 소득재분배에 기여하고 있는 것으로 분석되었다.

4. 시장안정정책의 평가

주택시장 안정을 위한 대책은 내용과 적용 범위가 넓고 빈도도 잦다. 문재인 정부 기간 동안 26차례 부동산대책이 발표되었으며 그 중 상당수가 시장안정 대책이었다. 비슷한 내용에 강도를 높인 대책들이 계속 발표되는 과정에서 먼저 발표된 대책에 대한 체계적인 분석을 할 만한 여유가 없었을 것이다. 여기서는 논란의 여지가 있는 몇 가지 분야에 대해 문제를 제기하는 데 그치기로 한다.

1) 다주택자에 대한 중과세

(1) 민간임대주택 공급과 투기: 양 극단적 해석과 정책

많은 나라에서 자가보유가구는 전체의 60~70% 정도이고 공공임대주택이 많은 일부 국가를 제외하고는 민간임대주택 거주가구의 비중이 상당히 높다. 이들 민간임대주택은 기업들이 공급하기도 하지만 대부분 다주택 보유 개인이 공급한다. 그래서 이들을 임대사업자로 취급하여 이윤에 대해 과세하고 임차인보호 규제를 준수할 의무를 부과한다. 그러나 우리나라의 주택정책은 1가구 1주택 소유를 지향해왔으며 다주택 보유는 그 대척점에 있는 바람직하지 않은 행위로 간주하고 정부에 따라 각종 규제를 가해왔다.

1가구 다주택 보유에 대한 부정적인 시각은 주택의 공급은 고정적이므로 한 가구가 2주택을 보유하면 다른 가구의 주택 소유 기회가 없어진다는 제로섬 게임을 전제한다. 그러나 이 단순한 논리는 주택 수가 고정되어 있고 인구도 증가하지 않는 경우에만 성립할 수 있다. 주택은 택지와 자본을 결합하여 생산되며 시간이 흐르면 건물은 점점 노후화된다.

새로운 자본이 투입되어 노후 주택을 대체하는 데 필요한 규모 이상의 신규 주택을 생산하면 주택재고는 증가한다. 구매력이 있는 수요가 없으면 신규 주택의 공급 자체가 줄어들 수 있다. 집을 두 채 이상 보유할 의사와 능력이 있는 수요자가 없으면 신규 공급이 늘지 않아 결국 집을 구입할 능력이 없는 가구들은 셋집을 구하기도 어려워질 수 있는 것이다.

(2) 다주택자에 대한 중과세와 그 효과

문재인 정부 기간 중에는 다주택자에 대해 취득세, 종합부동산세, 양도소득세를 중과세하였다. 다주택자에 대한 중과세제도를 처음 도입한 것은 노무현 정부였다. 처음에는 3주택자에 대해 1세대 3주택 이상자의 주택 양도 시 보유 기간에 관계없이 60% 세율을 적용하고 장기보유 특별공제를 배제하였다. 이후 1세대 2주택자의 주택 양도 시 50% 세율을 적용하고 장기보유 특별공제를 배제하였다. 노무현 정부는 국세인 종합부동산세를 신설하여 보유주택 가액의 합에 대해 누진과세함으로써 실질적으로 다주택보유에 대해 중과세하였다, 이명박 정부에서는 양도소득세 중과세를 유예하고 종부세 부담을 완화하였으며 박근혜 정부는 양도소득세 중과제도를 폐지하였다. 그러나 문재인 정부는 양도소득세 중과세제도를 다시 도입하면서 2주택자에 대해 기본세율에 20%p, 3주택자에 대해서는 기본세율에 30%p의 추가세율을 부과하였다. 종합부동산세 세율구조를 이원화하여 투기과열지구와 투기지구 2주택 보유, 기타 지역 3주택 보유에 대해 별도의 누진세율 체계를 추가하였다. 취득세도 조정대상 지역의 2주택은 8%, 3주택 이상은 12%의 중과세율을 적용하였다. 이처럼 다주택자에 대해 주택의 취득, 보유, 양도의 전 단계의 세금을 중과세한 중요한 이유는 다주택자들의 투기를 억제하여 실수요자의 주택구입 기회를 확대하고 주택가격을 안정시키려는 데 있었다.

바람직한 조세의 기본원칙은 효율성과 공평성이다. 효율성은 필요한 세수를 징수하는 과정에서 왜곡을 최소화하는 것이고 공평성은 비슷한 소득(재산)에 대해 비슷한 세금을 부과한다는 수평적 공평성과 소득(재산)이 높을수록 더 높은 세금을 부과한다는 수직적 공평성을 말한다. 주택 보유호수에 따른 종부세 중과세는 조세의 수평적·수직적·공평성 원칙에 위배될 수 있다. 공시가격 15억 원인 아파트 한 채를 보유한 사람(A)과 3억 원짜리 연립주택 다섯 채를 보유한 사람(B)의 자산총액은 같지만 세 부담은 B가 훨씬 높아 수평적·공평성에 위배된다. 실제로 서울 송파구에 다세대주택 12채(공시가 합계 약 23억 5,000만 원)를 보유한 사람이 내야 할 보유세는 4,816만 원으로, 비슷한 가액의 강남구 아파트 한 채(공시가 약 23억 7,000만 원)에 대한 보유세 1,313만 원의 3.7배에 달한다는 사례가 보도되었다(중앙일보 2021년 5월 25일 자).

자가보유율이 세제에 의해서만 결정되는 것은 아니지만 다주택자에 대한 중과세가 이루어진 노무현 정부와 문재인 정부 시기에 자가보유율이 특별히 높아지지는 않았고 양도소득세 중과를 회피하기 위한 증여가 늘었다. 오히려 중과세가 없었던 김대중 정부와 박근혜 정부 기간에 수도권 1주택 보유가구 비율이 상승하였다(이창무(2023)). 중과세로 주택 가격이나 임대료가 안정되었다는 증거도 없다. 다주택에 대한 종부세와 재산세를 강화한 결과 주거용 오피스텔이나 상가주택 등 저렴 주택의 일부가 비주거용으로 전환되었으며 전·월세 상승을 통해 임대료에 전가되었다(김병남·송헌재(2022)).

(3) 부동산 세금 부담에 관한 국제비교와 문제점

참여정부 시기 보유세 부담 강화의 필요성이 제기되던 2003년경부터 우리나라 보유세 실효세율이 집값의 1%가 넘는 미국 등 선진국에 비해 너무 낮으므로 세 부담을 높여야 한다는 주장이 제기되어왔다. 그러나 세금은 현금으로 내야 하기 때문에 소득 대비 부담 수준을 감안해야 한다. 미국의 재산세 실효세율은 1%를 넘지만 1인당 평균 납부액은 개인 소득의 3% 정도이다.[3] OECD 국가와의 비교에서도 우리나라는 오래전부터 전체 조세나 GDP 대비 부동산 조세수입이 상위권에 있었으며 보유세도 2015년 무렵에는 평균에 근접하고 있었다. 2021년 통계에 따르면 부동산 조세가 전체 조세수입에서 차지하는 비중은 1위고 보유세의 비중도 평균보다 높은 수준이다.

이러한 국제비교는 수치에 집중한 반면 우리나라와 비교 대상국가들의 부동산세제의 성격에 대한 오해에서 비롯된 측면이 있다. 본질적으로 미국의 재산세는 투기억제나 집값 안정과 전혀 관계없는 명실상부한 지방세로 지방정부가 과표와 명목세율을 자율적으로 결정하고 징수된 세금을 주민들에게 공공재를 제공하는 데 필요한 비용으로 지출한다.[4] 취득세 등 거래세는 거의 없으며 재산세 수입이 지방정부 지방세 전체 세수의 70%를 넘는다. 우리나라 재산세는 법률적으로는 지방세이지만 실제로는 명목세율이 지방세법에 규정되어 있고 과표현실화율도 국토교통부가 결정하기 때문에 지방자치단체의 조세 자율권이 없다. 재산세 및 그 부가세의 징수액은 지방세 전체의 16~18% 정도에 불과하다. 우리나라의 보유세 부담을 미국과 비교하는 것이 적절치 않은 이유다. 또한 국세인 종합부동산세는 우리나라 특유의 세금이고 물건에 대해 부과되는 보유세가 아니라 개인별 부동산 보유액의 합에 대해 누진적으로 부과되는 제한적 부유세이다.[5] 양도소득세의 경우도 직접 거주하는 주택(Primary Residence)이나 1주택자에 대해 많은 나라에서 세제 혜택을 제

---

3 2021년의 경우 미국 50개 주 대표 도시들의 재산세 실효세율 평균은 1.33%, 50개 주 전체 평균은 1.09%, 1인당 재산세 납부액은 개인소득의 2.8%였다.

4 미국의 재산세 수입의 절반은 교육비로 사용되는데 우리는 별도의 지방교육세를 징수한다. 또한 재산세 납부액은 연방소득세 과세소득에서 공제된다.

5 프랑스의 부동산 부유세는 주택가치에서 부채를 뺀 순 자산에 대해 부과된다.

공하지만 다주택자에 대해 특별히 중과세를 하는 나라는 없다.

2) 주택대출에 대한 거시건전성 규제[6]

(1) 거시건전성 규제의 본질과 우리나라 방식의 특이성

거시건전성 규제는 통화정책과 미시건전성 규제를 보완하여 한 부문에서 발생하는 충격이 금융시스템 전체와 거시경제에 미칠 파급효과를 방지하기 위해 도입된 정책이다. 우리나라에서는 가계대출의 증가를 완화하고 주택시장의 과열과 주택가격 급등을 방지하기 위해 활용되어왔다. 담보인정비율(LTV) 규제는 2002년에, 총부채상환비율(DTI) 규제는 2005년에, 그리고 총부채원리금상환비율(DSR) 규제는 2018년에 각각 도입되었다.

LTV, DTI 규제가 도입된 이후 규제 대상 지역과 개인, 주택, 규제 수준이 주택시장 관련 대책의 일부로 빈번하게 변경되어왔다. 참여정부 시기인 2006~2007년에 규제가 강화되었고 이명박 정부 시기에는 2013년까지 완화와 강화가 반복되었으며 박근혜 정부 시기인 2014년부터 규제가 완화되어 2016년에 가장 낮은 수준에 달하였다. 문재인 정부 시기인 2017년부터 2021년까지 다시 규제가 강화되어 가장 높은 수준에 이른 후 윤석열 정부가 출범한 2022년부터 규제가 완화되었다.

우리나라 주택대출 규제에는 몇 가지 중요한 특징이 있다. 첫째, 정책 목표가 주택담보대출 위험관리보다는 주택가격 안정 자체에 초점이 맞춰져 있다. 둘째, 우리나라의 LTV 상한은 다른 나라들에 비해 너무 낮고 DTI 상한은 높은 편이어서 주택대출 관련 리스크를 제대로 반영한다고 보기 어렵다. 셋째, 우리나라 주택대출 규제는 지역에 따라 차등화되어

6 이 소절의 내용은 김경환, 조만(2023)에 기초한 것이다.

있다. LTV, DTI, DSR 규제는 주택가격 상승률 등을 기준으로 지정되는 주택투기지역, 투기과열지구, 조정대상지역 등 규제지역에 적용된다.

(2) 주택대출 규제정책의 효과 분석

주택대출 규제가 주택가격에 미치는 효과에 대한 실증분석은 상당수 있으며 사용한 데이터와 분석 기간에 따라 결과에 차이가 있으나 주택가격 상승률을 완화했다는 연구들이 많다. 그러나 주택대출에 대한 거시안정성 규제의 목적은 단지 주택가격의 상승률을 낮추는 것이 아니라 시스템적 리스크를 야기할 수 있을 정도의 과도한 상승을 방지하는 것이다. 따라서 주택담보대출 규제의 성과를 평가하려면 주택가격 상승률이나 그 변동 폭의 감축 여부뿐만 아니라 형평성과 금융포용성에 미치는 효과, 다른 부작용도 감안해야 한다.

대출 규제와 주택가격의 상관관계는 지역 및 시기에 따라서 상이한 것으로 나타난다. 2013~2017년의 가격 상승기에는 두 변수 모두 증가하는 추세를 보이지만, 2020~2021년의 가격 상승기에는 대출의 영향이 상대적으로 적었다. 이 시기의 주택가격 상승은 서울·세종·인천·대전에 집중되었으며 그 원인은 저금리와 미래 가격상승에 대한 기대효과에 기인한 것으로 보인다. 주택대출 규제가 지역 간 집값 상승률의 변동성에 미친 영향을 보면 2007~2009년에는 대출 규제가 강화된 후 지역 간 편차가 감소하였으나 2009~2011년과 2017~2020년 기간에는 지역 간 편차가 확대되었다. 반면에 2012~2014년 기간에는 대출 규제가 완화된 후 지역 간 편차가 줄었다. 물론 주택대출 규제 이외의 변수들이 주택가격 상승률에 영향을 미쳤을 수 있겠지만 지역 간 차등적 대출 규제가 지역 간 집값 변동성을 완화했다는 분명한 증거는 찾기 어렵다. 한편 지역별 차등적인 대출 규제에 따른 풍선효과로 시장이 왜곡되었을 가능성도 있다.

주택대출 규제의 중요한 부작용은 축적한 자산이 부족한 가구들의 주택 구입 기회를 제한하는 데 있다. 이소영·정의철(2010)은 소득제약과 자산제약이 강할수록 주택소유 확률이 하락한다는 결과를 보고하였다. 모의실험 결과 DTI 규제가 강화될수록 소유에서 임차로 변화할 확률이 증가하며, 소득수준이 낮고 주택규모가 작을수록 DTI 규제의 영향을 받는 것으로 나타났다. 가구별 차입제약에 미치는 효과를 분석한 이태리·김태환(2018)의 연구에서는 LTV 규제에 따른 가계대출 차입제약은 전세에서 자가로 이주하는 40대 중간 소득층 가구에게 가장 크고, DTI 규제에 따른 차입제약은 전세에서 자가로 이주하는 소득이 낮은 30대의 가구에게 가장 큰 부담이 되는 것으로 나타났다. 이러한 결과들은 주택대출 규제가 금융포용성에 부정적인 영향을 미칠 수 있음을 시사한다.

3) 임대시장 관련 정책

(1) 전·월세 상한제와 계약갱신청구권 도입의 시장효과

전·월세 상한제와 계약갱신청구권 도입을 골자로 하는 개정 임대차보호법(이른바 임대차 2법)이 2020년 8월부터 시행되면서 전세가격이 급격히 올랐다. 출범한 2017년 5월부터 임대차 2법이 시행되기 직전인 2020년 6월까지 전국의 전세지수는 0.88% 상승했는데 2020년 7월부터 2021년 4월까지 불과 9개월 동안에 8.14% 오른 것이다. 서울과 수도권 수치는 각각 5.78%와 2.52%에서 11.85%와 10.74%로 상승률이 급격히 커졌다. 또한 비슷한 주택이 어느 시점에 처음 임대되었는지, 계약갱신청구권을 행사할 수 있는지 여부에 따라 전세 보증금과 임대료 또는 매매가격이 달라지는 이중가격 현상도 나타났다.

(2) 전세대출과 대출보증, 보증금반환 보증의 관계

임대차 2법의 시행으로 전세가격이 급격히 오른 중요한 원인은 집주인들이 4년 치 인상분을 미리 요구한 데 있다. 그러나 다른 한편으로는 임대인의 보증금 인상 요구를 임차인들이 감당할 수 있었기 때문이며 그 이면에는 전세대출이 있었다. 2016년 말부터 2021년 말 사이에 전세대출 잔액은 52조 원에서 184조 원으로 3.5배가 되었다. 임차인들은 저금리 상황에서 별 부담 없이 변동금리 상품인 전세보증금 대출을 받았다. 은행들은 거의 예외 없이 주택도시보증공사나 주택금융공사의 전세대출 보증증서를 근거로 아무런 위험을 부담하지 않고 임차인에게 대출을 제공할 수 있었다. 임차인들은 전세금 반환보증에 가입하면 보증금 미반환 위험을 회피할 수 있었다. 즉 대출기관이나 임차인 차입자들의 위험이 모두 공적 보증기관으로 이전된 것이다. 문제는 이러한 위험에 상응하는 가격이 책정되었는가이다.

2022년 이후 금리 인상으로 매매가격과 전세가격이 동반 하락하면서 임대인이 임차인에게 보증금을 반환하지 못하는 이른바 역전세난이 발생하고 있다. 과거에는 전세가 보증금을 강제 저축하여 궁극적으로 내 집 마련의 종잣돈을 삼는 주거 상향이동의 한 과정이었다. 그러나 전세대출이 보편화되면서 전세는 세입자가 금융기관으로 대출받아 마련한 자금을 무이자로 대출해주고 주택을 임차하는 형태로 변질되었고 이 과정에서 전세가 갭투자의 재원으로 사용되는 사례가 늘었다. 세입자들의 전세와 월세 사이의 선택에서 전세에 유리한 정책이 바람직한가에 대한 논의가 제기되는 이유 중의 하나다.

5. 주택도시정책 평가의 개선을 위한 제언

1) 주택도시정책 평가 제도 개괄

이상적인 정책은 몇 가지 조건을 충족시켜야 한다. 먼저 정책목표가 분명하고 효율성과 형평성, 행정비용 등의 측면에서 정당해야 하며, 정책목표를 구현할 수 있는 효과적인 정책수단이 있어야 한다. 정책의 사회적 편익이 비용보다 커야 하며 정책의 대상 집단이 실질적 혜택을 누릴 수 있어야 한다. 정책평가의 결과는 정책의 개선, 보완에 환류된다.

주택, 도시정책에 대한 평가는 주요 정책에 대한 국토교통부의 자체평가, 기획재정부 재정사업에 대한 국토교통부의 자율평가, 지방자치단체의 공공임대주택 공급에 대한 국토교통부의 지자체 정부 합동평가 등 다양한 차원에서 이루어진다. 새로운 정책을 도입하거나 중장기 계획을 수립할 때도 평가가 시행된다. 이러한 다양한 평가에는 위에서 언급한 조건들이 직·간접적으로 적용되지만 구체적인 평가기준은 주어진 정책목표를 계량화하고 목표 달성을 위한 노력, 목표 달성 정도를 중심으로 구성된다. 보다 심층적인 평가는 국책연구기관 등을 통해 주제별로 이루어진다.

(1) 국토교통부 주요 정책 자체평가

국토교통부는 매년 주요 정책에 대한 자체평가를 실시하고 그 결과를 발표한다(국토교통부)(2023). 주택, 도시 분야에서는 공공임대주택, 주거급여, 스마트도시 등이 최근 몇 년간 평가과제에 포함되어 있다. 자체평가는 「정부업무평가 기본법」을 근거로 「국토교통부 자체평가위원회 규정」 및 2022년 정부업무 성과관리 운영지침(국무조정실)에 의거하여 시행된다. 평가주체는 자체평가위원회이며 전문 분야별 소위원회가 운영되고 이의조정위원회 심의를 거쳐 최종 평가결과가 확정된다. 평가 기준은 과제 난이도(계획 수립의 적정성, 성과지표의 난이도) 20점, 계획 이행 노력도(계획 이행의 충실성, 행정여건 상황변화에 대한 대응성) 20점, 그리고 과제목표 달성도(정책 효과 발생 정도, 정책 만족도) 60점 등 총 100점 만점으로 구성되어 있다. 정책 만족도는 일반 국민과 학계, 연구원, 공공기관 등 전문가 대상 설문조사를 토대로 평가된다. 평가는 A, B, C, D, E, F, G 등 7등급으로 이루어진다. 자체평가보고서에는 주요 성과와 개선 보완 필요사항이 제시된다.

(2) 기획재정부 재정사업 자율평가

기획재정부는 재정사업의 효율성 제고를 위하여 해당 부처에서 사업 추진 결과를 자율적으로 평가하고, 평가결과를 재정운용에 활용한다. 재정사업 자율평가는 「국가재정법」 제8조를 근거로 기재부의 재정사업 자율평가 지침에 따라 시행된다. 평가 대상은 원칙적으로 예산 및 기금이 투입되는 모든 재정 단위사업이다. 주택부문에서 주택 구입·전세자금(융자), 주택정책 지원, 행복주택(융자), 다가구 매입임대 등의 사업과 도시부문의 도시재생지원, 스마트도시 지원, 도시개발 등 사업이 평가 대상이다. 평가 주체는 자체평가위원회이고 분야별 외부 전문가로 구성된 평가단을 운영한다. 평가 기준은 사업관리의 적절성, 목표 달성도, 성과 우수성 등으로 구성되며 가점 및 감점이 이루어진다. 평가는 우수(20% 이내), 보통(65% 내외), 미흡(15% 내외)으로 판정한다. 평가결과는 기획재정부에 통보되며 미흡한 사업에 대한 지출구조조정 또는 제도개선 방안을 마련하는 데 활용된다.

(3) 지방자치단체-부처 합동평가

현 정부의 국정과제 '1-2-10. 촘촘하고 든든한 주거복지 지원' 중 공공임대주택 공급을 달성하는 데 있어 지역별 수요에 효과적으로 대응하기 위하여 지방자치단체와 지방공사의 역할이 중요하다. 국토교통부는 「공공주택특별법」 제3조 제7항에 근거하여 공공주택의 공급·관리 실태를 파악하기 위하여 지방자치단체별로 공공주택의 공급·관리 수준에 대한 평가를 실시하고 있다. 평가 기준은 목표치 대비 성과이며 평가 산식은 다음과 같다.

$$\frac{\text{최근 2년간 시도별 장기공공임대주택 공급 실적의 가중평균}}{\text{'22년 시도별 총 주택수}} \geq \text{시도별 목표의 80\%이다.}$$

(4) 국무총리실의 정부 업무평가

국무총리실은 「정부업무평가기본법」에 따라 중앙행정기관의 업무추진 성과를 종합평가한다. 평가 대상은 주요 정책, 규제혁신, 정부혁신, 정책소통 등 4개 부문이며 부문별 평가주관기관이 정부업무평가 시행계획상 평가지표에 따라 정량적·정성적 평가를 실시한다. 평가의 객관성과 공정성을 확보하기 위해 민간 전문가평가단에 의한 평가와 일반 국민 대상 국민만족도 조사를 병행한다. 2022년 국토교통부 평가에서는

임차인 주거비 부담 완화, 도심공급 확대를 위한 규제 완화(분양가 상한제, 재건축 안전진단 등)가 포함되었다.

(5) 법정계획에 대한 평가

법정계획을 수립할 때 종전 계획의 성과를 평가하도록 되어 있다. 주거종합계획, 공공임대주택 공급계획 등의 수립과 수정, 재수립 과정에서 정책평가가 시행된다. 예컨대 「주거기본법」에 의거하여 10년 단위로 작

성되는 주택부문 최상위계획인 주거종합계획 수립에 이전 계획의 성과 평가가 포함된다.

2) 정책평가 개선을 위한 제언

주택도시정책에 대한 정책의 성과에 대해서는 정부 내부와 외부에서 다양한 평가가 이루어지고 있다. 주거급여제도 개편의 경우 도입 필요성과 방향, 제도 설계에 관한 다양한 사전 연구와 제도 시행 성과에 관한 평가들도 이루어졌다. 그러나 정책평가의 품질과 신뢰도를 한층 더 높이기 위해서는 관련 데이터의 신뢰성, 적시성, 효용성과 접근 가능성을 개선할 필요가 있다. 이를 바탕으로 데이터 기반의 정기적, 지속적인 평가와 평가 결과의 폭넓은 공유가 필요하고 이를 수행하는 기관의 중립성과 독립성이 보장되어야 한다.

(1) 주택시장 및 주택대출 통계

주택가격, 거래량, 주택담보대출 등 데이터의 품질과 관리 시스템의 정비도 필요하다.

주택대출 규제가 주택가격의 상승률이나 변동성에 미치는 영향을 실증분석한 연구는 거의 예외 없이 피설명 변수로 주택담보대출과 주택가격지수를 사용한다. 주택대출에 대한 지역 간 차등 규제가 규제 지역과 여타 지역에 미치는 효과를 분석하기 위해서는 지역적으로 세분화된 주택가격지수를 사용해야 한다. 그런데 주택대출 통계와 주택가격지수 모두 정확성 측면에서 문제가 있다.

한국은행이 발표하는 주택담보대출 통계는 주택을 담보로 하는 모든 대출이 포함된다. 여기에는 개인의 주택 구입, 여타 용도의 대출, 중도금과 이주비용 등의 집단대출, 그리고 전세대출이 포함된다. 정확한 내역은 공개되지 않고 있지만 국회나 언론을 통해 간헐적으로 제공되는 자료를 보면 주택 구입 목적 외 대출의 비중이 시기에 따라 주택담보대출의 40~60%에 이르는 것으로 되어 있다. 전세대출은 최근 들어 급증하여 2022년 주택담보대출 잔액의 17%에 달한다. 이러한 다양한 대출이 합해진 주택담보대출이 주택시장에 어떤 영향을 미칠지는 분명치 않다. 만일 이들 대출 항목들의 구성비율이 일정하다면 큰 문제가 아니겠지만 그렇지 않다면 주택담보대출 변동이 주택가격에 미치는 영향에 관한 실증분석 결과의 신뢰성을 훼손할 수 있다. 보다 정확한 분석을 위해서는 전세대출을 분리하고 주택 목적 외 대출에 대한 내역을 적시한 데이터가 필요하다. 대출잔액 및 그 변동뿐만 아니라 신규대출, 상환, 재대출 등 유량(Flow) 데이터도 시장분석을 위한 유용한 데이터다.

금융 포용성의 확대는 주택담보대출의 중요한 고려 사항이다. 주택담보대출과 주택대출 관련 규제의 효과가 소득계층별로 어떻게 다른지를 파악하기 위해서는 차주와 대출 단위의 미시 데이터 분석이 요구된다. 한국은행에서는 2015년에 빅데이터인 개인차주 가계부채 데이터베이스를 구축하였으며 한국금융연구원에서는 코리아크레딧뷰로(KCB) 자료를 활용하고 있다. 그러나 이러한 자료는 공공데이터가 아니므로 접근성에 제약이 있다.[7]

주택가격지수와 거래량 통계도 개선의 여지가 있다. 월간주택가격동향조사를 통해 발표되는 가격지수들이 발표 기관에 따라 차이를 보이고 있고 최근 들어 그 괴리가 확대되었다. 동향조사 기반 지수들이 공통적으로 실거래가지수에 비해 편동 폭이 지나치게 작다. 실거래가지수의 경

---

7 미국의 모기지 정보공개법(HMDA; Home Mortgage Disclosure Act)에 따라 모든 금융기관이 의무적으로 제출하는 모기지 대출 신청 및 심사 결과, 대출상품의 속성, 대출기관과 차주의 속성, 담보주택의 특성 등 다양한 데이터는 개인정보 보호를 위한 수정을 거쳐 공개된다. HMDA 데이터는 금융소비자보호국(CFPB; Consumer Financial Protection Bureau 웹사이트 (consumerfinance.gov)에서 다운로드 받을 수 있다.

우 신고 후 취소된 거래로 인한 왜곡 가능성이 제기되기도 한다. 월간지수와 괴리가 있는 주간주택가격동향조사의 유용성도 논란의 대상이다. 계약갱신청구권이 도입되면서 갱신거래를 신고하지 않는 사례들이 많아져 신규거래와 갱신거래를 포괄하는 전·월세 거래량을 정확히 파악하기 어려워졌다. 미분양통계는 건설업체들의 신고를 기초로 작성되기 때문에 일관성과 신뢰성에 의문이 제기된다. 주택가격지수들과 거래량 통계에 대한 전반적인 점검과 기초자료의 공개와 위부 검증 등을 포함한 지속적인 품질 관리 시스템이 요구된다.

(2) 주거복지 관련 통계

주거복지정책의 목표는 취약계층의 주거 안정과 주거 상향 이동을 지원하는 데 있다. 따라서 주거복지정책 효과를 정확하게 파악하기 위해서는 주거급여가구와 공공임대주택 거주가구의 속성과 거주 기간, 주거 실태, 주거 상향이동, 공공임대주택의 공실 여부 및 공실 기간과 원인, 주택 상태, 입주자 만족도 및 주요 불만사항 등에 대한 최근 통계를 정기적으로 모니터해야 한다.[8]

주거복지 수혜가구와 혜택 규모를 정확하게 파악하기 위해서는 주거급여와 공공임대주택 거주가구에 대한 기본 통계를 정비할 필요가 있다. 현재 주거급여의 경우 수급자 수는 보건복지부 행복e음(사회보장정보시스템)에, 예산은 매년 국토교통부 예산 및 기금 운용계획과 결산자료에 분산되어 있어 특정 시점에 주거급여 운영 실태를 일목요연하게 파악하기 어렵다.

---

8 영국은 사회주택의 품질 개선을 위한 계획을 수립하고 매달 추진 상황을 공유하고 있다(Update on government's work to improve the quality of social housing, www.gov.uk, May 2023). 미국의 주택도시부는 지역별 주거지원정책 프로그램들의 수혜자에 관한 정보를 HUDUSER 홈페이지의 "Assisted housing: Federal and Local"을 통해 제공하고 있다.

수급자 통계는 보건복지부가 관리하는데 공개하는 수치가 실제 수급자 수와 다르다. 보건복지부의 『2021년 국민기초생활수급자 현황』에는 주거급여자 수가 216.3만 명, 153.3만 가구로 되어 있으나 이 수치는 수급대상이지만 주거급여를 받지 않는 시설 수용자가 포함된 수급권자를 말한다. 수급권자에서 시설수용자를 제외하면 주거급여 수급자는 임차가구 116.5만 가구, 자가가구 10.8만 가구 등 모두 127.3만 가구이다. 그런데 임차가구 중 50.9만 명이 공공임대주택에 거주하고 있으므로 주거급여와 공공임대주택정책의 수혜가구 수의 최댓값은 공공임대주택 거주가구 173.7만 가구(공실이 없다고 가정)에 76.4만 가구를 더한 250.1만 가구로 추산된다. 더 정확한 수치는 공공임대주택 공실을 반영해야 특정할 수 있다. 두 부처나 지자체 담당 공무원들이 아닌 외부 연구자나 일반 시민들은 이러한 기본적인 데이터를 찾기가 매우 어렵다.

주거급여 수급자 관련 정보 시스템의 정비도 필요하다. 주거급여 신청자의 주거실태와 임대차관계 등을 조사하는 LH의 주거급여정보시스템과 LH가 제공하는 정보와 소득 및 재산액을 검증하여 수급 여부와 급여 금액을 결정하는 시군구에서 행복e음에 입력하는 정보로 이원화되어 있다. LH는 전체 신청자에 대한 정보를 보유하고 있으나 이들의 최종 수급 결정 여부를 알지 못한다. 수급자 자료를 행복e음에 입력하는 지자체가 수급자 명단을 LH에 제공한다면 LH가 주거급여에 대한 완전한 정보를 보유할 수 있을 것이다.

공공임대주택의 경우 건물 자체의 상태, 공실 여부와 공실 기간, 현 임차인의 계약 기간 등에 관한 정보는 공공임대주택 입주자관리와 주택의 업그레이드에 관한 정책결정을 위한 필수적인 자료이다. 예컨대 공공임대주택 대기자 명부 구축의 필요성이 오래전부터 제기되어왔는데 대기자 명부가 실효성이 있으려면 언제 어디에 있는 공공임대주택에 입주가 가능할 것인지에 대한 예측 가능한 정보가 필요하다. 공공임대주택의 물리적 상태에 대한 정보가 있어야 언제 리모델링 또는 재건축을 해야 할지를 결정할 수 있다.

LH는 공공임대주택의 입·퇴거 및 계약갱신 시 계약자, 해약자 등에 대한 행정 자료를 보유하고 있다. 현재 계약자 정보에는 가구주 연령, 가구원 수, 월평균 소득, 주거급여 수급 여부, 전용면적, 임대료 부담 등에 대한 자료는 수록되어 있으나, 유형마다 일관된 행정 정보 체계가 구축되어 있지 않아 활용에 어려움이 따른다. 또한 임대주택 퇴거자의 주거이동 실태를 파악할 수 있는 추적 조사도 이루어지지 않고 있다. 이를 위해서는 공공임대주택 입주자들의 주거 실태와 만족도, 퇴거자들의 주거이동 사유와 새로운 주거의 유형, 점유형태, 품질, 임대료 등에 관한 자료가 필요하다.

이상의 논의를 요약하면 현재 공공임대주택 관련 데이터는 사업주체인 LH, SH, 지자체들이 관리하고 있다. 주거급여 관련 데이터의 경우 주거급여 수급자의 주택조사 담당 기관인 LH가 주거급여정보시스템을 구축하여 운영 중이나 수급자 정보는 보건복지부의 행복e음에서 관리한다. 주거복지정책의 체계적인 평가를 위해서는 공공임대주택과 주거급여 수급자와 주택 관련 정보의 통합 데이터베이스의 구축을 검토할 필요가 있다.

(3) 주거복지정책평가 연구 확대

정책평가와 관련하여 주거급여 제도 개편과 개별 주거급여 제도 도입을 위한 준비단계에서 여러 건의 사전 연구용역이 수행되었으며 그 결과가 제도 설계에 반영되었다(건설교통부(2004, 2007, 2008), 국토해양부(2010, 2014), 기획재정부·한국보건사회연구원(2009), 한국보건사회연구원·보건복지가족부(2008)). 제도 시행 이후 국토교통부에서 연구기관에 발주한 외부 용역들을 통해 부정기적인 평가를 수행해왔으며 일부 결과 보고서는 공개되었다.

정책평가는 일차적으로 정부부처와 공공연구기관의 몫이지만 체계적인 데이터가 구축되고 공개되면 학계 전문가들에 의한 다양한 연구가 가능해져 정책 개선에도 기여할 수 있을 것이다. 현재 국토교통부와 국토연구원은 매년 주거실태조사를 실시하고 원자료를 공개하고 있다. 그러나 이 조사에는 주거급여 수급가구나 공공임대주택 거주가구 표본이 부족하여 이들에 대한 의미 있는 분석이 불가능하다. SH 도시연구원에서는 서울시 공공임대주택 입주자 패널조사 데이터를 구축하였다. 2016년부터 4회에 걸쳐 조사를 실시하였으며 조사결과 원자료를 개방하여 이를 활용한 논문공모사업을 시행하고 자체 보고서도 발간하고 있다(SH 도시연구원)(2020, 2021, 2022). 주거복지정책 수혜가구의 패널 데이터를 구축하거나 과거 주거실태조사에서 저소득층, 장애인, 신혼부부 등에 관한 정책조사를 격년 주기로 실시한 방식을 원용할 수 있을 것이다.

요약하면 주거급여와 공공임대주택에 관한 데이터와 그 관리 체계를 개선하는 한편 주거급여 수급자 및 공공임대주택 거주자들에 관한 데이터를 구축하여 정부와 국책연구원들은 물론 민간 연구자들에게도 개방하여 다양한 연구가 이루어질 수 있도록 하자는 것이다. 이러한 데이터 분석 결과는 가칭 '주거복지에 관한 연차보고서'로 발간하거나 주거복지 로드맵의 실행에 관한 연차 평가의 일부로 활용할 수 있을 것이다.[9]

9 주거기본법 시행령에는 "국토교통부 장관은 주거복지정보체계에 구축되어 있는 정보를 홈페이지를 통하여 일반 국민에게 제공하여야 한다"는 규정이 있다. 국토교통부는 "국토의 계획 및 이용에 관한 연차보고서"와 "부동산가격 공시에 관한 연차보고서"를 매년 국회에 제출하고 있다.

6. 결론

정책은 의도가 아니라 결과에 의해 평가된다. 일시적인 가격 상승을 피하기 위한 재건축 억제가 양질의 주택공급을 억제하여 더 큰 가격 상승을 가져올 수 있다. 다주택자들에 대한 징벌적인 과세가 저렴한 주택의 공급을 위축시켜 중간 이하 소득계층의 주거비 부담을 높이기도 한다. 일부 세입자를 보호하기 위한 정책이 다른 세입자들을 어렵게 만들 수도 있다. 우리나라 주택정책은 주택가격 안정을 최우선 목표로 삼아 주택시장 경기변동에 따라 규제 및 세제의 강화와 완화를 반복해왔다. 이 과정에서 과도한 시장개입이 결과적으로 국민들의 주거수준 향상과 취약계층의 주거안정이라는 주택정책의 궁극적인 목표의 달성을 저해한 사례들이 많았다. 그러나 현실적으로 정부 개입의 필요성과 범위, 개입 방식에 대한 상반된 견해들이 첨예하게 대립하고 있는 상황에서 바람직한 일관적인 원칙을 정립하고 원칙에 입각한 정책을 경기에 무관하게 실행하는 것은 어려운 과제다. 그래서 데이터 기반의 설득력 있는 정책평가가 더욱 중요하다.

주택도시정책에 대한 정책의 성과에 대해서는 정부 내부와 외부의 다양한 평가가 이루어지고 있다. 주거급여제도 개편의 경우 도입 필요성과 방향, 제도 설계에 관한 다양한 사전 연구와 제도 시행 성과에 관한 평가들도 이루어졌다. 그러나 정책평가의 품질과 신뢰도를 높이기 위해서는 정기적, 지속적인 평가와 평가 결과의 폭넓은 공유가 필요하고 이를 수행하는 기관의 중립성과 독립성이 보장되어야 한다. 데이터 기반 정책평가의 출발점은 정확하고 Up-to-Date된 분석 가능 데이터를 확보하는 것이다. 주택시장 안정정책의 효과에 대한 보다 정교한 분석을 위해서는 주택가격, 거래량, 주택담보대출 등 데이터의 품질과 관리 시스템의 정비가 필요하다. 주거복지정책의 두 축인 공공임대주택과 주거급여정책의 경우 주택의 물리적 상태와 입주자 만족도, 입주자와 급여 수혜자 속성, 주거 상향 이동 등에 관한 데이터베이스를 정비하여 정책성과를 평가하고 그 결과를 가칭 '주거복지 연차보고서'로 발표할 것을 제안한다.

끝으로 정책평가의 범위를 확대해야 할 영역도 있다. 그중의 하나는 기존 건축물의 재건축, 재생이다. 2022년 말 현재 우리나라 전체 건축물의 41.0%, 주택의 50.5%가 준공 후 30년 이상 경과하여 정비 수요가 증가하고 있다. 제1차 탄소 중립 및 녹색성장 계획에서 건축물 탄소배출량을 2030년까지 2018년 대비 32.8% 감축한다는 목표를 제시하였다. 따라서 노후 주택과 상업용 건물의 재건축, 리모델링, 재생은 주거수준의 향상뿐 아니라 기후변화 대응을 위해서도 매우 중요한 과제이다. OECD 국가 중에서 압도적으로 노인 빈곤율이 높은 우리나라에서 고령층 주거 실태를 모니터하고 주거복지를 강화하는 것 또한 시급한 정책과제다.

▶ 주거기본법

국토교통부 장관은 국민의 주거복지정책에 대한 접근성을 제고할 수 있도록 대통령령으로 정하는 정보시스템 등을 연계하여 주거복지정보체계를 구축·운영할 수 있다.

② 국토교통부 장관은 제1항에 따른 업무를 대통령령으로 정하는 바에 따라 주거복지 및 주택산업 육성 등을 목적으로 설립된 기관 또는 단체에 위탁할 수 있다.

▶ 주거기본법 시행령

1. 「임대주택법」 제20조의7에 따른 임대주택정보체계
2. 「주거급여법」 제17조에 따른 정보시스템
3. 「주택법 시행령」 제89조에 따라 구축된 정보체계
4. 그 밖에 주거복지정보의 관리·제공을 위하여 구축된 정보시스템

* 주거복지정보체계의 구축·운영에 관한 업무를 한국토지주택공사에 위탁한다.

* 국토교통부 장관은 주거복지정보체계에 구축되어있는 정보를 홈페이지를 통하여 일반 국민에게 제공하여야 한다.

참고문헌

· 강미나 외, 『주거복지정책 효과분석과 성과제고 방안_ 공공임대주택과 주거급여 제도를 중심으로』, 국토연구원, 2022.

· 건설교통부, 『임대료보조제도 확대도입방안 연구』, 2004.

· 건설교통부, 『주택바우처 제도 도입방안 연구 I』, 2007.

· 건설교통부, 『주택바우처 제도 도입방안 연구 II』, 2008.

· 국토교통부, 『2022년 자체평가 결과보고서(주요 정책 부문)』, 2023.1.

· 국토교통부, 『2022년 주택업무편람』, 2022.9.

· 국토교통부·국토연구원, 『주거급여 발전방안 마련 및 주거상향 지원 방안 연구: 제1,2,3권』, 2020.2.

· 국토해양부, 『주택바우처 모델구축 연구』, 2010.

· 국토해양부, 『주택바우처 사업설계 연구』, 2014.

· 기획재정부·한국보건사회연구원, 『주거급여와 주택바우처 지원의 연계를 통한 주거정책 개선방안 연구』, 2009.

· 김경환·조만, "거시건전성과 주택금융 규제", 손재영·김경환 편, 『한국의 부동산금융: 현황과 과제』, 2023.8.

· 김병남·송헌재, '보유세 전가에 관한 실증연구: 전월세 보증금을 중심으로', 「재정학연구」, pp101~125, 2022.11.

· 유경원·이상호, "한국은행 가계부채DB를 활영한 가계부채의 동태적 특성연구", Quarterly National Income Review, 2020.1.

· 이소영·정의철, "총부채상환규제가 주택점유형태의 선택에 미치는 영향", 「서울도시연구」 제11권 1호, 2010, 83-101

· 이재춘·강미나·이건우, 『입주가구 중심의 공공임대주택 주거비 절감과 주거상향 연구』, 국토연구원, 2022.

· 이태리· 김태환, "주택담보대출 규제 변화에 따른 가구별 차입제약 영향 분석", 『부동산분석』, 제4권 제2호, 2018, .26-27.

· 장경석·김강산, "주거급여법의 입법영향분석", 국회입법조사처, 2022.8.

· 진미윤·남원석·최조순, "주택바우처 제도도입과 실행을 위한 준비 과제", HURI Focus No. 35, 2009.2.

· 한국보건사회연구원·보건복지가족부, 『기초보장제도 개편방안: 주거급여 시행방안을 중심으로』, 2008.

· LH토지주택연구원, 『공공임대주택 거주 실태조사-거주자의 삶의 질과 주거복지 체감도-』, 2023.

· SH도시연구원, 『서울 공공임대주택 입주민 편익 및 소비특성 연구』, 2020.

· SH도시연구원, 『공공임대주택 누가 어떻게 살고 있나(Ⅰ)-연도별 및 유형별 비교를 중심으로-』, 2021.

· SH도시연구원, 『공공임대주택 누가 어떻게 살고 있나-정책효과를 중심으로-』, 2022.

사회자: 권도엽 (김&장 고문 / 전 국토해양부 장관)

토론자: 조만 (KDI 국제정책대학원 명예교수 / 한국금융소비자학회장)

이원재 (국토교통부 제1차관 / 전 인천경제자유구역청장)

권도엽(사회자)

먼저 KDI 국제정책대학원 명예교수이시고 한국금융소비자학회장님을 역임하고 계신 조만 박사님 토론 듣겠습니다.

조만(토론자)

세 분 발제가 굉장히 많은 내용을 다루고 있어 저는 김경환 교수님 발제의 몇 가지 내용을 주로 말씀을 드리면서 슈로더 박사님하고 팡 교수님과 연관되는 부분을 말씀드리겠습니다.

이틀 동안 세미나에서의 초점이 정책평가를 어떻게 할 거냐에 있는 걸로 이해를 하고 있습니다. 그런데 정책평가를 하려면 제일 중요한 부분이 데이터라고 생각합니다. 데이터가 있어야 정책실행 이후의 평가뿐만이 아니고 정책설계와 모니터링도 가능하고, 양질의 데이터를 가지고 만들어낸 결과를 정책결정에 의미 있게 사용을 하느냐가 중요합니다. 그래서 제가 세 분 발제에 대한 코멘트와 데이터 관련 논점을 몇 가지 말씀을 드리겠습니다.

우선 김경환 교수님의 발제 중 OECD 국가들과의 비교를 굉장히 흥미롭게 봤는데요.

한국의 정책, 주택정책의 목표와 수단 그리고 향후 방향을 요약해주셨는데 말씀하신 대로 시장안정, 좀 더 구체적으로 집값 안정과 주거복지 확대라는 두 가지 목표입니다. 말씀하신 대로 주택가격 안정이라는 게 좀 불분명한 개념이기는 합니다만, 주택가격 자체를 정책목표로 하는 나라는 없었다 하는 게 제 눈에 들어왔습니다. 그리고 주택가격 안정이 뭐냐는 것도 논란의 소지가 많지만 주택가격 안정을 왜 해야 하느냐는 것도 사실은 불분명합니다. 주택가격 안정이라는 게 과연 목표가 될 수 있느냐 오히려 수단에 가깝지 않느냐 하는 생각도 들고요.

2008년의 글로벌 금융위기 이후에 부동산시장발 시스템 리스크라는 게 화두가 됐죠. 주택가격이 너무 변동성이 커서 실물 경제나 금융 시스템에 영향을 주는 소위 전염 효과(Contagion Effect)가 있는 주택가격 변동성을 제어해야 한다. 소위 말하는 거시건전성 규제죠. 그래서 주택가격 자체를 안정화시킨다는 것과 왜 안정화시켜야 되느냐를 고민할 필요가 있다고 생각합니다.

두 번째로 정책수단에 관련해서 우리나라는 수요 관리, 공급 확대, 주거복지와 관련해 굉장히 다양한 정책수단을 쓰고 있는데 반해 OECD 국가들은 주택 재생 지원, 자가보유에 대한 조세 감면 등 조금 더 수요자의 효용에 직접적으로 영향을 줄 수 있는 수단을 쓰지 않나 하는 생각입니다. 시장에 대한 규제를 할 때 팡 교수님도 말씀을 하셨습니다만 규제라는 게 항상 의도하는 효과도 있고 의도하지 않은 효과도 나타나기 마련입니다. 그래서 정책평가를 할 때는 데이터와 증거기반으로 심도 있는 실증 분석을 해서 그 결과를 가지고 정책설계를 하고 수정을 해야 한다고 생각합니다.

마지막으로 김경환 교수님이 말씀하신 정책방향 중 이념과 비교적 상관없이 합의된 방향이 공공임대주택 공급을 늘리자, 이것도 이제 어디까지 늘리는 게 맞느냐는 논의가 필요하기는 하고요. 그리고 주거 급여도 늘리자는 부분을 슈로더 교수님이 발제하신 부분과 연관시켜보면 공공임대주택 공급과 주거 급여를 같이 가져가는 게 맞느냐, 두 개의 프로그램이 효율성이나 수요자의 효용 측면에서 어떤 차이가 있느냐를 평가해야 합니다. 소위 RCT라는 Randomized Controlled Test(무작위 통제 실험)라는 게 슈로더 교수님이 발표하신 Planned and Unplanned Social Experiment인데, 이런 프로그램의 차이를 비교해서 정책에 대한 개선이나 수정하는 것이 데이터 기반의 평가에 필요하지 않는가 하는 생각이 듭니다. 실제로 1970년대부터 미국 정부는 공공임대주택 공급을 중단했고 주거급여정책을 선호했고, 또 민간 위주의 장기 임대주택 공급을 했는데 우리나라에서도 향후 정책평가가 필요한 주택 부문이 아닐까 하는 생각이 들었습니다.

다음으로 이제 데이터 관련해서 김경환 교수님이 말미에 몇 가지 말씀을 하셨는데, 이 데이터는 사실 모으는 것 자체가 의미가 있는 게 아니죠. 모아서 이걸 어떻게 쓸 거냐, 그리고 어떤 분석을 할 거냐, 어떤 방식으로 어떤 분석을 할 거냐, 그 결과를 실제로 어떤 정책결정이나 비즈니스 의사결정에 어떻게 쓰느냐 하는 게 의미가 있죠. 그래서 그런 의미에서 데이터를 일부에서는 '경험재'라고 표현합니다. 이는 데이터에서 추출할 수 있는 가치는 데이터를 분석하는 사람의 경험과 역량에 따라서 결정이 된다는 거죠.

그래서 한국도 주택뿐만 아니고 비주거용 부동산을 포함해서 데이터를 구축해서 공유하는 작업이 굉장히 중요하다는 생각이 듭니다. 추가적으로 BDAC(Big Data Analytics Capability), 즉 아무리 좋은 데이터를 잘 모아놔도 그리고 데이터를 잘 분석할 수 있는 사람이 있어도 실제로 의

사결정자들이 데이터 기반의 어떤 증거를 의사결정에 반영하지 않으면 아무 소용이 없으니 민간과 공공이 조직, 인프라, 인력 차원의 조건을 갖춰 빅데이터하고 머신러닝 기반의 연구 결과를 추출해서 활용하는 것이 필요하다고 생각합니다.

슈로더 교수님이 말씀하신 실험 계획(Planned Experiment)과 비실험 계획(Unplanned Experiment)과 관련해 슈로더 교수님의 결론은 실험 계획(Planned Experiment)이 더 선호되는 방식이다. 그런데 실험 계획(Planned Experiment)은 예를 들면 개도국 어린이들에게 구충약을 줬는데 그 혜택을 받은 어린이하고 그렇지 않은 어린이들이 나중에 커서 임금의 차이가 있느냐를 밝히는 연구일 것입니다. 이사 기회(Moving to Opportunity)라는 프로그램을 설명하셨는데 여러 가지 다른 수정을 통해 저비용으로 좀 더 빨리 결과를 볼 수 있는 것도 가능합니다. 그래서 한국에서도 이런 분석 방식을 적용할 수 있는 정책, 주택정책 분야가 어딘지 이런 부분에 대한 논의가 좀 필요하지 않나 하는 생각입니다.

저도 2015년에 싱가포르로 안식년을 1년 다녀왔는데 싱가포르의 주택정책은 세계에 유일합니다. 굉장히 유니크한 주택정책이고 좋은 의미의 이념 기반의 주택정책인데 1965년에 나라가 생길 때부터 싱가포르 시민은 주택을 소유를 해야 된다, 그래서 CPF 등의 LTV를 거의 80%까지 대출해주는 프로그램을 1960년대부터 시행했습니다. HDB에서 주택 대부분을 공급했는데, 우리나라는 싱가포르하고 비교가 안 되게 주택시장이 복잡합니다. 발표하신 전세시장이 있고 또 전·월세시장이 굉장히 복잡하게 그리고 투명하지 않게 운영이 되고 있는데 그런 부분에 개입할 때 정부에서 굉장히 조심스럽게 접근해야 하지 않을까 하는 생각이 듭니다.

마지막으로 한마디만 더 드리면 지금 경제의 모든 부문이 디지털 전환 그리고 플랫폼 머신러닝 빅데이터 기반의 혁신이 이루어지고 있는데 한국의 주택시장, 부동산시장에서도 이런 데이터 기반의 혁신이 필요하고 혁신을 좀 현실화시키기 위해서는 규제도 줄이고 부동산 부문에 세분화된 업권 간의 진입 장벽도 낮추는 작업이 필요하지 않나 하는 생각을 해봤습니다.

권도엽(사회자)

이어서 두 번째 토론자로 국토교통부 제1차관이신 이원재 차관님의 토론을 듣도록 하겠습니다.

이원재(토론자)

국토교통부 제1차관 이원재입니다. 먼저 세 분의 발표를 잘 들었습니다. 마크 슈로더 편집인께서는 미국 주택에 있어서 다양한 여러 가지 사회적 실험 사례들을 소개해주셨는데 주택정책에 대해서 장기간에 걸쳐 대규모 비교 분석이 활발하게 이루어지고 또 이 평가 결과를 반영해서 정책에 보완하는 모습을 상당히 인상 깊게 들었습니다. 그리고 특히 정밀한 정책평가 그리고 또 피드백을 통해서 한정된 재원을 투입하는 정책의 효율성을 좀 더 높여야 된다는 그런 인식도 갖게 됐습니다.

그리고 팡 교수님, 주택시장의 여러 가지 상황에 대응하는 여러 가지 다양한 정책수단을 소개를 해주셨습니다. 특히 정책에 대한 여러 가지 평가 사이클에 대해서도 이야기해주셨고 또 데이터를 활용한 정책수단, 평가 방법도 소개해주셨습니다. 싱가포르의 주택정책 여건이 우리나라와 상당히 유사한 부분, 예를 들면 시장관리를 위한 LTV의 조절 등이 있습니다. 하지만 싱가포르의 경우에는 HDB 주택들이 더 많은 것이 아무래도 공공부문의 역할이 우리나라보다는 더 큰 것 같습니다.

김경환 교수님은 우리나라 주택정책 수단, 효과에 대해서 전반적으로 종합적으로 정리해주셨고 또 데이터 보완에 관한 부분들까지 다 말씀을 해주셔서 사실 제가 더 추가할 것이 없을 정도입니다. 저는 시장 상황이라든지 또 수급이라든지 인구 구조 등이 나라마다 좀 차이가 있겠지만, 크게 시장관리정책 그리고 주거복지정책 두 부분으로 말씀을 주셨기 때문에 이 부분에 관해서 국토부의 정책평가라는 관점에서 몇 가지 말씀을 드리고자 합니다.

그동안에 우리나라는 특히 지난 수년간 집값이 크게 오르면서 여러 가지 다양한 그리고 강력한 시장규제정책들을 해왔습니다. 지금 현재는 시장이 안정되고 있는데 과연 그런 정책들이 기대한 효과를 거두고 있는지, 그리고 다른 부작용은 없는지 또 형평성 측면에서는 문제는 없는지, 보다 효율적인 대안이 있었는지 평가가 필요하고 그것을 바탕으로 해서 정책 개선이 이루어져야 된다고 봅니다.

이와 관련해서 지난 수년간 집값 안정을 위해서 부동산 보유세라든지 거래세 중과, 주택 구입에 대한 강력한 대출 규제, 임대료 상한제와 계약갱신 청구권과 같은 그런 임대시장에 대한 규제, 분양가 상한제, 여러 가지 정책들을 펼쳤습니다.

저희는 이런 정책들이 시행되는 과정에서 여러 가지 부작용이나 문제점들이 노출되었다고 보고 있습니다. 특히 세제에 대해서는 지나친 과세강화가 세 부담이 전가되어 실수요자들의 세 부담을 많이 늘렸고, 대출규제 부분에 있어서도 LTV를 강력하게 규제함에 따라 자산이 부족한 청년이라든지 신혼부부들이 주택구입에 기본적으로 제약을 많이 받았습니다. 이에 자산 양극화와 같은 문제가 생겼고요. 그리고 임대차시장에 대한 전·월세 상한제 같은 가격 및 계약 갱신 청구권 규제는 단기간 전세가격 급등을 초래해서 그 시장의 불안 요인으로 작용한 측면도 있습니다.

또한 도시 재개발·재건축에 대한 여러 가지 강력한 규제를 지속했는데 재개발·재건축이 단기적으로는 집값의 불안 요인으로 작용한다는 판단에 따라 여러 가지 안전진단 강화 등과 같은 규제를 해왔습니다. 이것이 단기적으로는 몰라도 장기적으로는 도심 내 주택공급을 위축시키고 결국 양질의 주택공공급을 저해해서 결과적으로 주택가격 안정에는 오히려 부정적인 영향을 미쳤다는 평가들도 있습니다. 따라서 정부에서는 주택정책에 대한 규제가 과연 정상적 수준이냐를 판단해서 과도한 규제에 대해서는 완화해서 정상적인 시장 기능들을 되살리고, 특히 공급이 원활하게 할 수 있는 여러 가지 정책들을, 수요 관련 정책과 병행하여 우리가 의도하는 정책효과들을 거둘 수 있다고 보고 있습니다.

그래서 우선적으로는 양질의 주택공급이 필요하기 때문에 재건축에 대한 규제 완화를 통해 도심에 공급이 원활하게 이루어질 수 있도록 하고, 도시 외곽에 건설하는 신도시의 경우에는 광역 교통망을 먼저 갖추고 또 양호한 주거환경을 갖춘 신도시로 개발하는 것이 필요하다고 보고 있습니다. 그리고 분당, 일산 같은 1기 신도시 같은 경우에는 주거 환경 등을 개선해서 미래의 도시로 전환하는 노력도 필요하다고 봅니다. 그리고 이 과정에서 특히 청년이라든지 신혼부부와 같이 초기 자산이 부족한 계층들에 대해서는 시장보다 아주 저렴한 주택을 공급하고 또 장기 모기지를 연계하는 방법을 통해서 분양시장에서 내 집을 마련할 수 있는 기회를 더 확대하는 것이 더 필요하다고 봅니다.

두 번째로 주거복지정책과 관련해서는 주택을 임대주택공급이라든지 주거급여를 하고 있는데 이것이 단순하게 공급 물량을 확대한다든지 또는 주거급여의 예산을 얼마큼 늘린다든지와 같은 관점에서 볼 것이 아니고 최종 정책 수혜자 관점에서 정책평가가 이루어져야 된다고 보고 있습니다. 그래서 그동안 많이 지은 공공임대주택들을 수요자 측면에서 보면 도심에서 멀리 떨어진 지역이라든지, 교통 불편이라든지, 또 규모가 너무 작다든지, 아니면 여러 가지 부대 서비스나 사회적 서비스가 결합되지 못하기 때문에 효과성이 떨어지는 경우도 있다고 판단하고 있습니다.

그래서 아까 슈로더 교수님께서 제안하신 정책평가 부분 중에서 공공임대주택과 결합된 다양한 사회 서비스 부분, 예를 들면 돌봄 서비스라든지, 고령자에 대한 서비스 또는 장애인에 대한 서비스와 결합한 정책을 개발하고 그것이 어떻게 효과가 나타나는지에 대해 사전에 면밀한 분석이 필요하다고 봅니다. 이것이 엄밀한 의미에서 계획된 사회 실험이 아니더라도 선도 사업이나 시범 사업을 통해 효과를 분석해본 다음에 확산하는 방법도 가능할 것으로 보고 있습니다.

끝으로 데이터의 중요성에 대해서는 깊이 인식을 하고 있습니다. 아시겠지만 2006년부터 부동산 거래 관리 시스템을 통해 주택을 구입할 때마다 신고하도록 하고 그 자료를 계속 통계적으로 관리해오고 있습니다. 그리고 2021년 2월에는 임대차 거래에 관한 부분들도 신고하도록 해서 이제는 전세뿐만 아니고 월세 그리고 재계약의 여부까지 파악해서 관리하고 있습니다. 그리고 앞으로도 더 미시적이고 디테일한 통계들을 생산해서 정책에 활용하고 연구에도 제공될 수 있도록 하겠습니다.

마지막으로 한 가지만 덧붙이면 통계와 데이터는 정부가 그것을 가지고 활용하는 것도 중요하지만 실제적으로 그것을 사용하는 소비자들이 어떻게 잘 접근하고 이용할 수 있도록 하느냐가 중요하다고 생각합니다. 그런 의미에서 전세사기 문제 또 역전세 문제가 나오면서 '안심전세 앱'을 만들어 배포하고 있다는 것을 말씀드리고 싶습니다. 이 앱은 전세 관련 시세 정보뿐만이 아니고 지역의 평균 전세가율, 임대인의 관련 체납 정보 등 다양한 정보들을 한곳에 모으고 있습니다. 이 앱은 통계나 데이터를 소비자에게 필요한 맞춤형으로 제공했다는 데 의미가 있고, 또 필요한 경우, 필요한 계층에 대해서는 유용성, 편리성을 높일 수 있도록 발전시켜 나갈 계획입니다.

이것으로 마치겠습니다. 감사합니다.

권도엽(사회자)

아까 시간을 다 드리지 못한 분이 있는 것 같습니다. 우선 조만 교수님께 시간을 다시 조금 더 드리겠습니다.

조만(토론자)

대체로 다 말씀을 드린 것 같기는 한데요 팡 교수님이 말씀하신 그 비용-편익 분석(CBA; Cost-Benefit Analysis)이라는 게 사실은 굉장히 일반적인 분석 방식으로 여러 가지 정책에 적용이 될 수 있죠. 그런데 한국도 예비타당성 조사 등을 CBA 기반으로 하고 있습니다만 관련해서 사례 하나를 소개해드릴게요. 영국 정부가 2014년에 런던을 핀테크(Fintech)의 글로벌 허브로 만들자는 정책을 강하게 추진했어요. 그래서 한 10가지 정도 정책을 폈는데 그 안에는 규제 샌드박스도 들어 있었습니다.

2016년부터 금융 부문의 규제 샌드박스를 영국이 시작했고 지금은 한국을 포함해서 한 40개국에서 그걸 받아들이고 있습니다. 그 열 가지 중에 핀테크를 영국 정부가 강력하게 지원해서 글로벌 허브가 되는 정책을 시행하는 것에 대한 사회적 비용(Social Cost)과 사회적 편익(Social Benefit)을 측정해서 모니터링을 하자는 게 들어 있었습니다. 이런 분석 방식은 굉장히 일반적인 거고 다 알려진 건데, 사실은 이런 분석들을 해서 얼마나 그 분석을 참고하고 실제로 정책결정이나 평가나 수정에 얼마나 반영하느냐가 정말 문제가 되겠죠.

다음으로 김경환 교수님 발제 자료를 저는 논문으로 봤는데 우리나라 주거복지, 공공임대정책 이런 부분에 대한 일부 시장 관련 정책에 대한 평가들도 대개는 굉장히 긍정적인 결과들이에요. 그런데 그 평가의 주체들이 LH공사나 SH공사 등으로, 그러니까 학계 차원이 아닌 것 같아요. 학계에서는 데이터가 없어 그런 분석을 할 수가 없죠.

그래서 말씀드린 대로 데이터는 가지고 있는 주체에서 최대한 축적을 해서 공유 범위를 넓게 하고, 그 데이터를 기반으로 굉장히 넓은 층의 학계가 연구를 하고 그러다 보면 다양한 결과가 나오겠죠. 개인 정보 등이 문제가 될 수 있겠는데 최근에는 우리나라도 비식별화시킬 수 있는 기술들이 많이 발전하고 있어 수요자 내지 R&D 맞춤형 데이터를, 가급적이면 미시적인 데이터를 최대한 광범위하게 공유하는 게 이런 정책평가 관련 연구와 증거를 축적하는 데 굉장히 중요한 과제가 아닌가 하는 생각을 했습니다. 이상입니다.

권도엽(사회자)

감사합니다. 우리 슈로더 박사님 그리고 팡 교수님께 각각 같은 질문을 드리고자 합니다.

정책의 품질이 좋아지려면 분석이나 평가가 아주 잘되어야 하고 분석이나 평가가 잘되려면 그 분석 평가 업무를 전담하는 인력이나 조직이 꼭 필요합니다. 한국의 경우에는 일반적으로 국책연구기관들이 그런 기능을 담당하고 있습니다. 하지만 정부 안에서 각 부처에 전담 부서가 현재로서는 조금 부족한 것 같습니다. 미국의 주택 관련 부서나 싱가포르의 주택 관련 부서의 정책평가 분석 관련 부서의 존재 여부나 또 그 규모 등에 대해 혹시 아시는 게 있으면 말씀해주시면 고맙겠습니다.

마크 슈로더

거기에 대한 답변은 사실 어떤 중앙부처냐에 따라서 달라질 수가 있겠는데요. 많은 기관들이 내부적으로 자원을 이용하여 그런 정책평가나 분석을 하고 있습니다. 제가 잘 알고 있는 부처 중 하나는 160여 명 정도가 그러한 일을 담당하고 있습니다. 그리고 또 정부의 또 다른 여러 부처들이 그런 일을 하고 있을 것입니다. 농림부에서도 있을 것이고 각각의 부처에서 있는 것으로 압니다.

석용 팡

싱가포르 같은 경우에는 공식적으로 정책을 평가하거나 분석하는 기관이 있는 것은 아니고 각각의 부처는 내부적으로 이러한 팀들이 있는 것으로 알고 있습니다. HDB 같은 경우에도 이러한 평가를 하며 주택과 관련된 부분들을 보고하는 역할을 하고 있습니다. 그러니까 그런 기관들이 이런 여러 가지 지수로써 정책목표가 달성되었는지를 주무부처에 보고해야 하는 체계적인 시스템이 있습니다.

각 에이전시의 주무 부처가 있습니다. 사실 최근에 많이 얘기가 되고 있는 정책평가는 아시아 외환 위기 이후에 정부에서 중요하게 여겨지게 된 상황입니다.

권도엽(사회자)

그러면 김경환 교수님을 포함해서 추가로 말씀해주실 분이 있으면 말씀해주시면 감사드리겠습니다.

김경환

조만 교수님께서 좋은 말씀 많이 해주셨습니다. 그중에서 주택가격 안정을 목표로 하는 것이 적절하냐에 대해서는 일단 주택가격 자체가 목표는 아닙니다. 그러나 주택가격이 안정되면 주거의 질을 높이는 데도 도움이 되고 특히 주거 약자들의 주거비 부담이 줄어든다는 점에서 그 자체가 의미는 있는데, 그게 주택정책의 궁극적인 목적을 상쇄할 정도로 최우선순위를 갖는 것은 경계해야 된다고 생각합니다.

공공임대주택 재고를 어디까지 확대해야 하느냐에 대해서 처음에는 주택재고의 10%를 목표로 했다가 OECD 평균으로 바꿨습니다. 그런데 OECD 평균이라는 게 아까 말씀드린 각국이 제출하는 수치들을 평균한 거라 시간이 지나면 바뀌기도 하고 그 안에 편차가 굉장히 크기 때문에 더 이상 유용한 벤치마크는 아닌 것 같습니다.

그리고 공공임대주택이 몇 호인가도 중요하지만 그게 어떤 품질이고 입주자들이 얼마나 만족하고 면적과 서비스를 포함해서 어떤 점이 개선이 필요하냐가 더 중요한 시점이 됐습니다. 그래서 정부에서 통합 공공임대주택이라는 것도 하고 이런 것들을 모니터하기 위해서 데이터가 더욱 중요합니다. 그리고 미국의 경우는 공공임대주택을 포기하고 주거급여를 택한 반면 한국은 주거급여 수급자의 거의 40%가 공공임대주택에 거주하고 있습니다.

그래서 어떻게 보면 시너지를 낼 수 있는 것 같기도 하고 또 경합이 될 수 있기도 하고 이런 것도 역시 미시 데이터 분석을 통해서 수혜자 입장에서 어떤 것이 더 혜택이 되는지를 분석할 수 있으면 도움이 되겠다고 생각합니다. 그래서 이원재 차관께서도 이런 데이터가 중요하고 데이터를 널리 공개해서 더 많은 정책연구가 이루어지도록 하겠다고 그러셨으니까 앞으로 이 분야에 더 많은 연구가 이루어지고 그게 정책을 개선하는 데 도움이 될 것이라고 생각합니다.

마지막으로 미국의 HUDUSER 웹사이트에 들어가면 주거급여 공공임대주택 등 정부 예산으로 얼마나 많은 국민들이 주거복지 혜택을 받고 있는지를 바로 검색할 수 있는 시스템을 갖춰놓았습니다.

그리고 한국 주거기본법 시행령에 주거복지 관련 정보들을 국토교통부가 공개해야 한다는 그런 조항이 있습니다. 꼭 그런 조항이 아니더라도 주거복지에서 가장 중요한 프로그램들이 어떻게 운영되고 있고 얼마나 많은 국민들한테 도움을 주고 있는지를 널리 알리는 것도 굉장히 중요한 과제라고 생각합니다.

감사합니다.

석용 팡

많은 분들이 이번 심포지엄에서 얘기를 많이 했는데요. 오전에는 노령화 그리고 저출산율 그런 얘기를 했었죠. 그런데 주거에 인구가 변하는 것, 동아시아에서 일어나고 있는 전반적인 상황에 대해서 좀 의견이 서로 다른 것 같습니다. 그리고 이런 것들을 바탕으로 주택 상황은 어떤 정책을 마련해야 되는지 의견이 또 다른 것 같아요.

한국이나 일본 그리고 동아시아 전반적으로 노령화가 일어나고 있죠.

이것은 분명한 현상인데요. 이런 것을 반영해서 주거 가격에 저렴한 정도 그리고 주거 공급량을 생각을 해야 되고요. 그리고 종합적으로 주거복지를 변하는 인구 통계적인 특성을 반영해서 생각해야 됩니다. 당연히 주거 공간의 면적이 어느 정도가 적정한지도 당연히 고려해야 되고요. 그래서 공간 땅값 자체가 너무 비싸게 되면 적정 공간을 제공할 수 없기 때문에 그것 역시도 여러 가지 사회 문제로 이어질 수 있는 부정적인 결과를 가져올 수가 있습니다.

또 불공평성의 문제로 귀결되기도 합니다. 세대 간의 주거에 관련된 복지나 주거 상황이 너무나 다르기 때문에 주거를 저렴하게, 주거 가격을 안정시키지 않으면 이것으로 인해서 많은 사회적인 부작용도 일어날 수가 있다는 점을 생각해주셨으면 좋겠습니다.

마크 슈로더

이원재 차관님께서 안심 전세 앱에 대해서 말씀을 해주셨는데요. 지금 정부가 마련하고 있는 안심 전세 앱에 대해서 얘기를 하셨는데 가능하면 빨리 처음부터 이 앱을 평가해서 이 앱이 정부가 의도하는 효과를 낼 수 있도록 초기부터 평가하는 것이 중요한 것 같습니다. 그렇게 해야지만 다음 정부가 누군지는 모르겠지만 계속해서 그 앱을 유지할 수 있도록 하는 것이 한국의 공공정책에 크게 기여할 것 같습니다.

권도엽(사회자)

감사합니다. 그러면 마무리하도록 하겠습니다.

제가 지금부터 한 15년쯤 전에 주택가격이 급등해서 소위 831대책이라는 것을 마련할 때 KDI에서 발간한 분석 보고서가 큰 도움이 되었던 것을 기억하고 있습니다. 우선은 정책품질이 제가 앞서 말씀드렸습니다만 정부의 독점 상품인 정책품질이 좋아지려면 우선은 정책평가 분석의 중요성에 대한 인식이 제고되어야 될 것 같습니다. 그걸 위해서는 전담기구가 강화되고 데이터가 많이 수집이 되고 또 보완이 되고 공개가 되어야 할 것 같습니다. 그리고 이에 근거해서 전문가들의 객관적이고 합리적인 평가가 정부 내는 물론 민간에까지 활성화되어야 할 것 같습니다.

어제 오늘 이어지는 심포지엄을 통해서 주택 분야의 좋은 정책이 마련되는 정책평가에 새로운 장이 펼쳐질 수 있기를 기대합니다.

감사합니다.

저자 소개

제1부
정책평가 연구의 발전 과정과 미래

1장 정책평가 연구의 발전 과정과 개혁과제

안종범 [정책평가연구원장]

정책평가연구원 원장으로 미국 위스콘신대학(University of Wisconsin-Madison)에서 경제학 박사 학위를 받고 귀국한 후, 대우경제연구소와 한국조세연구원 연구위원, 서울시립대와 성균관대 경제학부 교수 그리고 한국재정학회장을 역임했음. 그리고 19대 국회의원과 대통령 경제수석과 정책조정수석의 공직을 수행했다.

주요 저서로는 『근로자와 서민을 위한 세제개혁』, 『재정포퓰리즘과 재정개혁』(공저), 『자본주의 대토론』(공저), 『건강한 복지를 꿈꾼다』(공저), 『Income Inequality in Korea』(공저), 『안종범 수첩』(조선뉴스프레스, 2022), 『수첩 속의 정책』, 『정치에 속고 세금에 울고』, 『정책평가개혁론』, 『G3 대한민국』 등이 있다.

주요 논문으로는 "Demographic change and economic growth an Inverted U-shape Relationship", "국민연금개혁의 정치경제학", "한국형 EITC 제도의 도입의 파급효과와 추진방안", "재정정책에 미치는 정치적 영향과 정책과제", "The Window Problem in Studies of Children's Attainments: A Methodological Exploration", "Teen Out-of-Wedlock Birth and Welfare Receipt: The Role of Childhood Events and Economic Circumstances", "Work Efforts Before and After Retirement Under the Social Security Program" 등이 있다.

2장 정책평가 연구의 발전과 정책평가 연구기관의 역할

리처드 버크하우저(Richard V. Burkhauser) [텍사스 오스틴대학교 교수 / 전 미국 대통령 경제자문위원]

텍사스 대학교 오스틴 캠퍼스(University of Texas Austin) Civitas Institute

선임 연구원이자 코넬 대학교의 Jeb E. Brooks 공공정책 학교의 공공 정책 Sarah Gibson Blanding 명예 교수이다.

이전에는 밴더빌트 대학교(Vanderbilt Univ.) 경제학과와 시러큐스 대학교(Syracuse Univ.) 행정대학원 맥스웰스쿨(Maxwell School of Citizenship and Public Affairs)에서 종신 교수직을 역임하였고 2017년 9월부터 2019년 5월까지 대통령실 경제자문위원회 위원으로도 활동하였다.

그의 경력 전반은 공공 정책이 취약계층의 고용과 복지에 미치는 영향에 중점을 두었다. 2010년에는 공공정책분석관리학회(APPAM; Association for Public Policy Analysis and Management) 학회 회장을 역임하였고 경제학, 공공정책, 인구통계학, 노인학 분야에서 널리 출판 활동을 해왔다. 시카고 대학교 경제학 Ph.D 박사 학위를 받았으며, 최근에는 "절대 소득 빈곤 측정방법을 사용한 1963년 이후 빈곤과의 전쟁에서의 성공평가(Evaluating the Success of the War on Poverty Since 1963 Using an Absolute Full-Income Poverty Measure)", Burkhauser, Richard V., Kevin Corinth, James Elwell, Jeff Larrimore 공저 논문이 Journal of Political Economy에 게재될 예정이다.

3장 증거기반 정책분석의 5대 요소: 한국 정책결정권자에의 시사점

더글라스 베샤로프(Douglas J. Besharov) [메릴랜드대학교 교수 / 전 공공정책학회장]

변호사이자 메릴랜드 대학교 공공정책 대학원 교수인 더글라스 J. 베샤로프는 빈곤, 복지, 아동 및 가족, 정책 분석 및 프로그램 평가, 성과 측정에 관한 과정을 가르치고 있다. 또한 메릴랜드 대학의 복지 개혁 아카데미와 국제 정책 교류 센터의 이사로도 재임하고 있다.

2008년 베샤로프 교수는 공공정책분석관리협회(APPAM) 회장을 역임한 후 국제 회의 기획가로 활동했으며, APPAM의 Journal of Policy Analysis and Management 저널의 'Policy Retrospectives Section(정책 분석 부문)'의 편집자를 역임하였다. 현재 '프로그램 평가의 이론 또는 실천에 대한 공헌을 기리는 Peter H. Rossi Award' 선정 위원회 의장을 맡고 있다. 베샤로프 교수는 1975년부터 1979년까지 아동 학대 및 방치에 관한 미국 국립 센터의 초대 이사를 지냈다. 그는 UC 버클리 대학 닐 길버트 교수와 공동으로 국제 사회 정책에 관한 옥스퍼드 대학출판부(OUP) 편집장을 맡고 있다.

베샤로프 교수의 저서 중 가장 잘 알려진 『Recognizing Child Abuse: A Guide for the Concerned(아동학대 인식: 우려 대상에 대한 안내서)』는 전문가와 비전문가가 의심되는 아동 학대를 파악하고 신고하는 데 도움이 되고자 저술한 책이다. 그의 다른 20여 권의 저서에는 『Improving Public Services: International Experiences in Using Evaluation Tools to Measure Program Performance(공공 서비스 개선: 프로그램 성과 측정 평가 도구를 사용한 국제 경험)』(인쇄 중), 『Adjusting to a World in Motion: Trends in Migration and Migration Policy(변화하는 세계에 대한 적응: 이주 및 이주 정책 동향)』(2016), 『Counting the Poor: New Thinking About European Poverty Measures and Lessons for the United States(빈곤층 산출: 유럽 빈곤 측정 및 미국을 위한 교훈에 관한 새로운 사고)』(2012), 『Poverty, Welfare, and Public Policy(빈곤, 복지, 공공 정책)』(2010), 『Family and Child Well-Being after Welfare Reform(복지 개혁 후 가족 및 아동 복지)』(2003), 『America's Disconnected Youth: Toward a Preventive Strategy(미국의 단절된 청소년: 예방 전략)』(1999), 『Enhancing Early Childhood Programs: Burdens and Opportunities(유아 프로그램 강화: 부담과 기회)』(1996), 『When Drug Addicts Have Children: Reorienting Child Welfare's Response(약물 중독자의 자녀 양육: 아동 복지 대응 방향 재지정)』(1994), 『Recognizing Child Abuse: A Guide for the Concerned(아동학대 인식: 우려 대상에 대한 안내서)』(1990), 『Legal Services for the Poor: Time for Reform(빈곤층을 위한 법률 서비스: 개혁의 시간)』(1990), 『The Vulnerable Social Worker: Liability for Serving Children and Families(취약한 사회복지사: 아동과 가족에 대한 책임)』(1985), 『Juvenile Justice Advocacy: Practice in a Unique Court(청소년 정의 옹호: 특정 법원 소송절

차)』(1974) 등이 있다. 베샤로프 교수는 로스앤젤레스 타임스, 뉴욕 타임스, 월스트리트 저널, 워싱턴 포스트지 등에 250여 개의 기사를 기고하였다.

제2부 복지정책 평가

1장 다국가 데이터와 분석을 이용한 빈곤정책과 그 효과에 대한 연구

티모시 스미딩(Timothy M Smeedig) [위스콘신대학교 교수 / 전 빈곤연구소장]

위스콘신대학교 매디슨 캠퍼스의 라 폴레테 공공정책 대학원(La Follette School of Public Affairs)에서 Lee Rainwater 공공정책 및 경제학부 석좌 교수로 재임하고 있다.

1983년부터 2006년까지 룩셈부르크 소득연구(LIS)의 창립 이사로 활동했으며 OECD를 비롯한 여러 기관에 빈곤과 불평등에 대한 자문역할을 하였다.

2008년부터 2014년까지 위스콘신대학교 매디슨 캠퍼스의 빈곤 문제 연구소 소장을 역임하였고, 2017년 미국 정치 및 사회 과학 아카데미(American Academy of Political and Social Science)의 존 케네스 갤브레이스(John Kenneth Galbraith) 펠로이다. 또한, 최근 연방 통계 혁신 부문에서 2022년 Roger Herriot Award를 수상했으며, 정책 문제에 대한 인구 통계학 지식 적용 부문에서 2023년 Robert J. Lapham Award를 수상했다.

2019년에 발표된 '아동 빈곤 감소 로드맵(A Roadmap to Reducing Child Poverty)'으로 빈곤 아동 수를 절반으로 줄이는 의제를 수립하는 미국 국립 과학 아카데미 위원회의 위원으로 활동하였고, 현재 동일인의 소득, 소비, 재산을 비교하는 통합 통계시스템의 합의 연구 패널인 국립과학원 합의 연구패널(National Academies of Science consensus study panel) 의장을 맡고 있다.

위스콘신대학교 매디슨 캠퍼스에서 경제학 석사 및 박사 학위를 받았으며,

그의 웹사이트와 이력은 라 폴레테 공공정책 대학원에서 찾아볼 수 있다.

2장 한국 소득보장정책 평가 연구의 과거와 현재

홍경준 [성균관대학교 사회복지학과 교수]

성균관대학교 사회복지학과 교수이며, 제41대 한국사회복지학회 회장. 최근 저서와 논문으로는 『복합위기시대의 국가전략』(성균관대학교출판부, 2022, 공저), "자녀의 분가사건이 부모가구 삶의 질에 미치는 영향 분석: 패널사건사 분석 활용"(『노인복지연구』77(4), 2022, 공저), "조직적 살림살이 공유와 재무적 살림살이 공유 간의 관계 연구: 수혜자인 부모와 제공자인 성인자녀를 중심으로"(『사회복지연구』53(1), 2022, 공저), "가구개념에 대한 검토: 어떻게 측정하고, 얼마나 다른가?"(『사회복지정책』49(3), 2022, 공저) 등이 있다. 주요 관심 분야는 비교사회정책, 한국복지체제론, 사회정책 분석이다.

제3부
조세 및 재정정책 평가

1장 미국의 조세 및 재정정책과 그 평가

알란 아우어바흐(Alan J.Auerbach) [미국 버클리대학교 석좌교수 / 조세정책연구소장]

로버트 D.버치(Robert D.Burch) 경제 및 법학 교수 겸 버치 조세 정책 및 공공 재정 센터(Burch Center for Tax Policy and Public Finance) 소장, 캘리포니아 대학교 버클리 캠퍼스 경제학과 학과장으로 재임하고 있다.

또한 미국 국가경제연구국(NBER)의 연구원이며 이전에 하버드 대학과 펜실베이니아 대학에서 경제학과장으로 재직한 바 있다.

1992년 미국 조세 합동 위원회의 부국장이었으며 미국 및 해외 여러 정부 기관 단체의 고문을 역임하였다.

그는 미국경제학회(American Economic Association)의 저명한 연구위원이며 이전에 학회의 집행위원회 위원 및 부회장을 역임했으며 Journal of Economic Perspectives 및 American Economic Journal, Economic Policy의 편집장을 지냈다.

아우어바흐 교수는 미국 서부경제학회(WEAI) 및 전미조세학회(NTA)의 전 회장으로 Daniel M. Holland 메달을 수상하였다.

미국 예술-과학 아카데미(AAAS), 세계계량경제학회(Econometric Society), 미국사회보험학회(NASI)의 회원으로도 활동하고 있다.

2장 일본의 조세 및 재정정책과 평가

도시히로 이호리(Toshihiro Ihori) [일본 국립 정책연구대학원(GRIPS) 교수 / 전 도쿄대학교 교수]

일본 국립 정책연구대학원(GRIPS) 명예 교수인 도시히로 이호리 박사는 도쿄 대학에서 경제학 석사(B.A.) 및 박사(M.A.), 존스홉킨스대학에서 경제학 Ph.D. 박사 학위를 받았으며, 그의 주요 연구 분야는 공공경제학이다.

"The American Economic Review, Journal of International Economics, Regional Science and Urban Economics, The Economic Journal, Journal of Public Economics, Journal of Public Economic Theory, The Japanese Economic Review, Journal of the Japanese and International Economies" 등 국제적 명성의 저널에 공공 경제학 및 관련 주제에 관한 수많은 논문을 발표하였다.

The Japanese Economic Review 학술 저널의 공동 편집자와 여러 저널의 편집 위원을 역임하였다. 자세한 내용은 해당 웹페이지(http://www.grips.ac.jp/list/en/facultyinfo/ihori_ toshihiro/)에서 확인할 수 있다.

제4부
노동 및 인구정책 평가

1장 인구 고령화와 공공정책

로날드 리(Ronald Lee) [버클리대학교 교수 / 전 인구연구소장]

인구통계학자이자 경제학자인 로널드 리(Ronald Lee) 박사는 버클리 대학에서 인구통계학 석사와 하버드 대학에서 경제학 박사 학위를 받았으며, 1971년부터 1979년까지 미시간 대학교 경제학과와 인구 연구 센터에서 근무하였다. 1979년 이래 버클리 캘리포니아 대학교에 재직하고 있으며 현재는 인구통계 및 경제 대학원 교수로 재임하고 있다. 그는 현재 부국장을 맡고 있는 버클리 대학 경제 및 고령화 인구 통계 센터의 창립 이사로 활동 중이며, 교수 경력 전반에 걸쳐 경제 인구학을 가르쳤다. 그의 최신 연구는 인구 연령 분포 변화의 거시경제적 결과와 세대 간 전이 및 인구 고령화에 초점을 맞추고 있다.

20년 동안 앤드류 메이슨(Andrew Mason) 교수와 함께 국민이전계정(NTA) 프로젝트를 공동으로 지휘했으며, 70여 개국의 공동 연구팀이 참여하는 이 프로젝트는 공공·민간 부문을 통한 세대 간 자원 흐름을 추정하고 있다(NTAccounts.org). 그는 사망률을 포함한 인구통계학적 변수 모델링 및 예측을 비롯하여 진화생물학 특히, 진화적 생명사 이론에서 세대 간 전이의 역할에 관한 연구를 수행하고 있다. 2010년부터 2015년까지는 '미국 인구 고령화의 장기 거시경제적 영향'과 기대 수명의 사회경제적 차이가 사회보장과 같은 연방 편입 프로그램의 분배 측면에 미치는 영향에 관한 미국국립과학원(NAS) 위원회의 공동 의장을 역임하였다.

그는 미국 국립과학원(NAS), 미국 과학 진흥 학회(AAAS), 미국 예술-과학 아카데미(AAAS), 미국철학학회(APS), 영국 아카데미의 교신 회원으로 선출된 바 있으며, 미국인구학회(PAA)의 전 회장을 지냈다. 국제인구과학연맹(IUSSP)의 훈장을 받았으며 룬드대학교와 몬트리올 대학교에서 명예박사 학위를 받았다.

2장 젠더 및 공공정책: 한국경제 성장의 기회

도나 긴서(Donna Ginther) [캔자스대학교 교수 / 정책 및 사회연구소장]

Roy A. Roberts & Regents 경제학 석좌 교수이자 캔자스 대학교 정책·사회 연구소 소장, 전미 경제연구소(NBER) 연구원이다. 캔자스 대학교 교수진에 합류하기 전에는 1997년부터 2000년까지 워싱턴 대학교와 서던메소디스트 대학교(SMU)에서 강의했으며, 2000년부터 2002년까지 애틀랜타 연방 준비 은행 연구부의 지역 그룹에서 연구 경제학자 및 부 정책 고문을 역임하였다. 전문 연구 분야는 과학적 노동 시장, 고용 결과의 성별 차이, 임금 불평등, 과학 정책, 아동에 대한 투자이다.

"Science, Journal of the American Statistical Association, Journal of Economic Perspectives, Demography, Psychological Science in the Public Interest, Papers and Proceedings of the American Economic Association" 등 다양한 저널에 논문을 발표한 바 있다. 또한 미국 국립과학재단(NSF), 미국 국립 보건원(NIH), 앨프리드 P. 슬론(Alfred P. Sloan) 재단, 어윙매리온 카우프만(Ewing Marion Kauffman) 재단으로부터 연구 자금을 지원받았으며, 그녀의 연구는 이코노미스트, 뉴욕 타임스, 워싱턴 포스트, USA 투데이, NPR, 보스턴 글로브 등 공신력 있는 언론 매체에 게재되었다.

2008년 학술적 과학·공학 분야 활동에서 여성의 잠재력 실현(Fulfilling the Potential of Women in Academic Science and Engineering Act)에 관한 미국 하원 과학 기술 위원회의 연구·과학 교육 소위원회와 미국 하원의 21세기 노동력 여성에 관한 실무 그룹에서 증언했으며, 캔자스주 의회에서 사회 안전망과 세금 정책에 대해 여러 차례 증언한 바 있다. 또한, 과학 인력의 다양성과 미래에 관하여 미국국립과학원(NAS), 미국 국립 보건원(NIH), 앨프리드 P. 슬론(Alfred P. Sloan) 재단에 자문을 제공하였다. 그녀는 미국 남부경제학회(Southern Economic Association) 이사회에 재직하였고 현재는 부회장을 맡고 있다. 평등, 다양성, 직업 행동에 관한 미국 경제 협회 위원회의 회원으로 활동하고 있으며 이전에는 지명위원회와 경제 분야 직업에서 여성의 지위에 관한 위원회에서도 활동한 바 있다.

위스콘신 출신인 긴서 박사는 위스콘신대학교 매디슨 캠퍼스에서 1987년 경제학 학사, 1991년 경제학 석사, 1995년 경제학 박사 학위를 모두 받았다.

3장 국민이전계정 및 정책평가

이상협 [하와이대학교 경제학과 교수 / 한국연구소장]

하와이 대학교-마노아(UH Mānoa) 경제학과 교수이자 학과장인 이상협 박사는 전 세계 70여 개국의 연구원이 참여하는 국민이전계정(National Transfer Accounts, www.ntaccounts.org) 국제학회 집행 위원회 의장을 역임하였다. 그의 연구 분야는 고령화 및 사회 복지 관련 문제에 중점을 두고 있으며, 아시아와 한국 경제 관점에서 인구 고령화와 노동 시장 문제를 다룬 14권의 저서를 포함하여 수많은 논문을 발표하였다. 그의 저서로는 『Aging, Economic Growth, and Old-Age Security in Asia(아시아의 고령화, 경제 성장, 노년기 기초연금)』, 『Inequality, Inclusive Growth, and Fiscal Policy in Asia(아시아의 불평등, 포용적 성장, 재정 정책)』, 『Social Policies in an Age of Austerity(긴축 시대의 사회 정책)』, 『Human Capital Policy: Reducing Inequality Boosting Mobility and Productivity(인적 자본 정책: 이동성과 생산성을 높이는 불평등 감소)』 등이 있다. 이상협 박사는 서울대학교에서 경제학 학사와 석사, 미시간 주립대학교에서 경제학 박사 학위를 받았다.

제5부
금융 및 산업정책(에너지) 평가

1장 중국 금융정책의 재분배 효과

치우 첸(Zhiwu Chen) [홍콩대학교 석좌교수 / 전 예일대학교 교수]

홍콩대학교(HKU) 학과장 겸 청위통 교수인 치우 첸 교수는 현재 홍콩인문사회과학연구소(HKIHSS)와 정량적 역사 연구 센터(CQH) 소장으로 재직하고 있다. 그의 연구 관심 분야는 금융 이론과 금융 사회학, 경제사, 정량적 역사, 신흥시장을 비롯하여 중국 경제와 자본 시장이다. 또한, 첸 교수는 예일대 금융학 교수(1999~2017)와 북경대(경제대학원)와 칭화대(사회과학대학원) 특별 객원교수를 역임하였다.

Noah Holdings, Bairon Inc. 및 GigaCloud Tech 이사회에서 활동하고 있으며, 중국 증권관리감독위원회의 국제 자문 위원회(2012~2019), 중국투자공사(CIC) 설립을 위한 전문 자문 위원회(2007) 활동을 비롯하여 IDG Energy Investment(2016~2018) 및 중국 교통은행(BoComm)(2010~2018) 이사회에서 독립 비상임 이사를 역임하였고, PetroChina(2011~2017) 및 Lord Abbett China(2007~2015)의 독립 이사로 활동하였다. 또한, 중국 예일 협회(Yale in China Association) 이사회, 베이징 시정부의 12차 및 13차 5개년 계획 자문 위원회 활동은 물론, 10편으로 기획된 CCTV 다큐멘터리 시리즈인 〈Wall Street〉 및 〈Money〉의 수석 학술 고문을 역임하였다. 첸 교수는 Zebra Capital Management의 공동 창립자이자 2001년부터 2011년까지 파트너였으며, 버슨마스텔러(Burson-Marsteller)의 2012년 "G20 인플루언서" 보고서에서 중국의 10대 정치 인플루언서로도 선정되었다.

1990년 예일대에서 금융 경제학 박사 학위를 받았으며, 1986년 창사기술대학 'CIT, 현 국방과기대학(NUDT)'에서 시스템 엔지니어링 석사(1986), 1983년 중난 대학(CSU)에서 컴퓨터 공학 학사 학위를 받았다. 그는 위스콘신 대학교-매디슨에서 금융학과 조교수로 재직했으며(1990~1995), 오하이오 주립대학교 금융학과 부교수(1995~1999), 예일대 금융 학과 교수를 역임하였다. 2016년 7월 홍콩대학교에 부임한 이래, 금융학에 기여한 공로를 인정받아 2019년 7월 금융학 석좌교수로 임명되었다.

2장 글로벌 에너지 전환과 일본과 한국의 과제

켄 고야마(Ken Koyama) [일본 에너지경제연구원 소장]

일본 에너지 경제 연구소(IEEJ)의 부원장 겸 수석 이코노미스트이다. 도쿄

대학 공공정책대학원 객원교수, 도쿄공과대학 혁신연구소 겸임교수로 재임 중인 그는, 1982년 일본 도쿄의 와세다 대학교에서 경제학 학사(B.A.), 1986년 일본 도쿄 와세다 대학에서 경제학 석사(M.A.) 2001년 스코틀랜드 던디에 있는 던디 대학교에서 박사 학위를 받았으며, 그의 전문 연구분야는 에너지 안보 및 에너지 지정학을 비롯하여 아시아 태평양 지역 중심의 글로벌 에너지 시장 및 정책 이슈 분석이다.

에너지 정책 관련 자문위원회 및 일본 정부 위원회의 위원으로 여러 차례 활동했으며, 에너지 연구 저널인 OPEC Energy Review 편집위원회 위원이자 스톡홀름 대학 국제경제연구소(IIES) 객원 선임 연구원, 일본 도매전력거래소(JEPX) 이사회 이사 역할도 수행하고 있다.

BrandLaureate의 'Brand Personality Award 2016', 2023년 제43회 'Energy Forum Award', 2023년 'Kashiwagi Takao GXI Award'에서 수상한 바 있다.

제6부
부동산 및 도시정책 평가

1장 계획적인 무작위 사회적 실험과 비계획적인 사회적 실험

마크 슈로더(Mark Shroder) [부동산 및 도시발전 전문가 / 임의사회실험 학회지 편집인]

SSRN 전자저널인 'Randomized Social Experiments' 공동 편집자 겸 정책개발연구 저널 Cityscape의 편집장이다. 1992년 위스콘신 대학교 매디슨 캠퍼스에서 경제학 석사와 박사 학위를 받았으며 1975년 예일 대학교에서 학사 학위를 받았다.

메릴랜드주 칼리지 파크 시의원으로 선출되어 1999년부터 2003년까지 활동했으며, 연방 정부 에서도 관리직을 역임하였다. 또한, 커뮤니티 조직원, 수석 조직원, ACORN 연구 책임자를 비롯하여 샌타바버라 네트워크 조직원, 조교 및 연구 조교, 메릴랜드 대학교 공공정책대학원 프로그램 평가 및 비용 편익 분석(대학원 수준) 겸임 교수를 지냈다.

데이비드 그린버그(David Greenberg) 박사와 함께 무작위 배정 임상시험 개요서인 『The Digest of Social Experiments』(3판)를 공동 집필하였다. 다양한 주제에 대한 그의 연구는 National Tax Journal을 비롯하여, Review of Economics and Statistics, Economic Design, Journal of Economic Perspectives, Chicago Policy Review, Journal of Housing Research, Urban Studies, Journal of Urban Economics, Journal of Housing Economics, Housing Policy Debate, Probate & Property 저널에 게재되었다. 또한 그는 『The International Encyclopedia of Housing and Home(주택과 가정에 관한 국제 백과사전)』, 『The Encyclopedia of Housing(주택 백과사전)』, The Encyclopedia of Taxation and Tax Policy(조세 및 조세 정책 백과사전)』의 저자이기도 하다.

2장 싱가포르의 주택 및 도시정책 평가

석용 팡(Sock-Yong Phang) [싱가포르경영대학교 석좌교수]

싱가포르 경영대학 경제학과 Celia Moh 석좌 교수인 석용 팡 교수는 1989년 하버드 대학교에서 경제학 박사학위를 받았으며, 그녀의 주 연구 분야는 주택, 교통, 기반 시설 경제 분야에서 정부 정책의 역할과 영향이다.

『Policy Innovations for Affordable Housing in Singapore: From Colony to Global City(싱가포르의 저렴한 주택을 위한 정책 혁신: 식민지에서 글로벌 도시로)』(2018), 『Housing Finance Systems: Market Failures and Government Failures(주택 금융 시스템: 시장 실패와 정부 실패』(2013), 『Housing Markets and Urban Transportation(주택시장과 도시교통)』(1992) 등 다수의 서적을 저술했으며, 주택, 운송, 경제 규제, 인프라 공공-민간 파트너십에 관한 수많은 편저와 저널 기사도 출판하였다.

싱가포르 정부와 세계은행 그룹이 싱가포르 경영대학을 학술 파트너로 공동으로 진행하는 역량 강화 이니셔티브인 '성장 기반 시설 과정 - 금융 및 혁신에 대한 민간 부문 참여를 위한 활성화 및 구조화(Growing

Infrastructure Course - Enabling & Structuring for Private Sector Participation in Finance and Innovation)'의 프로그램 디렉터로 활동하고 있다. 지역 정부 공무원을 대상으로 한 이 과정은 장기적인 지역 경제 성장을 목표로 지속 가능하고 회복력 있는 인프라 개발에 필요한 지식과 기술을 제공하고 있다.

세계은행, 아시아 개발 은행, 아시아의 다양한 정부 기관에서 토지, 주택, 인프라 정책 관련 프로젝트의 컨설턴트로 근무했으며, 이전에는 싱가포르에서 도시재개발청, 육상교통청, 대중교통위원회, 경쟁소비자위원회, 에너지시장청의 이사로도 재직한 바 있다.

3장 한국의 주택 및 도시정책 평가

김경환 [서강대학교 명예교수 / 전 국토교통부 제1차관]

서강대학교 경제학과를 졸업하고 프린스턴 대학교에서 도시경제학 전공으로 경제학박사 학위를 취득했다. 미국 시라큐즈 대학 조교수, 서강대학교 경제학과 교수, 교무처장과 대외부총장으로 봉직하였다. UN Habitat 등 국제기구에서 일했고, 한국주택학회, 한국부동산분석학회, 아시아부동산학회 회장, 국토연구원장과 국토교통부 제1차관을 역임하였다. 주택, 부동산, 도시 분야의 국내외 학술지들에 많은 논문을 발표하였고 『도시경제』와 『부동산경제학』을 공동 저술하였다.

부록

- 첨부 자료

<그림 1-토론-1>

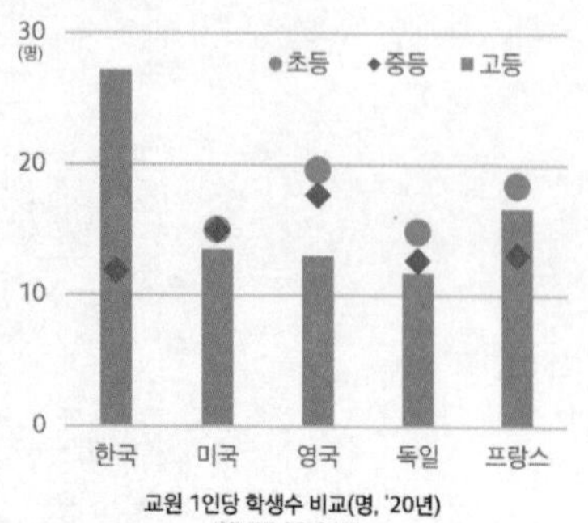

교원 1인당 학생수 비교(명, '20년)

(출처: OECD, 한국교육개발원)

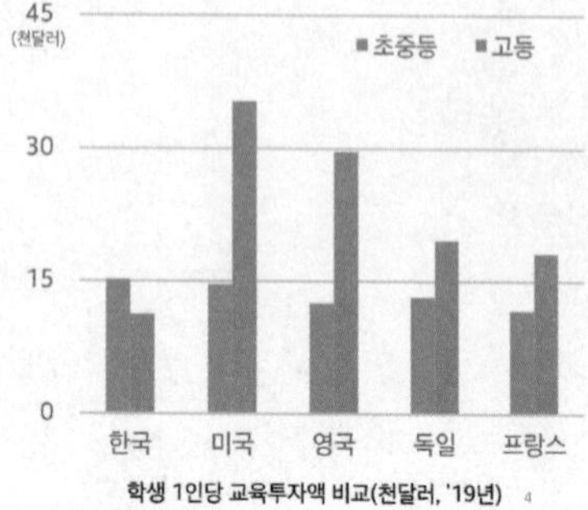

학생 1인당 교육투자액 비교(천달러, '19년) 4

(출처: OECD)

제2부 복지정책 평가

<그림 2-1-1> OECD 국가의 노인 및 아동 빈곤율

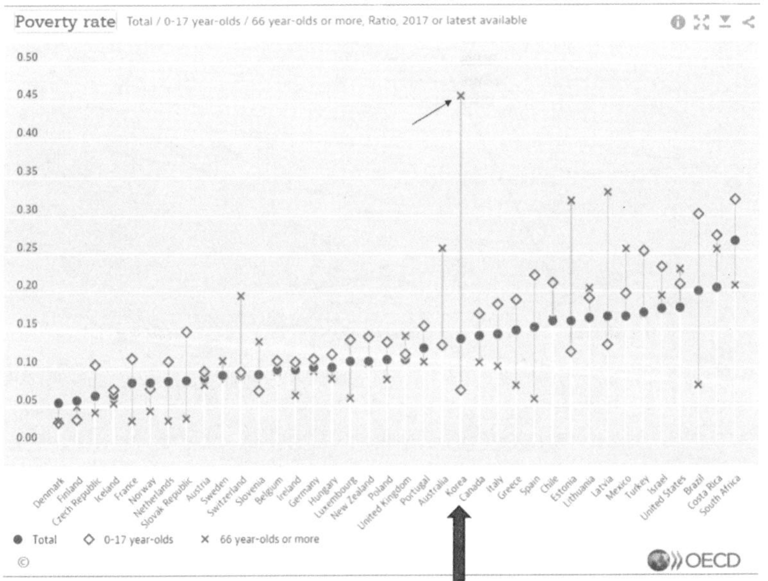

* 번역: (제목) 빈곤율 전체, 0~17세, 66세 이상, 2017년 또는 최신의 데이터 / (국가명 왼쪽부터) 덴마크 핀란드 체코리퍼블릭 아이슬란드 프랑스 노르웨이 네덜란드 슬로바키아 공화국 오스트리아 스웨덴 스위스 슬로베니아 벨기에 아일랜드 독일 헝가리 룩셈부르크 뉴질랜드 폴란드 영국 포르투갈 호주 한국 캐나다 이탈리아 그리스 스페인 칠레 에스토니아 리투아니아 라트비아 멕시코 튀르키예 이스라엘 미국 브라질 코스타리카 남아프리카

* 참고: ● 전체 / ◇ 0~17세 / × 66세 이상

* 출처: OECD

<그림 2-1-2> LIS 노인 및 아동 빈곤율

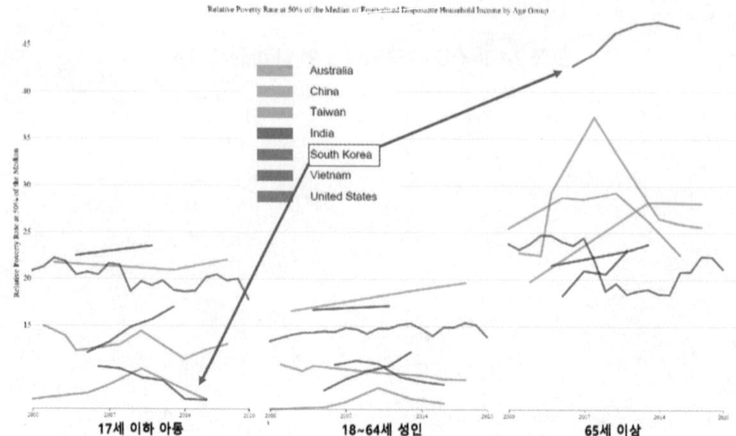

* 번역: (제목) 연령대별 균등화가처분소득 중위수의 50%에 해당하는 상대빈곤율 / (국가명 상단부터) 호주 중국 대만 인도 한국 베트남 미국
* 참고: (가로) 17세 이하 아동, 18~64세 성인, 65세 이상 / (세로) 중위수의 50%에 해당하는 상대적 빈곤율

<그림 2-1-3> 한국 주택소유율

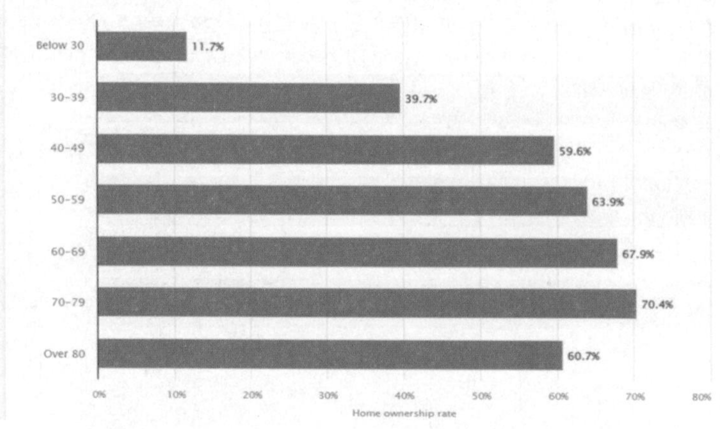

* 번역: (제목) 2021년 한국 나이별 주택소유율
* 참고: (가로) 주택소유율 / (세로) 나이- 30세 이하~80세 이상
* 출처: 통계청 2022

<그림 2-1-4> LIS 가구형태에 따른 빈곤율

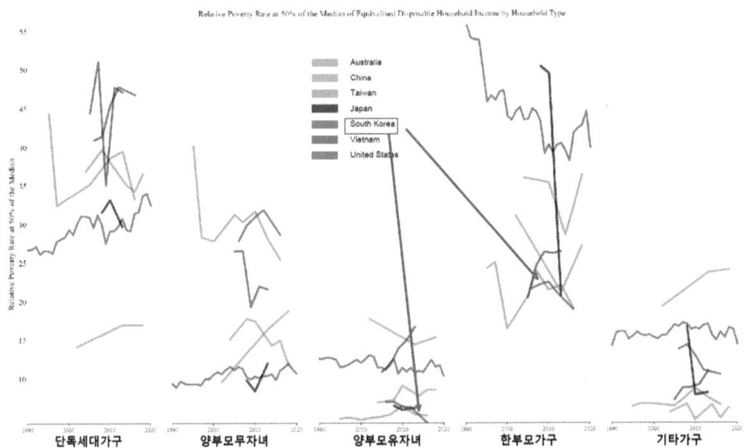

* 번역: (제목) 가구형태별 균등화가처분소득 중위수의 50%에 해당하는 상대빈곤율 / (국가명 상단부터) 호주 중국 대만 일본 한국 베트남 미국

* 참고: (가로) 단독세대가구, 양부모무자녀, 양부모유자녀, 한부모가구, 기타가구 / (세로) 중위수의 50%에 해당하는 상대적 빈곤율

<그림 2-1-5> 한부모가구와 양부모가구를 위한 기초생활보장제도의 미비점

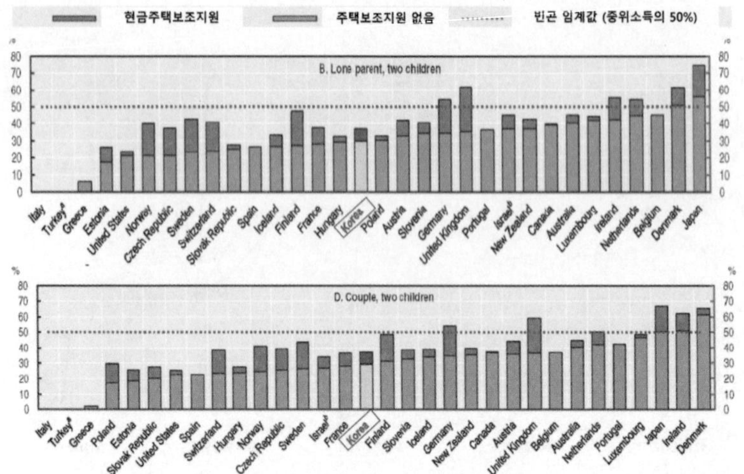

* 번역: (국가명 왼쪽부터) B. 한부모, 두 자녀- 이탈리아 튀르키예 그리스 에스토니아 미국 노르웨이 체코공화국 스웨덴 스위스 슬로바키아공화국 스페인 아이슬란드 핀란드 프랑스 헝가리 한국 폴란드 오스트리아 슬로베니아 독일 영국 포르투갈 이스라엘 뉴질랜드 캐나다 호주 룩셈부르크 아일랜드 네덜란드 벨기에 덴마크 일본

D. 양부모, 두 자녀- 이탈리아 튀르키예 그리스 폴란드 에스토니아 슬로바키아공화국 미국 스페인 스위스 헝가리 체코공화국 스웨덴 이스라엘 프랑스 한국 핀란드 슬로베니아 아이슬란드 독일 뉴질랜드 캐나다 오스트리아 영국 벨기에 호주 네덜란드 포르투갈 룩셈부르크 일본 아일랜드 덴마크

* 출처: OECD 2012

<그림 2-1-6> 앵글로 색슨 국가들의 OECD 아동 빈곤율: 2015년 캐나다에 무슨 일이 발생했나?

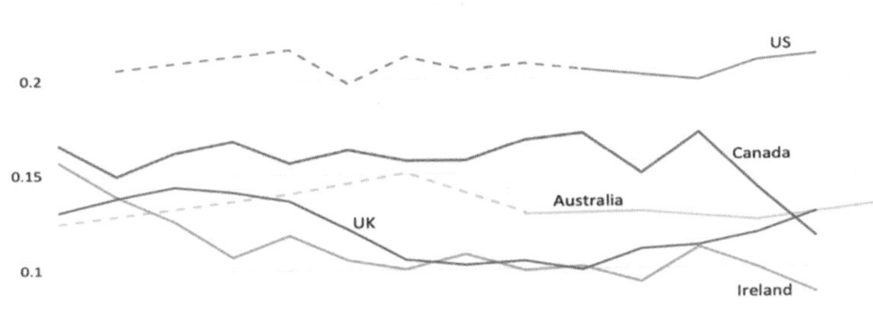

Child poverty rate measured as proportion of children (ages 0-17) living below 50 percent of the median income of the entire population, after taxes and transfers. Solid line indicates rate according to new OECD Terms of Reference income definition since 2012; dashed line refers to OECD income definition until 2011.

Source: OECD Income Distribution Database, https://stats.oecd.org/viewhtml.aspx?datasetcode=IDD&lang=en

* 번역: (그래프명) 2004~2018년 아동 빈곤율
* 참고: 아동 빈곤율은 세금과 이전 후 전체 인구의 중위소득 50% 이하에 거주하는 아동(0~17세)의 비율로 측정됨. 실선은 2012년 이후 새로운 OECD 소득 정의 규정에 따른 비율을 나타내며, 점선은 2011년까지의 OECD 소득 정의를 나타냄
* 출처: OECD

<그림 2-2-1> 인과적 추론을 위한 연구설계의 스펙트럼

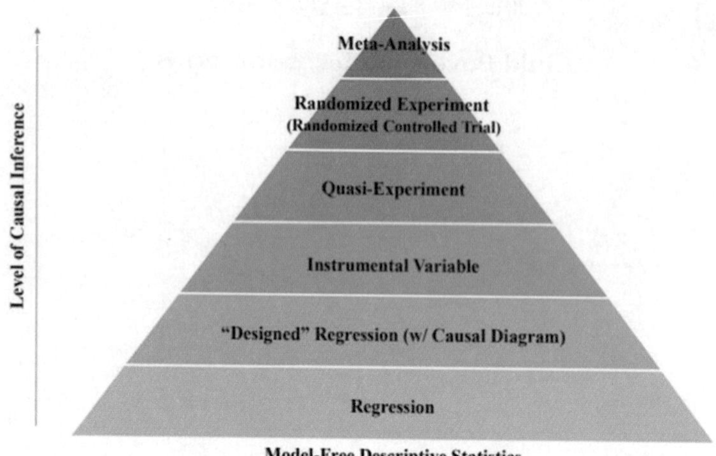

* 출처: Park, "Overview of research design for causal inference", 2021.

<그림 2-2-2> 소득수준에 따른 안심소득 급여액 변화(1인 가구 기준)

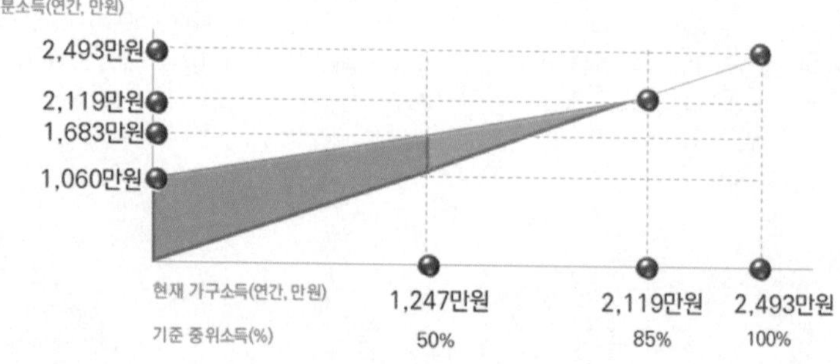

<그림 2-2-3> 안심소득 시범사업 비교집단 사전·사후 검사설계 모형

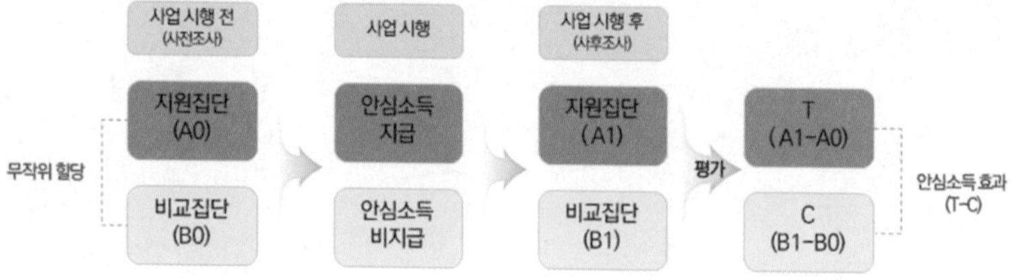

<그림 3-1-1> 미국 공공 부채, 2000~2053년

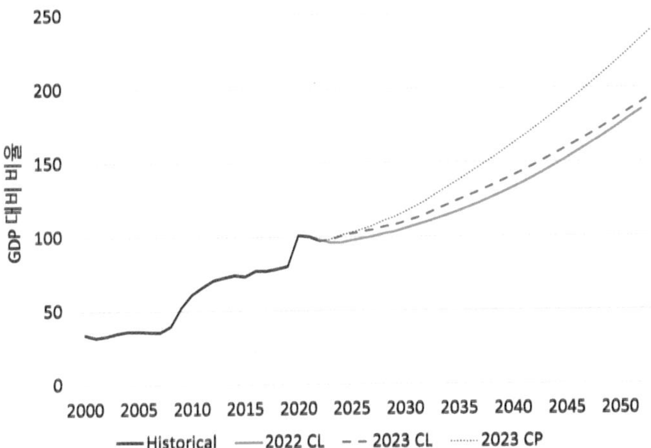

* 출처: 아우어바흐와 게일(Auerbach & Gale)(2023) Historical(실적), 2022 CL (2022 현행법), 2023 CL(2023 현행법), 2023 CP(2023 현행정책관행)

<그림 3-1-2> 미국 지출 추계, 2022~2053년

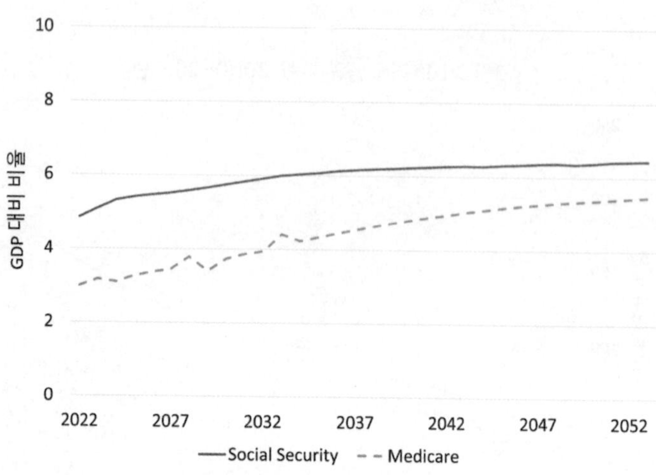

* 참고: 실선은 사회보장제도, 점선은 공공의료보험을 나타낸다.
* 출처: 아우어바흐와 게일(Auerbach & Gale)(2023)

<그림 3-1-3> 미국 연방 재정수지 흑자 실적 및 예상 입법 변경

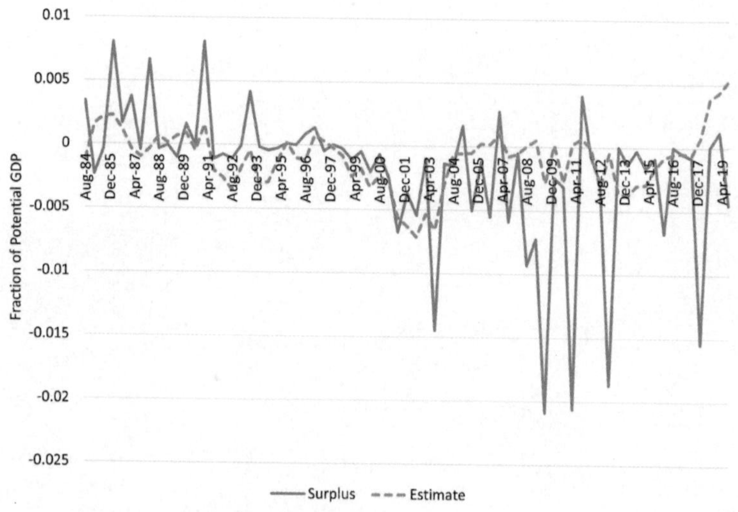

* 참고: 예측은 <표 3-1-2>에 보고된 2009년까지의 추정치를 기반으로 함. 실선은 흑자, 점선은 추정치, Fraction of potential GDP는 잠재 GDP 대비 비율
* 출처: 의회 예산처 및 저자 계산

<그림 3-1-4> 미국 정부 총지출의 역사적 승수

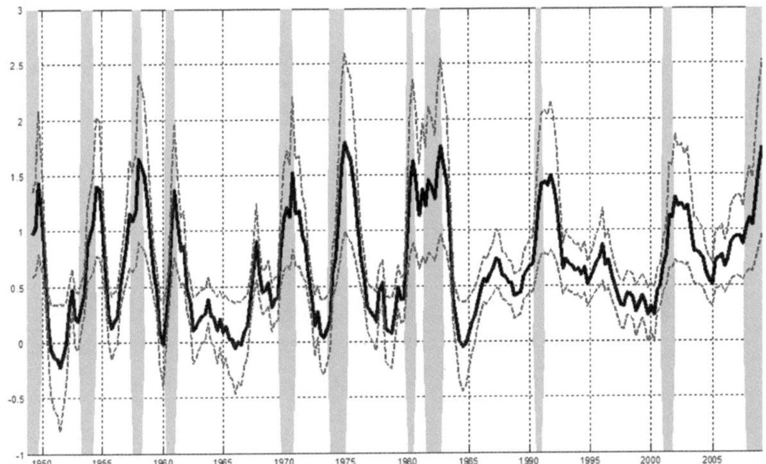

* 참고: 음영 처리된 기간은 미국국립경제연구국에서 정의한 경기침체 기간이다. 실선은 Σ_(h=1)^20 Y_h/Σ_(h=1)^20 G_h로 계산된 누적 승수이며, 여기서 Y는 GDP의 변화, G는 정부 구매의 변화, 시간 지수 h는 분기 단위이다. 점선은 90% 신뢰 구간을 나타낸다. 승수는 경기 확장 및 경기 침체의 경기 사이클 지표에 대한 G 충격의 피드백을 포함한다. 각 경우에서 충격은 정부 지출의 1% 증가이다.

* 출처: 아우어바흐와 고로드니첸코(Auerbach & Gorodnichenko)(2012)

<그림 3-1-5> 자원 분위별 순자산 및 생애 소비력 점유율, 40~49세

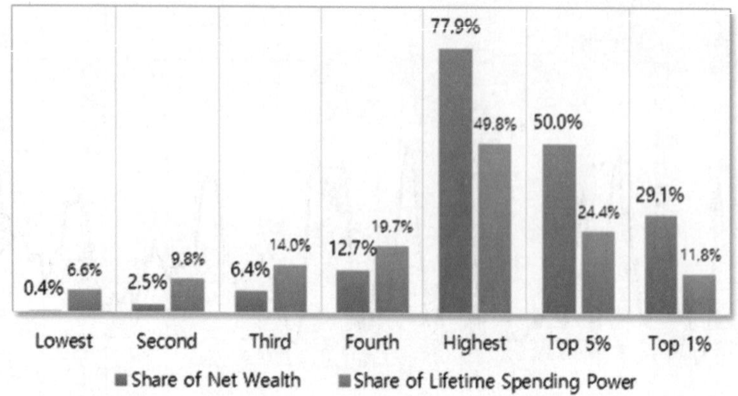

* 번역: Share of Net Wealth 순자산 점유율 / Share of Lifetime Spending Power 생애 소비력 점유율 / Lowest 1분위 / Second 2분위 / Third 3분위 / Fourth 4분위 / Highest 5분위 / Top 5% 상위 5% / Top 1% 상위 1%

* 출처: 아우어바흐, 코틀리코프, 쾰러(Auerbach, Kotlikoff, & Koehler)(2023)

<그림 3-1-6> 자원 분위에 따른 평균 생애 소비력(USD 기준), 40~49세

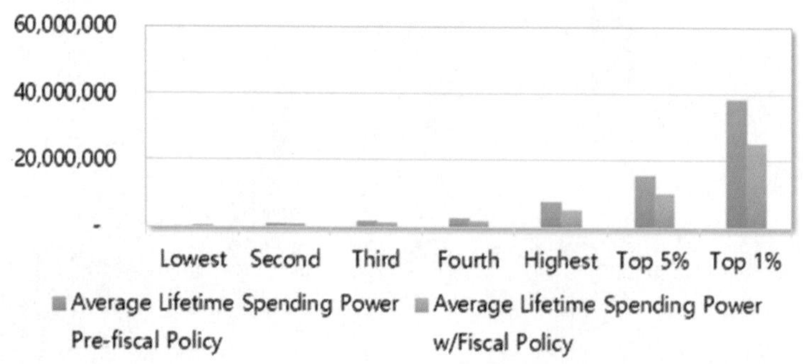

* 번역: Average Lifetime Spending Power Pre-fiscal policy 재정정책 미포함 평균 생애 소비력 / Average Lifetime Spending Power w/Fiscal Policy 재정정책포함 평균 생애 소비력 / Lowest 1분위 / Second 2분위 / Third 3분위 / Fourth 4분위 / Highest 5분위 / Top 5% 상위 5% / Top 1% 상위 1%

* 출처: 아우어바흐, 코틀리코프, 쾰러(Auerbach, Kotlikoff, & Koehler)(2023)

<그림 3-1-7> 자원 분위에 따른 생애 및 현재 연도 평균 순세율, 40~49세

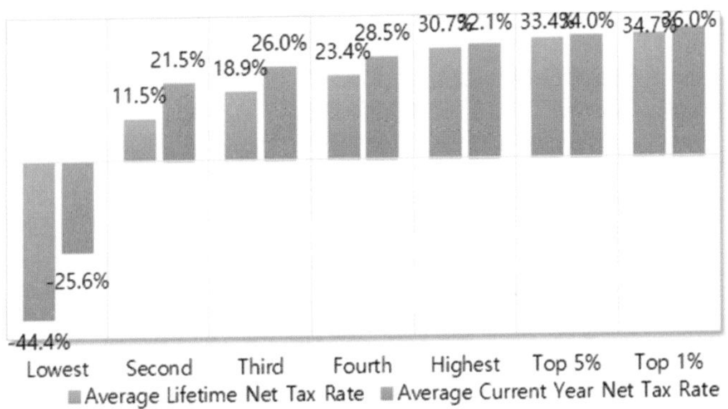

* 번역: Average Lifetime Net Tax Rate 평균 생애 순 세율 / Average Current Year Net Tax Rage 현재 연도 평균 순 세율 / Lowest 1분위 / Second 2분위 / Third 3분위 / Fourth 4분위 / Highest 5분위 / Top 5% 상위 5% / Top 1% 상위 1%

* 출처: 아우어바흐, 코틀리코프, 쾰러(Auerbach, Kotlikoff, & Koehler)(2023)

<그림 3-1-8> 자원 분위별 부, 생애 노동 소득, 생애 이전 소득, 생애 세금의 점유율, 40~49세

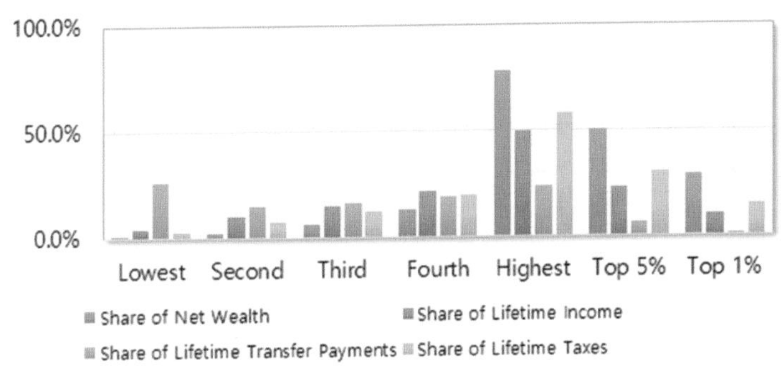

* 번역: Share of Net Wealth 순자산 점유율 / Share of Lifetime Income 평생 소득의 점유율 / Share of Lifetime Transfer Payments 생애 급부액의 점유율 / Share of Lifetime Taxes 생애 세금액의 점유율 / Lowest 1분위 / Second 2분위 / Third 3분위 / Fourth 4분위 / Highest 5분위 / Top 5% 상위 5% / Top 1% 상위 1%

* 출처: 아우어바흐, 코틀리코프, 쾰러(Auerbach, Kotlikoff, & Koehler)(2023)

<그림 3-1-9> 자원 분위별 잔여 생애 평균 급여액(USD 기준), 40~49세

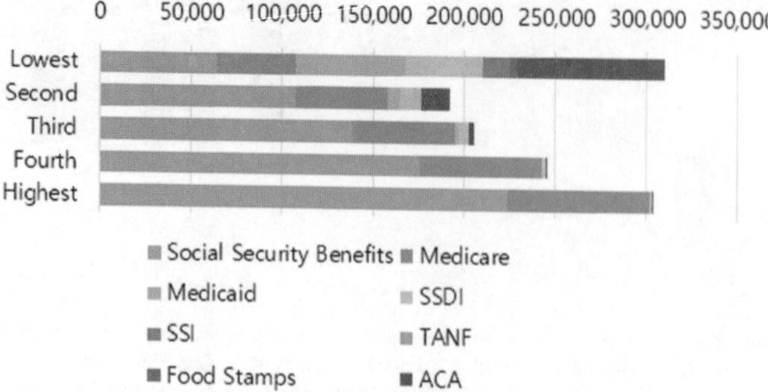

* 번역: Social Security Benefits 사회보장 급여 / Medicare의료보험 / Medicaid 메디케이드(미국 국민 의료 보조제도) / SSDI 사회보장 장애 보험 / SSI 생활보조금 / TANF 빈곤가정 일시지원제도 / Food Stamps 저소득층 식비지원제도 / ACA 환자보호 및 부담적정화 보험법(오바마케어) / Lowest 1분위 / Second 2분위 / Third 3분위 / Fourth 4분위 / Highest 5분위

* 출처: 아우어바흐, 코틀리코프, 쾰러(Auerbach, Kotlikoff, & Koehler)(2023)

<그림 3-1-10> G-7 법인세율

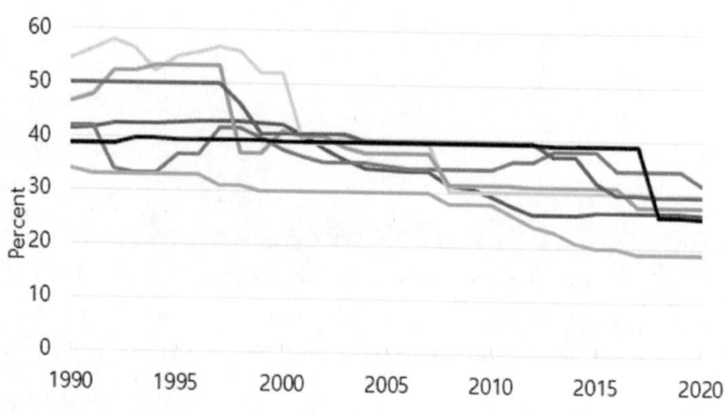

* 번역: Percent 퍼센트 비율

* 출처: OECD 세금 데이터베이스

<그림 3-2-1> 일본의 재정 상황

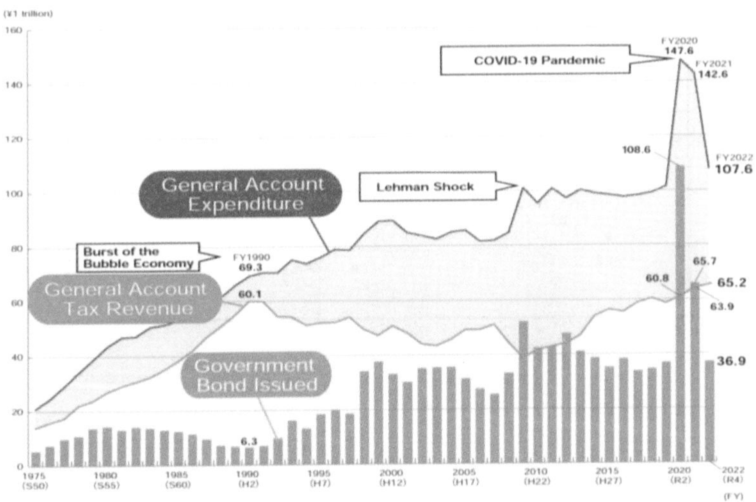

* 번역: Fiscal Situation 재정 상황 / General Account Tax Revenue 일반 회계 세수 수입 / Government Bond Issued 정부 채권 발행 / General Account Expenditure 일반 회계 지출 / Burst of the Bubble Economy 버블 경제 붕괴 / Lehman Shock 리만 쇼크 / COVID-19 Pandemic 코로나19 대유행
* 참고: 2020회계연도까지의 데이터는 결산 기준이며, 2021회계연도의 데이터는 수정 예산이며, 2022회계연도의 데이터는 당초 예산에 기반하여 작성되었다.

<그림 3-2-2> GDP 대비 기초재정수지(중앙정부 및 지방정부 합계)

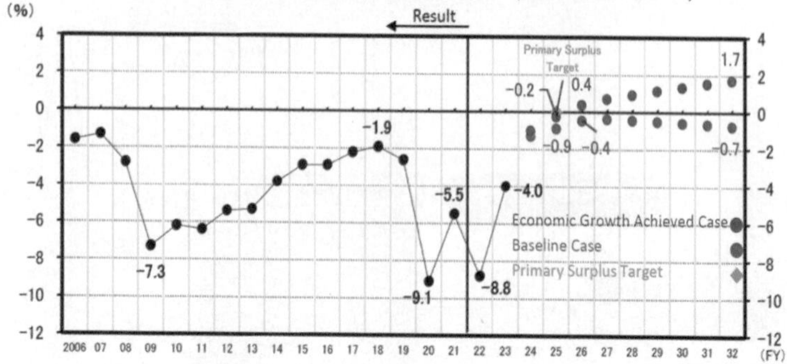

* 번역: Primary Balance of Central and Local Governments Combined*(Ratio to GDP) 중앙 및 지방 정부의 기초 재정수지(GDP 대비 비율) / Primary Surplus Target 기초재정수지 흑자 목표(녹색) / Economic Growth Achieved Case 경제 성장 달성 시나리오(빨간색) / Baseline case 기준 시나리오(파란색) / Result 결과 / 경제 성장 달성 시나리오의 경우, 지출 개혁 없이 2025회계연도에 기초재정수지 적자가 GDP의 약 0.1%로 예상되며, 2026회계연도에 흑자로 전환될 것으로 예상된다. / 기준 시나리오에서는 2025회계연도에 기초재정수지 적자가 GDP의 약 1.1%로 예상되며, 전망 기간 내 기초재정수지 적자가 점진적으로 증가할 것으로 예상된다.

<그림 3-2-3> GDP 대비 부채 수준

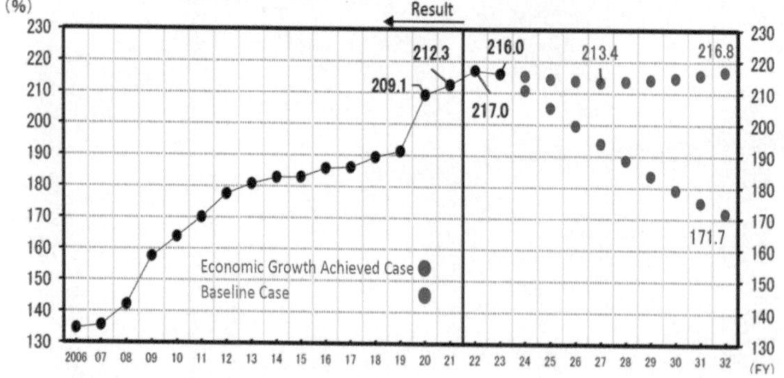

* 번역: Outstanding Debt of Central and Local Governments Combined(Ratio to GDP) 중앙 및 지방 정부의 총부채(GDP 대비 비율) / Economic Growth Achieved Case 경제 성장 달성 시나리오(빨간색) / Baseline Case 기준 시나리오(파란색) / Result 결과

<그림 3-2-4> 일본의 인구 구조 변화

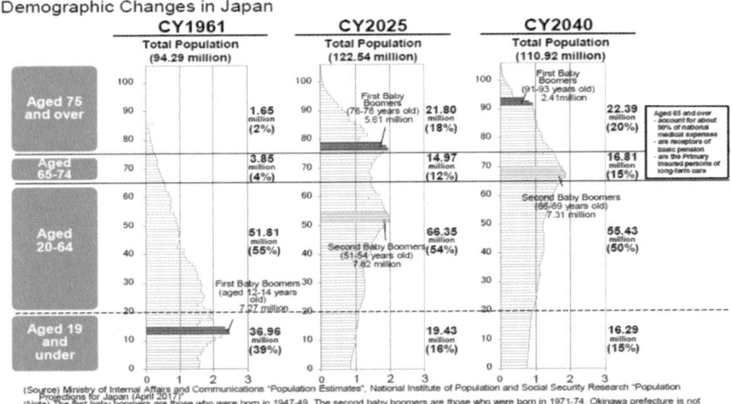

* 번역: Demographic Changes in Japan 일본의 인구구조 변화 / Total Population(94.29 million) 총인구(94.29백만 명) / Total Population(122.54 million) 총인구(1억 2,254만 명) / Total Population(110.92 million) 총인구(1억 1,092만 명) / Aged 75 and over 75세 이상 / Aged 65~74 65세에서 74세 / Aged 20~64 20세에서 64세 / Aged 19 and under 19세 이하 / Million 백만 / First Baby Boomers(12~14 years old) 1차 베이비 붐 세대(12~14세) / First Baby Boomers(76~78 years old) 1차 베이비 붐 세대(76~78세) / Second Baby Boomers(51~54 years old) 2차 베이비 붐 세대(51~54세) / First Baby Boomers(91~93 years old) 1차 베이비 붐 세대(91~93세) / Second Baby Boomers(66~69 years old) 2차 베이비 붐 세대(66~69세) / Aged 65 and over 65세 이상 / account for about 50% of national medical expenses 국가 의료비의 약 50%를 차지 / are receptions of basic pension 기본 연금 수령자 / are the primary insured persons of long-term care 장기요양의 주요 피보험자 / (출처) 총무성 "인구 추계", 국립인구사회보장연구원 "일본 인구 전망(2017년 4월)"
* 주: 1차 베이비 붐 세대는 1947년부터 1949년에 태어난 사람들이다. 2차 베이비 붐 세대는 1971년부터 1974년에 태어난 사람들이다. 1961년의 수치에는 오키나와 현이 포함되어 있지 않다. 1961년의 85세 이상의 수치에는 85세 이상의 연령 그룹도 포함한다. 2025년과 2040년의 105세 이상의 수치에는 105세 이상의 연령 그룹도 포함한다.

<그림 3-2-5> 부가가치세율의 국제 비교

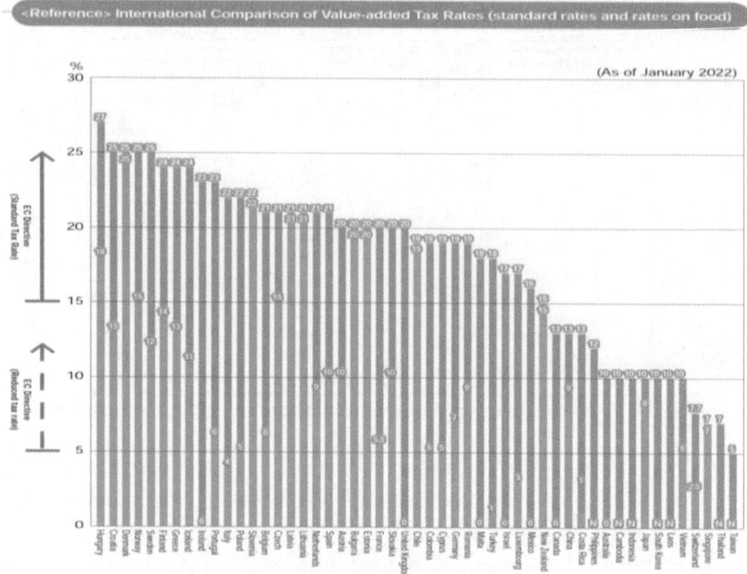

* 번역: <참고문헌> 부가가치세율의 국제 비교(표준세율 및 식품에 적용되는 세율) / As of January 2022 2022년 1월 기준 / EC Directive(Standard Tax Rate) 유럽 연합 지침(표준 세율) / EC Directive(Reduced tax rate) 유럽 연합 지침(감면 세율)

<그림 3-2-6> 일반 회계 세입 추이

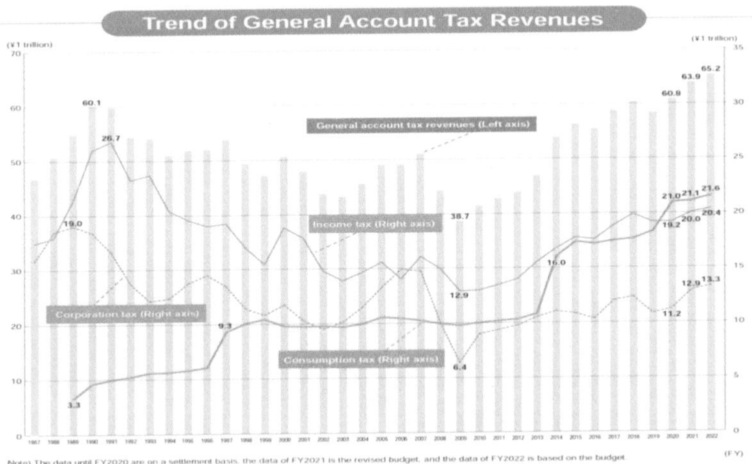

* 번역: Trend of General Account Tax Revenues 일반 회계 세입 추이 / 1 trillion 1조 엔 / Corporation tax(Right axis) 법인세(오른쪽 축) / Consumption tax(Right axis) 소비세(오른쪽 축) / Income tax(Right axis) 소득세(오른쪽 축) / General account tax revenues(Left axis) 일반 회계 세입(왼쪽 축) / 2020 회계연도까지의 데이터는 결산 기준으로 작성되었으며, 2021 회계연도의 데이터는 수정 예산을 기반으로 작성되었음. 또한, 2022 회계연도의 데이터는 예산에 기반하여 작성되었음.

<그림 3-2-7> 개인소득세율의 변화

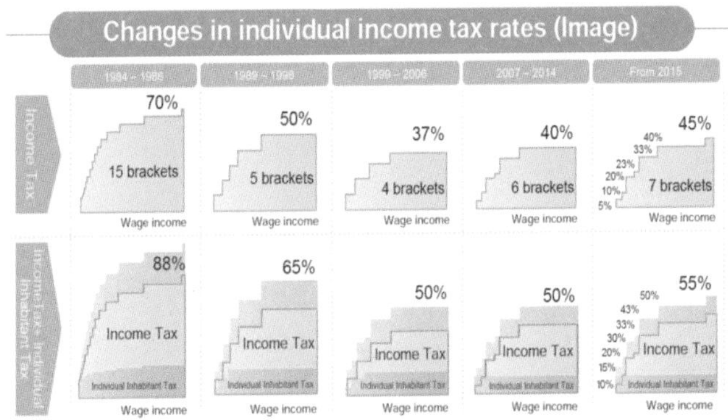

* 번역: Changes in Individual Income tax rates(Image) 개인소득세율의 변화(이미지) / Income Tax 소득세 / Income Tax+Individual Inhabitant Tax 소득세+개인주민세 / Brackets 세율 구간 / Wage income 근로소득 / Income Tax 소득세 / Individual Inhabitant Tax 개인주민세

<그림 3-2-8> 명목 법인소득세율의 국제 비교

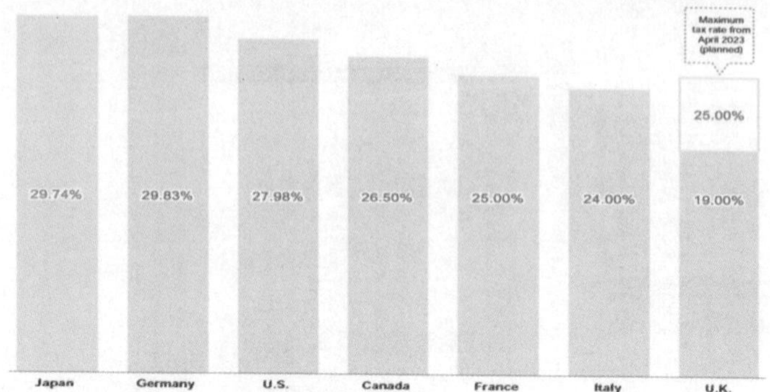

* 참고: 이 표는 법인 소득에 부과되는 (국세 및 지방세를 합산한) 세율을 나타낸다. 지방세율은 일본의 표준세율, 미국의 캘리포니아 주 세율, 독일의 전국 평균세율, 캐나다의 온타리오 주 세율을 나타낸다. 법인 소득세의 일부가 공제 가능한 경비에 포함된다면, 이러한 조정 이후의 세율이 표시된다. / (출처) 관련 정부 문서

<그림 4-1-1> 2001~2050년 출산율, 사망률, 생산성 증가율 및 이자율에 대한 확률적 시계열 모델을 기반으로 한 미국 공적연금(사회보장) 신탁기금 잔액의10가지 무작위 궤적

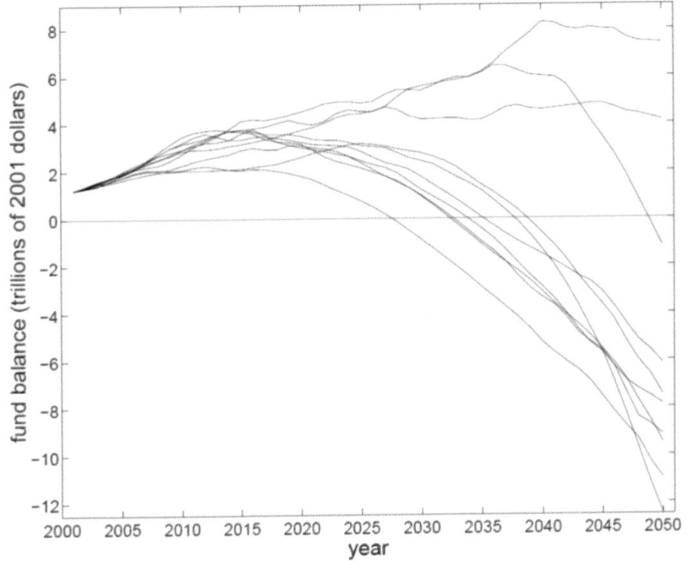

* 번역: Fund Balance(trillions of 2001 dollars) 펀드 잔액(2001년 기준 조 달러) / Year 연도

* 출처: Lee, Anderson 및 Tuljapurkar(2003)

<그림 4-1-2> 무작위 출산율, 사망률, 생산성 증가율 및 이자율이 포함된 1,000개의 샘플 경로를 기반으로 한 미국 공적연금(사회보장) 신탁기금 잔액에 대한 확률 구간

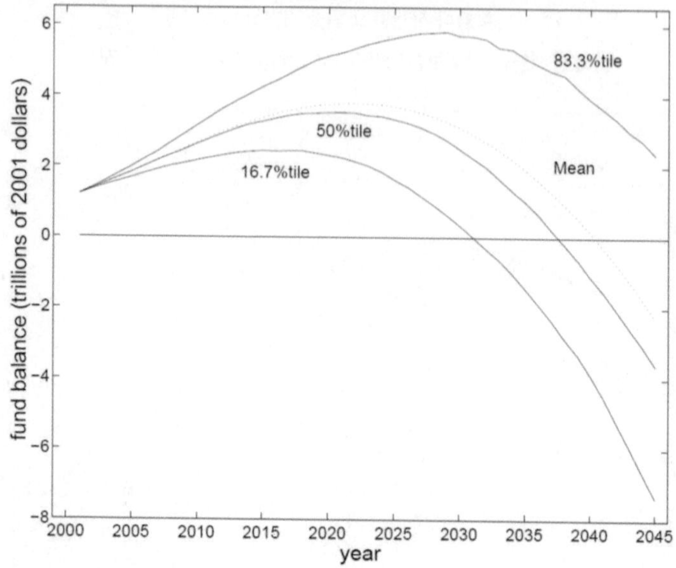

* 번역: Fund Balance(trillions of 2001 dollars) 펀드 잔액(2001년 기준 조 달러) / Year 연도 / Mean 평균

* 출처: Lee, Anderson 및 Tuljapurkar(2003)

<그림 4-1-3> 무작위 출산율, 사망률, 생산성 증가율 및 이자율이 포함된

1,000개의 샘플 경로를 기반으로 한

미국 정부 예산, 주, 지방 및 연방 정부 예산의 확률 구간별 예측치(1995~2070)

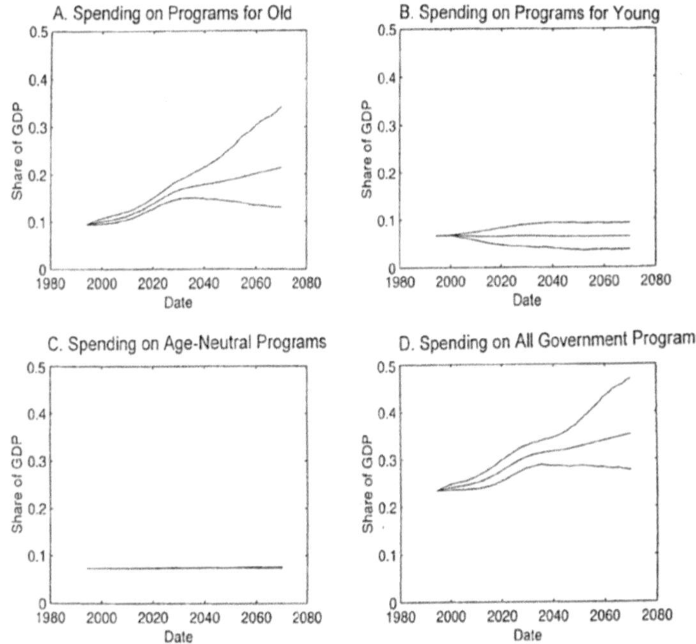

* 번역: Share of GDP GDP 대비 비중 / Date 연도

* 참고: A. 노인 대상 프로그램의 지출 / B. 청년 대상 프로그램의 지출 / C. 연령에 중립적인 프로그램의 지출 / D. 모든 정부프로그램을 위한 지출

* 출처: Lee와 Tuljapurkar(2000)

<그림 4-1-4> 2000~2100년 사이 지출 유형별 GDP 대비 연방 지출, 미국의 확률적 예측에 기반한 평균 결과

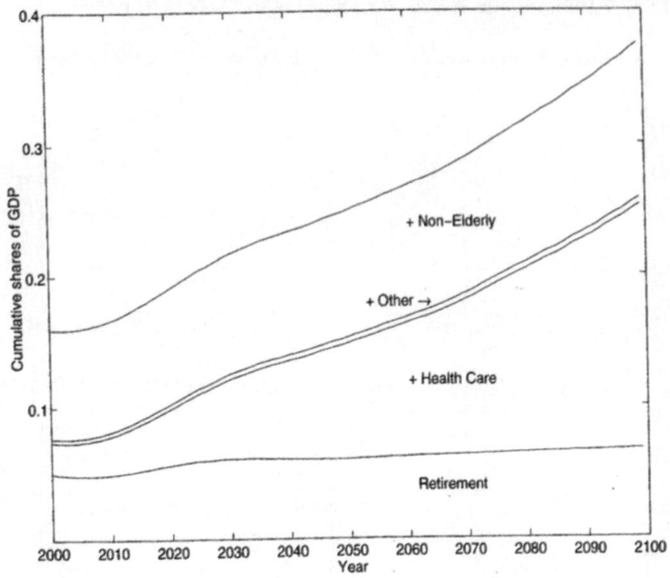

* 번역: Cumulative shares of GDP GDP 대비 누진적 비율 / Non-Elderly 비고령자 / Other 그 외 / Health Care 의료보험 / Retirement 연금

* 참고: 확률 구간은 표시되지 않는다.

* 출처: Lee and Edwards(2002)

<그림 4-1-5> 한국 및 유럽연합 25(2010), 30~49세 평균 근로소득 대비 근로소득 및 소비 비율

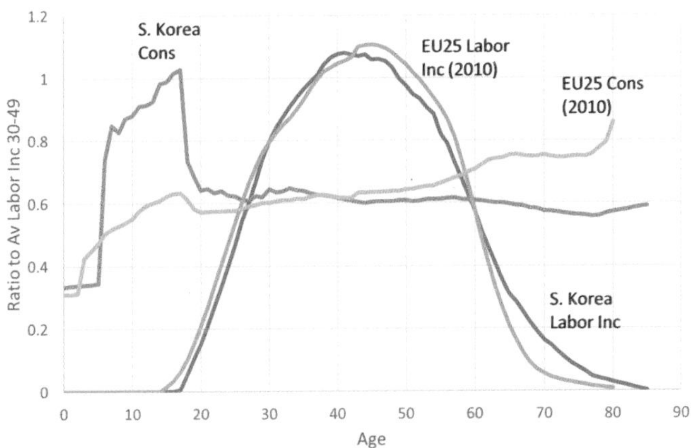

* 번역: Ratio to av labor inc 30~49 30~49세 평균 근로소득 대비 비율

<그림 4-1-6> 연령별 사적 및 공적 순이전, 2019년, 대한민국(국민이전계정)

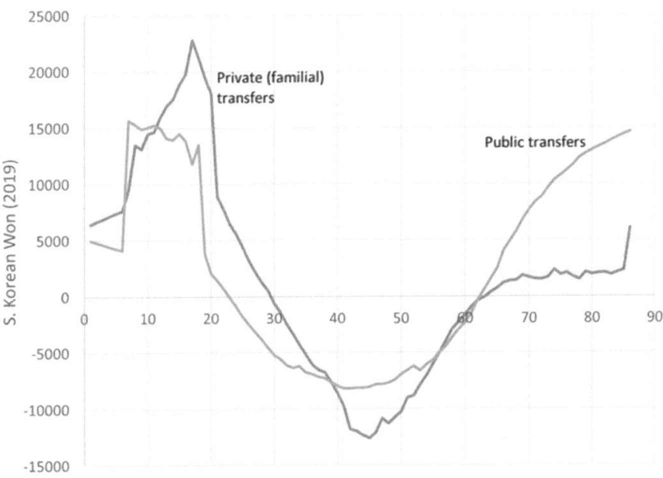

* 출처: 2019년 대한민국 국민이전계정 데이터

<그림 4-1-7> 2019년 국세청 기준 대한민국 일반, 가족, 총 이체에 대한 이체 부하: 2019년 연령 프로필을 일정하게 유지한 상태에서의 예상 총 소비('유효 소비')의 비율로 예상되는 총 공공, 가족 및 총 순이전 불균형('유효 불균형')

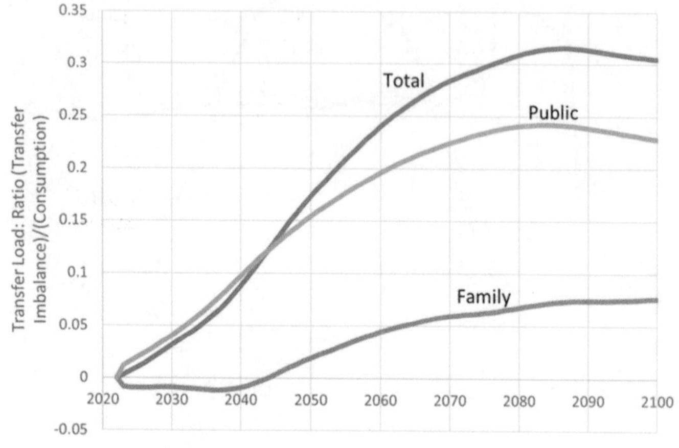

* 출처: 2019년 대한민국 국민이전계정 데이터와 유엔(2022) 대한민국 장래인구 중기추계에서 산출

<그림 4-2-1> 정책 과정

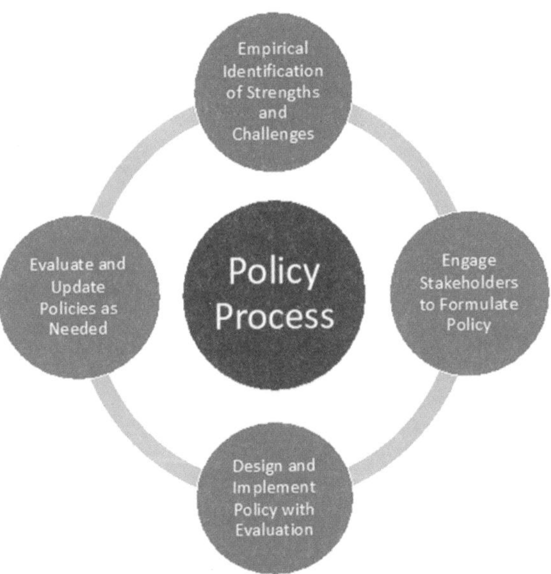

* 번역: Policy Process 정책 과정 / Empirical Identification 강점과 도전요인의 실증적 파악 / Evaluate and Update Policies as Needed 필요에 따른 정책평가와 보완 / Design and Implement Policy with Evaluation 평가와 함께 정책설계와 실행 / Engage Stakeholders to Formulate Policy 이해당사들의 정책 제안

<그림 4-2-2> 근로연령 인구 비율(15~64세)

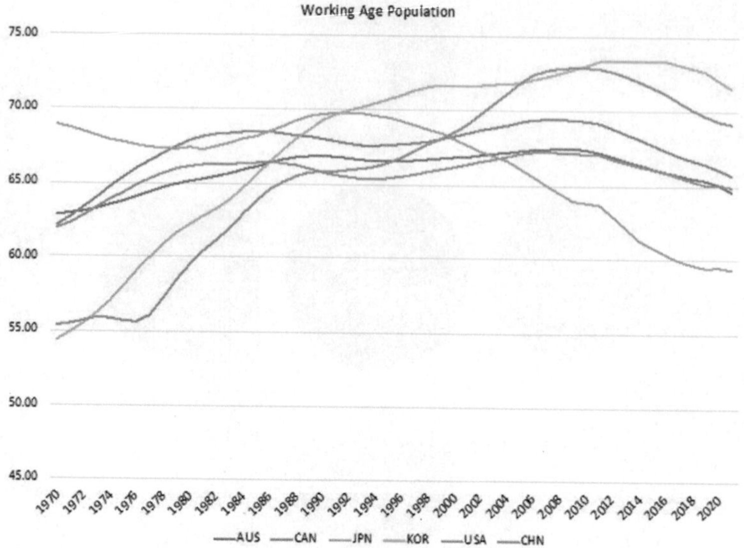

* 번역: Working Age Population 근로연령대

* 출처: OECD

<그림 4-2-3> 청소년 인구 비율(15세 미만)

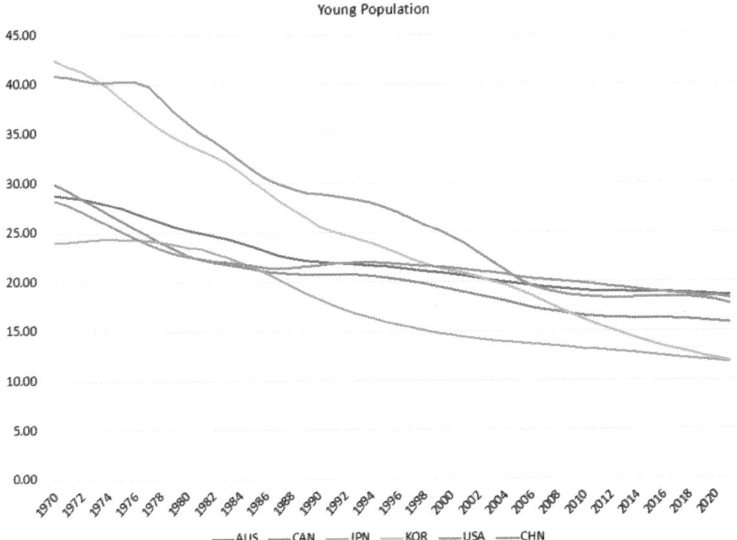

* 출처: OECD

* 번역: Young Population: 청소년 비율

<그림 4-2-4> 출산율

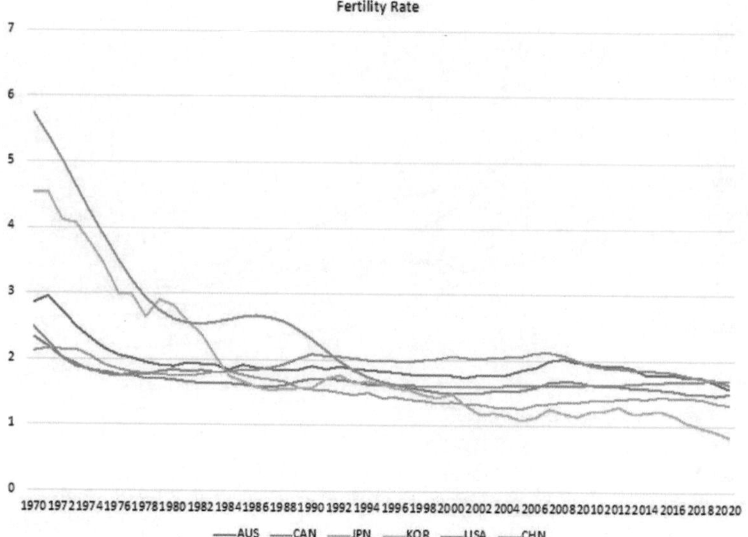

* 번역: Fertility Rate 출산율

* 출처: OECD

<그림 4-2-5> 노인 인구 비율(65세 이상)

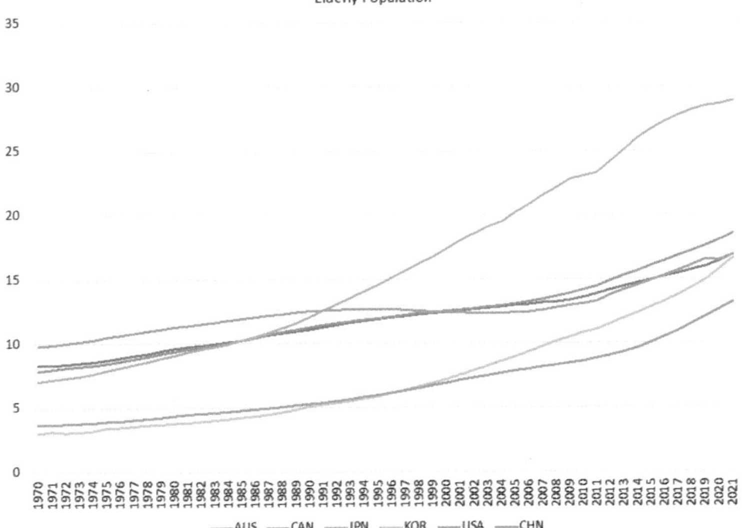

* 출처: OECD

* 번역: Elderly Population: 노인층 비율(%)

<그림 4-2-6> 노년부양비

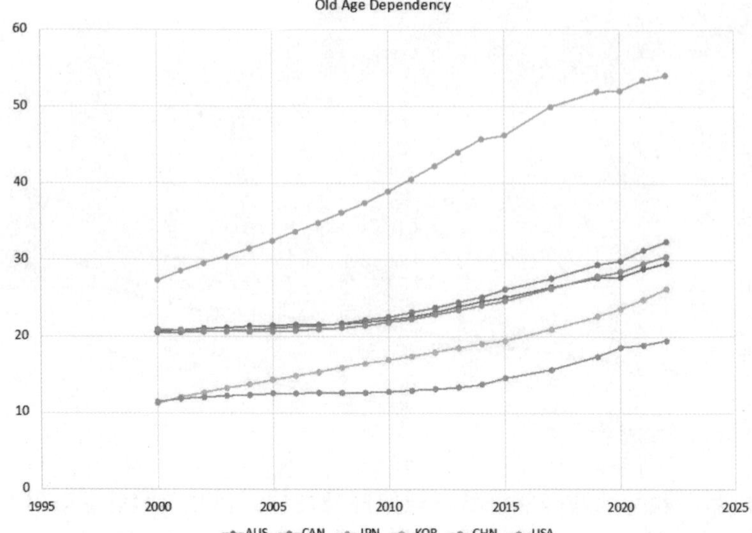

* 출처: OECD

* 번역: Old Age Dependency 노년부양비

<그림 4-2-7> 성인 교육 수준

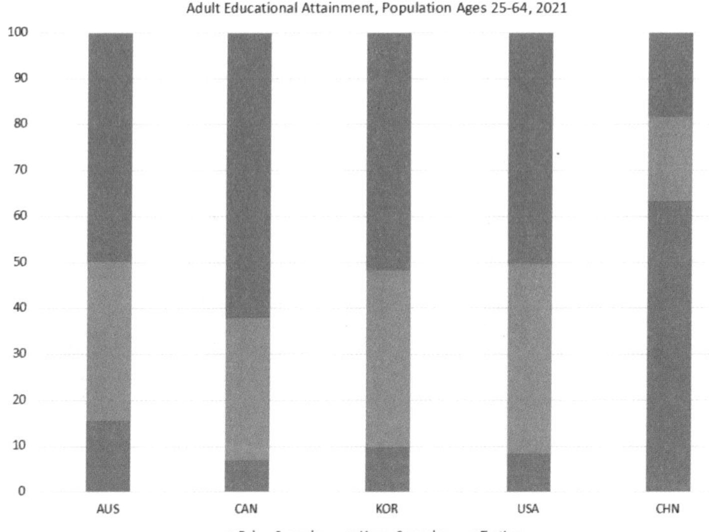

* 출처: OECD

* 번역: Adult Educational Attainment, Population Ages 25-64, 2021: 25~64세 성인 교육 수준(2021년) / Below Secondary 고등학교 미만 / Upper Secondary 고등학교 / Tertiary: 대학교

<그림 4-2-8> 여성의 교육 수준

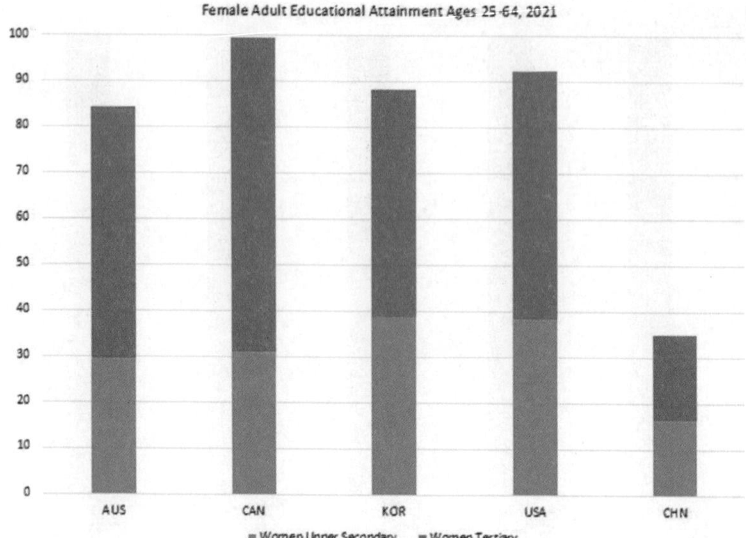

* 번역: Female Adult Educational Attainment Ages 25-64, 2021: 25~64세 여성 교육 수준(2021년) / Women Upper Secondary 고등학교 / Women Tertiary 대학교

* 출처: OECD

<그림 4-2-9> 고용률

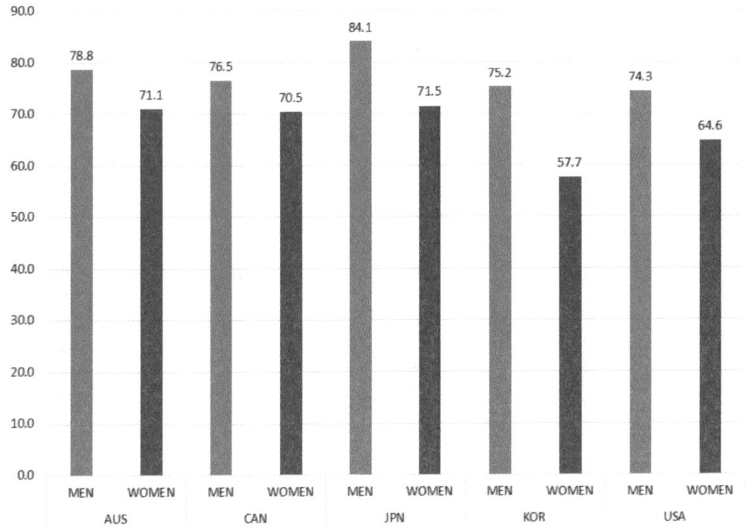

* 번역: Employment Rate of Working Population 근로연령 인구의 고용률
* 출처: OECD

<그림 4-2-10> 주당 30시간 이하로 근무하는 시간제 근로자 비율

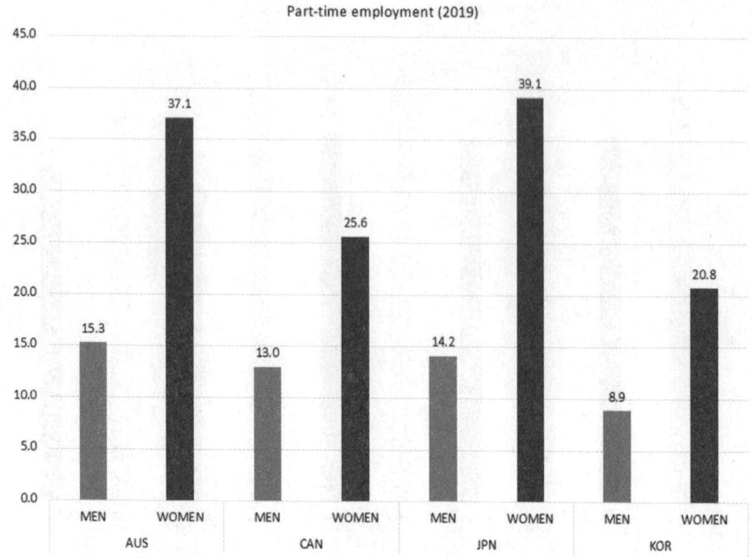

* 번역: Part-time Employment(2019) 시간제 근로자 비율(2019)

* 출처: OECD

<그림 4-2-11> 전체 취업자 대비 자영업자 비율

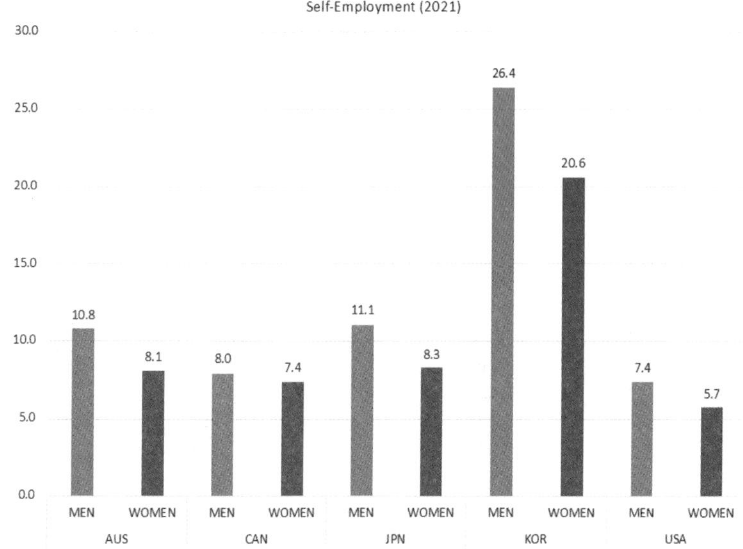

* 번역: Self Employment(2021) 자영업 비율(2021)

* 출처: OECD

<그림 4-2-12> 25~54세 주요 연령층의 경제활동참가율(2021)

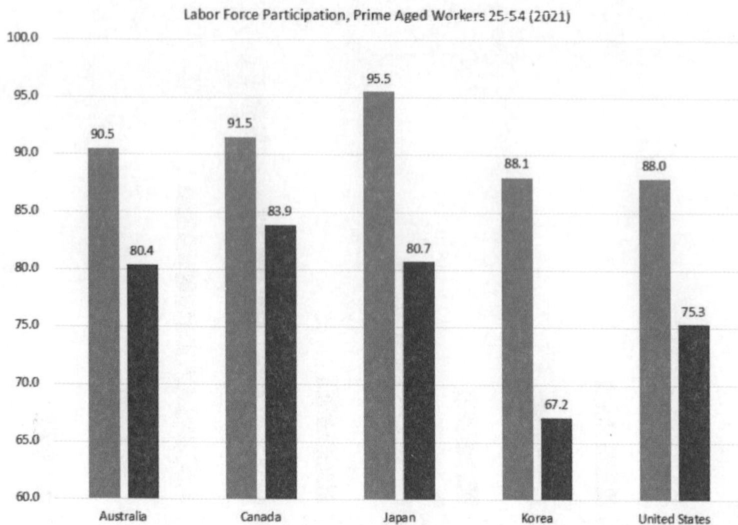

* 출처: OECD

<그림 4-2-13> 연간 평균 노동 시간(2019)

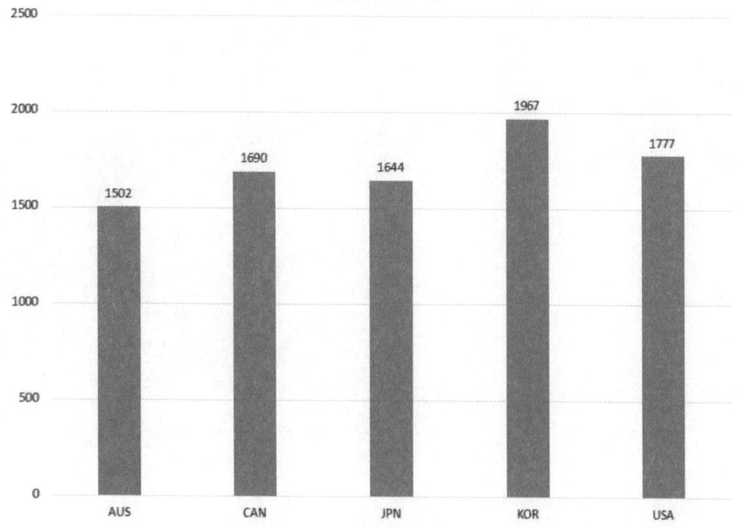

* 출처: OECD

<그림 4-2-14> 분기별 실업률(2018~2022)

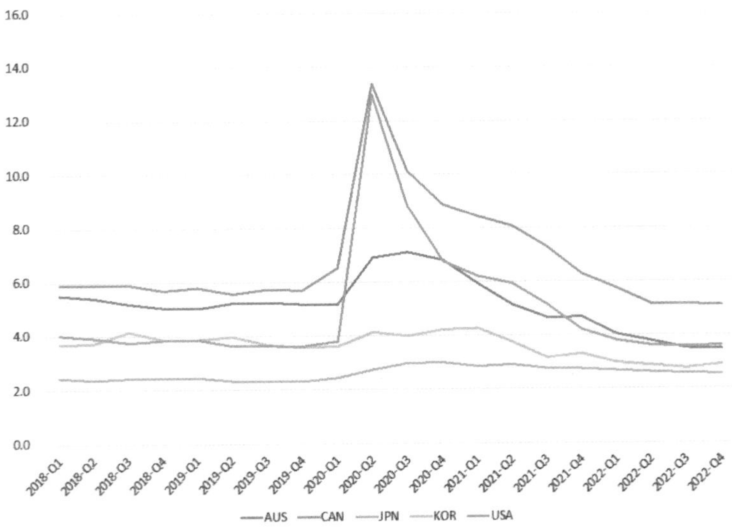

* 출처: OECD

<그림 4-2-15> 2023년 1분기 청년 실업률

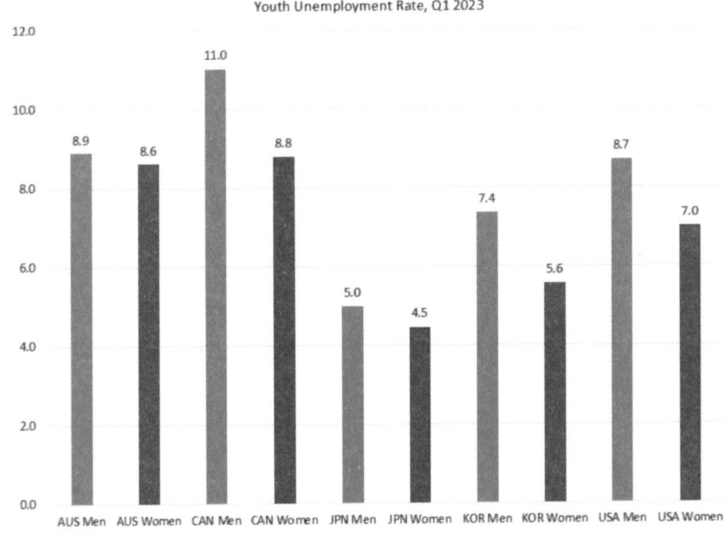

* 출처: OECD

<그림 4-2-16> 남성과 여성의 임금 차이(2021)

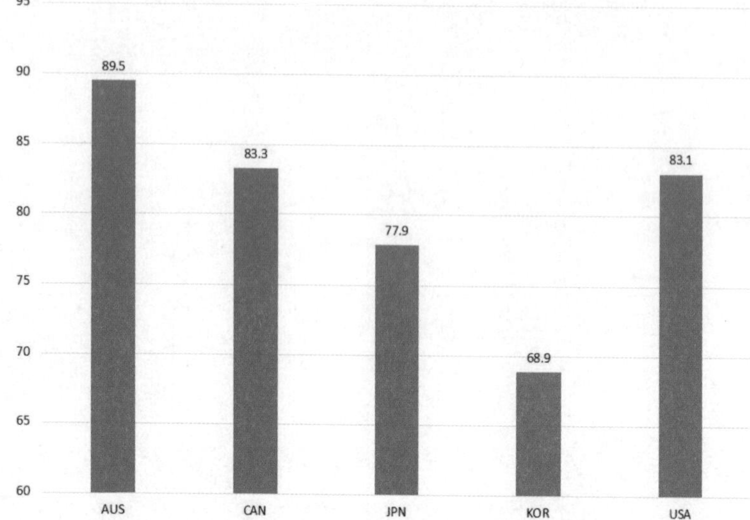

* 번역: Male Wages 주요 연령층 / Prime-aged(25~64) 25~64세 / Full-time Workers 정규직

* 출처: OECD

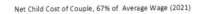

<그림 4-2-17> 수입이 평균 임금의 67%인 맞벌이 가구의 순 육아 비용 비율(2021)

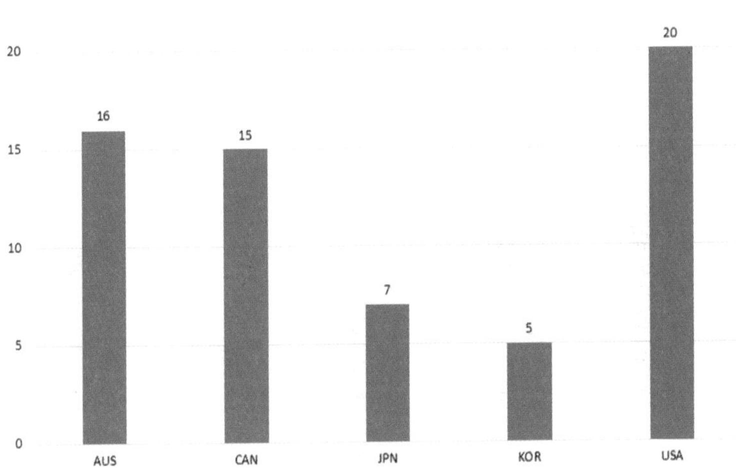

* 출처: OECD

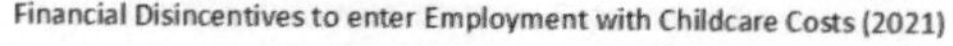

<그림 4-2-18> 근로유인을 저해하는 재정적 요인(육아 비용)(2021)

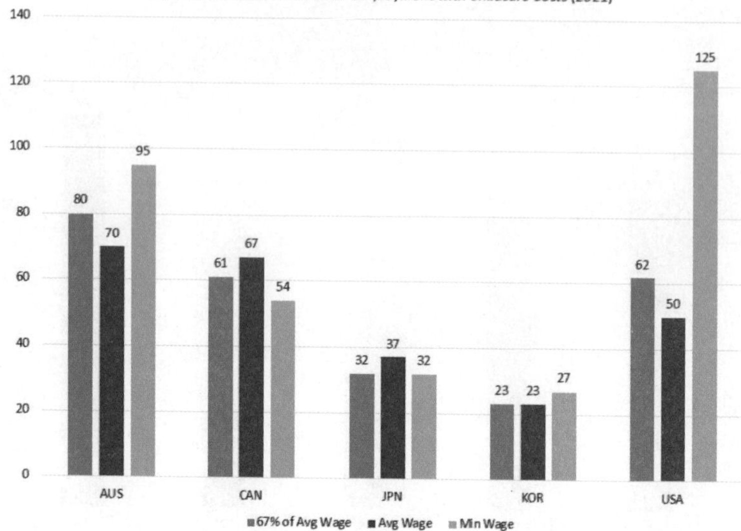

* 번역: 67% of Avg Wage 평균 임금의 67% / Avg Wage 평균 임금 / Min Wage 최저 임금
* 출처: OECD

<그림 4-2-19> GDP 대비 연금 지출(2019 또는 2020)

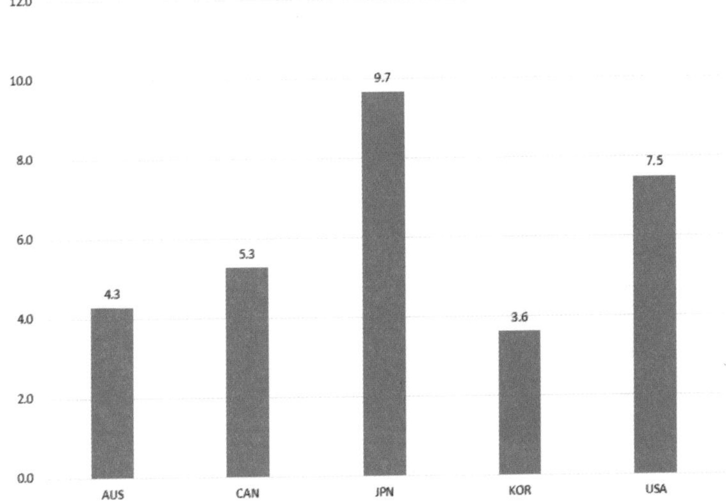

* 출처: OECD

<그림 4-2-20> GDP 대비 가족 관련 지출(2019 또는 2020)

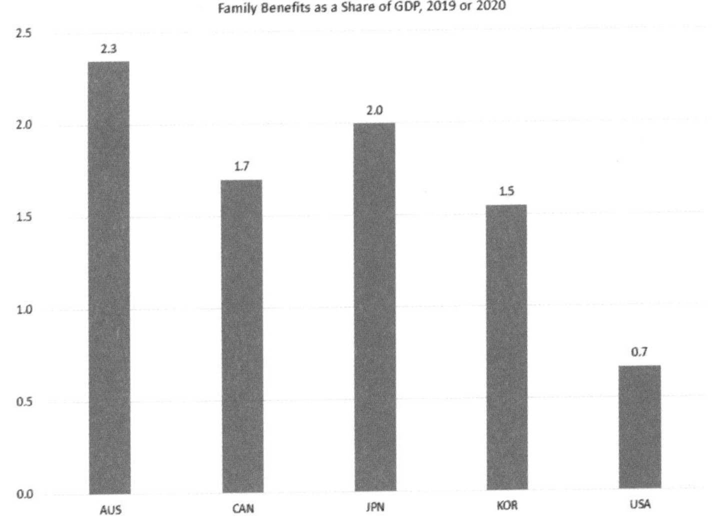

* 출처: OECD

<그림 4-2-21> 의회/입법부 여성 비율(2021)

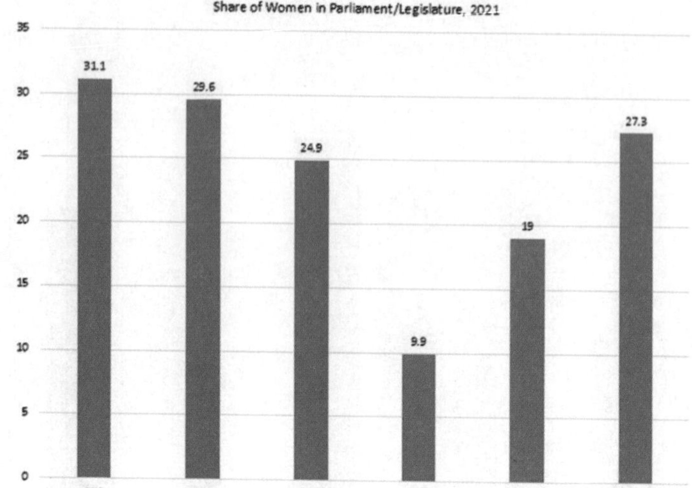

* 출처: OECD

<그림 4-3-1> 아시아 태평양 지역 국가들에 대한 소득 그룹별 국제 달러 기준 1인당 소비 및 노동 소득(구매지수 조정치)

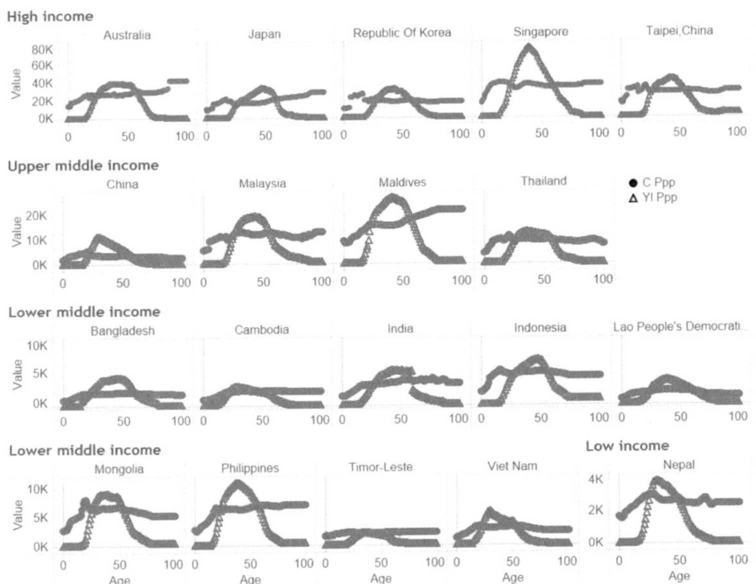

* 출처: 메이슨, 리와 박(Mason, Lee & Park)(2022)

* 번역: C Ppp 1인당 소비 / ppp 구매력 평가 / Y1 Ppp 노동 소득 / High Income 고소득(호주-일본-한국-싱가포르-대만) / Upper Middle Income 중상위 소득(중국-말레이시아-몰디브-태국) / Lower Middle Income 중하위 소득(방글라데시-캄보디아-인도-인도네시아-라오스-몽골-필리핀-티모르-레스테-베트남) / Low Income 하위 소득(네팔)

<그림 4-3-2> 1970~2060년 아시아 태평양 지역 국가들의 1차 인구 배당(연간 %)

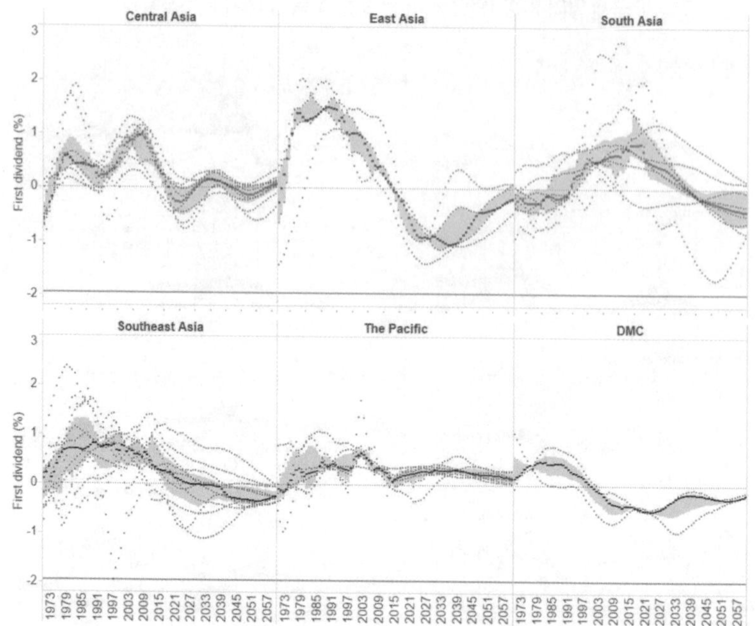

* 출처: 메이슨, 리와 박(Mason, Lee & Park)(2022)

* 번역: First dividend(%): 1차 인구 배당(%)(중앙아시아-동아시아-남아시아-동남아시아-태평양-DMC)

<그림 4-3-3> 총 노동 소득 대비 자산을 통한 부의 비율(%)

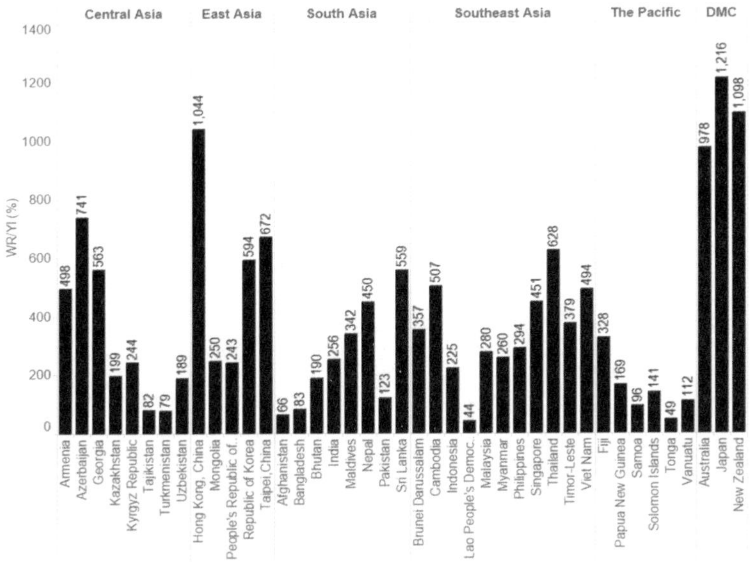

* 출처: 메이슨, 리와 박(Mason, Lee & Park)(2022)

* 번역: 상단(중앙아시아-동아시아-남아시아-동남아시아-태평양-DMC) / 하단(미국 아제르바이잔 조지아 카자흐스탄 키르기스스탄 타지키스탄 투르크메니스탄 우즈베키스탄-홍콩 몽골 중국 한국 대만-아프가니스탄 방글라데시 부탄 인도 몰디브 네팔 파키스탄 스리랑카 브루나이 캄보디아 인도네시아 라오스 말레이시아 미얀마 필리핀 싱가포르 태국 티모르 레스테 베트남-피지 파푸아뉴기니 사모아 솔로몬제도 통가 바누아투-호주 일본 뉴질랜드)

<그림 4-3-4> 인도네시아(2005)와 한국(2012)의 연령별 공공이전 유입 및 유출

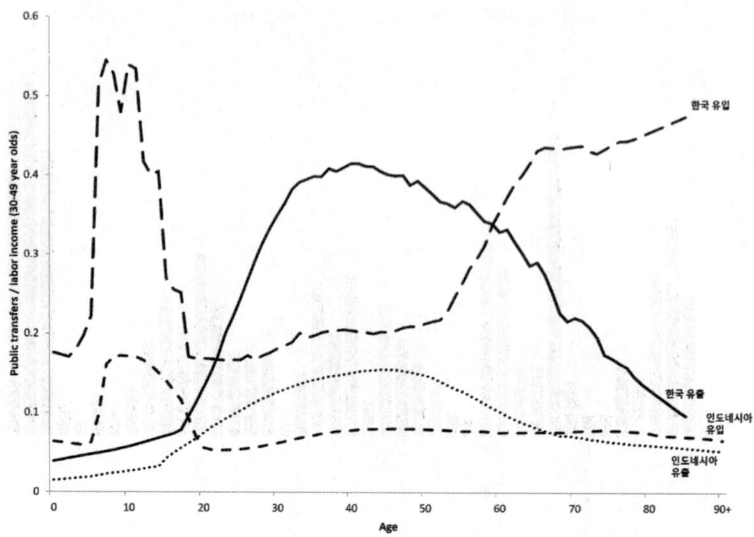

* 번역: Public transfers 공공이전 / labor income(30~49 year olds) 근로소득(30~49세)

* 참고: 값은 30~49세 인구의 1인당 근로소득에 대한 상댓값으로 표시됨

<그림 4-3-5> 인구 고령화 효과를 없애기 위해 필요한 조세증가율(%) 연도별(2017~2060) 3년 이동 평균

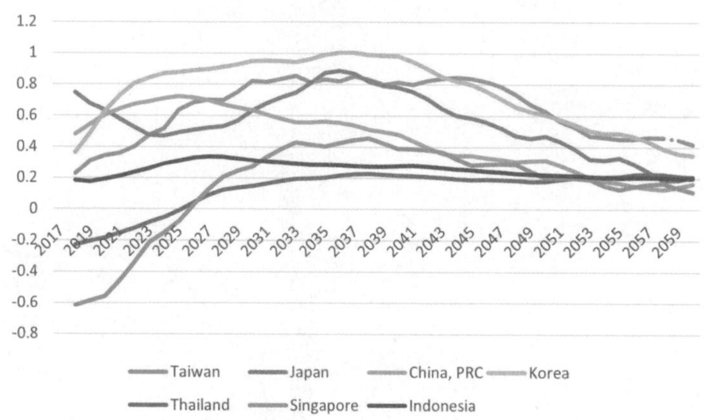

* 번역: (나라명 상단 왼쪽부터) 대만 / 일본 / 중국 / 한국 / 태국 / 싱가포르 / 인도네시아

* 출처: 저자의 계산 및 리와 메이슨(Lee & Mason)(2022)

<그림 4-3-6> 연령별 1인당 정부 이전(지출) 추이

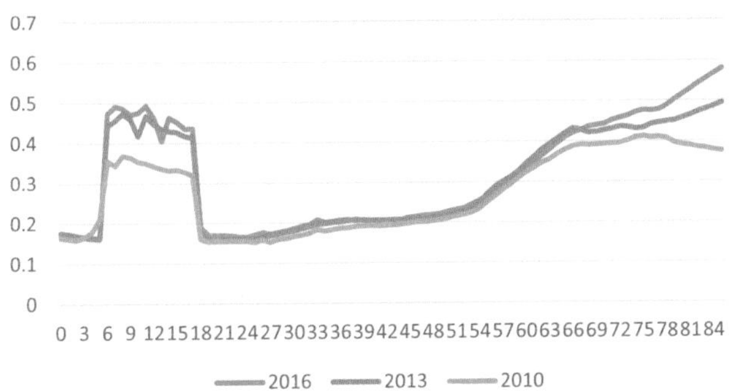

* 참고: 1인당 흐름은 연간 흐름을 30~49세의 1인당 연간 노동 소득으로 나누어 규격화시킴.

<그림 4-3-7> 수준(왼쪽, 2018) 대 증가율(오른쪽, 1990-2018) GDP 대비 사회적 지출 비율(%)

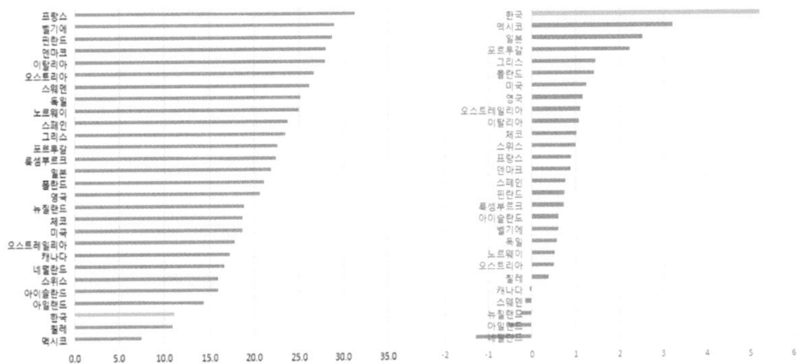

* 출처: OECD data portal. www.data.oecd.org.

<그림 4-3-8> 경제부양비(ESR) 증가율(2017~2100)

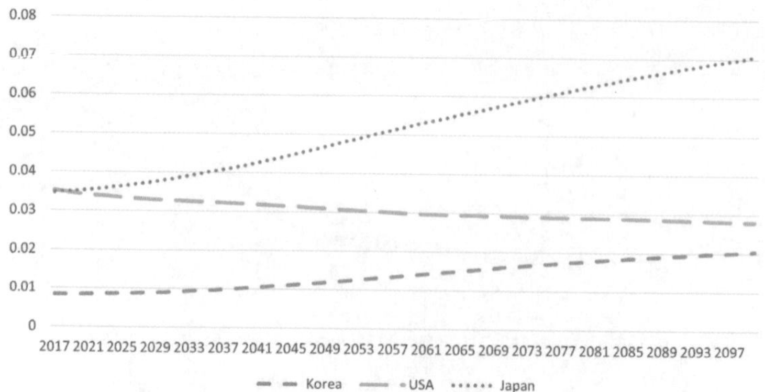

* 번역: (나라명 왼쪽부터) 한국 미국 일본

* 참고: 국가별 경제부양비(ESR) 증가 비율은 원래의 경제부양비(ESR)을 각 국가의 예상 경제부양비(ESR)로 나누어 추정

<그림 5-1-1> ML 모델과 OLS 모델에 의해 결정된 예금 금리와 실제 예금 금리

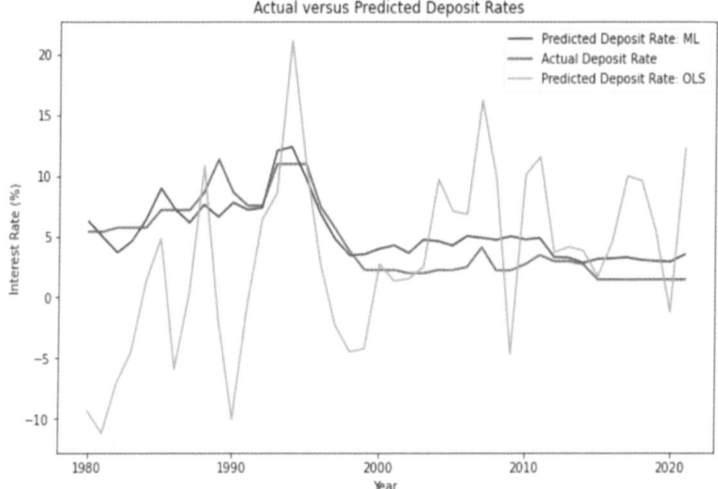

* 번역: Predicted Deposit Rate ML ML모델 예측 예금 금리 / Actual Deposit Rate 실제 예금 금리 / Predicted Deposit Rate OLS OLS 예측 예금 금리 / Interest Rate(%) 금리(%) / Year 연도

<그림 5-1-2> 실제 및 ML 모델 대출 금리

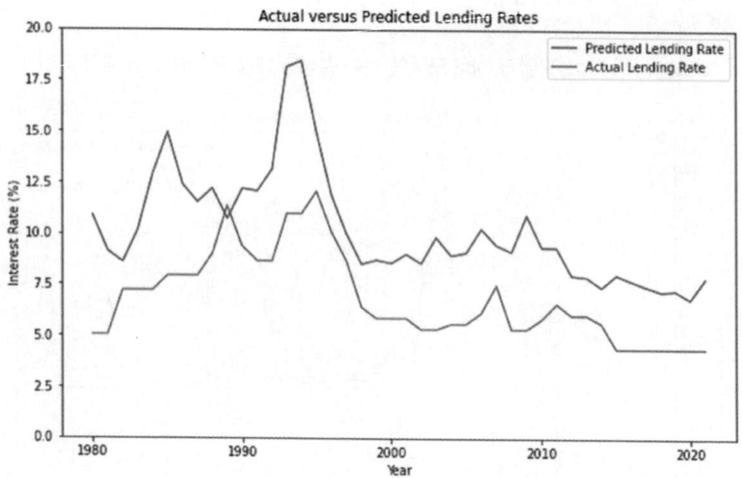

* 번역: Predicted Lending Rate ML 모델 예측 대출 금리 / Actual Lending Rate 실제 대출 금리 / Interest Rate(%) 금리(%) / Year 연도

<그림 5-1-3> 예금자로부터의 부의 이전, 대출자로의 부의 이전

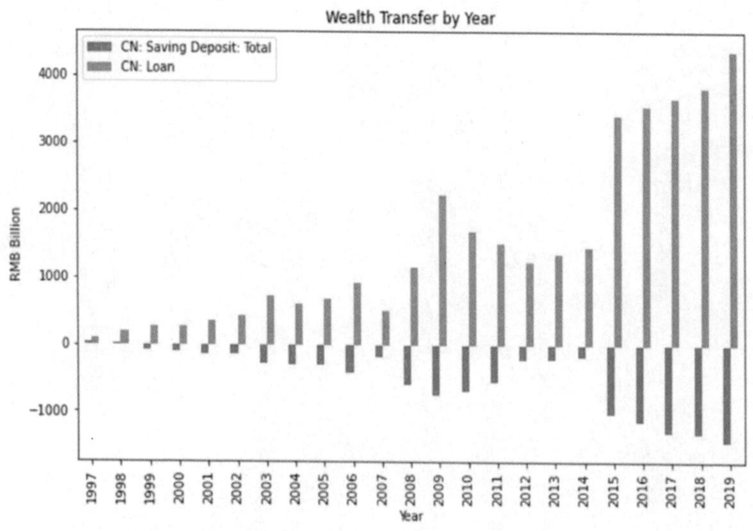

* 번역: CN: Saving Deposit Total 총 예금액 / CN:Loan 대출액 / RMB Billion 위안(10억) / Yea: 연도

<그림 5-1-4> 대출자 유형별 대출 보조금 분포

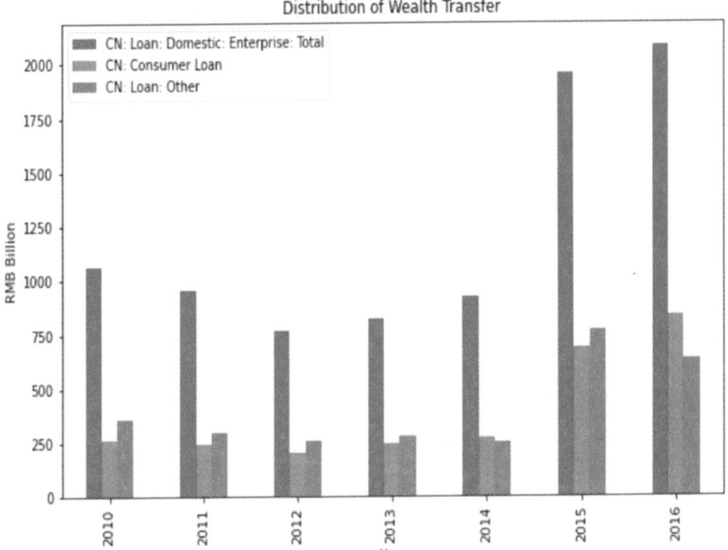

* 번역: CN: Loan Domestic: Enterprise: Total 중국 국내 기업 대출 총액 / Consumer Loan 소비자 대출액 / Loan: Other 기타 대출 / RMB Billion 위안(10억) / Year 연도

<그림 5-1-5> 연도별 국유 기업과 비국유 기업의 대출 보조금 내역

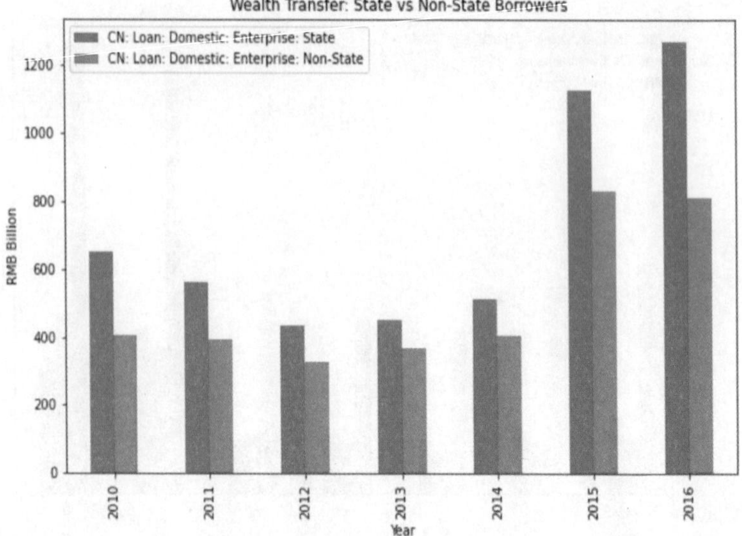

* 번역: CN: Loan: Domestic: Enterprise: State 중국 국내 국유 기업 대출액 / CN:Loan: Domestic: Enterprise: Non State 중국 국내 비국유 기업 대출액 / RMB Billion 위안(10억) / Year 연도

<그림 5-1-6> 대출 유형에 따른 연도별 소비자 대출 내역

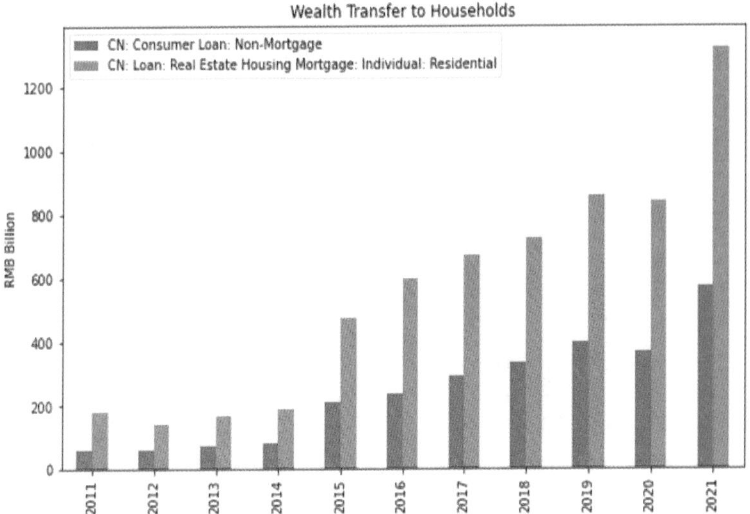

* 번역: CN: Consumer Loan: Non-Mortgage 중국 소비자 대출(비주택담보대출) / CN: Loan: Real Estate Housing Mortgage: Individual: Residential 중국 소비자 대출(주택담보대출) / RMB Billion 위안(10억) / Year 연도

<그림 5-1-7> 연도별 가계 부의 이전

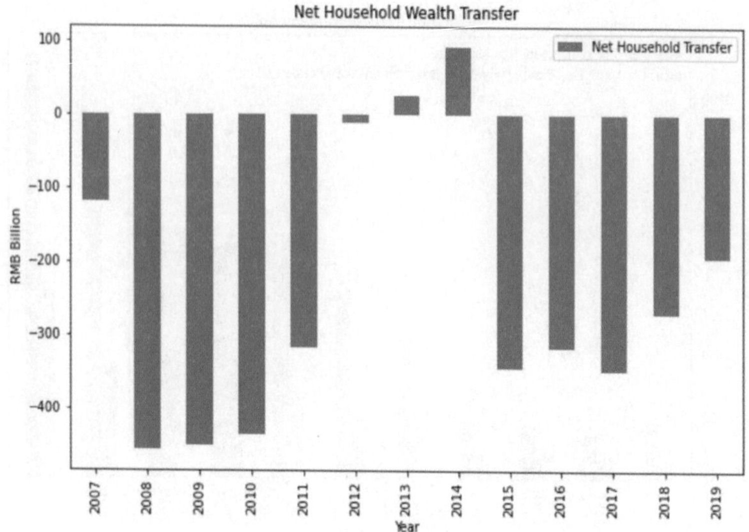

* 번역: Net Household Transfer 가계 순자산 이전 / RMB Billion 위안(10억) / Year 연도

<그림 5-1-8> 아시아 국가 데이터로 학습된 ML 모델 예금 금리와 실제 예금 금리

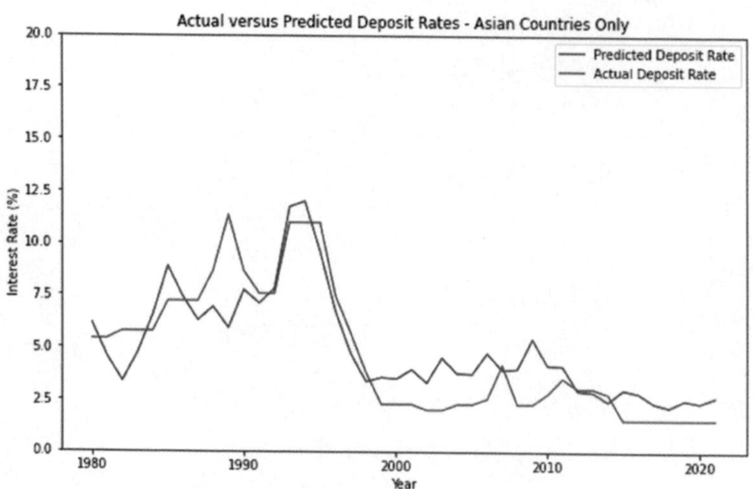

* 번역: Predicted Deposit Rate ML 모델 예측 예금 금리 / Actual Deposit Rate 실제 예금 금리 / Interest Rate(%) 금리(%) / Year 연도

<그림 5-1-9> 아시아 국가 데이터로 학습된 ML 모델 대출 금리와 실제 대출 금리

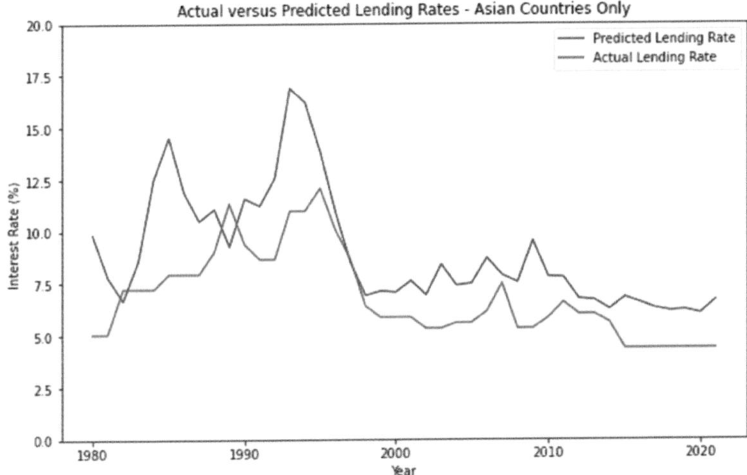

* 번역: Predicted Lending Rate: ML 모델 예측 대출 금리 / Actual Lending Rate: 실제 대출 금리 / Interest Rate(%): 금리(%) / Year: 연도

<그림 5-1-10> 아시아 국가 데이터를 이용한 예금자로부터 대출자로의 부의 이전

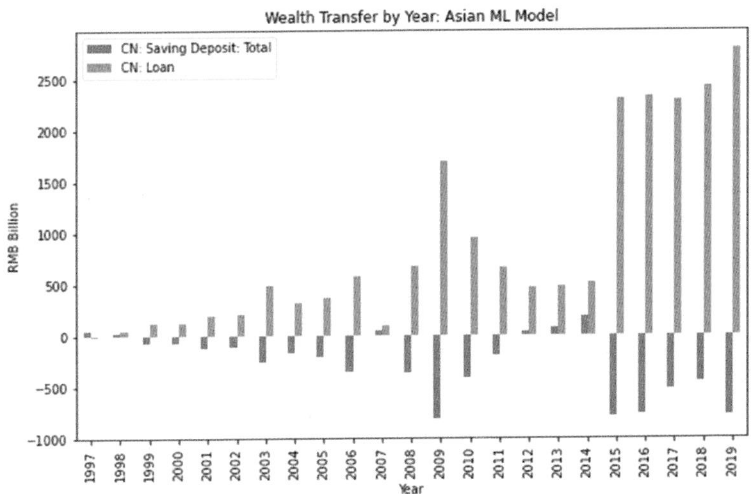

* 번역: CN: Saving Deposit Total 총 예금액 / CN: Loan 대출액 / RMB Billion 위안(10억) / Year 연도

<그림 6-2-1> 정책개발 프로세스에서 증거기반 정책 도구 사용

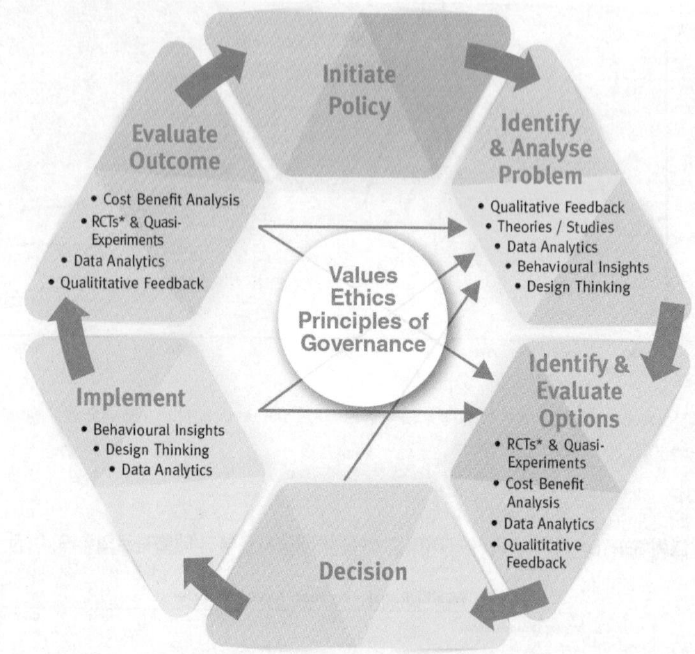

* 번역: (Initiate Policy부터 시계방향으로) 정책개시 / 문제 파악 및 분석(정성적 피드백, 이론/연구, 데이터 분석, 행동 통찰력, 디자인 사고) / 옵션 파악 및 분석(RCTs* 및 준실험, 비용 편익 분석, 데이터 분석, 정성적 피드백) / 결과 / 시행(행동 통찰력, 디자인 사고, 데이터 분석) / 결과 평가(비용 편익 분석, RCTs* 및 준실험, 데이터 분석, 정성적 피드백) / Values Ethics Principles of Governance 가치 윤리학 통치 원리 / RCTs(Randomized Controlled Trials): 무작위 통제 실험

* 출처: 싱가포르에서의 증거기반 정책 수립: 정책입안자의 도구, CSC(2016)

<그림 6-2-2> HDB 재판매 가격, 민간주택 가격 동향 및 중위가구 소득(2000년 = 100)

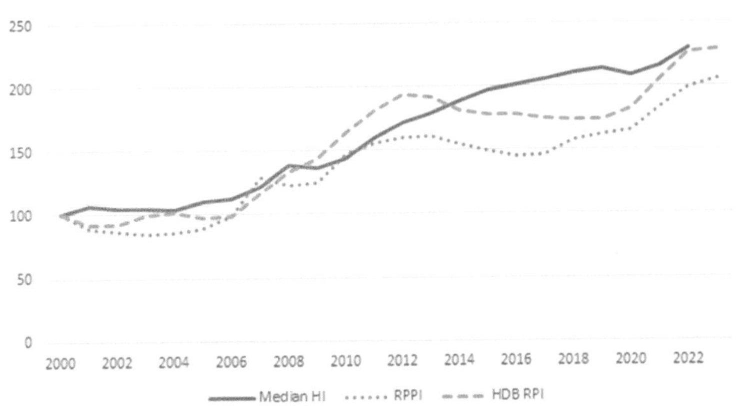

* 출처: URA Realis, HDB 웹사이트, 싱가포르 정부 통계

* 번역: Median HI 중위가구 소득 / RPPI 민간주택 가격 지수 / HDB RPI HDB 재판매가격지수

<그림 6-3-1> 주택 건설 추이(인허가 기준)

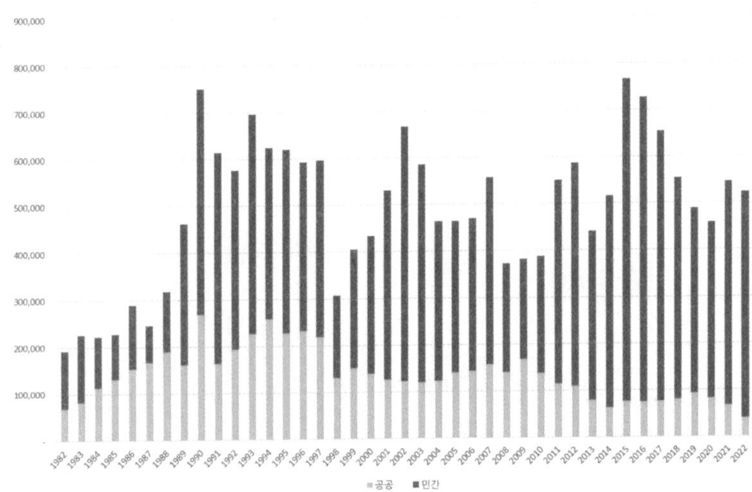

정책평가의 새 지평을 열다

PERI Symposium 2023 발표토론집

초판 1쇄 발행 2023년 11월 13일

편집인 안종범
펴낸이 류태연

기획 정책평가연구원

펴낸곳 렛츠북
주소 서울시 마포구 양화로11길 42, 3층(서교동)
등록 2015년 05월 15일 제2018-000065호
전화 070-4786-4823 | **팩스** 070-7610-2823
홈페이지 http://www.letsbook21.co.kr | **이메일** letsbook2@naver.com
블로그 https://blog.naver.com/letsbook2 | **인스타그램** @letsbook2

ISBN 979-11-6054-669-9 13300